Research Report on the Development of China's Automotive R&D Software Industry

中国汽车研发软件产业
发展研究报告

北京国家新能源汽车技术创新中心有限公司 ◎ 组编
中国汽车研发软件产业创新联盟

主　编 ◎ 原诚寅　杨世春
副主编 ◎ 王泽兴　陈　飞　任秉韬　郝　维

机械工业出版社
CHINA MACHINE PRESS

本书从汽车研发的角度出发，深入浅出地阐述了汽车研发软件的概念、范畴及其在整个研发过程中的重要地位和作用，详细解析了国内外工业软件在汽车研发中的应用，涵盖了汽车 CAD 软件技术、汽车 CAE 软件技术、电控系统设计与仿真软件技术、测试验证与标定软件技术，以及辅助软件技术等关键技术。同时，本书还介绍了国内外领先的汽车研发软件企业及其产品，调研了国外汽车研发软件在中国汽车行业的应用现状，深入分析了汽车研发软件产业的市场格局和产业生态。此外，本书还探讨了汽车研发软件行业在产教融合方面的探索与实践，旨在培养更多符合行业需求的高素质人才。

本书研究了国内外汽车研发软件的发展历程和现状需求，希望能够给中国汽车研发软件产业提供参考，可供汽车整车企业、汽车科研院所与研发软件相关的管理人员、研发人员参考，也可供高等院校车辆工程等相关专业的师生阅读。

图书在版编目（CIP）数据

中国汽车研发软件产业发展研究报告 / 北京国家新能源汽车技术创新中心有限公司，中国汽车研发软件产业创新联盟组编；原诚寅，杨世春主编. -- 北京：机械工业出版社，2025. 6. -- ISBN 978-7-111-78519-4

Ⅰ . U462

中国国家版本馆 CIP 数据核字第 20250W1Z52 号

机械工业出版社（北京市百万庄大街 22 号　邮政编码 100037）

策划编辑：何士娟　　　　　　　责任编辑：何士娟　章承林
责任校对：高凯月　王小童　景　飞　封面设计：张　静
责任印制：单爱军

北京盛通数码印刷有限公司印刷

2025 年 7 月第 1 版第 1 次印刷

184mm×260mm · 25 印张 · 2 插页 · 632 千字

标准书号：ISBN 978-7-111-78519-4

定价：199.00 元

电话服务　　　　　　　网络服务

客服电话：010-88361066　机 工 官 网：www.cmpbook.com
　　　　　010-88379833　机 工 官 博：weibo.com/cmp1952
　　　　　010-68326294　金 书 网：www.golden-book.com
封底无防伪标均为盗版　机工教育服务网：www.cmpedu.com

编写委员会

指 导 顾 问
陈十一

主　　编
原诚寅　杨世春

副 主 编
王泽兴　陈　飞　任秉韬　郝　维

主要参编单位及工作人员（排名不分先后）

单位	工作人员
国家新能源汽车技术创新中心：	杨恒杰、蔺会光、李挺、张媛、季双、王明、徐小璞、邹吉喆
北京航空航天大学：	曹耀光、柳丽、申海池、荣健睿、吴泽华
清华大学：	张扬军、钱煜平、赵露、隋岩、陈莹杰
东南大学：	马春野、彭剑坤、于双志、刘星言、王少洁、施烨波
燕山大学：	李梦林、金立生、闫梅、王威、门赛哲、陈纯灏、姚皓文
中国科学院软件研究所：	张常有、高敏、薄文、房有园
中国科学院电工研究所：	徐小宇、周亚星、张清弛、冉茜、于子围
中国汽车工程研究院股份有限公司：	周建文、于人杰、王庆洋、史爱民、张洁、蒋大勇、李林华、高翔、席椿富、陈祎、熊玥、夏铁权
北京世冠金洋科技发展有限公司：	李京燕、张桥、王磊、胡淑燕、张晓东、孙昊婧、陆颖
湖南迈曦软件有限责任公司：	崔向阳、蔡勇、董琪、廖中亮
南京天洑软件有限公司：	张明、刘国威、胡兰霞、管强
北京十沣科技有限公司：	王红蕾、冯黎明、王和、黄铮铮
浙江天行健智能科技有限公司：	丁娟、魏淑英、王浩宇、董立
大连星派仿真科技有限公司：	卢梦凯、陆旭泽、李超、梅帅、周大为
金航数码科技有限公司：	陶福星、冯江涛、郭晓晶、门晓苏、梁亮东、何雄伟、季洪新、郑少峰
上海积鼎信息科技有限公司：	傅彦国、任燕翔、张国栋、符凯
苏州同元软控信息技术有限公司：	周凡利、孙忠潇、任康宇
北京赛目科技股份有限公司：	何丰、薛晓卿、白智敏、张思远
上海新迪数字技术有限公司：	彭维、陈志杨、董辰世、张实展、陆申荣
北京云道智造科技有限公司：	刘宇、樊红光、张桃
宁德时代新能源科技股份有限公司：	陈智明、谢见志、薛城、李升明
北汽福田汽车股份有限公司：	赵元、张建华、王愚山
比亚迪汽车工业有限公司：	钟益林、蒋峰、张荣麟、张风利、王帆、胡婷、张强
宇通客车股份有限公司：	田韦斌、吴小岭、王熙熙、王宏朝、高静静、杨李辰、齐浩蓬
广州汽车集团股份有限公司汽车工程研究院：	郑颢、岳鹏、范松、洪兵雄
中国长城汽车股份有限公司：	任洋、王开元、马晓磊、王晓广

前　言

中国汽车产业近年的迅猛发展得益于中国汽车研发和制造技术的厚积薄发。汽车工业软件技术是汽车研发和制造的关键融合技术，连接了汽车从产品定义到量产的全生命周期各环节。然而，汽车工业软件特别是汽车研发软件在中国汽车行业应用中，仍以国外商业软件为主。作为汽车产业的关键生产要素，汽车工业软件特别是车辆研发中的 CAD、CAE 等汽车研发软件随时有被国外技术封锁的风险，因此有必要从产业、市场、技术、应用等多维度对我国的汽车研发软件业态做全面研究，分析产业发展瓶颈，探讨解决之道。

汽车研发软件主要包括汽车 CAD、CAE、验证、测试、分析以及辅助软件等。汽车研发软件通过精确的模拟效果和高效的计算分析结果，显著降低研发中的验证和测试成本，大幅提高研发效率，缩短汽车研发周期，因此被广泛用作汽车研发辅助工具。本书全面系统地介绍了汽车研发软件概念及其在车辆研发中的作用和意义，考察了其在国内外的发展历程和市场生态发展，力求通俗易懂地讲解其所涵盖的各学科所形成的关键技术。汽车产业的发展带动了汽车研发软件形成庞大的产业链，本书聚焦汽车研发软件，介绍了国外汽车研发软件产业的著名企业及其产品，对国内外软件产业做了分析，也客观地考察了国外汽车研发软件在国内汽车行业的应用现状。尽管中国汽车研发软件产业受到国外成熟汽车研发软件巨头的合力挤压，在市场夹缝中艰难生存，但近年在国家产业政策的大力支持下有了长足进步。本书收录了部分国产汽车研发软件企业的核心产品和应用案例，为在人才培养过程中应用国产商业软件，国产汽车软件企业在国家政策的鼓励下积极投身于产教融合，做出了有益探索和实践。本书根据编者在汽车行业多年的实践，讨论了未来汽车研发软件产业的发展愿景，并为产业发展提出了行动建议。

本书共分为 6 篇 16 章。第 1 篇是现状篇，主要介绍了汽车研发软件的范畴、类别、地位和作用，展示了汽车研发软件从进入汽车行业到今天的发展历程，分析了当前汽车研发软件市场的需求现状、竞争格局、产业链现状和蕴含的机遇挑战。第 2 篇是政策篇，收录了近年部分汽车研发软件相关产业政策，以及部分工业研发软件相关的标准规范。第 3 篇是技术篇，主要介绍了 CAD 软件和 CAE 软件的关键技术，讲解了以结构与耐久、碰撞与安全、多体动力学、流体与热、电磁分析软件技术、NVH、轻量化及整车性能软件技术、共性基础技术与软件等学科为基础理论所形成的关键技术，讲解了需求定义和分析技术、系统功能 / 逻辑架构定义和分析、系统物理架构定义和分析、几何结构定义、嵌入式系统定义和分析、高精度模型的建立与表示、系统仿真求解和分析技术、仿真调度与同步技术、模型优化技术、数据后处理和可视化、模型验证和评估、模型与产品的一致性、多领域建模等内容，还讲解了系统虚拟集成与验证、模型 / 代码测试软件、仿真测试验证与标定软件、模型 / 算法测试软件、仿真模型测试等关键技术，并介绍了元模型数据对象构建及扩展技术、汽车研发模型数据库技术。第 4 篇是产业篇，介绍了国内外著名的汽车研发软件企业及其产品。第 5 篇是应用篇，介绍了国外汽车研发软件在中国部分整车企业和零部件企业的使用现状，展示了部分国产汽车研发软件的应用案例，并介绍了中国产教融合的政策支持以及国产软件企业产教融合的探索和实践。第 6 篇是展望篇，总结了中国汽车研发软件产业未来发展愿景及行动建议。

本书由国家新能源汽车技术创新中心原诚寅、北京航空航天大学杨世春教授主编，国家新能源汽车技术创新中心王泽兴，北京航空航天大学陈飞、任秉韬，国家新能源汽车技术创新中心郝维任副主编，由来自十余家企业的专家共同编写。

本书在编撰过程中，得到了国产汽车软件企业以及多家整车企业和零部件企业的大力支持，很多企业直接参与了本书的编写或提供了企业资料，还为本书贡献了宝贵的意见和建议。本书参考了国内外很多学者的论文与著作，已经将主要参考的文献列于书后。在此，向所有参编单位的专家学者致以深深的谢意！本书提及的观点及论述可能会存在不妥之处，敬请读者批评指正！本书初稿完成后，承蒙国家新能源汽车技术创新中心专家进行了审阅，他们提出了许多宝贵建议，在这里对他们表示衷心的感谢！同时恳请读者对书中存在的错误及不当之处提出批评和修改建议，以便本书再版修订时参考。

编　者

目　　录

产业篇

应用篇

展望篇

现 状 篇

　　汽车研发软件是指能够支撑汽车整车或零部件研发工作的工业软件。本篇首先介绍了汽车研发软件的范畴和类别，并讨论了研发软件在汽车研发中的地位、角色、作用和意义；其次介绍了各类国内外汽车研发软件的发展历程；最后从市场发展的角度分析了汽车研发软件的需求现状、竞争格局和产业生态，以及面临的挑战和崛起的机遇。

第 1 章
软件技术在汽车研发中的地位和作用

在当今的汽车工业中，软件技术在汽车及零部件的研发中已经从传统的辅助工具转变为核心研发驱动力。随着技术的快速发展和市场需求的不断变化，汽车研发不再仅仅依赖于传统的机械工程，而是越来越多地依靠先进的软件技术。软件技术已经成为汽车设计与生产的基础技术，影响着车型的设计、系统集成、效率提升和成本控制，在汽车质量和性能方面发挥着至关重要的作用，对汽车安全、环保和用户体验等方面产生深远影响。

1.1 汽车研发软件技术的范畴和类别

汽车研发软件技术是指能够支持整车或零部件设计、仿真、验证、测试、生产、流程管理、数据管理等功能的工业软件及技术总称。在现代汽车工业的研发领域，汽车研发软件技术涵盖计算机辅助设计（CAD）、计算机辅助工程（CAE）、计算机辅助制造（CAM）、计算机辅助工艺设计（CAPP）、系统设计仿真、测试验证与标定、研发辅助工具等多项关键技术。每项关键技术都是汽车研发的重要组成部分，它们不仅各司其职，而且相互协作，共同推动汽车工业的创新与进步。

1.1.1 CAD 软件的应用

CAD 软件的历史可以追溯到 20 世纪 50 年代末至 60 年代初。最初，它主要用于航空和军事工业中的复杂工程设计。随着技术的发展，CAD 软件逐渐普及到各个行业，特别是在汽车设计和制造领域。

CAD 软件在汽车研发中扮演着核心角色。它为工程师提供了数字化工具绘制车辆设计图，包括外形、内部结构和零部件。这些工具提高了设计的精确性，减少了对物理原型的依赖，并加速了设计过程，大大提高了设计效率。

以下是主要的 CAD 软件开发商及其产品。

• Autodesk 的 AutoCAD：作为行业标准之一，被广泛应用于汽车设计，支持 2D 和 3D 设计。

• Dassault Systèmes 的 CATIA：高端 CAD 软件，被广泛用于汽车行业，特别是在复杂的车辆系统和零部件设计中。

- Siemens PLM Software 的 NX：提供了广泛的设计工具，特别适合于复杂汽车设计和数字模拟。
- PTC 的 Creo：以其强大的 3D 设计能力和用户友好的界面在汽车设计领域内占有一席之地。
- Bentley Systems 的 MicroStation：虽然主要用于基础设施项目，但也在汽车设计领域中有所应用。

通过不断的创新和技术融合，CAD 软件正成为推动汽车行业向更加高效和创新方向发展的关键工具。随着新技术的整合，未来的汽车设计将更加智能、高效，同时更能满足市场和消费者的需求。

1.1.2　CAE 软件的应用

计算机辅助工程（CAE）是利用计算机软件来模拟工程分析的过程，它在汽车研发中起着至关重要的作用。CAE 软件主要用于以下几个方面。

- 性能模拟：CAE 软件能够模拟汽车在各种条件下的性能，包括力学、热力学和流体动力学等方面。
- 耐久性与可靠性分析：通过模拟不同的使用和环境条件，CAE 软件帮助工程师评估车辆的耐用性和可靠性。
- 安全测试：CAE 软件被广泛用于模拟碰撞测试，以评估汽车的安全性能。
- 优化设计：通过 CAE 软件，工程师可以在生产前优化设计，减少成本并提高效率。

CAE 软件在现代汽车生产过程中共同实现了从全流程数字化设计，极大地提高了整个生产周期的效率和产品质量。随着技术的发展，这些软件正变得更加智能和集成，为汽车行业的持续创新和发展提供了强大的支持。

以下是主要的 CAE 软件开发商及其产品。

- Dassault Systemes

产品：CATIA、SOLIDWORKS、SIMULIA。

特点：CATIA 和 SOLIDWORKS 广泛用于 3D 设计和建模，而 SIMULIA 提供先进的仿真功能，包括结构、流体和电磁场分析。

- Siemens PLM Software

产品：NX、Solid Edge。

特点：NX 提供集成的 CAD/CAM/CAE 解决方案，Solid Edge 专注于 3D 设计和仿真。

- ANSYS

产品：ANSYS Workbench、Fluent、Mechanical。

特点：ANSYS Workbench 是一个多物理场仿真平台，Fluent 在流体动力学仿真中领先，Mechanical 则专注于结构分析。

- Hexagon PPM（Intergraph）

产品：SmartPlant、CADWorx。

特点：虽然主要用于工程建筑和工厂设计，这些工具也被应用于汽车领域，特别是在复杂系统的设计和集成方面。

CAE 的应用确保了设计阶段的高效协同，缩短了产品从设计到市场的时间。通过提供高级模拟和设计工具，CAE 鼓励了更多的创新实验和探索。高效的设计和制造过程有助于降低能源消耗和减少环境影响。CAE 软件在现代汽车生产过程中发挥着至关重要的作用，它们不仅提升了生产效率和产品质量，也推动了汽车工业的可持续发展。随着技术的不断进步，CAE 将继续引领汽车制造业向更高效、智能和环保的方向发展。

1.1.3 CAM/CAPP 软件的应用

计算机辅助制造（CAM）主要应用于制造过程。以下是 CAM 软件的关键作用。

- 生产自动化：CAM 软件与制造设备相结合，实现生产过程的自动化，提高生产效率和精度。
- 工艺规划与管理：CAM 软件帮助规划和管理生产流程，确保高效且可靠地生产。
- 定制化生产：CAM 软件支持更灵活的设计变更和定制化生产。
- 减少材料浪费：CAM 软件支持精确的生产控制，有助于减少材料浪费和生产成本。

以下是主要的 CAM 软件开发商及其产品。

- Siemens Digital Industries Software

产品：NX CAM。

特点：提供全面的计算机辅助制造解决方案，支持刀具路径生成、加工仿真和优化，集成设计和制造过程，提升生产效率。

- Mastercam

产品：Mastercam。

特点：提供强大的铣削、车削和电火花加工功能，用户友好的界面和强大的刀具路径优化技术，适用于各种加工需求。

- Hypermill

产品：Hypermill。

特点：提供高效的多轴加工解决方案，支持复杂几何体的加工，具有强大的刀具路径生成和优化功能，适合高精度制造。

CAPP（Computer Aided Process Planning）与 CAM 紧密相关，通过向计算机输入被加工零件的原始数据，加工条件和加工要求，由计算机自动地进行编码，编程直至最后输出经过优化的工艺规程卡片的过程。这项工作需要有丰富生产经验的工程师进行复杂的规划，并借助计算机图形学、工程数据库以及专家系统等计算机科学技术来实现。CAPP 由零件信息获取、工艺决策、工艺数据库 / 知识库、人机界面、工艺文件管理 / 输出等五大模块组成，是联结 CAD 和 CAM 的桥梁。

CAPP 技术的研究和发展源于 20 世纪 60 年代。1969 年，挪威推出了世界上第一个 CAPP 系统 AUTOPROS，并于 1973 年商品化。美国于 20 世纪 60 年代末 70 年代初着手于 CAPP 系统。CAPP 可以将工艺设计人员从烦琐和重复性的劳动中解脱出来，以更多的时间和精力从事更具创造性的工作；可以大幅缩短工艺设计周期，提高企业对瞬息变化的市场需求作出快速反应的能力，提高企业产品在市场上的竞争能力；同时也有助于工艺设计人员的宝贵经验进行总结和继承；有利于对工艺设计的最优化和标准化，为实现企业信息集成创造条件，进而便于实现并行工程、敏捷制造等先进生产制作模式。

以下是主要的 CAPP 软件开发商及其产品。

- Siemens PLM Software

产品：Teamcenter Manufacturing、Tecnomatix。

特点：Teamcenter Manufacturing 提供全面的制造过程管理，包括工艺规划、资源管理和生产仿真；Tecnomatix 则专注于数字制造和生产仿真，支持工艺规划、机器人编程和生产线优化。

- Dassault Systemes

产品：DELMIA。

特点：提供虚拟制造和运营解决方案，涵盖工艺规划、生产仿真和车间操作管理。

- PTC

产品：Windchill。

特点：Windchill 作为综合性的 PLM 系统，支持工艺规划、文档管理和变更管理，集成了 Creo，提供制造规划和仿真功能。

CAM 和 CAPP 高效协同确保了汽车制造和工艺过程的科学合理。由于汽车生产客户需求的个性化要求程度高，产品零部件数量、种类繁多。汽车行业 CAM/CAPP 的内涵和外延都发生了变化，汽车行业 CAM/CAPP 在具有传统制造及流程管理的通用模块，满足技术文档、工艺规程，以及 ISO9000 标准体系文件的编辑要求的同时，CAM、CAPP 与 CAD 的集成内容更丰富，使得设计、工艺规划和制造过程之间的信息流动更加顺畅，从而提高了整体生产效率。

1.1.4　电控系统设计仿真软件的应用

电控系统设计仿真技术在汽车工业中已成为一个不可或缺的部分。它允许工程师在实际制造之前，通过模拟来验证复杂系统的设计和性能。这些仿真技术的主要进步包括以下几方面。

- 多物理场仿真：集成不同物理过程（如流体动力学、热力学和结构力学）的仿真，提供更全面和精确的分析。对于仿真的需求主要有以下两点：实时仿真，提供快速反馈，支持更高效的设计迭代过程；模型减阶技术，通过简化模型来加速仿真，同时保持关键特性的准确性。
- 云计算和大数据：利用云资源和大数据技术，提升仿真的处理能力和存储能力。
- 集成人工智能：使用 AI 算法优化设计和预测仿真结果，提高精度和效率。

以下是主要的系统设计仿真软件开发商及其产品。

- Synopsys

产品：Saber。

特点：Saber 是业界经典的多技术、多领域的系统仿真产品，现已成为混合信号、混合技术设计和验证工具的业界标准，可用于电子、电力电子、机电一体化、机械、光电、光学、控制等不同类型系统构成的混合系统仿真。

- ITI

产品：SimulationX。

特点：SimulationX 是多学科领域系统仿真的领跑者，其模型库包含大量与工业界合作伙伴和研究机构密切合作开发的标准元件。

- COMSOL

产品：COMSOL Multiphysics。

特点：COMSOL Multiphysics 为电气、机械、流体、声学和化学应用提供了 IDE 和统一的工作流程，适用于各种物理和工程应用，尤其是耦合现象和多物理场。

- MathWorks

产品：MATLAB、Simulink。

特点：MATLAB 和 Simulink 是广泛应用的计算和仿真平台，特别适用于算法开发和模型仿真。

这些公司及其产品在系统设计仿真领域处于领先地位，不断推动技术进步。随着新技术的不断融入，这些系统设计仿真工具正变得更加智能化和高效，极大地促进了汽车行业的创新和发展。

1.1.5 测试验证与标定软件的应用

测试验证与标定软件在汽车研发中扮演着至关重要的角色。这些软件工具被设计用来确保汽车设计满足预定的性能标准、安全规范，以及法规要求。它们的主要作用包括以下几点。

- 性能验证：确保汽车性能符合设计规格和客户期望。
- 安全测试：进行碰撞模拟、制动系统测试等，以确保车辆安全。
- 环境适应性测试：验证汽车在不同环境条件下（如极端温度、湿度）的性能。
- 耐久性和可靠性测试：模拟长期使用情况，评估汽车的耐用性和维修需求。
- 法规遵从性检测：确保汽车符合各地的法律和行业规定。

虽然测试验证软件为汽车研发带来了显著效益，但在应用过程中也面临一些挑战。

- 技术复杂性：随着汽车技术的发展，测试验证的复杂性也在增加，尤其是在处理高级驾驶辅助系统（ADAS）和自动驾驶技术方面。
- 数据管理：在测试过程中会产生大量数据，对这些数据的管理和分析需要高效而强大的系统。
- 测试环境的真实性：确保测试环境和条件尽可能真实地反映出实际使用情况，是一个持续的挑战。
- 法规变化：全球不同地区的法规不断变化，测试验证软件需要不断更新以适应这些变化。
- 成本和效率的平衡：在保证测试全面性和精确性的同时，控制成本和提高效率是一个重要课题。

以下是当前比较重要的测试验证与标定软件开发商及其产品。

- dSPACE

产品：dSPACE 提供一系列测试和验证解决方案，包括硬件在环（HIL）模拟器，用于模拟电子控制单元（ECU）和整车系统。

特点：这些系统被广泛用于测试自动驾驶技术、动力系统和驾驶辅助系统等。

- Vector Informatik

产品：Vector 提供 CANoe 等工具，这是一个多功能软件，用于开发和测试车载网络系统。

特点：它广泛应用于电子控制单元（ECU）的开发和测试，支持多种汽车通信标准。

- National Instruments（NI）

产品：NI 提供 LabVIEW 软件，它是一个图形化编程平台，用于创建测试程序。

特点：LabVIEW 广泛用于数据采集、仪器控制和自动化测试。

- Siemens PLM Software

产品：Siemens 的 Simcenter 是一套综合的仿真和测试解决方案。

特点：Simcenter 能够进行多种类型的性能模拟，包括噪声、振动、耐久性测试等。

- ETAS

产品：ETAS 提供各种软件工具，包括 INCA、ASCET 和 LABCAR，这些都是用于 ECU 开发和测试的工具。

特点：ETAS 的工具被广泛用于提高发动机效率、减少排放和优化控制策略。

上述开发商及其软件产品在测试验证领域占据了重要地位，不仅因为它们的先进技术，而且因为它们能够适应不断发展的汽车工业需求。通过这些软件，汽车制造商能够进行更精确、高效的测试和验证，以确保新车型满足所有性能和安全标准。随着汽车技术的不断进步，这些测试验证软件的作用变得更加关键。

1.1.6　研发辅助工具的应用

在汽车研发领域，辅助工具是实现高效、创新设计和生产的关键。这些工具不仅提高了研发的效率，还提高了产品质量和性能。随着技术的发展，研发辅助工具正在经历一系列创新，从而更好地支持现代汽车工业的需求。研发辅助工具主要完成以下任务。

- 数据管理和分析：随着大数据和云计算的应用，研发数据管理工具变得更加强大和灵活，支持从设计到生产的每个环节。
- 项目管理：先进的项目管理工具有助于更好地规划、监控和控制复杂的研发项目，确保按时按质完成。
- 协作平台：随着远程工作和全球团队的增加，线上协作工具变得至关重要，它们支持跨地域的团队有效合作。
- 人工智能应用：AI 和机器学习被集成到研发工具中，帮助自动化决策过程，优化设计，并预测潜在问题。
- 虚拟现实与增强现实：VR 和 AR 技术在设计审查、原型模拟和工厂布局规划中发挥着越来越重要的作用。

近些年来，研发辅助工具的发展迅速，主要研发辅助工具开发商及其产品包括：

- Atlassian

产品：Jira、Confluence。

特点：提供项目管理和团队协作平台，适用于跟踪项目进度和文档管理。

- Microsoft

产品：Azure DevOps、Teams。

特点：Azure DevOps 支持代码开发和项目管理，Teams 则提供有效的团队沟通和协作空间。

- IBM

产品：Rational Suite。

特点：提供全面的软件开发和项目管理工具，支持复杂的汽车软件研发项目。

- PTC

产品：Windchill、ThingWorx。

特点：Windchill 用于产品生命周期管理，ThingWorx 则是一个用于工业物联网的平台。

- SAP

产品：SAP PLM。

特点：为产品生命周期管理提供全面的解决方案，支持复杂的制造流程和供应链管理，以及 PDM、文档管理、变更管理、项目管理和质量管理。

- Autodesk

产品：Fusion 360。

特点：除了 CAD/CAM 功能，Fusion 360 还提供协作工具，支持团队在云环境中共同工作。

- Siemens

产品：Teamcenter、Simcenter。

特点：Teamcenter 提供全面的 PDM 和 PLM（产品生命周期管理）解决方案，包括文档管理、变更管理、配置管理和流程管理；Simcenter 支持仿真数据的存储、组织和共享，与 Teamcenter 无缝集成，实现 PLM 和 SDM 的协同管理。

- MSC Software

产品：SimManager、MSC One。

特点：专门的仿真数据管理解决方案，支持仿真数据集中管理和共享，优化仿真流程和数据利用率。

随着汽车行业不断向数字化和智能化转型，这些研发辅助工具在提高效率、降低成本和促进创新方面的作用愈发重要。未来，我们可以预见更多创新的工具和技术的出现，进一步推动汽车研发向前发展。

1.2 软件技术在汽车研发过程中的地位和角色

随着汽车行业的不断演进，软件在汽车研发过程中的地位和角色已发生根本性的变化。从最初的辅助工具到现在的核心驱动力，软件的重要性日益凸显，它不仅改变了汽车的设计和制造过程，也重塑了我们对汽车性能和功能的期待。

1.2.1 软件与汽车设计初期阶段的关联

整车设计的初期阶段涉及概念的生成、初步设计、模拟和评估，软件不仅能加速这些过程，还能提高设计的准确性和创新性。软件在汽车设计最初阶段的核心作用体现在辅助设计师将创新思维转化为可视化的概念。利用先进的 CAD 软件，设计师可以迅速构建和修改车辆的三维模型，进行更细致和精确的设计工作。这一过程显著提高了设计的灵活性和迭代速度，使创意快速成型。

在初步设计完成后，软件被用来进行功能模拟和验证。通过 CAE 软件，工程师能够在数字环境中模拟各种物理和工程测试，如气动性能、结构强度和噪声振动与声振粗糙度（NVH）。通过运用软件进行模拟仿真，帮助团队在物理原型制作前识别设计中可能的问题和改进点。

软件还提供关键的数据分析和决策支持功能。通过收集和分析设计过程中产生的大量数据，软件能够提供有关性能、成本和可行性的洞见。这些信息对于指导设计方向、进行成本效益分析以及优化产品规格至关重要。

随着智能汽车和用户体验（UX）成为焦点，软件在设计车辆的用户界面和交互体验方面扮演着越来越重要的角色。使用专门的设计和原型工具，开发团队能够创造并测试用户界面（UI）、信息娱乐系统和控制面板布局，确保它们既直观又吸引人。

软件同时被用于评估设计对环境的影响，包括能源效率、排放以及使用的材料和工艺的可持续性。这有助于汽车制造商在设计阶段就考虑环保因素，符合日益严格的环保法规和市场需求。

综上，软件在汽车设计初期阶段起着不可替代的作用。它不仅使设计过程更高效、灵活，还推动了设计创新，帮助团队做出更明智的决策，并确保设计符合性能、成本和环境标准。随着技术的进步，软件在汽车设计初期阶段的作用将进一步加强，并引领更多创新。

1.2.2　软件在车辆系统集成中的角色

在车辆系统集成的过程中，汽车研发软件扮演着至关重要的角色。软件技术不仅使不同系统的有效沟通和协作成为可能，还确保整车性能的最优化和安全性能的提升。

首先，在概念设计与初始建模阶段，软件工具辅助工程师实现车辆整体机械、电子电气、液压等功能模块可视化，识别各个子系统，并确定初步的设计规范。在仿真与验证阶段，软件工具使工程师能够在虚拟环境中模拟不同条件和场景，以测试车辆系统的性能、可靠性和安全性，从而有效减少实际原型测试的次数和成本。动态性能分析也是一个重要方面，软件工具能够进行动力学、空气动力学、热管理和振动分析等多方面的评估，从而帮助优化车辆性能。在电气系统的设计与集成中，专门的软件工具用于设计电路、布线和电气架构，并进行仿真测试，以确保电气系统的可靠性和效率。在车辆的原型和生产阶段，软件工具用于测试和调试，包括实时监控、数据记录和分析工具，帮助工程师快速识别和解决问题，提高系统的稳定性和性能。

其次，系统集成是一个多团队协同工作的关键环节，研发软件工具提供了一个平台，使不同团队和部门能够协同工作，促进数据共享和设计同步，从而确保各个子系统的无缝集成。

再次，对于自动驾驶和智能系统的研发，软件工具提供了算法开发、传感器融合、路径规划和环境感知的仿真平台，支持从模型到代码的自动生成，加速了系统开发过程。

最后，软件工具支持产品生命周期管理（PLM），涵盖从设计、制造到维护的全过程，通过集成各个阶段的数据和流程，确保信息的一致性和可追溯性，从而优化产品管理。综上所述，通过使用这些软件工具，汽车研发团队能够更高效、更精确地进行系统集成，显著提升车辆的整体质量和性能。

软件技术在现代汽车的系统集成中不仅提高了车辆设计过程开发效率和系统安全性，还推动了车辆技术的创新发展。未来汽车技术中，软件技术在车辆系统集成中的重要性预计将持续增长，成为推动汽车行业向前发展的关键驱动力。

1.2.3　软件技术对研发效率和成本控制的影响

软件技术在提升汽车研发效率方面发挥着至关重要的作用，通过先进的设计和仿真工具，研发团队能够快速迭代设计，减少实物原型的需求和测试时间。例如，使用 CAD 和 CAE 软件技术，工程师可以在数字环境中进行详细的设计和性能测试，大幅缩短设计周期。PDM 和 SDM 软件通过集中管理设计数据和设计流程，确保数据一致性和可追溯性，同时提高设计重用性和模块化。此外，项目管理软件和协作工具（如 Jira 和 Confluence 等）有助于优化团队协作和项目跟踪，确保研发项目按时完成。

软件技术在控制汽车研发成本方面同样扮演着关键角色。通过精确的设计软件和仿真软件工具，可以在生产前发现和解决问题，减少昂贵的后期修改和返工费用。数据分析工具能够提供成本效益分析，帮助决策者做出经济有效的决策。例如，通过分析不同设计方案的成本和性能，可以选择最优的设计路径。PDM 和 SDM 通过有效的数据管理和流程控制，帮助团队避免设计错误和重复工作，进一步降低研发成本。

软件技术还促进了知识和资源的整合。通过集中的数据库和知识管理系统，能够更好地利用现有的知识和数据，避免重复工作，提高研发效率。PDM 通过整合设计资源和数据，支持跨学科和跨团队的协作，促进创新和效率的提升。同时，这些工具也支持全球团队的协作，使资源和专业知识得以跨地域共享，强化了全球研发网络的协同效应。

人工智能（AI）和机器学习（ML）技术融入的软件正越来越智能化，能够自动化许多烦琐的研发任务，如数据分析和测试，进一步提高效率并降低成本。同时，AI 驱动的软件技术能够提出创新的设计和解决方案，加速研发流程。

如今软件技术在汽车研发的效率提升和成本控制中起到了不可替代的作用，不仅能够加速设计和开发过程，还能够帮助企业更有效地管理资源和成本。随着技术的不断进步，预计软件在未来的汽车研发中将扮演更加重要的角色，进一步推动行业的发展。

1.3 软件技术在汽车研发过程中的作用和意义

在当今的汽车行业，软件技术已经成为推动数字化转型和智能化升级的关键因素。科技的飞速发展和市场竞争的加剧促使汽车研发中应用更多更智能化的软件。软件技术成为塑造现代汽车特性的主导力量。

1.3.1 提升创新能力和技术竞争力

在汽车行业，软件技术加速实现新的设计理念和技术应用，从智能化驾驶系统到电池管理技术，在每一个创新步骤中都发挥着关键作用。

软件工具，如 CAD 和 CAE，提供了强大的设计和工程分析能力，帮助工程师和设计师在短时间内探索和实现复杂的设计理念，不仅能够提高设计精度，也能够大幅缩短产品从概念到原型的开发周期。通过收集和分析大量的性能数据，软件技术使汽车制造商能够基于深入的洞见进行创新。这种数据驱动的方法有助于更好地理解市场需求和用户行为，从而开发出更符合市场和消费者期望的产品。通过集成的 CAD/CAM 系统，汽车制造流程变得更加高效，同时减少了物料浪费和生产成本，进一步提高了技术竞争力。

随着环境和可持续性成为全球关注的焦点，软件技术在开发更环保、更高效的汽车中发挥着关键作用。从电动车到混合动力车，软件在能源管理、驾驶效率优化和排放减少方面起着决定性的作用。软件技术还促进了汽车行业与其他领域的技术融合，如信息技术、人工智能和大数据分析。这种跨行业融合不仅开辟了新的创新途径，也为汽车行业带来了新的增长机遇。

1.3.2　对环保和可持续发展的贡献

随着全球对环境保护和可持续发展的重视日益增加,汽车行业正面临着转型的挑战和机遇。在这一转型中,软件技术不仅推动着汽车工业的绿色发展,也在塑造着未来汽车的环保标准。

软件在开发和实施节能减排技术方面扮演着核心角色。通过精确的仿真和建模软件,工程师能够设计出更高效的动力系统,优化车辆的气动特性,从而降低能源消耗和排放。此外,软件在电动汽车和混合动力汽车的能源管理系统中发挥着关键作用,提高能源利用效率,减少环境影响。智能化和自动化技术的发展,如自动驾驶和高级驾驶辅助系统(ADAS),通过优化驾驶行为和路线规划,有助于降低能源消耗和排放。软件通过实时数据分析和智能算法,能够提供更经济的驾驶建议,从而提高整体的能源效率。

软件技术还在支持使用可持续材料和优化生产过程方面发挥重要作用。通过高级的供应链管理软件和生产流程优化工具,制造商能够减少浪费、降低能耗,并提高生产过程的可持续性。在汽车行业向循环经济模式的转变中,软件技术在设计、使用和回收阶段都扮演着重要角色,可以帮助设计更易于回收和维修的汽车,同时支持老旧车辆的有效利用和回收。

软件技术还用于评估汽车产品和生产过程对环境的影响。通过生命周期评估(LCA)工具,制造商能够全面分析产品的环境足迹,从而做出更加环保的决策。

软件技术在推动汽车行业的环保和可持续发展方面发挥着不可替代的作用。通过创新的节能技术、智能化和自动化解决方案,以及对生产和材料使用的优化,软件技术正帮助汽车行业实现更绿色、更可持续的未来。随着新技术的不断发展,软件在实现汽车行业的环保目标方面的作用将越来越显著。

1.3.3　安全与性能的优化

在汽车研发中,系统安全与性能始终是最重要的考量之一。研发类软件在提升车辆研发过程中的安全性和性能优化方面发挥着至关重要的作用。通过软件进行的模拟和测试,可以在设计阶段识别潜在的安全隐患,确保在实际生产之前解决这些问题。例如,虚拟仿真软件可以创建真实的驾驶环境,帮助工程师分析不同设计对车辆安全和性能的影响。这种方法能够在早期阶段发现设计缺陷,避免在后续测试和生产中造成重大安全风险。同时,性能仿真可以评估动力系统的响应、燃油效率和操控性能,从而优化设计。使用软件进行故障模式和影响分析(FMEA)可以系统地评估各个组件的潜在故障及其对整体安全性的影响,确保每个环节都经过严格验证。

在安全标准的符合性验证方面,研发软件也起到了关键作用。通过自动化测试工具,工程师能够高效地执行大量测试,确保所有系统和组件满足行业安全标准。这不仅加快了研发进程,还提升了最终产品的安全性。此外,数据分析软件在收集和处理来自原型车的测试数据时,能够识别安全趋势、性能优化和改进机制,从而为设计改进提供数据支持。这种基于数据的决策方式,确保了车辆在研发阶段的安全性和性能得到持续关注和改进。

在汽车软件研发中,软件技术对安全性和性能的持续优化起着不可替代的作用。随着技术的进步,软件技术将继续在提升汽车安全性能、优化驾驶体验和支持新能源技术方面发挥关键作用,进一步推动汽车行业的发展。

CHAPTER 2

第 2 章
汽车研发软件发展历程

2.1 CAD 软件发展历程

CAD 技术起步于 20 世纪 50 年代，伴随着 CAD 技术的诞生，CAD 产业也开始萌芽发展。最初，CAD 软件主要用于工程设计和制造领域，通过计算机辅助完成设计、绘图和分析。在过去的几十年里，CAD 软件经历了持续的发展和改进。

近年来，随着云计算、大数据和人工智能等技术的兴起，CAD 软件也在不断演化。云 CAD 软件使设计师能够随时随地访问和共享设计数据，而基于大数据和人工智能的 CAD 软件则能够提供更智能化的设计建议和优化方案。总体而言，CAD 软件的发展历史可以总结为从二维到三维、从基本功能到高级功能、从个体设计到协同设计、从单机应用到云端应用的演进。CAD 软件的进步极大地改变了设计和制造行业，并促进了创新和效率提升。

2.1.1 国外 CAD 软件发展历程

1. 二维 CAD 软件

20 世纪 50—80 年代，二维 CAD 软件开始出现。

1957 年，Patrick J. Hanratty 博士在通用电气工作期间，开发了早期的 NC 编程软件 PRONTO（图 2-1）——一种用于数控刀具编程的软件。

1963 年，伊万·萨瑟兰（Ivan Sutherland）在其博士论文中创造了软件 Sketchpad（图 2-2）——一个开创性的计算机应用程序。

1965 年，Control Data Corporation 发布了第一个商用 CAD 软件 Digigraphics（图 2-3）。该软件是在 ITEK 早期 CAD 软件研究系统（名为"电子绘图机"，运行在 Digital Equipment Corp. 的 PDP-1 主机上）的基础上开发的，输入由激光笔完成。

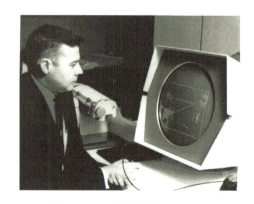

图 2-1　NC 编程软件 PRONTO

1971 年，二维 CAD 软件引入了自动绘图和加工软件 ADAM（图 2-4）。ADAM 是由

Patrick J. Hanratty 博士使用 Fortran 编写的交互式图形设计、绘图和制造系统，几乎可以在所有的机器上工作。

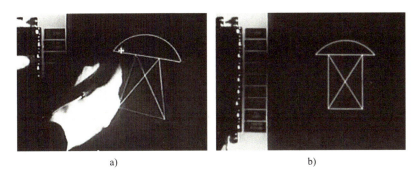

a)　　　　　　　　　　　　　　　　　b)

图 2-2　软件 Sketchpad

图 2-3　商用 CAD 软件 Digigraphics

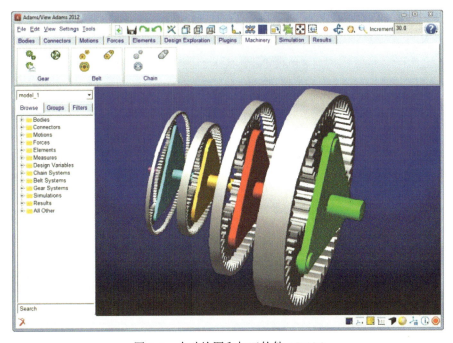

图 2-4　自动绘图和加工软件 ADAM

20 世纪 80 年代, Autodesk 公司开发出 AutoCAD 二维 CAD 软件, 用于二维绘图、详细绘制、设计文档。

1982 年 11 月, Autodesk 公司发布了 AutoCAD 的第一个版本, 提供简单的线条绘图功能, 没有菜单, 用户需要自己熟记命令, 运行于 DOS 操作系统。

1988 年 Autodesk 推出的第 10 个版本已经具有完整的图形用户界面和 2D/3D 绘制功能。

1991 年 Autodesk 推出的 R11 版增加了图纸空间、3D 实心体建模等功能。

1997 年, Autodesk 推出具有划时代意义的 R14 版, 摒弃了传统的 DOS、UNIX 平台, 面向已经成熟的 Windows 操作系统, 纯 32 位代码开发, 2D/3D 功能全面加强。

Autodesk 2008 提供了创建、展示、记录和共享构想所需的所有功能。它将惯用的 Auto-CAD 命令和熟悉的用户界面与更新的设计环境结合起来, 使用户能够以前所未有的方式实现并探索构想。

Autodesk 2009 整合了制图和可视化, 加快了任务的执行, 能够满足个人用户的需求和偏好, 能够更快地执行常见的 CAD 任务, 更容易找到那些不常见的命令。

AutoCAD 2017 提供了强大的新工具, 用于创建和编辑中心线与中心标记。用户可以从"注释"功能区选项卡访问"中心标记"和"中心线"工具。该版本提供了一个新的三维图形子系统, 稳定性和性能都得到了改善。

2. 三维 CAD 软件

20 世纪 80 年代, 三维 CAD 软件逐渐出现在公众视野中。1981 年, 法国 Dassault System (达索系统) 公司 (简称达索) 开发出 CAD/CAE/CAM 一体化软件 CATIA (图 2-5)。1982 年, 达索发布 CATIA V1, 主要用于航空和国防领域的 3D 建模和设计, 为工程师提供了一种全新的方式来创建和查看三维模型。

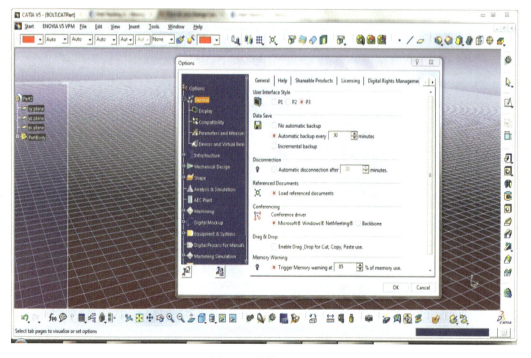

图 2-5　软件 CATIA

1993 年，达索发布 CATIA V4 版本，提供了一系列功能强大的工具，包括三维几何建模、装配设计、零件建模和绘图等。它具有广泛的功能和灵活性，可以满足复杂的设计和工程需求。

1988 年，PTC 公司发布了 Pro/ENGINEER（图 2-6）软件的第一个版本，其软件产品的总设计思想体现了机械设计自动化（Mechanical Design Automation，MDA）软件的新发展，如 2000i 版本中的行为建模和大型装配功能、2000i2 版本中的可视化检索和目的管理器、2001 版本中的直接建模和同步工程等。

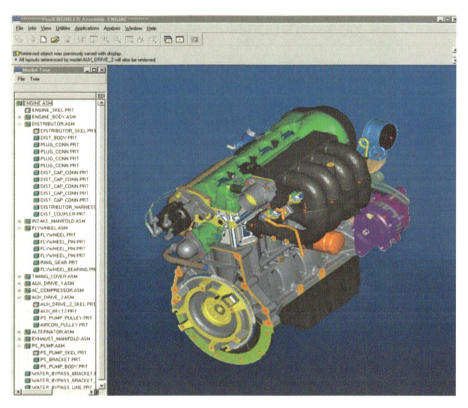

图 2-6　软件 Pro/ENGINEER

1998 年，SolidWorks 发布功能面板，与现在设计库功能类似，可以将一些预制特征拖放到模型，草图诊断可以帮助用户了解草图不适用于特定特征的原因，并实现了放样和扫掠的相切控制。SolidWorks 1999（图 2-7）能够在拖动零部件时对装配体进行实时碰撞检测，新增了 3D 草图介绍，发布了管道模块，其二维命令仿真器有助于缩小与 AutoCAD 的差距。

2001 年，SolidWorks 将阴影标注返回到模型中，允许使用柔性子组件，以进一步捕获精确的组件运动，引入了填充曲面命令，发布 DXF/DWG 导入向导和 3D Meeting，利用 Microsoft Live Meeting，允许通过屏幕共享进行实时同步会议。

2007 年 SolidWorks 发布 SWIFT 工具，可帮助设计人员动态查看模型出现问题或错误的原因，同时提供自动化解决方案，在组件中提供皮带、链条和齿轮等。SolidWorks 2008 如图 2-8 所示。

2012 年，达索发布 3DEXPERIENCE 平台。它基于云计算和协同工作的理念，为设计师提供了全新的体验和功能，具有更加现代化和直观的界面，支持实时协作和数据共享。

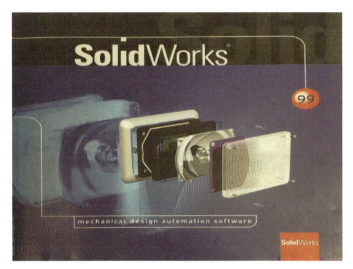

图 2-7　SolidWorks 1999

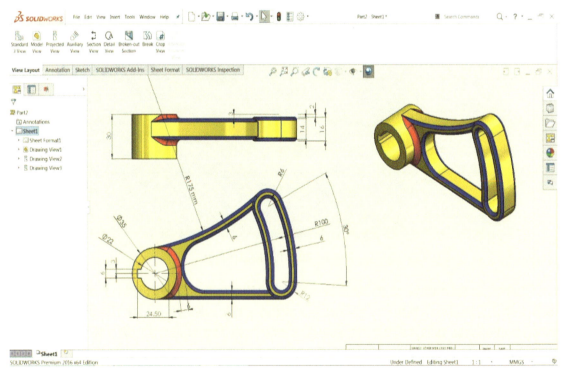

图 2-8　SolidWorks 2008

2012 年，SolidWorks 方程式编辑器经过全面检修，对用户更加友好；推出大型设计评审、功能冻结，使用户能够更好地控制性能；增加了钣金增强功能，如边缘法兰增加了更多选项，并引入了扫掠法兰，使成型工具更加人性化。

2014 年，SolidWorks 能够通过上下文工具栏快捷方式添加标准对接，"替换草图图元"使用户能够用新图元替换旧图元，同时保留下游参照，引入钣金中的放样折弯特征，能够创建圆锥圆角、样式样条曲线草图命令以及自动缩放草图等。

2015 年，SolidWorks 实现动态引用可视化，帮助用户了解父子关系，同时引入了选择集，以便于重复使用几何选择组合，能够直接进行 3D 打印。

2016 年，SolidWorks 重新设计用户界面，包括更好地支持高分辨率显示器；蓝色 / 灰色托盘默认为传统配色方案；引入了选择痕迹导航，使相关命令更易于访问；加入了 Mate Controller 工具，使用户能够更方便地捕获装配位置，能够全局替换失败的配接实体；引入线程功能；发布 PDM Standard 并添加 SolidWorks Professional 软件包；SolidWorks Visualize 作为独立的照片渲染应用程序发布。

2019 年，SolidWorks 显著提高装配性能，可简化从模型中删除细节以提高性能或保护知识产权的过程，能够按状态对队友进行分组、部分倒角和圆角，将图像转换为网格 / 凹凸贴图，从图像文件创建实际的 3D 几何图形等。

2021 年，SolidWorks 改进了遮挡剔除、侧面影像边缘和绘图以及快速配置切换的性能；重做功能得到巨大发展，并且使更改不会丢失；添加孔注解、编辑现有尺寸和注释，以及添加详图、断裂和裁剪视图；添加了颜色选择器，用于从外部应用程序选择外观颜色，可以在钣金零件的非平面切边上创建边缘法兰。

2022 年，SolidWorks 添加了新的螺柱向导，可轻松创建外螺纹螺柱特征、访问所有图形的详图模式；可以使用 SolidWorks 原生表格创建表格驱动的零件；改进了几何公差的用户界面，使创建更加直观。

三维 CAD 软件发展历程如图 2-9 所示。

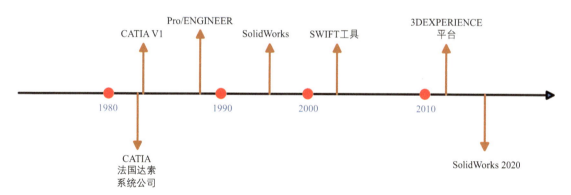

图 2-9 三维 CAD 软件发展历程

2.1.2 国内 CAD 软件发展历程

1. 二维 CAD 软件

（1）中望 CAD

20 世纪 80 年代，国家高度重视科技发展。为实现 CAD 软件技术的自主可控，清华大学计算机系的一批青年教师决定自主开发。

1983 年，以杨元春教授为首的研发团队选择了当时国内还无能力研发的大型机平台，开始自主开发工业设计功能的绘图系统。经过 4 年时间的不懈努力，中望绘图系统 V1.0 研发成功，实现了二维草图绘制、几何计算等功能。1988 年，中望绘图系统正式发布，标志着中望 CAD 软件的诞生。

1993 年，中望在成熟的二维 CAD 基础上，推出首个支持三维模型设计的模块，标志着正式向三维 CAD 软件的发展方向转型。

1996 年，中望 CAD 3D V1.0 正式发布。

2001 年，中望 CAD 发布参数化建模模块，可以进行参数化设计，大幅提升了三维模型设计的效率。

2004 年，中望进行产品线调整，在 CAD 软件基础上，面向不同用户群推出中望 CAD、中望 CAE 等系列软件，并统一产品命名为中望 3D。在汽车、航空、船舶等行业，中望 3D 开始大规模用于产品设计和仿真分析。

2013 年，中望发布了全面三维构造设计系统，进一步增强了国产软件在三维设计领域的能力。

中望 CAD 2018 版引入了全新的 DWG 2018 文件格式支持，并改进了模型视图、布局、实体显示等方面的特性。

中望 CAD 2020 版新增了多项三维建模、精细化设计和多线程计算工具，进一步提高了软件在三维设计领域的能力。

中望 CAD 2021 版新增了全新印章管理功能和零部件层控制，对于大型项目的 CAD 数据管理能力更强。

中望 CAD 2022 版新增了多视口样式，可以在当前视口中显示出多个视窗，方便用户同时查看不同部位的实体。

中望 CAD 2023 版（图 2-10）加入了全新设计器，对自定义 CAD 工具和分析方法具备更高的灵活性，同时提供可视化全局逆向工程、面板布局自定义及标准校验等功能。

图 2-10　中望 CAD 2023 版

（2）浩辰 CAD

20 世纪 90 年代，浩辰软件前身公司在北京成立，并推出浩辰 CAD 最初版 1.0 版本，其具有 2D 绘图功能。

2006 年，浩辰公司推出 ICAD 2006i，在三维渲染、实体重生、快速复制移动、图像偏移、图样对比五大领域都有了突破性提升。

2007 年，浩辰 CAD 推出 ICAD 2007i，其拥有友好的用户界面，符合国家最新标准的国标图库，汇集了机械制图中常用图形的绘制命令，提高了工程制图的绘制速度。此外，该版本还拥有标准化的工程标注、智能化的图样功能、人性化的用户定制等功能。

2009 年，浩辰软件推出第二代 CAD 软件——浩辰 CAD 2009。其拥有开放的二次开发环境，实现与二次开发软件的全兼容；主流打印机驱动内置，自动排图提高输出效率；完善的管理功能、人性化操作工具，给用户带来不一样的使用感受。

2010 年，浩辰软件推出浩辰 CAD 2010。其将国产 CAD 软件的存、读写速度记录提高到一个全新的水平；利用智能分析技术，首家实现 Vlisp 运行时兼容，使用户可以直接实现加载 VLX、FAS 常用工具程序。

2011 年，浩辰软件推出浩辰 CAD 2011。其可以用于绘制和编辑电气图表，如电路图和线路图，提供了丰富的电气符号库和工具；增加自动标注和尺寸功能；文件兼容性，支持多种文件格式，包括 DXF 和 DWG；多项选择和编辑功能，提供了一系列的多项选择和编辑工具，可以同时选择和编辑多个图形对象。

2012 年，浩辰软件推出浩辰 CAD 2012。其具有云存储支持功能，支持与云存储服务（如百度网盘、Dropbox 等）集成；二维和三维设计功能，提供了更多的 2D 和 3D 设计工具和功能；简化了工作流程，采用更简洁的用户界面，支持面向任务的工作流程；针对安全和稳定性进行了改进，降低了系统崩溃和数据丢失的风险。

2013 年，浩辰软件推出浩辰 CAD 2013（图 2-11）。其具有多线程处理能力，可以更好地利用多核处理器，提高绘图和编辑操作的速度和效率。

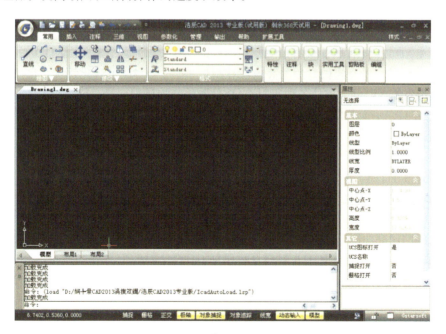

图 2-11 浩辰 CAD 2013

2019 年，浩辰软件推出浩辰 CAD 2019，其新增了移动端开发 App、三维纹理、实体建模、水印设置等实用功能。在二维绘图工具方面进行了相应升级，新增了多项绘图功能；在三维建模方面进行了优化，新增了多项三维建模工具，如模型捕捉、物体编辑、多重实体组合等。浩辰 CAD 2020 专业版应用示例如图 2-12 所示。

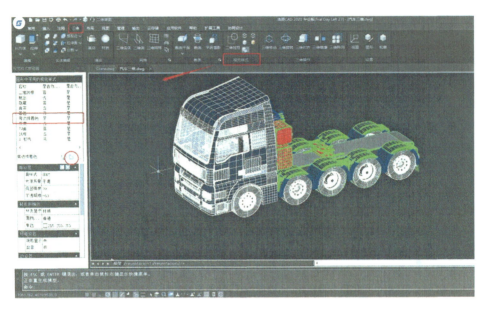

图 2-12　浩辰 CAD 2020 专业版应用示例

2. 三维 CAD 软件

依托目前国内最大的 3D CAD/CAM 研发团队，梅敬成博士主导开发了具有自主知识产权的 3D 精确几何工具——SINOVATION。通过引进、消化、吸收和再创新，该软件使得华天软件有限公司（简称华天软件）成为国内少数的具有全部源代码的 CAD/CAM 系统开发商。

在三维 CAD/CAM 领域，具有自主知识产权的三维 CAD 软件 SINOVATION，拥有全部软件源代码，可为用户量身定做专用的高效设计制造平台。在 3D 可视化领域，自主知识产权的三维轻量化浏览器 SView，支持各种通用 CAD 的数据直接读取。

2009 年 4 月，华天软件在北京正式发布了具有中国自主版权的 CAD/CAM 软件系统 SINO-VATION V1.0。

2011 年 5 月，华天软件完成并正式发布 SINOVATION V3.0，完善建模、装配、工程图功能，并全新开发了 DWG/DXF 接口，实现对 DWG/DXF 数据的最佳交换。

2012 年 3 月，华天软件完成并正式发布 SINOVATION V5.0，升级了 CAD 系统内核平台，新的平台支持充分发挥了 64 位操作系统高效能、支持多线程处理，提供直接建模、满足冲压模具设计需求的凹回避功能等。

2014 年 1 月，华天软件基于新平台发布 SINOVATION V6.0，提供主流的 Ribbon 界面，支持 Direct3D 显示技术，改进数据转换功能，支持实时预览及手动控标拖拽，提高了易用性和操作性等。

2014 年 12 月，华天软件完成并发布 SINOVATION 7.0，改进了操作性能，增加了钣金设计、铸造工艺设计、针对冲压模具的间隙设计等功能。

2015 年 12 月，华天软件完成并发布 SINOVATION 7.2，改进基础功能与操作性如插入零件、重心点提取、移动复制改进、基本基准面显示等，铸造工艺功能改进，间隙设计改进。

2018 年 12 月，华天软件完成并发布 SINOVATION 8.1，进一步加强了模具功能，增加了如 MISUMI 标准件的支持调用、STL 精确变形、模具结构设计 EDD 强化等。

2019 年 9 月，华天软件发布 SINOVATION 9.0，2020 年 7 月发布 SINOVATION 9.1，将平台改进的成果纳入，并重点支持冲压模具的 A 面重构，研发 Mold Creator 模块支持注塑模具设计等市场。

随着科技的进步和新兴技术的发展，三维 CAD 软件将会更加智能化，更加注重用户体验，更加便利和高效。例如，AI 技术可以实现自动化设计，根据用户的需求自动生成 3D 模型和设计方案。虚拟现实（VR）和增强现实（AR）技术的应用，将提供更加真实、立体的设计环境，让设计师以更直观、沉浸的方式进行交互和演示。云计算和大数据等技术的发展，为三维 CAD 软件提供了更大的发展空间，并使设计过程更加协同和高效。国产三维 CAD 软件也将逐渐向云端应用转型，实现在线模型管理、设计协作和数据交换等功能。

2.2 CAE 软件发展历程

CAE 软件作为现代工程领域中不可或缺的一部分，其发展历程蕴含着科技进步的奇迹和工程实践的智慧。自 20 世纪中期以来，CAE 经历了令人瞩目的演进，从最初的基础工具到如今的多领域、多学科的综合性平台，为工程设计和分析提供了无限可能。国际上，CAE 的发展早已突破了技术层面，成为全球工业制造、航空航天、汽车工程等领域的支柱性技术。而在国内，CAE 的崛起则在积极应对新时代工业转型升级的浪潮中，逐步揭开了国内工程科技的新篇章。本节通过深入探讨 CAE 在国际和国内不同领域的发展历程，介绍几款不同领域的重要软件，方便读者更全面地理解其对现代工程领域带来的深刻影响，同时也为后续的国内外对比研究奠定坚实基础。

2.2.1 国外 CAE 软件发展历程

1. 结构

在 CAE 的初期阶段，国外主要关注有限元方法在结构分析中的应用。早期有限元软件（如 Nastran 和 ANSYS）开始出现，用于模拟结构的力学行为。

20 世纪 80—90 年代，CAE 软件在结构领域得到了显著发展，包括非线性分析、疲劳分析等方面的研究。这一时期，有限元模型逐渐从简单的线性弹性模型发展到考虑非线性和动态效应的更复杂的模型。

目前，随着高性能计算和云计算技术的崛起，国外 CAE 软件得以处理更大规模、更复杂的结构问题。这为大型工程项目的仿真提供了更强大的计算资源，加速了结构设计和分析的过程。

ANSYS 中的 ANSYS Mechanical（图 2-13）是分析物体结构的软件，它创建了一个集成平台，该平台使用有限元分析（FEA）进行结构分析。ANSYS Mechanical 是一个动态环境，它拥有一系列

图 2-13　ANSYS Mechanical

完整的分析工具，从为分析准备几何图形到物理模型，以获得更高的保真度。ANSYS Mechanical 涵盖了线性动态分析的需求，以及快速解决方案的高级求解器选项。

2. 碰撞

国外 CAE 软件通过有限元分析结构强度和刚度等问题。20 世纪八九十年代，随着计算机技术的进步，碰撞仿真分析得以展开，其中有限元分析成为主要方法，能够更准确地预测结构在碰撞中的行为。

20 世纪末，各国开始制定更严格的碰撞测试标准，CAE 成为设计和验证碰撞安全性的重要工具。CAE 软件被用来预测车辆在碰撞中的性能，使得生产的各种设备质量满足法规标准。

进入 21 世纪，CAE 在碰撞仿真中更多地涉及多物理场耦合，使得仿真能够更全面地考虑碰撞中不同物理现象的相互影响，提高了对真实碰撞情况的模拟精度。

近年来，深度学习和人工智能技术的发展对碰撞仿真领域产生了积极影响，提高了对碰撞结果的预测精度。CAE 的未来发展方向可能是更加准确、高效的虚拟试验平台，为交通工具设计提供更全面、可靠的碰撞性能评估。

在碰撞方面，国外 CAE 软件层出不穷，其中 LS-DYNA（图 2-14）是一款由美国 Livermore Software Technology Corporation（LSTC）开发的用于碰撞仿真的有限元分析软件。LS-DYNA 在汽车碰撞仿真领域应用广泛。它能够模拟车辆在不同速度、角度和碰撞类型下的碰撞响应，评估车辆结构的刚度、强度和变形特性。这有助于进行车辆设计的优化，提高碰撞安全性。LS-DYNA 提供了丰富的材料模型，包括线性弹性、非线性弹性、塑性、破裂等模型，可用于模拟各种材料的行为。

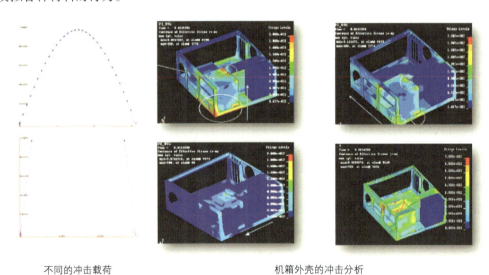

不同的冲击载荷   机箱外壳的冲击分析

图 2-14   LS-DYNA

3. 流体

CAE 软件在流体方面的发展趋势是对复杂流体行为的模拟，即从简单的流场分析到复杂的多物理场耦合问题分析。这些软件的独特之处在于对非结构化网格、流体 – 结构耦合、多物理场耦合等问题的处理能力，为工程师提供了强大的工具来解决实际问题。

20 世纪 50—60 年代初期，美国是计算机技术的先锋。数值模拟主要集中在结构力学方面，流体动力学的数值模拟相对较少。

20 世纪 70 年代，有限元法（Finite Element Method，FEM）的引入推动了流体动力学数值模拟的发展。早期的计算主要集中在对流等简单情形，如稳态、不可压缩流动。

20 世纪 80 年代初，美国的商业计算流体力学（CFD）软件公司 Fluent（现在为 ANSYS 的一部分）和 CD-adapco（现在为 Siemens 的一部分）成立。这标志着 CFD 商业软件的兴起，提高了流体动力学仿真的准确性和可靠性。ANSYS Fluent 如图 2-15 所示。

20 世纪 90 年代，对流体动力学仿真的要求变得更加多样化。多物理场耦合开始在流体动力学仿真中得到广泛应用，其中包括与结构、热传导等领域的耦合。

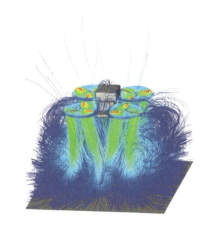

图 2-15　ANSYS Fluent

随着计算能力的提高，全球范围内的 CAE 软件开始利用高性能计算和云计算技术，使仿真过程更为灵活和可扩展。

21 世纪初，开源流体动力学软件，如 OpenFOAM，逐渐在全球范围内崭露头角，它提供了一个可定制和可扩展的平台。

2015 年左右，欧洲的研究和工程团队开始将 CFD 与优化方法结合，使得在形状优化和系统性能提升方面取得了显著进展。

2020 年，全球范围内的 CAE 软件应用在自动驾驶汽车的空气动力学优化方面发挥了关键作用。这涉及对车辆外形和空气流动的精细模拟，以提高燃油效率和降低空气阻力。

Star-CCM+ 是由 CD-adapco 公司开发的一款用于计算流体动力学和多物理场模拟的软件。

2004 年，CD-adapco 推出了 Star-CCM+，作为 STAR-CD 的下一代 CFD 软件。Star-CCM+ 结合了计算流体动力学和计算固体力学，提供了一个集成的仿真环境。

2010 年，Star-CCM+ 5.04 发布，进一步增强了并行计算能力和求解器性能。

2014 年，CD-adapco 发布了 Star-CCM+ 9.04，带来了更高效的自动化流程和更强大的后处理功能。

2021 年，Star-CCM+ 继续迭代更新，重点提升用户体验和仿真效率，增加了更多的自动化和优化工具。

2022 年，Star-CCM+ 持续引入前沿技术和新功能，如机器学习和人工智能辅助的仿真优化，进一步拓展其在流体力学和多物理场仿真中的应用领域。

4. 多体动力学

对于多体动力学问题，国外最初采用手工计算和实验的方法研究基本理论。

在 20 世纪 80—90 年代，出现早期的多体动力学软件，如 ADAMS 和 SIMPACK，通过图形用户界面实现对多体系统的建模和仿真。

20 世纪 90 年代末，引入有限元法，加强对柔性体的建模，软件能够更准确地模拟复杂系统的运动行为。

21 世纪初，多体动力学仿真软件逐渐实现实时仿真，成为虚拟样机的重要工具，广泛应用于汽车、飞机等领域。

目前，通过多学科耦合和仿真优化，软件能够与其他 CAE 工具进行耦合，实现更全面的系统设计和优化。

ADAMS（Automatic Dynamic Analysis of Mechanical Systems，图 2-16）是一款用于多体动力学仿真的软件，广泛应用于机械系统、车辆、飞机等领域。

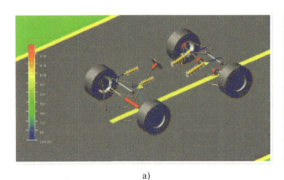
a)
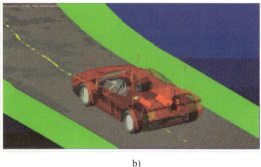
b)

图 2-16　ADAMS

5. 电磁

20 世纪 50 年代，国外出现早期的电磁场仿真软件，如 Ansoft Maxwell（图 2-17），通过数值方法实现电磁场建模和分析。20 世纪 70 年代初，有限元法在电磁场仿真中得到广泛应用，提高了对复杂几何形状和材料的建模精度。20 世纪 90 年代，针对通信技术和雷达系统的需求，电磁场仿真软件逐渐扩展到高频和微波领域，支持射频器件设计和分析。21 世纪，软件实现与其他物理场（如热、结构、流体等）的耦合，使得多物理场仿真成为可能。目前的 CAE 软件在电磁方面致力于设计优化和自动化，通过集成优化算法实现更高效的电磁设备设计。

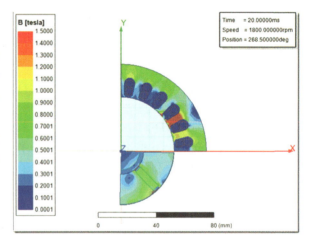

图 2-17　Ansoft Maxwell

Ansoft Maxwell 是 ANSYS 公司推出的一款电磁场仿真软件，用于解决电磁场相关问题，例如电感、电容、电感耦合器件、传感器、电机、变压器等。

Ansoft Maxwell 最早于 20 世纪 90 年代初推出，起初主要应用于电机和电磁设备的建模和仿真。该时期软件以其强大的电磁场求解器和直观的用户界面受到关注。

在初期的基础上，Ansoft Maxwell 逐渐引入有限元法，使得用户能够更准确地建模和分析电磁场问题。有限元法的引入为处理复杂几何形状和材料提供了更强大的工具。

随着通信技术和射频器件的发展，Ansoft Maxwell 在 21 世纪 00 年代扩展到高频电磁场仿真领域。这使得软件在无线通信、雷达系统等方面得到更广泛的应用。

进入 21 世纪 10 年代，Ansoft Maxwell 逐渐强调多物理场耦合和仿真优化。软件不仅能够模拟电磁场，还能与其他 ANSYS 软件模块进行耦合，实现对复杂系统的多学科仿真和优化。

Ansoft Maxwell 在实时仿真和虚拟样机领域取得了显著进展。软件能够模拟系统的实时行为，为虚拟样机的设计和测试提供了强大的支持，特别是在电动汽车、电机设计等领域。

6. 多物理场耦合

20 世纪 70 年代，美国早期的 CAE 软件研究主要集中在结构和流体动力学领域，如 NAS-TRAN。耦合仿真起初较为有限，但在 20 世纪 80 年代，有限元法的引入为多物理场的耦合仿真提供了更强大的工具，ANSYS 等公司的软件开始崭露头角。

20 世纪 90 年代，多物理场并行仿真得以发展，提高了计算效率，COMSOL 等软件在多物理场仿真方面有显著进展。COMSOL Multiphysics 的崛起标志着瑞典在多物理场耦合仿真方面的突出贡献。

瑞典 COMSOL 公司不断发展其 Multiphysics 平台，引入更多物理场的耦合仿真模块，扩大了其在多物理场耦合仿真领域的影响力。法国 CST Studio Suite 以其在高频电磁场仿真方面的优势，成为国际上电磁场仿真领域的重要工具。

近年来，各国致力于实时仿真和虚拟样机的应用，软件逐渐智能化，为多物理场仿真提供更全面的分析能力。深度学习和优化技术逐渐融入多物理场仿真，提高了仿真的准确性和效率。

21 世纪初，COMSOL Multiphysics（图 2-18）以有限元法为基础，支持结构力学和电磁场的耦合仿真。初期版本主要关注热、流体和结构等领域。随后，COMSOL 在电磁场仿真方面取得显著突破，成为高频电磁场仿真的领导者。这使得软件在射频器件、天线设计等领域应用广泛。

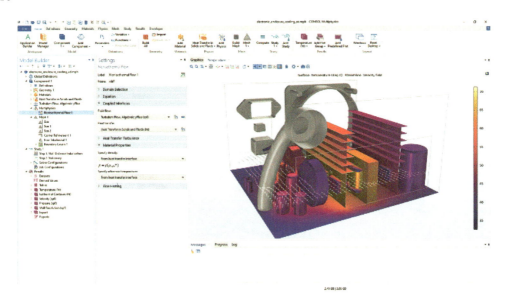

图 2-18　COMSOL Multiphysics

21 世纪 10 年代，随着版本的更新，COMSOL 引入了更多的多物理场整合模块，使用户能够更方便地在不同物理场之间建立耦合关系。这包括了结构与热、电磁与流体等多种组合。

近年来，软件版本加强了优化工具和参数研究功能，使用户能够更好地进行优化设计，通过研究参数对系统行为的影响进行深入分析。COMSOL Multiphysics 被广泛应用于电子、生命科学、材料、化工、汽车、航空航天等多个领域。用户可以针对各种问题进行复杂的多物理场仿真。COMSOL 提供了专门的教育和培训模块，支持学术界和工业界用户更好地利用软件进行仿真研究和工程应用。COMSOL 建立了庞大的用户社区，为使用者提供了交流和分享经验的平台。

2.2.2 国内 CAE 软件发展历程

1. 结构

21 世纪初，国内 CAE 软件逐渐引进和消化吸收国外先进技术，开始独立研发。有限元模拟在工程结构分析、设计和优化方面得到广泛应用。

目前，国内 CAE 软件在结构动力学和多物理场耦合仿真方面取得了显著进展。软件逐渐能够更全面地模拟结构在复杂工况下的响应。同样，国内 CAE 软件在高性能计算和云计算方面也在不断创新。通过云计算技术，国内 CAE 软件在处理大规模结构仿真取得了显著的进展。

大连英特仿真拥有刚柔耦合多体动力学、结构、流体、低频电磁、热、声学等多款自主研发的仿真分析软件：多物理场耦合软件是目前国内 CAE 自主软件产品中物理场完整度、耦合方法体系成熟度均领先的产品；建模与可视化平台产品能够实现全流程参数化建模及大规模并行可视化；综合仿真管理平台产品可以实现一站式 App 共享与发布，全生命周期管理与协同；通过无代码或少代码编程、自动定义界面等方式可以快速地形成各类专用软件；还拥有电机优化设计云平台产品、数字孪生软件、数字人软件等战略新产品。目前公司产品体系已包含三大系列，27 款软件，并已成功应用于航空、航天、核电、电子、电气、汽车、轨道交通、船舶等领域，助力解决行业面临的"卡脖子"问题。大连英特仿真旗下软件界面如图 2-19 所示。

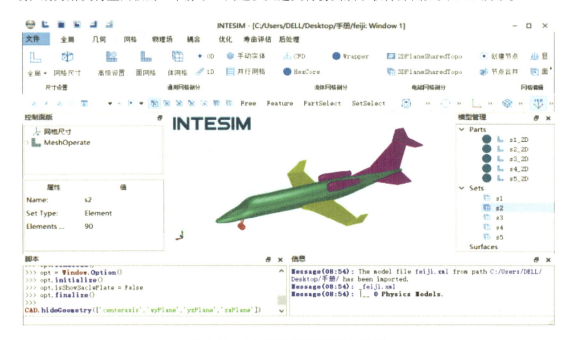

图 2-19　大连英特仿真旗下软件界面

2. 碰撞

我国在碰撞 CAE 研究方面，初期关注点主要在有限元分析的结构问题上。随着计算机技术的进步，在 CAE 碰撞仿真领域的应用逐渐增加，有限元分析成为主要方法。21 世纪初，我国也开始制定更严格的碰撞测试标准，CAE 成为设计和验证碰撞安全性的重要工具。随后国内 CAE 软件在碰撞仿真中也逐渐涉及多物理场耦合，提高了对真实碰撞情况的模拟精度。目前，我国和国际 CAE 软件逐渐接轨，也开始关注深度学习和人工智能技术在碰撞仿真中的应用，提高了对碰撞结果的预测精度。

近些年，在涌现出的众多国产 CAE 软件中，迈曦 CAE 逐渐发展壮大起来，其以 CAE 算法和单元理论、接触方法、CPU/GPU 异构并行技术、结构优化与设计、高维建模体系以及工业知识软件化方面的积累为技术核心，打造国产自主通用结构 CAE 分析软件平台、国产自主显式动力学分析软件、国产自主复杂装备的综合优化设计平台等核心产品。

MxSim.Dyna（图 2-20）是湖南迈曦软件有限责任公司基于 CPU/GPU 异构并行架构自主研发的高性能显式动力学仿真分析软件，可广泛应用于结构刚强度、冲击响应、接触碰撞、压溃吸能、弹击破坏、侵彻损伤、断裂失效、爆炸冲击等类型的数值仿真。MxSim.Dyna 采用先进的 CPU/GPU 异构并行计算，可快速有效完成大规模问题的求解分析，相比当前同类型软件具备多方面的优势。

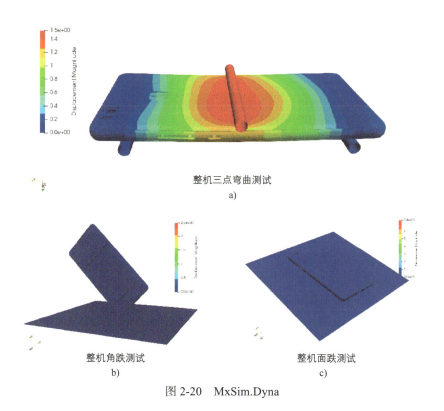

整机三点弯曲测试
a)

整机角跌测试　　　　　　　　　　整机面跌测试
b)　　　　　　　　　　　　　　　c)

图 2-20　MxSim.Dyna

3. 流体

20 世纪 80 年代初，我国开始在流体动力学领域进行研究。早期研究主要集中在基础理论和实验方面。

在 20 世纪 90 年代，我国开始引入计算流体力学（CFD）技术。一些大学和研究机构开始使用 CFD 软件进行流体动力学仿真研究。

21 世纪初，我国内开始研发国内的商业 CFD 软件，如蓝鲸 CFD、数博 CFD 等。这标志着我国在流体动力学仿真软件领域取得了一定的进展。在 2010 年左右，我国开始开展大规模、高性能计算的流体动力学仿真研究。这得益于我国在超级计算机技术方面的进步。

在 2015 年，我国的研究者和工程师开始积极参与国际流体动力学研讨会，展示了我国在流体动力学仿真方面的最新研究成果。2017 年，我国的一些研究机构取得了在流体 – 结构耦合方面的研究成果，这在汽车、风力发电等领域具有重要应用。2020 年，我国的 CAE 软件在新能源汽车和航空航天领域的应用日益增多。流体动力学仿真帮助优化汽车外形和飞机空气动力学性能。随着我国 CAE 软件技术的不断发展，一些国内软件公司逐渐实现了软件产品的国际化，加强了与国际市场的合作。这一时期的发展反映了我国在流体动力学仿真领域的逐步崛起。我国 CAE 软件逐渐走向成熟，应用领域也在不断扩展，为我国在科技创新和工程技术上的进步做出了贡献。

上海积鼎信息科技有限公司成立于 2008 年，是国产自主化流体仿真软件研发及技术服务领域的高新技术企业，自主开发的软件包括通用流体仿真软件 VirtualFlow（图 2-21）、行业专用流体仿真软件 CFDPro，此外还提供 CFD 软件定制开发、流体仿真解决方案，以及多相流测试设备与定制化平台开发。

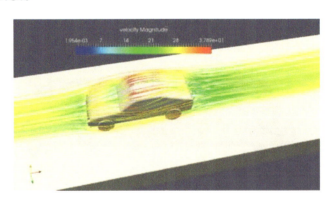

图 2-21　通用流体仿真软件 VirtualFlow

VirtualFlow 具有较大的软件优势。VirtualFlow 具备领先的 IST 网格技术：IST 网格技术导入 CAD 文件即可自动生成结构化网格，并且可根据分析需求对模型分块及局部加密，在保证精度的前提下，避免前处理部分大量重复性工作；IST 网格更加适合耦合传热计算；IST 网格更加适合运动物体计算。VirtualFlow 具备丰富的多相流模型：界面流问题，VirtualFlow 提供 VOF、Level Set 等模型；混合流问题，VirtualFlow 提供基于欧拉 – 欧拉体系的均相模型；离散相流体问题，VirtualFlow 提供欧拉 – 拉格朗日模型。VirtualFlow 具备格技术复杂流体模型，VirtualFlow 可满足非牛顿流体的计算需求，如石油化工领域常见的乳胶、水合物、沥青质，以及地质水利领域中的泥石流等，提供了多种黏塑性和黏弹性流体模型。VirtualFlow 水合物模型包括：生成模型、变异模型（轻碳至甲烷）、水合物形成中的释热模型、流变模型、分解模型、固体水合物融化模型。VirtualFlow 具备更多功能的拉格朗日粒子追踪方法，包括耦合 Langevin 湍流扩散模型、稀相模型、密相模型、粒子旋转、马格纳斯升力等多种模型算法，使颗粒流模拟更加准确。

在汽车交通领域，VirtualFlow 致力于汽车外流场空气动力学仿真。通过 BMR+IST 网格技术，VirtualFlow 可以对汽车整车进行详细的空气动力学仿真，获得详细的流场细节特征分布情况，使用户更好地理解整车的空气动力学性能，为气动减阻、降噪等问题提供帮助。

4. 多体动力学

20 世纪 80 年代，我国对多体动力学的研究主要借鉴国外研究成果，开始手工计算多体系统的运动方程。20 世纪 90 年代，我国开始引入计算机辅助建模，探索多体系统仿真的计算机化方法。

21 世纪初，我国科研机构和高校开始研发国产多体动力学软件，如蓝鲸多体动力学软件。我国多体动力学软件逐渐在汽车、航空、机器人等领域得到广泛应用，涉及了更多复杂系统的仿真和优化问题。

目前，国产多体动力学软件也积极参与国际合作，拓展软件功能，加强与国际标准的对接，并逐步实现软件的开放共享。

国产的多体动力学软件有云道智造、蓝鲸多体动力学软件、易多体动力学、富安达多体动力学软件等。当然，国产 CAE 软件在多体动力学方面发展相对较新，相对于国外的一些成熟软件仍然有一些差距。

例如，云道智造集网格剖分、隐式结构分析、显式动力学分析、流体分析、热分析、低频电磁分析、高频电磁分析、多体动力学分析、多学科优化分析、多物理场耦合分析等于一体，致力于打造高国产化 CAE 软件。

在多体动力学方面，云道智造 CAE 软件具有常用约束副、力元和柔性连接等功能，支持 HHT-I3 和隐式 Euler 积分器，能够进行多刚体动力学分析，可以与控制系统进行联合仿真，支持光滑和非光滑接触分析。同时，其具备仿真结果的实时显示和强大的后处理功能，具备多刚体动力学分析、有限元（网格）柔性体分析、光滑和非光滑接触分析，以及控制系统联合仿真功能。

5. 电磁

21 世纪初，我国科研机构和企业开始研发国产电磁场仿真软件，如时域有限差分（FDTD）等方法逐渐得到应用。随后，国产电磁场仿真软件逐渐在航空、电子通信、电气设备等领域得到广泛应用，扩展了应用领域。

目前，国内电磁场仿真软件积极参与国际合作，逐步实现软件的开放共享，并对标了国际标准。

蓝鲸电磁场仿真软件由中国科学院计算技术研究所（ICT）研发，广泛应用于电磁场建模、分析和优化，支持多种电磁场问题的求解。时域电磁场有限差分软件由国内多家高校和科研机构开发，采用时域有限差分方法，主要用于雷达系统、天线设计等领域。

天元电磁仿真软件由北京天元数码科技有限公司推出，广泛应用于电磁场、天线、微波等领域的仿真与分析。中电科电磁仿真软件是由中国电子科技集团公司研发的电磁场仿真软件，主要应用于通信领域的电磁场问题分析。

RDSim 是由霍莱沃自主研发的国产三维电磁仿真软件（图 2-22），具有多算法融合优势，实现针对各类电磁结构的高精高速仿真，并高度适配主流国产硬件、芯片及操作系统，支持用户通过交互式与参数化建模快速搭建仿真模型。RDSim 目前已可实现近亿级网格量的大规模计算，并成功在 HPC 超算平台上完成部署工作，实现万核以上的大规模仿真计算能力。RDSim

具备高精度快速计算功能，配备多种高精度算法及快速算法，满足任意形状与材质的仿真需求。

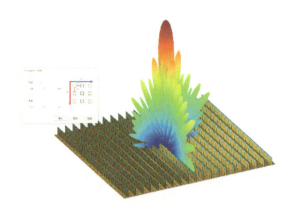

图 2-22　霍莱沃三维电磁仿真软件 RDSim

随着智能驾驶技术的发展与普及，汽车线缆、天线等布局越来越复杂，导致 EMC 问题也愈显突出。在对整个汽车进行 EMC 分析时，霍莱沃对影响整车 EMC 特性的因素进行细化，如车载天线、线束、电源等大功率设备、电机以及其他电磁设备，并考虑车体的影响，评估分析电子设备之间的电磁干扰和电磁敏感度问题；利用 EMCoS 仿真技术，实现从系统以及整车级的并行设计和 EMC 问题分析及优化。霍莱沃提供从 PCB 仿真、天线仿真、分析系统仿真到整车系统仿真一体化解决方案，帮助用户实现整个汽车系统的 EMC 特性评估。

6. 多物理场耦合

20 世纪 90 年代，我国 CAE 软件逐步引入计算机辅助建模，逐渐建立了一些仿真平台，但多物理场耦合较为有限。

21 世纪初，国内科研机构和企业着手研发国产 CAE 软件，中科天元等软件逐渐崭露头角。

近些年，国产 CAE 软件逐渐在航空、电子通信、汽车工程等领域得到广泛应用，但多物理场耦合方面还需不断发展。国内 CAE 软件积极参与国际合作，逐步实现软件的开放共享，提升软件的国际竞争力。

MxSim.Multiphy（图 2-23）是湖南迈曦软件有限责任公司自主研发的大型多物理场仿真分析软件，能够实现电磁、热、声等单场仿真分析及电磁 – 结构、电磁 – 热、结构 – 声的多物理场耦合仿真分板分析。MxSim.Emag 是 MxSim.Multiphy 体系中率先产品化的模块，主要面向低频电磁场仿真分析，支持静电场分析、直流电场分析、交流电场分析、静磁场分析、似稳电磁场分析、瞬态电磁场分析六大分析功能。

深圳十沣科技有限公司致力于高端研发设计类工业软件、数字孪生系统与仿真云服务平台自主研发及产业化。得益于雄厚的技术积淀及研发实力，公司已发展成为国产自主工业仿真软件领域代表企业之一。其研发的工业仿真软件如图 2-24 所示。

国际上，CAE 技术的不断发展，已经成为推动先进制造和科学研究的关键引擎，为全球工程实践带来了前所未有的便利与创新。而在国内，CAE 的快速崛起为国内工业转型和科技创新注入了新的活力。未来，随着技术的不断演化，我们期待 CAE 在解决世界性的工程难题和科学问题上贡献更多的智慧和力量。

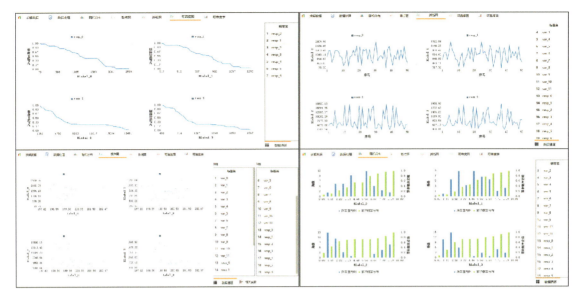

图 2-23　MxSim.Multiphy

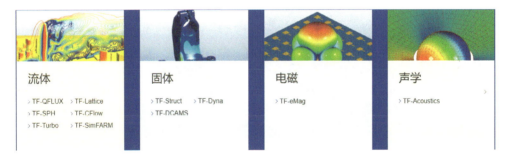

图 2-24　深圳十沣科技工业仿真软件

2.3　电控系统设计与仿真软件发展历程

电控系统设计与仿真软件是利用计算机并通过建立模型进行科学实验的一门多学科综合性制作软件，具备经济、可靠、实用、安全、可重复使用等特点。

2.3.1　国外电控系统设计与仿真软件发展历程

1. 系统设计

汽车系统设计软件的发展历程可以追溯到 20 世纪。20 世纪 60 年代，最初的汽车设计软件开始出现，主要用于简单的绘图和计算。随着计算机技术的进步，软件逐渐演变并增加了更多的功能。

进入 21 世纪，随着计算能力的进一步提升和软件技术的不断创新，汽车系统设计软件实现了更高级的功能和性能。例如，虚拟试验软件可以模拟车辆在各种工况下的性能表现，碰撞仿真软件可以评估车辆在碰撞中的安全性能并进行优化设计。

同时，智能驾驶和车联网的兴起，也推动了汽车系统设计软件的发展。人工智能和机器学习的应用使得软件可以更好地处理大数据和复杂的算法，实现自动驾驶和智能交通系统的设计和优化。

总而言之，国外汽车系统设计软件经历了从简单绘图和计算工具到多功能、智能化的演变过程，不断为汽车工程师提供更强大的工具和支持。

ANSYS 界面如图 2-25 所示。

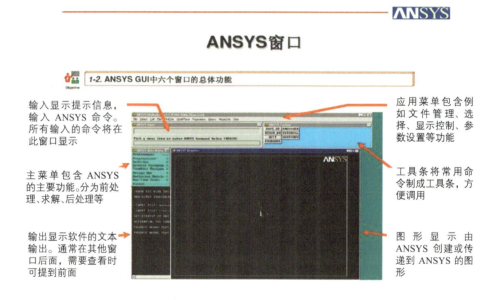

图 2-25　ANSYS 界面

PAM-CRASH 软件起源于旨在模拟航空航天和核应用的研究。在 VDI（Verein Deutscher Ingenieure）于 1978 年 5 月 30 日在斯图加特举办的一次会议上，ESI 集团模拟了一架军用战斗机意外坠毁到核电站的实验。德国汽车制造商注意到并测试了几个新兴的适用性商业碰撞模拟代码，使用该软件的前身代码模拟了一个完整的乘用车结构在夜间运行的正面碰撞——这是第一次成功的全车碰撞模拟。该软件支持多种碰撞类型，包括正面碰撞、侧面碰撞、倾斜碰撞等，以及不同速度和角度的碰撞情况。PAM-CRASH 被广泛应用于汽车工程领域，用于分析和评估车辆在各种碰撞情况下的变形和应力分布，以及预测乘员的安全性能。

20 世纪 90 年代中期—21 世纪初是数学建模和仿真工具取得显著进展的时期。在这个阶段，诸如 MATLAB/Simulink 等数学建模软件作为汽车工程中的关键工具，推动了整车设计和控制系统优化的快速发展。

MATLAB（图 2-26）的首个版本发布于 1984 年。Simulink 首次亮相于 1990 年，是 The MathWorks 公司开发的用于动态系统和嵌入式系统的多领域模拟和基于模型的设计工具，常集成于 MATLAB 中，与之配合使用，其为工程师提供了强大的数学建模和仿真能力。MATLAB 作为一种高级编程语言，允许工程师通过编写脚本来建立复杂的数学模型，包括车辆动力学、发动机性能、传动系统等方面；而 Simulink 则通过图形化界面提供了直观的仿真环境，使工程师能够更容易地建模和仿真整车系统，这为车辆控制系统的设计和验证提供了有力的支持。MATLAB/Simulink 可以用于建立汽车系统的数学模型：工程师可以利用 MATLAB 进行数据处理和算法开发，对传感器数据进行分析和处理，以及优化算法设计；Simulink 则提供了一个可视化的环境，支持系统级建模和仿真，包括动力总成、车辆动力学、电气系统等。通过搭建模型并进行仿真，工程师可以评估不同设计方案的性能，并逐步优化系统设计。MATLAB/Simulink 还可以用于控制算法的开发和验证：工程师可以使用 Simulink 进行控制策略的建模和仿真，包括发动机控制、制动控制、转向控制等。通过与实际系统的集成仿真，工程师可以验证和优化控制算法的性能、鲁棒性和稳定性。

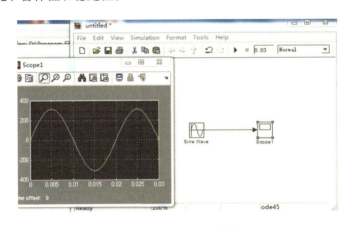

图 2-26　MATLAB 界面

AVL Cruise 最初发布于 1994 年，是由奥地利 AVL 公司并发的一款专业的车辆动力学模拟软件，主要用于对车辆传动系统和发动机的开发。CRUISE 软件可以用于车辆的动力性、燃油经济性以及排放性能的仿真，其模块化的建模理念使得用户可以便捷地搭建不同布置结构的车辆模型，其复杂完善的求解器可以确保计算的速度。

在这个阶段，数学建模和仿真工具的发展不仅提高了整车设计的准确性和效率，还为探索先进的控制系统和电气系统提供了平台。车辆制造商和供应商能够更加灵活地应对市场需求和技术变革，加速新技术的应用和推广。这一时期的进展为后续整车系统仿真软件的综合发展奠定了坚实的基础。

2. 仿真

自 20 世纪初至今，国外汽车仿真软件经历了持续的发展过程。

在 20 世纪 60 年代，最早的汽车仿真软件问世，主要用于研究车辆动力学和行驶性能。

20 世纪 80—90 年代，汽车仿真软件开始应用于更广泛的领域，包括安全性评估、碰撞测试和驾驶员行为模拟等。

进入 21 世纪，随着虚拟现实技术和计算能力的提升，汽车仿真软件逐渐发展出更高级的功能，如实时交通流模拟、自动驾驶系统测试和智能交通管理。当前，国外汽车仿真软件已成为汽车设计、车辆安全和交通规划等领域不可或缺的工具，并持续推动着汽车技术的创新和进步。

2010 年代中期—2020 年代初是全球综合仿真软件崛起的时期。这一阶段见证了综合仿真软件的广泛应用，为整车设计和优化提供了更全面、高效的工具。综合仿真软件如 GT-SUITE、

AMESim、Ricardo IGNITE 等成为主流工具。

GT-SUITE 是由美国 Gamma Technologies 公司开发的多物理场仿真分析系列套装软件。该产品主要应用于车辆行驶系统分析、热管理系统分析、空调系统分析、锂电池 / 燃料电池电化学分析、发动机仿真分析、多体动力学分析等领域。GT-SUITE 基于物理学原理和实验数据，通过建立数学模型来模拟汽车系统在不同工况下的运行情况。它能够对内燃机、电动机以及其他动力总成组件进行建模和仿真，评估其性能、燃料经济性和排放特性，帮助优化动力总成设计和控制策略。

AMESim（图 2-27）最早由法国 Imagine 公司于 1995 年推出，2007 年被比利时 LMS 公司收购。AMESim 提供了强大的建模和仿真功能，能够准确模拟系统的动态行为、能耗、性能等重要参数，能够对整车系统、动力总成、传动系统、悬架系统、制动系统等进行精确的仿真。

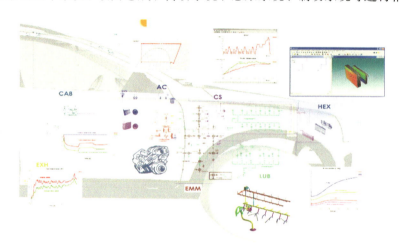

图 2-27　AMESim 界面

Ricardo IGNITE 软件首次发布于 2011 年，由英国的 Ricardo Software 公司开发。Ricardo IGNITE 是一款先进的内燃机系统仿真软件，专为汽车和发动机工程师而设计。

2.3.2　国内电控系统设计与仿真软件发展历程

20 世纪，中国的计算机科技和软件产业发展相对较为有限，特别是在汽车领域的系统设计与仿真软件。在那个时期，中国主要集中精力于基础科研和技术引进，对于高度专业化的汽车领域，没有涌现出大规模的系统设计与仿真软件。随着时间的推移，中国在科技领域的投资增加以及技术水平的提高，相关领域的软件工具也开始逐渐涌现。

1. 系统设计

在系统设计方面，武汉菱电汽车电控系统股份有限公司（简称菱电电控）在国内处于领先水平。

2003 年，菱电电控有限公司成立，初期主要专注于传统汽车电子和发动机控制系统的开发和设计。其早期产品主要涵盖发动机控制单元（ECU）等基础汽车电子控制系统。

2010 年，菱电电控开始涉足新能源汽车电控系统的研发，着眼于电动汽车市场的未来发展。

2013 年，菱电电控成功推出首款新能源汽车电控系统，包括电机控制器和电池管理系统（BMS），实现了从传统汽车电子向新能源电控系统的技术转型。

2015 年，菱电电控与申万宏源的合作使得公司在资本和资源上获得了更强的支持，进一步增强了电控系统的研发能力，开始布局智能化和集成化的电控系统设计。

2017 年，菱电电控实现了新能源汽车电控系统的大规模量产，涵盖整车控制器（VCU）、电机控制器（MCU）和电池管理系统（BMS）等关键电控单元。

2020 年，菱电电控推出新一代新能源汽车电控系统，重点提升了系统的集成化和智能化水平。新的电控系统采用先进的控制算法和更高效的功率电子技术，提高了系统的性能和可靠性。

2021 年，菱电电控在新能源汽车市场的份额不断扩大，电控系统技术得到广泛应用和认可。菱电电控开始涉足智能驾驶电控系统的设计和研发，包括自动驾驶控制器（ADCU）和高级驾驶辅助系统（ADAS）。

2022 年，菱电电控开始向国际市场拓展，向海外汽车制造商提供高性能的电控系统。菱电电控在全球范围内建立了研发和生产基地，提升了产品的国际竞争力。

2023 年，菱电电控加大研发投入，重点攻关智能驾驶和自动驾驶电控系统的核心技术。新一代电控系统融合了人工智能和大数据技术，显著提升了系统的自主决策和控制能力。

通过持续的技术创新和市场拓展，申万宏源 - 菱电电控在电控系统设计方面已经取得了显著的成就，并将在未来的汽车电控系统市场中发挥更加重要的作用。

2. 仿真

北京神州普惠科技有限公司（简称神州普惠）创建于 2003 年，是致力于仿真模拟训练、AI 大数据、海洋科技装备领域的高新技术企业。

2004 年，神州普惠开始自主研发 DWK 仿真开发软件，开始自主研发半实物仿真机。

2005 年，神州普惠 App-RT 半实物仿真机研制成功，次年武器开发平台 DWK1.0 版正式发布。

2010 年，神州普惠仿真资源管理系统 AppSRM1.0 版本正式发布，三维可视化协同定制软件 AppSE1.0 版本正式发布。

2017 年，神州普惠进行了基于高端装备复杂系统设计与研制的仿真测试系统产业化项目。

当前，国内外系统设计与仿真软件正朝着更智能、更高效的方向发展。人工智能、云计算等新技术的融合为仿真软件带来了新的发展机遇，使其能够更好地应对复杂系统的建模与仿真需求。同时，开源仿真工具的兴起也为开发者提供了更灵活的选择。总体而言，国内外系统设计与仿真软件的发展历程表明，这一领域不断演进，持续为各行业提供支持和推动创新。

2.4　测试验证与标定软件发展历程

随着汽车技术的不断进步和消费者对汽车安全性、性能和可靠性的日益关注，汽车研发领域对于测试验证软件的需求也变得越发重要。测试验证软件在汽车研发过程中起到了至关重要的作用，它能够通过模拟和仿真技术有效评估汽车系统的性能和可靠性，并帮助研发人员发现并解决潜在的问题。

过去，传统的汽车测试方法主要依赖于物理试验和实际道路测试，这种方法不仅耗时费力，还受到成本和安全性的限制。然而，随着计算机技术和软件工程的快速发展，测试验证软件为汽车研发带来了一种更加高效、准确且经济可行的方式。通过模拟和仿真技术，研发人员可以在虚拟环境中对汽车系统进行全面的测试，从而大大减少了物理试验的成本和时间消耗。下面以模型代码测试验证、车载网络测试验证、仿真测试验证和安全测试验证四种不同类别的软件为例，简要介绍汽车测试验证软件的发展历程。

2.4.1 国外测试验证与标定软件发展历程

1. 模型代码测试验证软件

汽车模型代码测试验证软件的发展经历了从手工测试到软件仿真、自动化测试、模型驱动开发以及敏捷开发和持续集成的阶段。这些不断积累的进步大大提高了测试效率和质量，从而进一步提高了汽车软件开发和测试的可靠性。

20 世纪 80 年代，汽车制造商就开始使用传统的手工测试方法，即工程师手动检查和验证代码的正确性。

到 20 世纪 90 年代，由于计算机的出现和发展。基于计算机的软件仿真根据开始出现。以计算机软件为基础的工具也开始在汽车模型代码测试上使用。如 MATLAB/Simulink 等，用以进行部分代码测试。此外，还开始涉及虚拟仿真，使用计算机模拟车辆的行为，并执行测试用例。

进入 21 世纪，汽车行业开始引入更高级的软件仿真工具，如 dSPACE、NI LabVIEW 等，用于建模和验证车辆电子控制单元（ECU）的功能和性能。另外，测试部门也逐渐采用自动化测试工具和框架，如 VectorCAST、Rational Test RealTime 等，自动执行测试脚本并生成测试报告。此外，还引入了软件开发流程的标准化，如 Automotive SPICE，以确保软件的质量、可靠性和安全性。

21 世纪 10 年代，模型驱动开发（MDD）开始在汽车行业广泛应用，使用建模工具（如 AUTOSAR、Simulink 等）将车辆行为和功能以模型的形式进行描述，并生成可执行的模型代码。还引入了面向测试的开发方法，如测试驱动开发（TDD）、行为驱动开发（BDD）等，以确保测试的准确性和覆盖率。更先进的自动化测试工具也趋于成熟，开发了更多的自动化测试方法和技术，如模型覆盖分析、代码静态分析、负载和压力测试等。

国外对于模型代码测试软件的研发起步较早，投入较多。因此，各种形式、性能的软件层出不穷，下面以三款功能更强大、研发更成熟的软件为例进行介绍。

（1）MATALB

20 世纪 70 年代中期，美国伊利诺伊大学的数学家 Cleve Moler 和其同事一同开发了用于解决特征值问题和线性方程组求解问题的 EISPACK 和 FOETRAN 程序库，以简化数值线性代数的计算。这两个库一经推出便成为当时最高水准的矩阵运算库。在之后的授课过程中，Cleve Moler 在课堂中将这两个程序库教与学生使用，但是他发现学生在编写接口程序时相当麻烦，因此，他利用业余时间为程序库编写了接口程序，并取名为 MATLAB。

20 世纪 80 年代，随着时间的推移，Cleve Moler 意识到 MATLAB 可以发展为一个全面的科学计算平台。于是，在 1983 年，他与 Steve Bangert、Steve Kleiman、John Little 等人一起，利用 C 语言系统地编写了第二代 MATLAB 专业版，在第一版的基础上增加了数值计算和图形显示的功能。次年，Cleve Moler 和 John Little 成立 MathWorks 公司并正式发行了 MATLAB 的第一版，至此，MATLAB 正式进入公众视野。

20 世纪 90 年代，MATLAB 得到了迅速的发展。在 20 世纪 80 年代末和 90 年代初，该软件通过友好的用户界面、高效的数据处理和可视化功能，迅速赢得了广泛的用户群体。随着用户基数的增加，MathWorks 也开始积极收集用户反馈，并不断改进软件的功能和性能。1992 年，MathWorks 发布了第一个图形用户界面（GUI），使得 MATLAB 更加易于使用。这一突破极大地提高了软件的用户友好性，并吸引了更多的科学家和工程师使用 MATLAB 进行各种计算任务（图 2-28）。

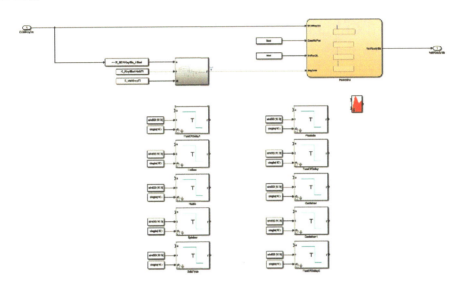

图 2-28　MATLAB 中的 Simulink 模型验证

（2）AVL CRUISE

AVL CRUISE 提供对汽车动力学模型的仿真（图 2-29）和建模能力，可以模拟汽车的运动学和动力学行为。AVL CRUISE 还支持驱动系统和控制策略的开发、测试及优化，帮助研发人员设计高效的动力系统和先进的控制算法。此外，AVL CRUISE 还提供整车性能评估的功能，能够对车辆的燃料经济性、排放性能和驾驶性能进行模拟和评估。

20 世纪 90 年代，AVL CRUISE 的发展便已经开始起步，在当时，主要功能为以燃料电池经济性分析和排放模拟为主。随着时间的推移和技术的进步，AVL CRUISE 软件得到了持续的更新和改进，不断增加新的功能和工具。

进入 21 世纪，AVL CRUISE 逐渐发展为一个功能强大的多领域仿真平台，并逐渐广泛应用于汽车和动力系统研发领域。之后，AVL CRUISE 的技术愈发成熟，进行了包括更新用户界面、增加更多的模型库和工具，以及引入模块化和定制化等改进。2017 年，AVL CRUISE 引入了燃料电池整车模型和燃料电池包模型，为新能源汽车的仿真测试提供了更便捷的环境。

（3）dSPACE

dSPACE 是一种集成化的开发和测试环境，提供了广泛的硬件和软件工具，并且支持基于模型的设计和测试流程。dSPACE 在汽车研发中扮演着重要的角色，为研发人员提供了完整的开发和测试环境，进行模型和代码的验证和优化，以确保汽车电子控制系统的可靠性和功能性（图 2-30）。

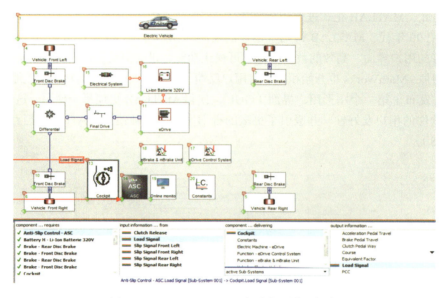

图 2-29　AVL CRUISE 汽车动力学模型仿真

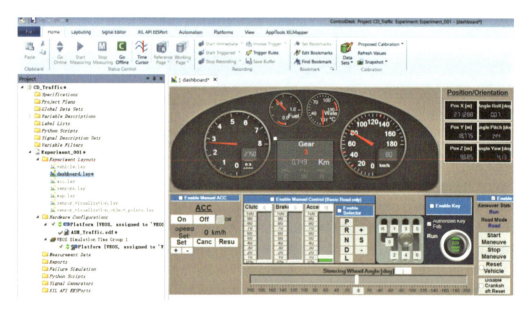

图 2-30　dSPACE 汽车仿真

20 世纪 90 年代，刚成立四年的 dSPACE 公司发布了自己的首个产品，即 dSPACE 卡片式硬件（DS1101），可用于便携式原型开发。其新一代的硬件平台 dSPACE DS1003 很快面世，具备更快的数据处理速度和更大的处理器存储容量。

进入 21 世纪后，dSPACE 公司推出了 dSPACE RTI（Real-time Interface）技术，该技术能够直接通过 Simulink 与硬件进行实时通信，极大提升了处理速度，此外，dSPACE 还加入了可用于显示 3D 动画的 MotionDesk，用以实现更好的测试显示。2007 年，dSPACE 引入了基于 Eclipse 的开发环境和实时汽车仿真模型，用于支持 AUTOSAR（汽车软件架构）标准。2019 年，dSPACE 公司成功收购 Understand.ai，同时，将人工智能的知识与原有产品相结合，用于支持自动驾驶和高级驾驶辅助系统的开发和测试。

2. 车载网络测试验证软件

20 世纪 90 年代，CAN 总线开始在汽车领域得到广泛应用，为汽车车载网络测试验证软件的发展提供了基础。初步测试工具和方法（如逻辑分析仪、信号发生器等，用于检测通信和信号传输）开始出现。

到 21 世纪，基于 CAN 总线的通信协议逐渐趋于标准化，如 J1939、OBD-Ⅱ 等，极大地推动了网络测试工具和框架的开发。同时也引入网络通信测试工具，如 CANalyzer、CANoe 等，用于模拟和检查网络通信的正确性和性能。此外，Ethernet 和 FlexRay 等新型网络标准的测试需求也逐渐增加，引入了相应的测试工具。

21 世纪 10 年代，汽车系统变得越来越复杂，测试需求也不断增长。此时自动化测试工具和框架，例如 Vector CANoe、Intrepid Control System 等被引入，用于编写和执行测试脚本，检查网络通信的正确性和性能，同时，安全测试也开始受到重视。安全测试工作包括网络入侵测试、漏洞扫描等，行业开始采用自动化安全测试工具以提升效率和准确性。

如今，随着 AI 和机器学习技术的发展，智能化测试和云测试成为主流，并开始应用于测试软件中，用于测试方案的智能化设计、缺陷预测和自动化测试。智能化测试工具和框架的使用，例如 Veripark、SmartMDT 等，可以帮助进行智能能力测试（如预测、优化和智能自适应功能内的行为）。模型驱动测试也逐渐得到应用，在需要测试多种新型技术的系统中更加普及。在这些系统中需要进行的模型驱动测试工作包括：自动驾驶控制、电子制动、车身控制、车辆网络和燃料电池等。

在汽车车载网络测试软件的发展历程中，从 20 世纪 90 年代的 CAN 总线应用开始，到 21 世纪初网络通信测试工具的引入，再到 21 世纪 10 年代的自动化测试和注重安全测试，以及 21 世纪 20 年代的智能化测试和云测试的兴起，该领域不断演进。测试工具和框架的发展使得测试更准确、高效，进而有效应对日益复杂的汽车系统需求。未来，预计还将出现更多的创新技术和方法，推动汽车车载网络测试软件的持续发展。下面以两款软件为例进行介绍。

（1）CANoe

CANoe 可用于汽车研发中的通信网络仿真和测试、功能开发和验证、车辆网络分析和诊断等网络通信问题，提高车辆系统的稳定性和可靠性（图 2-31）。

20 世纪 90 年代，Vector 公司在 1996 年首次发布了 CANoe，最初仅支持 CAN 总线的开发和测试功能。1999 年，Vector 公司开发了 CANoe.LIN 和 DENoeLIN，支持了新的通信协议 LIN（Local Interconnect Network）标准，还支持其他的 LIN 标准。

进入 21 世纪后，CANoe 持续更新。2006 年，CANoe7.0 发布，实现了支持以太网通信协议的开发和测试功能。2015 年，CANoe 9.0 发布，引入了更多的互联功能和支持，包括新兴的车载以太网标准（如 AUTOSAR Ethernet 和 BroadR-Reach）。

（2）CANalyzer

CANalyzer 同样是由德国 Vector 公司研发的另一款车载通信分析软件（图 2-32）。

20 世纪 90 年代初，德国 Vector 公司首次发布的车载通信分析软件 CANalyzer，可以实现数据分析和诊断、性能评估和优化、通信仿真和测试等主要功能。1992 年，Vector 公司发布了第一个版本的 CANalyzer，主要支持简单的 CAN 总线的通信分析功能。同样在三年后，CANalyzer 2.0 版本发布，引入了对 LIN（Local Interconnect Network）通信协议的支持。

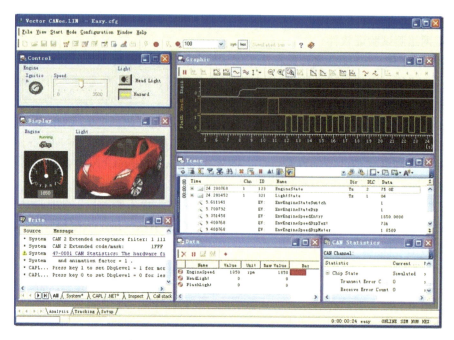

图 2-31　CANoe 通信网络仿真和测试

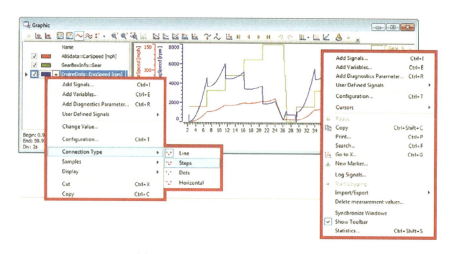

图 2-32　CANalyzer 车载通信分析

进入 21 世纪之后，CANalyzer 在 2004 年更新到了 6.0，支持了 CAN FDR（Flexible Data Rate）通信协议，适应了更高速率和更大数据量的通信需求。2010 年，CANalyzer 继续更新，增强了对 AUTOSAR（Automotive Open System Architecture）标准的支持，至此，后续版本均搭载了 AUTOSAR 标准，以适应现代汽车系统的开发和测试。

3. 仿真测试验证软件

早在 20 世纪 70 年代，就已经有公司开始使用数学建模技术来模拟和分析汽车系统的性能与行为，并基于此开发了基于物理学原理的仿真软件，如 MATLAB 和 Simulink 等，用于模拟车辆的动力学、控制系统等。

20 世纪 80 年代，多体动力学仿真软件，如 ADAMS 和 CarSim 等被引入，用于模拟车辆的运动和悬架系统。还开始使用计算流体力学软件，如 FLUENT 和 STAR-CD 等，用于模拟车辆的气动性能和风阻等。

20 世纪 90 年代，有限元分析软件开始进入人们的视野，如 ABAQUS 和 ANSYS 等，用于车辆的结构分析和应力载荷评估。此外，更加综合的车辆系统建模和仿真软件，如 CarSim 和 GT-Suite 等也被开发出来，用于整车性能评估和优化设计。

进入 21 世纪后，虚拟试制（Virtual Prototyping）技术被引入，其将各个系统的模型进行整合，实现全车级的仿真。完整的汽车电子控制单元仿真软件，如 dSPACE 和 ETAS 等也被研发出来，用于开发和测试车辆的电子系统。

到 21 世纪 10 年代，仿真测试验证软件开始融合智能化技术，如机器学习和人工智能，在仿真过程中实现智能决策和优化。伴随着云基础设施和分布式计算的发展，使得大规模仿真和协同仿真成为可能。更高级的车辆仿真平台，如 CARLA 和 Apollo 等也如雨后春笋般开始出现，用以支持自动驾驶汽车的仿真测试和验证。以下面两款软件为例进行简要介绍。

（1）CarSim

20 世纪 80 年代，密歇根大学的科学家 Michael Sayers 博士设计并实现了一款用于自动生成车辆整体模型和其各系统代码的代码生成器（AutoSim），这也就是 CarSim 的前身。

20 世纪 90 年代初，Mechanical Simulation 公司成立，并着手在 AutoSim 的基础上进一步研发 CarSim（图 2-33）。1996 年，CarSim 1.0 发布，其主要关注车辆动力学仿真以及车辆稳定性等方面的分析。到 1998 年，经过不断的研发，CarSim 更新到了 2.0。CarSim2.0 引入了悬架系统模型和制动系统模型，并且扩展了模块化能力。

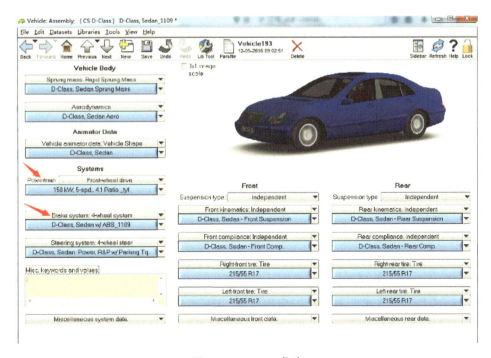

图 2-33　CarSim 仿真

21 世纪后，CarSim 不断更新迭代。到 2006 年，CarSim 4.0 发布，引入了虚拟驾驶员和交通仿真模块，用于评估车辆在实际交通环境中的行为和性能。2010 年，CarSim 继续更新，引入了包括电池模型和电动机等模型，增加了对电动汽车和混合动力系统的支持，此外，CarSim 还支持在三维虚拟道路重构系统中输入并生成弯道、坡道和路面不平度信息。2015 年，CarSim 进一步优化了算法和模型，提升了仿真的效率和精确度，引入了更多高级驾驶辅助系统的模拟能力。

（2）INCA

在仿真测试中，标定过程可以通过在仿真环境中进行参数调整和优化来实现。通过收集模拟车辆的各种传感器数据和控制指令，在仿真环境中进行参数调节，以评估和优化车辆系统的性能。通过与实际车辆行为进行对比和验证，可以进一步优化参数的准确性和适应性。常用的标定软件是 INCA。INCA 是 ETAS 公司开发的一款广泛用于汽车电子系统开发、测试和校准的软件工具（图 2-34）。

图 2-34　INCA 标定软件

早在 20 世纪 90 年代末，ETAS 公司就发布了第一个版本的 INCA。当时，INCA 是一款专门针对汽车电子控制单元的嵌入式软件开发工具。它提供了界面和工具来帮助开发人员编写 ECU 的软件代码。

进入 21 世纪，INCA V3.0f 于 2000 年发布，它引入了工作空间概念，将实验、硬件配置和电子控制单元（ECU）项目组合成一个 INCA 工作空间元素，这使用户更容易使用并清楚地跟踪它们之间的关系。它还允许在其他开发任务中重复使用新创建的工作区和实验。到 2005 年，随着 FlexRay 总线在汽车电子系统中的应用增多，INCA 也开始支持 FlexRay 通信协议，这使得用户可以使用 INCA 进行 FlexRay 网络的在线测量和校准，以验证和调整 ECU 的性能。到 2012 年，INCA 又引入了对以太网通信协议的支持。以太网在现代汽车中的广泛使用，使得 INCA 能够进行高速数据采集、分析和校准。

4. 安全测试验证软件

20 世纪 90 年代，人们开始关注汽车网络的安全性，并且增加了基于密码学和身份验证的安全功能，引入基于模拟和试验的安全测试方法，如物理攻击和入侵测试。

到 21 世纪，开始出现针对汽车网络通信安全的测试软件，如 CANalyzer.Security 等，用于检测和识别潜在的网络安全漏洞。于是基于漏洞扫描的安全测试工具出现了，如 Metasploit 和 CANBusHack 等，用于模拟和评估网络攻击的效果和车辆的安全性。

21 世纪 10 年代，随着车联网的普及，汽车网络的安全性问题日益凸显，人们开始注重汽车安全测试软件的研发和应用：引入网络侦测和入侵检测系统来监控和保护车辆网络的安全，如 Argus、GuardKnox 等；采用静态和动态代码分析工具，如 Parasoft、GrammaTech 等，用于检测和修复潜在的软件漏洞。

21 世纪 20 年代，汽车安全测试软件的发展逐渐趋向智能化和自动化，如人工智能（含机器学习）技术应用日益深入：开始采用模糊测试和安全评估工具，如 SAE J3061 和 AUTOSAR SecOC 等，用于发现和修复网络协议和软件的安全漏洞；开发了仿真和虚拟化技术，如虚拟化攻击平台和汽车网络模拟器，用于模拟和评估各种网络攻击场景。下面以 AUTOSAR 为例进行简要介绍。

AUTOSAR（图 2-35）是汽车开放系统架构，是标准化汽车电子系统的解决方案。它提供了标准化的接口和协议，有助于提高汽车安全测试的效率和一致性，确保系统的功能安全和信息安全。

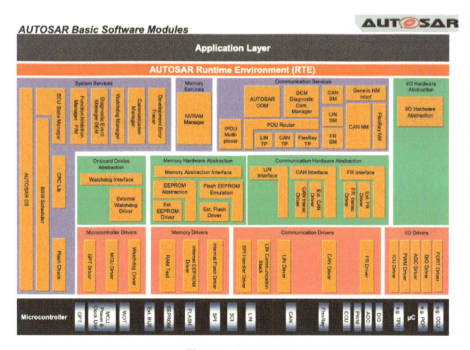

图 2-35　AUTOSAR

2003 年，AUTOSAR 项目正式启动，由汽车制造商和供应商共同成立联盟，旨在推动汽车电子系统的标准化和协作。次年，第一版 AUTOSAR 标准发布，其定义了基础架构和核心功能，包括通信协议、网络架构和软件架构等。

2010 年，AUTOSAR4.0 发布，引入了支持多域控制器、拓扑管理和网关功能的新特性。

2016 年，AUTOSAR 联盟发布了基于 Ethernet 的通信架构标准，用于支持高带宽和更复杂的汽车电子系统。

2.4.2 国内测试验证与标定软件发展历程

1. 模型代码测试软件

我国对于模型代码测试软件的自主研发经历了以下发展历程。

早期阶段（2000 年前）：国内汽车行业主要依赖于国外的模型代码测试软件，国内自主研发的软件较少。这一阶段主要以模型设计和开发为主，对于模型代码的测试和验证相对较少关注。

起步阶段（2000—2010 年）：随着中国汽车市场的快速发展和技术水平的不断提升，我国汽车产业开始意识到自研软件的重要性，并逐渐增加对该方面软件的自主研发投入。一些大型汽车研究机构和企业开始进行自主研发，并推出了一些基础的测试软件，主要用于代码静态分析、功能模拟和部分验证。2006 年，同济大学孙剑教授团队主持开发了第一代道路交通仿真系统——TESS 仿真系统（图 2-36）。该系统主要用于全交通场景仿真、多模式交通仿真、智能交通系统仿真等。

图 2-36　TESS 仿真系统

加速发展阶段（2010 年至今）：十余年来，国内对于模型代码测试软件的自主研发发展取得了较大进展。一方面，一些大型汽车企业和研究机构加大了研发投入，推出了更加成熟和功能丰富的测试软件；另一方面，一些创新型企业和高新技术企业也纷纷加入模型代码测试软件的研发领域，推出了一些具有特色的产品和解决方案。2012 年，中汽创智公司打破国外基础软件垄断，开发且运营了 CAIC CP AUTOSAR 开源项目，旨在开发一款适用于国内的低成本软件。2013 年，上海交通大学汽车工程研究所开发出了 VSim，它基于多体动力学理论开发，可用于车辆系统建模、仿真和性能评估。自 2016 年以来，腾讯重点投入自动驾驶的研发，并在

2019 年发布了自动驾驶仿真测试平台——TAD Sim，该平台集结了腾讯在游戏领域的技术实力，将游戏科技和数据驱动结合，使得该仿真平台拥有极高的还原度，具备包括数据采集、场景建模、在环测试等环节在内的全面的自动驾驶仿真测试功能。TAD Sim 架构如图 2-37 所示。

图 2-37　TAD Sim 架构

2021 年，北京赛目科技自主研发的 Sim Pro 模拟仿真测试平台，获得全球首个功能安全 ASIL D 级别产品认证，其确定性、置信度和可靠性均得到国际认可。该平台内置高精度场景建模，能够集成动力学模型、传感器模型、驾驶员模型、交通流模型等各类仿真模，高度开放和可定制化，支持深度二次开发，是具备高置信度、高可靠性的仿真测试工具链，能够实现对智能网联汽车自动驾驶感知、定位、决策、规划、控制、网联等功能的全栈算法测试，解决自动驾驶仿真软件长期被国外软件"卡脖子"的问题。

2. 车载网络测试软件

国内对于车载网络测试软件的研发相较于前者要来得更晚。

在 2000 年之前，大多数科研人员的焦点都集中在如何引进和使用上。

进入 21 世纪后，国内才有团队开始重视此类软件并逐步开始自主研发。在 2006 年，国内一个汽车电子控制系统的研发团队基于之前对硬件控制器和通信协议的深入研究，开发了一款名为 FlexCAN 的软件，实现了对 CAN 网络通信的支持。

21 世纪 10 年代，对于该领域软件的研发才正式步入正轨。2012 年，另一家从事车载网络通信技术的公司也开启了自主研发，它更注重车载网络的安全性和稳定性，其开发的软件名为 TeaCAN，可以实现对 CAN、LIN、FlexRay 等多种通信协议的支持。2015 年，国内某大型汽车制造商也进行了车载网络软件的自主研发——WiseLin，并且成功实现了对 LIN 通信协议的支持，还在 WiseLin 的开发过程中加强了网络性能优化和实时数据分析。另外，某通信技术研究机构也进行了车载网络软件的研发，并在 2018 年发布了其产品——ETAN。该软件更注重于车辆通信网络的高效性和可靠性，并在 ETAN 中实现了对 CAN FD 通信协议的支持，以满足更高速率和更大数据量的通信需求。

3. 仿真测试验证软件

国内对于仿真测试软件的研发虽起步较晚，但由于新能源汽车和自动驾驶浪潮的影响，国内在汽车仿真测试，尤其是新能源汽车的仿真测试软件方面的自主研发已经涌现了一些具有代表性的软件。

2005 年，PowerSIM 问世。这是国内首个自主研发的汽车仿真测试软件。采用多领域建模方法，用于传统动力车辆的仿真和测试。PowerSIM 具有车辆动力学、碰撞模拟、燃油经济性等功能，可以对车辆性能进行评估和分析。

2007 年，HVCCT（Hybrid Vehicle Comprehensive Comparison of Tests）研发成功。这是国内第二个自主研发的汽车仿真测试软件，也是国内面向新能源汽车而推出的第一个仿真测试软件。该软件仅专注于混合动力和纯电动车辆的研发仿真和测试。它提供了一套全面的测试工具，能够用于验证电动系统的性能、能量管理和功率分配等关键方面。

2023 年，中国科学院软件研究所可信智能系统团队在开源自动驾驶平台建设领域取得重要突破，成功构建了开放易用、自主可控的自动驾驶算法开发平台 ISS（Intelligent Self-driving System）。该平台采用模块化架构设计，以最小化依赖库的方式，创新性地集成了涵盖感知、建图、定位、预测、规划与控制等自动驾驶全流程的数十种基准算法。ISS 平台以其简洁易用的特性和良好的可扩展性，为科研人员开展自动驾驶相关研究提供了强有力的技术支撑和实验平台。

4. 安全测试验证软件

普华基础软件股份有限公司（简称普华基础软件）成立于 2008 年，是国内领先的 AUTOSAR 解决方案供应商，拥有国内技术实力顶尖的 AUTOSAR 基础软件研发和技术服务专业团队。普华基础软件自主研发普华灵智安全车控操作系统、华灵思智能驾驶操作系统等产品，面向中国整车企业和一级供应商提供车用软件的设计、开发、配置、集成、测试全生命周期工具链、本地化一站式服务及车用芯片的生态支持。

普华基础软件是中国电子科技集团发展基础软件的重要平台，深耕车用操作系统研发与产业化。作为操作系统国家队，在车用基础软件领域做出了多项历史性突破。

2009 年，普华基础软件加入国际 AUTOSAR 组织，成为首个中国基础软件领域 AUTOSAR 高级合作伙伴。

2010 年，普华基础软件发布国内首个国产车控操作系统并于 2014 年实现量产落地。2011 年，普华车用基础软件通过官方认证机构 MBtech 公司的 OSEK 标准。2013 年，普华基础软件平台在国产品牌汽车实现量产。2015 年，普华基础软件成功通过 Automotive SPICE 3 级认证，并发布 CP3.1.5 版本。

2018 年，普华基础软件成为 AUTOSAR 高级合作伙伴，发布 CP4.2.2 版本。2022 年，普华车控操作系统成为国内首个通过 TUV 德国莱茵 ISO 26262ASIL D 功能安全最高等级产品认证的 AUTOSAR 基础软件。截至 2022 年年底，普华车用基础软件已实现规模量产累计超过 1200 万套，得到市场充分验证。

从传统的物理试验到现代的虚拟模拟，再到基于机器学习和人工智能的高级算法应用，测试验证软件在提高汽车安全性、性能和可靠性方面发挥了重要作用。该软件的不断创新和进步为汽车工程师们提供了更加便捷和准确的工具，帮助他们设计和开发出更优质的汽车产品。未来，测试验证软件有望继续融合新兴技术，如自动驾驶和互联网智能化，并为智慧出行的未来做出更重要的贡献。汽车行业将继续专注于测试验证软件的研究和创新，以满足日益严苛的要求，为用户提供更安全、可靠和卓越的出行体验。

2.5　辅助软件发展历程

随着汽车行业的快速发展和技术创新，辅助软件在汽车研发中的作用变得愈发重要。辅助软件不仅提供了更准确和高效的数字化设计和模拟工具，还能够支持复杂的数据分析和优化算法。这些软件帮助汽车制造商和工程师们在设计、工艺和安全等方面做出更可靠和创新的决策。

在过去，汽车研发主要依赖于物理实验和试错方法，这既耗时又昂贵。而随着计算机科学和虚拟仿真技术的迅速发展，辅助软件逐渐取代了传统的试验方法，成为汽车研发过程中不可或缺的一部分。如今，辅助软件能够模拟不同的驾驶场景和复杂的工程问题，从而对汽车系统进行全面的测试和分析，大幅缩短了开发周期和降低了成本。以下以管理类软件、数据库类软件和 AI 辅助软件为例，简要介绍汽车研发中辅助软件的发展历程。

2.5.1　国外辅助软件发展历程

1. 管理类软件发展历程

20 世纪 70 年代，出现了第一代企业管理类软件，主要功能是数据处理和信息管理，如 MIS（管理信息系统）、ERP（企业资源规划）等。

20 世纪 80 年代，企业管理类软件开始支持更复杂的业务流程，如财务管理、采购管理、销售管理、人力资源管理等。彼时，出现了第二代企业管理类软件，包括 SAP、Oracle、Baan 等热门软件。

20 世纪 90 年代，企业管理类软件增加了更多的功能和模块，如 CRM（客户关系管理）、SCM（供应链管理）、SRM（供应商关系管理）等。此外，企业管理类软件开始提供网络支持，如与电子邮件、Instant Messenger 等集成。

进入 21 世纪，企业管理类软件开始支持云计算模式，提供 SaaS（软件即服务）等服务，出现了更灵活和轻量级的企业管理类软件，如 Salesforce、Workday 等。此外，还开始将人工智能、大数据等技术融入企业管理类软件中，提供更加智能化的功能和分析。

21 世纪 10 年代，企业管理类软件加速推进数字化转型，开始提供 IoT（物联网）支持。开始采用低代码 / 无代码快速开发技术，不需要 IT 专业人员即可快速构建应用程序。开始推出更为个性化、定制化的企业管理类软件，能够为各个行业量身打造解决方案。

以下面四款软件为例进行简要介绍。

（1）Oracle Exadata（图 2-38）

2008 年，Oracle 与惠普（Hewlett-Packard）合作推出了第一代 Exadata 存储服务器。第一代 Exadata 采用了惠普服务器硬件和 Oracle 数据库软件，它的设计目标是提供高性能的数据处理和存储能力，以满足企业对于大规模数据处理的需求。第一代 Exadata 采用了高度集成的架构，将存储和计算功能整合在一起，通过 Infini-

图 2-38　Oracle Exadata

Band 互联技术实现快速数据传输。这种架构能够显著提升数据库的性能和可扩展性，同时减少数据库管理的复杂性。此外，第一代 Exadata 还引入了 Fash Cache 技术，通过将热数据存储在闪存中，进一步提升了读写性能。

随着技术的不断发展，Oracle 很快于 2010 年推出了第二代 Exadata。第二代 Exadata 在第一代的基础上进行了一系列的升级和改进。其中最重要的改进是引入了数据库机器（Database Machine）概念，将数据库服务器和存储服务器整合在一起，形成一套完整的数据库解决方案。这种集成的架构可以进一步提升数据库的性能和可用性，并简化了系统的管理和维护。

2012 年，第三代 Exadata 推出。第三代 Exadata 引入了更多的硬件和软件创新，以提供更高的性能和更强大的扩展能力。其中最重要的创新是引入了 X3 存储服务器，采用了 PCI-E 闪存卡和 InfiniBand QDR 技术，大幅提升了存储和网络的速度。

2014 年，进一步改进的第四代 Exadata 发布。它在第三代的基础上进行了进一步的改进和优化，引入了更高容量的存储服务器和更强大的处理能力，以应对不断增长的数据量和复杂的业务需求。此外，第四代 Exadata 还引入了更多的软件功能和工具，以提升数据库的管理和运维效率。

（2）IBM PureSystem

2012 年，IBM 公司发布了首个 IBM PureSystems 产品系列，包括 IBM PureFlex System 和 IBM PureApplication System。IBM PureFlex System 是一种基于云计算和软硬件集成的计算平台，可支持多种工作负载；IBM PureApplication System 则是基于 PureFlex 的应用平台，提供了预配置的应用软件和工具。

2013 年，IBM 继续扩展了 PureSystems 产品线，发布了 IBM PureData System 和 IBM Pure-Application System on POWER。IBM PureData System 主要面向数据仓库和分析应用，提供了预配置的数据库和分析软件，新发布的 PureSystems 产品通过简化安全云环境的提供、部署和管理来大幅降低以云计算为基础的服务开发的复杂性。同时，IBM 还推出了全新的由 Netezza 技术支持的 PureData System for Analytics，每机架数据容量增加了 50%，数据处理速度提升了 3～4 倍，这使得该系统能够灵活应对大数据挑战，一跃成为同类产品中的佼佼者。

2015 年，IBM 推出了新一代 PureSystems 产品，命名为 IBM PurePower System（图 2-39）。IBM Pure-Power System 是一种集成的计算和存储平台，采用了新一代的 IBM Power 处理器技术和闪存存储技术，提供了更高的性能和可靠性，能够为企业提供根据以创建应用程序，让企业能够着手开发，创建自己的专业技术模式。

2016 年，IBM 宣布将与 Cloudant DBaaS 云数据服务正式落地世纪互联。自此，客户可在本地调取 IBM Cloudant DBaaS 云数据服务；企业可以将应用程序部署在云上，并充分利用云计算的灵活性和可扩展性。

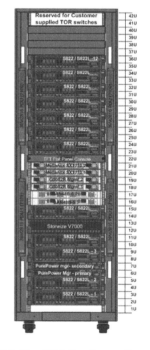

图 2-39　IBM PurePower System

（3）SAP R/3

SAP R/3 是由德国软件公司 SAP（Systems，Applications，and Products in Data Processing）开发的一套 ERP 软件。它旨在帮助企业管理和整合各个业务领域的流程和数据。SAP R/3 通过一个统一的数据存储和处理平台，使不同部门和业务功能之间能够共享信息和实时数据。它支持跨组织结构的业务流程，包括采购、生产、库存管理、销售和客户关系管理等。

1973 年，刚成立一年的 SAP 公司经过一年的研发，推出了自己的第一个财务会计系统——RF。以该系统为基础，研发了一系列软件模块，并将这些软件模块命名为 SAP R/1。1979 年，IBM 对于数据库和对话框系统的深入研究使得 SAP 公司开始思考如何对 SAP R/1 进行改进。

20 世纪 80 年代，SAP 的发展正式步入正轨。在 1981 年德国慕尼黑的 IT 展会上，SAP R/2 正式亮相，SAP R/2 实现了高水平的稳定性。1989 年，SAP 公司为 SAP R/2 推出了各种开发项目，包括使用新的工具如 ABAP/4 编程环境。同时，对于 SAP R/3 的研发也开始步入正轨。

20 世纪 90 年代初，SAP 公司正式发布 SAP R/3（图 2-40）。这是一个里程碑式的版本，它引入了一个新的技术架构，采用了客户 – 服务器的结构模型，支持多层结构和分布式计算。SAP R/3 内部采用了三层架构（数据库层、应用服务器层和客户端层），使系统更加稳定和灵活。之后的数年里，SAP 不断更新 SAP R/3，使得 SAP R/3 逐渐成为 SAP 品牌的高质量商业软件，也使得 SAP 公司成为全球第三大独立软件提供商。

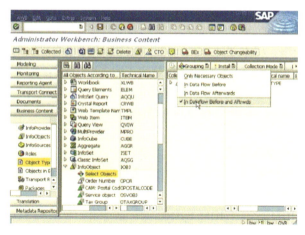

图 2-40　SAP R/3

21 世纪以来，随着云计算和电子商务的发展，SAP 公司也投入新的研发中，并于 2011 年发布了 SAP HANA，实现了更高速度的数据分析。一经推出，SAP HANA 的需求量就直逼 SAP R/3。之后，SAP 公司在 SAP HANA 的基础上持续更新，于 2015 年推出了新一代的企业级软件——SAP S/4HANA 业务套件，它完全建立在前版本的 SAP HANA 的内存平台上。SAP S/4HANA 的出现，为客户提供了部署真正混合场景的机会。

（4）西门子 Teamcenter（图 2-41）

20 世纪 90 年代，Teamcenter 软件最早的版本发布。最初是作为一款基于 Windows 的桌面应用程序，用于管理产品数据和文档。

进入 21 世纪后，EDS 将 SDRC 与 UGS 组成 Unigraphics PLM Solutions 事业部。EDS 的 IMAN 合并 SDRC 的 Metaphase，更名为 Teamcenter。2007 年，西门子公司推出了 Teamcenter

Express 版（Teamcenter 2007），这是一款面向中小型企业的 PLM 软件，提供了专门针对这些企业需求的功能。

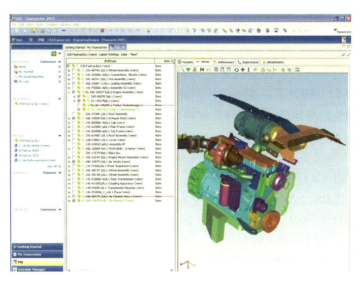

图 2-41   西门子 Teamcenter

21 世纪 10 年代，Teamcenter 9 发布，引入了更多的协同功能和供应链管理功能，开创了一体化系统工程的统一架构，用于加强企业内部和外部团队之间的协作和合作。2013 年，西门子公司发布了 Teamcenter 10 版，引入了更多的 Web 和移动端功能，并加强了协同设计和多 CAD 集成能力，以及企业的平台化、标准化、流程化的工作模式。2019 年，西门子公司推出了最新版本的 Teamcenter X，这是一款基于云的 PLM 解决方案，为用户提供了更高的灵活性、可扩展性和可访问性。

2. 数据库类软件国外发展历程

20 世纪 60 年代，IBM 推出了第一个商用数据库管理系统（DBMS）——IBM Information Management System（IMS）。

20 世纪 70 年代，IBM 研发了 IBM System R，这是第一个实现了关系数据库模型的原型系统。1976 年，Oracle 公司成立，推出了第一个商用关系数据库管理系统——Oracle Database。1977 年，IBM 发布了第一个商用关系数据库管理系统——SQL/DS，后来发展为 DB2。

20 世纪 80 年代，关系型数据库成为主流，各种商用数据库软件相继问世，如 IBM DB2、Oracle、Microsoft SQL Server 等。20 世纪 80 年代末，IBM 发布了 IBM AS/400 数据库管理系统。1989 年，PostgreSQL 项目开始，这是一个开源的关系数据库管理系统。

20 世纪 90 年代数据库领域迎来诸多重要发展。1995 年 5 月 23 日，开源的关系型数据库管理系统 MySQL 正式问世，凭借其高性能、易使用以及开源等显著优势，在后续的 Web 应用开发等众多领域中得到了极为广泛的应用。同年，微软进一步推动其桌面级关系数据库管理系统 Microsoft Access 的发展。实际上，Microsoft Access 早在 1992 年 11 月就发布了 1.0 版本，它以操作便捷、功能实用等特点，深受小型应用开发者和个人用户的喜爱，为用户提供了方便创建和管理数据库的途径。而 IBM Informix 有着独特的发展历程。它最初是由 Informix Software 公司在 20 世纪 80 年代研发推出的。直至 2001 年，IBM 完成了对 Informix

Software 公司的收购，自此，IBM Informix 成为 IBM 数据库产品线中的一员，并在 IBM 的支持下持续发展与优化。

进入 21 世纪，Microsoft 于 2000 年发布了 Microsoft SQL Server 2000，引入了许多新功能和扩展。2004 年，Oracle 发布了 Oracle 10g，引入了自我管理性和自我修复性能力。2005 年，谷歌发布了 Google 免费数据库系统——Google Bigtable。近年来，NoSQL 数据库和云数据库逐渐兴起，如 MongoDB、Redis、Amazon RDS 等。

3. AI 辅助软件的国外发展历程

20 世纪 90 年代，开始出现一些智能化的辅助软件，例如基于规则的专家系统，用于汽车故障诊断和维修。此外，机器学习也开始应用于汽车研发领域，用于模式识别和数据分析，例如支持向量机、人工神经网络等技术。

进入 21 世纪，随着计算能力的提升和数据量的增加，深度学习技术开始在汽车研发中得到广泛应用。彼时，机器学习和数据挖掘技术开始用于故障预测和优化车辆性能。2008 年前后，自动驾驶技术的研发开始出现，使用深度学习和计算机视觉等技术实现环境感知和决策。

21 世纪 10 年代，自动驾驶技术取得了进一步突破。大量国外汽车制造商和科技公司开始研发自动驾驶车辆，并在测试道路上进行试验。2014 年，谷歌成立了自动驾驶汽车项目 Waymo，并开展了实地测试和试运营。2016 年，特斯拉推出了"自动驾驶"功能，利用深度学习和传感器技术实现了高级驾驶辅助功能。2019 年，英特尔公司收购了自动驾驶技术公司 Mobileye，进一步推动了自动驾驶技术的发展。

以下面两款软件为例进行介绍。

（1）TensorFlow（图 2-42）

TensorFlow 是谷歌开源的机器学习和深度学习框架，通过图计算提供灵活、高效的方式来构建和训练各种机器学习模型。TensorFlow 的发展历史较短。

2015 年，谷歌发布了一款新系统。该系统可被用于照片识别等多项机器领域，主要针对 2011 年开发的深度学习基础架构 DistBelief 进行了各方面的改进。

2016 年，谷歌发布了第一个稳定版本。

图 2-42　TensorFlow

该版本引入了多种语言的 API 支持，如 Python、C++ 和 Java 等。

2017 年，TensorFlow 1.0 版本正式发布。该版本对多种函数库进行了升级，并且这个版本是一个专门为移动设备和嵌入式设备设计的轻量级版本，可以在大多数资源受限的设备上高效运行。

2018 年，TensorFlow2.0 发布。该版本使用 Keras 和 Eager Execution，可以轻松构建模型并且可以在任意平台上实现生产环境的稳健模型部署，还可通过清理废弃的 API 和减少重复来简化 API。

（2）LGSVL Simulator（图 2-43）

LGSVL Simulator 是由 LG 电子美国研发实验室（LG Electronics America R&D Lab）构建的一个端到端的自动驾驶模拟器。

2018 年，该实验室发布了第一个版本的 SVL 模拟器，该模拟器是基于 Unity 开发的。随着不断的版本迭代，SVL 不断增加了更多的驾驶场景和驾驶行为，并支持多种自动驾驶框架。

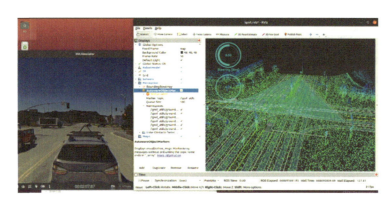

图 2-43　LGSVL Simulator

2022 年，发布了 SVL Sunset 版本，进一步扩大了仿真场景，提高其灵活性和可扩展性。

2.5.2　国内辅助软件发展历程

1. 管理类软件发展历程

20 世纪 80 年代，用友软件成立，成为国内最早的企业管理软件开发公司之一。推出了用友财务软件，成为国内财务会计类软件的领先品牌。1989 年，甲骨文公司进入中国市场，推出了甲骨文财务软件，成为国内财务管理领域的重要参与者。

20 世纪 90 年代，金蝶软件成立，推出了金蝶财务软件，迅速在国内市场占据重要地位，成为当时最大的财务软件供应商之一。1999 年，金蝶软件推出了 K/3 系列 ERP 软件，成为国内最大的 ERP 软件供应商之一。

进入 21 世纪后，用友软件在 2003 年推出了 ERP-U8 V8.5 系统，成为市场份额最大的 ERP 软件供应商之一。

2011 年，金蝶微博正式上线；2012 年，金蝶微博正式升级为云办公平台"云之家"，提供了 OA、CRM、协同等功能，并成为国内云办公软件的代表性产品之一。2013 年，阿里巴巴集团推出了企业级社交工具钉钉，逐渐发展成为国内企业沟通协同的重要工具。2016 年，腾讯推出了企业级沟通工具企业微信，迅速在市场上崭露头角，并成为国内主流企业通信工具之一。

以下以金蝶 K/3-PDM（图 2-44）为例进行介绍。

1996 年，来自深圳的金蝶公司发布了自己的第一款基于 Windows 的财务软件——金蝶财务软件 V2.51 For Windows，用以支持会计工作平台的大转移。

1997 年，随着业务的不断扩展，金蝶公司开始逐步向企业管理软件领域进军。

2003 年，金蝶公司发布了国内首创的、以 BPM 为核心的企业管理解决方案——金蝶 K/3V10.0，产品一经发布便得到了市场的广泛认可，荣获"中国软件市场产品质量用户满意第一品牌"的称号。

2010 年，金蝶 K/3-PDM 正式发布，作为金蝶公司集团企业信息化解决方案中的一部分。初期版本主要提供了基本的产品数据管理功能，包括物料清单管理、文件管理和协同开发等。

2014 年，金蝶 K/3-PDM 推出了云平台版本，并加强了移动端的支持，提供了更便捷的数据访问和协同工作方式。企业用户可以通过云平台随时随地访问和管理产品数据。

图 2-44　金蝶 K/3-PDM

2018 年，金蝶 K/3-PDM 推出了智能制造版，引入了人工智能和大数据分析技术，实现了对产品数据的智能化分析和预测，帮助企业进行生产计划、品质管理和供应链优化等方面的决策。

2. 数据库类软件发展历程

从 20 世纪 90 年代至今，国内数据库类软件经历了较为显著的发展。在这期间，华为、甲骨文、阿里巴巴、南京瑞可视等公司陆续推出了自主研发或引进的数据库软件，涵盖了关系型数据库、分布式数据库、开源数据库和地理信息系统数据库等不同类型。这些数据库软件在国内得到广泛应用，支持了行业的发展和数据管理领域的创新。随着数字化和云计算的兴起，数据库类软件的需求将持续增加，未来国内数据库软件市场有望迎来更广阔的发展前景。

20 世纪 90 年代，华为公司在国内研发推出了全球首款自主研发的数据库系统——ODBMS，成为国内第一个具备商用化数据库能力的企业之一。甲骨文公司进入中国市场后，推出了 Oracle 数据库。

进入 21 世纪后，开源数据库 MySQL 在国内开始得到广泛的应用和认可，成为国内开源数据库的代表。2003 年，国内数据库公司达梦创投推出了国产数据库软件达梦数据库（DM）。2010 年，阿里巴巴集团自研开发的分布式关系型数据库 OceanBase 问世，成为国内首个具备横向扩展能力的分布式关系数据库。

21 世纪 10 年代，开源分布式数据库在国内开始受到广泛关注，并得到了一些互联网公司的采用。2014 年，华为公司推出了 OceanStor DJ 数据库，标志着华为正式进军数据库市场。2016 年，中国电信推出了自研开发的 SuperMap 数据库产品，用于地理信息系统（GIS）领域。

以下面三个数据库作为例子进行简要介绍。

（1）华为 GaussDB 数据库（图 2-45）

GaussDB 是华为推出的一款自研数据库。

早在 2007 年，华为在电信计费领域无法找到一款更契合国内的数据库，于是便开始组织人手自研内存数据库，彼时代号为 GMDB。

2010 年，华为对 GMDB 数据库进行全面重构，也正是从这个时候开始，华为数据库就不再是局限于内存数据库，而是向通用关系型数据库转变，而这正是 Gauss OLTP 数据库的前身。

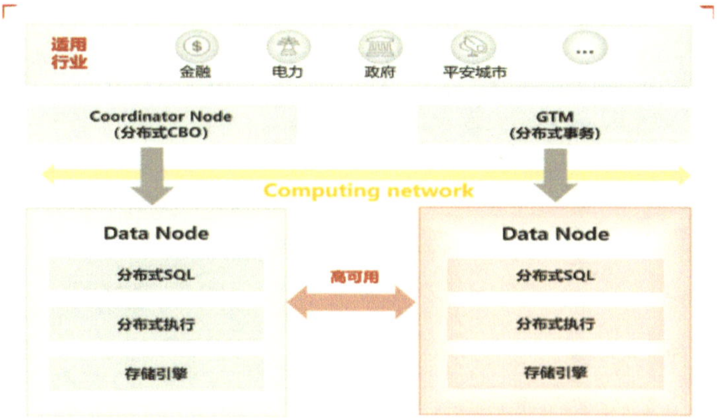

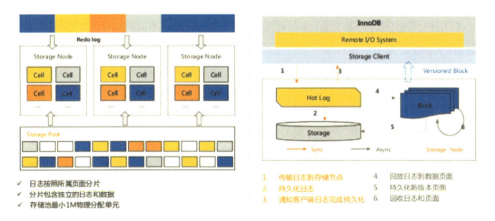

图 2-45　华为 GaussDB 数据库

2012 年，GMDB 开始大规模商用，主要应用于电信计费领域，同时在华为内部，众多配套的解决方案也开始使用 GMDB。同时，为了使 Gauss OLTP 数据库的内核变得更稳定，研发团队采取了更加暴力和频繁的测试，这样的测试使得 Gauss OLTP 数据库的问题暴露得很快，同时也改进得很快。仅仅一两年时间，Gauss OLTP 数据库便趋于稳定。2012 年，华为正式把数据库作为一个完整的产品来进行研发。在当时，华为正式成立了高斯实验室，正式投入 GaussDB 数据库的研发。

2014 年，第一个 Gauss OLAP 数据库研发成功。2015 年，华为与中国工商银行一起联合研发，Gauss OLAP 数据库也开始在中国工商银行上线。从一开始的十几个节点到现在的单个集群超过二百个节点，华为 Gauss OLAP 数据库已成为国内使用最广泛的数据库。

2017 年，华为启动了面向事务和分析混合处理的数据库。

2018 年，华为第一个 Gauss HATP 数据库问世。该数据库采用了 GaussDB 分布式数据库 + ARM 服务器的全栈解决方案，从数据库层面解决了可扩展性问题，降低了应用分布式改造的难度。

（2）腾讯 TDSQL 数据库（图 2-46）

图 2-46　腾讯 TDSQL 数据库

TDSQL 是腾讯云推出的一款高性能、高可用性的分布式关系型数据库，适用于大规模高并发的在线业务和互联网应用场景，具有分布式事务、高可靠性和强一致性等特点。

2007 年，腾讯 SQL 团队启动了一个 7×24 高可用服务项目，以保障腾讯计费等公司级别敏感业务高可用、核心数据零丢失、核心交易零错账。这也是 TDSQL 的前身。

2012 年，标准化的 TDSQL 数据库研发完成，并在腾讯公司内部大规模推广使用。

2014 年，TDSQL 通过腾讯金融云平台对外开放，为包括银行、保险、互联网金融、物联网、政务在内的多领域提供服务。

2018 年，TDSQL 实现了原创性提出的全面解决读写一致性的算法，使得分布式事务的一致性和分布式系统的一致性统一在一起。

（3）阿里巴巴 AliSQL 数据库

2009 年，阿里云正式成立。次年，阿里云正式投入 AliSQL 数据库的研发中，旨在解决大规模并发场景下的数据库需求。

2013 年，AliSQL 通过对 MySQL 源码的深入研究和改进，上线了新版的 DRC 数据迁移和实例即时诊断，提升了数据库的性能和可扩展性，成为阿里巴巴内部核心数据库之一。

2015 年，AliSQL 继续升级，实现了数据库的容器化以及混合云的部署，可以将数据调度到需要的地方，实现数据的弹性和通用。

2019 年，AliSQL 进行了全面的重构，推出了 4.0 版本，引入了全新的存储引擎和优化器，提供了更高的性能和更多的功能选项。

3. AI 辅助软件发展历程

随着 AI 技术的快速发展，AI 技术在汽车研发中的应用已经逐渐成熟，主要涉及驾驶辅助、车辆感知、智能制造等领域。汽车研发中的智能化和自动化是汽车科技的重要发展方向之一。

2015 年，百度成立自动驾驶事业部，开始深入研究自动驾驶技术。相继推出了基于百度地图和深度学习技术的自动驾驶解决方案 Apollo，并在北京和深圳两地开展自动驾驶车辆测试。这为国内车企的自动驾驶研发提供了宝贵经验和参考。

2016 年，吉利汽车推出了 L3 级别自动驾驶技术，并在杭州市区开展自动驾驶测试。该技术可实现从高速公路下道后到停车的全过程自动驾驶。

2017 年，腾讯与广汽集团合作，推出基于智能互联的全新智能汽车品牌 WEY。该品牌搭载了人工智能语音助手，可通过语音操作车载娱乐系统，提高车辆的人机交互体验。

2018 年，百度与长安汽车联合发布智能汽车战略，成立智能汽车开放实验室，并推出基于 AI 技术的自动驾驶车辆开发平台 Apolong。该平台开发的自动驾驶巴士已在长沙市实现商业化运营。

以百度 Apollo（图 2-47）为例进行简要介绍。

百度 Apollo 是百度开发的新型自动驾驶开放平台，提供完整的自动驾驶解决方案，包括感知、定位、决策、规划等核心模块，旨在加速自动驾驶技术的发展和应用。

2013 年，百度成立了自己的自动驾驶实验室。2015 年，升级到自动驾驶事业部，并推出了 Apollo 计划。

2017 年，百度正式开源了 Apollo 自动驾驶系统的源代码和开发平台，并与多个合作伙伴合作开展自动驾驶项目。

在 2018 年发布的 Apollo 2.0 版本中，真正实现了简单城市路况的自动驾驶，包括转弯、变道、信号灯识别、自动跟车、超车、避让障碍物、掉头等动作，除了特定情况，基本无需人工干预。

图 2-47　百度 Apollo

2021 年，Apollo 自动驾驶系统已经在全球范围内进行了超过 200 万千米的道路测试，并在多个城市开展了自动驾驶出租车、物流配送等应用。

辅助软件的发展也与其他领域的技术紧密相关。例如，人工智能和机器学习的应用使得辅助软件能够更好地处理大量的数据，并从中提取有用的信息。传感器技术的进步使得辅助软件可以获取更准确和实时的数据，从而提供更精确的模拟和预测。此外，云计算和物联网技术的发展使得辅助软件能够实现远程协作和在线更新，加快了研发和制造过程。

未来，辅助软件将继续演进和创新，以满足不断变化的汽车行业需求。从车辆统一控制系统到智能驾驶辅助系统，从供应链管理到可持续性分析，辅助软件将在各个领域发挥重要作用。汽车制造商和工程师们将继续依赖辅助软件来加速创新、提升安全性和可靠性，并推动汽车技术的不断进步。

第 3 章
汽车研发软件国内市场分析

3.1 汽车研发软件需求现状分析

当今快速变化的汽车行业中，汽车研发软件作为推动技术创新和产品迭代的关键力量，其需求正呈现出多元化、复杂化和高度动态化的特点。本节从行业需求、技术需求、市场需求和安全需求四个维度，对汽车研发软件的需求现状进行深入分析。

3.1.1 行业需求

随着汽车行业的转型升级，特别是向电动化、智能化、网联化方向的加速发展，汽车研发软件的需求日益凸显。汽车行业对高效、精准、集成的设计、仿真、工程分析、制造与工艺规划、测试与验证等全流程解决方案的需求不断增长。这些需求不仅要求软件能够支持复杂的系统级设计，如电动汽车的电池管理系统、自动驾驶系统的算法验证等，还需要具备高度的灵活性和可扩展性，以适应不同车型和平台的研发需求。

3.1.2 技术需求

技术需求是推动汽车研发软件发展的核心动力。当前，技术需求主要集中在以下几个方面：

1）智能化与自动化：随着 AI、机器学习等技术的广泛应用，汽车研发软件需要实现更高程度的智能化和自动化，以提高设计效率、优化工程分析过程、实现制造过程的自动化监控与调整。

2）多物理场耦合仿真：为了更真实地模拟车辆在复杂工况下的表现，软件需具备多物理场耦合仿真能力，如结构、热、流体、电磁等多物理场的综合仿真。

3）大数据与云计算：随着数据量的爆炸式增长，汽车研发软件需要有效整合并利用大数据资源，同时借助云计算技术提供强大的计算支持，实现数据的快速处理和分析。

4）集成与协作：软件需具备强大的集成能力，支持不同工具和数据的无缝交换，并提供协作平台以促进团队之间的有效沟通与合作。

3.1.3 市场需求

市场需求是汽车研发软件发展的重要导向。随着汽车市场的日益多样化和个性化，市场需求主要体现在以下几个方面：

1）定制化与个性化：消费者对于汽车产品的需求越来越多样化，软件需支持快速响应市场变化，提供灵活的产品配置和定制化选项，以满足不同客户的需求。

2）用户体验：在智能化时代，用户体验成为产品竞争力的关键因素之一。汽车研发软件需注重提升用户界面的友好性和易用性，提高用户的操作效率和满意度。

3）成本效益：面对激烈的市场竞争，汽车研发软件需具备高效、低成本的特点，帮助企业降低研发成本，提高产品竞争力。

3.1.4 安全需求

安全需求是汽车研发软件不可忽视的重要方面。随着自动驾驶、车联网等技术的普及，汽车安全问题日益凸显。因此，汽车研发软件需满足以下安全需求：

1）功能安全：在功能安全开发流程中，通过精准的需求分析，全面考虑车辆的智能化要求、通信协议、实时性能等方面，为功能安全奠定坚实基础，并有助于识别潜在的安全风险并制定相应的预防措施。在系统设计阶段，这类软件还能支持复杂的系统设计，确保系统架构的合理性，降低因设计缺陷导致的安全风险。通过软件模拟和仿真，它可以在早期发现并解决潜在问题，从而提高系统的整体安全性。

2）数据安全：在车联网环境下，车辆数据的安全传输和存储至关重要。软件需具备强大的数据加密和防护能力，确保车辆数据不被非法获取或篡改。

3）网络安全：随着车辆与外界的互联互通程度加深，网络安全威胁日益增多。软件需具备完善的网络安全防护机制，抵御网络攻击和恶意软件的侵害。

综上所述，汽车研发软件的需求现状呈现出多元化、复杂化和高度动态化的特点。面对这些需求，软件开发商需要不断创新和完善产品，提供更高效、更精准、更易于使用的解决方案，以支持汽车行业的持续发展和创新。同时，还需密切关注行业趋势和技术发展动态，及时调整产品策略和技术路线，以适应市场的不断变化和需求的不断升级。

3.2 汽车研发软件市场竞争格局分析

在当前的汽车研发软件市场中，国内外汽车研发软件之间的竞争呈现出鲜明的对比与独特的格局。从市场占有率对比、企业竞争格局、核心技术发展以及国内软件特色等方面进行深入分析。

3.2.1 市场占有率对比

CAD 软件市场方面，国际品牌如 Autodesk、达索系统、西门子等占据了主导地位，而国内品牌如中望软件、苏州浩辰等的市场份额正在逐步上升。随着制造业数字化转型的加速推进，CAD 软件的市场需求呈现出持续增长的趋势。国内品牌通过不断的技术创新和本地化服务，正在逐步提升其在市场中的份额。

CAE 软件市场，国际品牌如 ANSYS、西门子、达索系统等占据了较高的市场份额，同时，国内品牌如索辰科技、英特仿真等也在逐步扩大其市场份额。CAE 软件市场受益于制造业的转型升级和国产化替代需求的增加，预计未来将保持平稳的增长态势。为了满足市场需求，国内品牌通过提供通用型及定制化的本地部署 CAE 软件来赢得市场份额。

电控系统设计与仿真软件市场中，国际知名企业如西门子（Simcenter 系列）、MathWorks（MATLAB/Simulink）等占据了主导地位。与此同时，国内品牌如同元、华大九天等在特定领域和本地化服务方面展现出了突出的表现。随着新能源汽车、智能网联汽车等产业的快速发展，电控系统设计与仿真软件的市场需求呈现出旺盛的增长态势。国内品牌通过技术创新和定制化服务，正在逐步提升自身在市场中的竞争力。

测试验证与标定软件市场，该领域的市场竞争异常激烈，涉及多家国内外企业。具体的市场占有率因产品特性和应用领域而异。然而，随着汽车、电子、航空航天等行业对产品质量和性能要求的不断提高，测试验证与标定软件的市场需求呈现出持续增长的趋势。为了满足用户多样化的需求，企业需要不断提升软件的性能和功能。

3.2.2　企业竞争格局

在科技与数字化转型的推动下，CAD 软件已成为各行业不可或缺的工具，其重要性日益凸显。国内 CAD 软件市场竞争激烈，企业众多但规模大多有限。市场由国际知名品牌与国内新兴企业共同构成，形成了多层次、多维度的竞争格局，这为探讨国内 CAD 软件企业的发展策略及其面临的挑战提供了背景。近年来，国内 CAD 软件企业通过技术创新与市场拓展，逐渐扩大了市场份额，并获得了部分用户的认可。然而，与国际品牌相比，国内企业在核心技术、品牌影响力和市场份额上仍存在一定的差距。为了缩小这一差距，国内 CAD 软件企业应采取积极的发展策略，加强与高校、科研机构、行业协会等机构的合作与交流，推动技术创新和成果转化；同时，借鉴国际品牌的先进技术和市场经验，提升自身实力和市场竞争力。

在国内 CAE 软件市场，企业数量众多但规模普遍较小、市场集中度低、资源难以整合，产品同质化现象严重。为改变这一现状，应鼓励企业间的合作与并购，通过资源整合和优势互补，形成具有更强竞争力的产业生态。各企业还应根据自身优势和市场需求，选择差异化的发展路径，避免过度竞争和资源浪费。加强产学研合作，共同攻克关键技术难题，是推动行业整体技术进步的重要途径。

电控系统设计与仿真软件市场在国内正快速发展，但同样面临企业规模较小、市场集中度低的问题。为推动该行业健康发展，应促进资源整合，鼓励企业间的合作与并购，形成具有规模效应的企业集群；实施差异化竞争策略，避免同质化竞争；加强产学研协同创新，共同研发核心技术，推动技术创新和产业升级。

测试验证与标定软件市场在国内虽起步较晚，但潜力巨大。然而，当前市场面临企业规模较小、资源分散的问题。为推动这一市场快速发展，可以采取以下策略：推动资源整合与并购，形成具有强大竞争力的领军企业；各企业应选择差异化的发展路径，形成独特的产品优势和市场定位；加强与高校、科研机构的产学研合作，共同攻克关键技术难题，提升整个行业的技术水平和市场竞争力，并为行业的长期发展培养专业人才。

3.2.3　核心技术发展

国产自研汽车研发软件在核心技术层面仍有较大的发展空间，以下是各细分领域面临的技术挑战：

在 CAD 软件领域，国产软件在建模精度、图形渲染和用户界面交互等方面存在短板，尤其在处理复杂模型和大数据集时的性能优化上显得力不从心。这限制了 CAD 软件在高效设计和精确建模方面的应用效果。

国产 CAE 软件在核心技术方面同样面临明显短板，如高精度仿真算法、大规模并行计算能力以及复杂物理场模拟技术的不足，都制约了其在汽车工程仿真分析中的深入应用。

电控系统设计与仿真软件方面，国产软件在控制算法、实时仿真能力和多物理场耦合分析方面的技术储备尚显不足，这直接限制了其在复杂电控系统建模和验证方面的能力。

在测试验证与标定软件领域，国产产品在数据处理能力、自动化测试框架和标准化流程方面相对薄弱，这影响了其在汽车产品测试验证过程中的效率和准确性。

此外，研发辅助工具的技术发展也需加强，特别是在项目管理、协同开发和版本控制等功能上，国产软件仍有待提升，以便更好地支持汽车研发流程的顺畅进行。

为了突破这些技术难题，政府和企业应加大对 CAE 软件研发的投入力度，支持关键技术的研究和突破。同时，积极引进国外先进技术并进行消化吸收再创新，也是快速提升自身技术水平的有效手段。此外，加强 CAE 软件领域的人才培养和引进工作，建立一支高素质的研发团队，对于推动国产软件的技术进步同样至关重要。

3.2.4　国内软件特色

尽管面临诸多挑战，但国产 CAE 软件在本地化服务和行业针对性方面展现出独特的优势。由于更贴近国内市场需求和用户习惯，国产软件能够更快地响应客户需求并提供定制化服务。针对汽车行业等特定行业的特殊需求，国产软件可以开发更加贴近行业实际的解决方案，如汽车碰撞模拟、风阻分析等特定应用场景的优化设计。此外，随着国家对自主创新的重视和推动，国产 CAE 软件企业有望获得更多政策支持和标准制定权，这将进一步提升其市场认可度和竞争力。

综上所述，国产自研 CAE 软件要在汽车研发软件市场中实现与国外商业软件的正面竞争并占据一席之地，需要在多个方面持续努力和改进。首先，要抓住市场机遇，提升市场占有率；其次，加强企业间的合作与并购，实现资源整合和优势互补；再次，加大核心技术研发力度，突破技术瓶颈；最后，发挥本地化服务和行业针对性的优势，满足市场需求。同时，政府和企业应密切关注政策动态和市场变化，及时调整战略方向，以抓住发展机遇，实现国产 CAE 软件的快速发展。

3.3　汽车研发软件产业链发展分析

汽车研发软件行业产业链是一个高度专业化的产业生态，它涵盖了从上游的软件产品供应到中游的解决方案集成，再到下游的服务提供。这一产业链的核心在于为整车设计、仿真验证、测试等环节提供高效、精准的软件支持，以推动汽车产业的创新与发展。

3.3.1　国外汽车研发软件产业链发展

国外汽车软件产业链展现出了高度的成熟度和竞争力，各环节均有代表性企业占据主导地位，共同推动了整个产业链的持续发展。

1. 上游软件产品供应

国外上游软件产品供应环节由多家全球领先的企业共同支撑，如达索系统、ANSYS、西门子 NX 软件、Autodesk 以及 Altair 等。这些企业不断推出创新产品，覆盖了 CAD、CAE、EDA 等多个领域，为汽车研发提供了全面的软件支持，支撑了上游软件仿真技术的发展。

2. 中游解决方案集成

国外中游环节同样发达，多家系统集成商和解决方案提供商在此环节中占据主导地位，如 IBM、Accenture、Capgemini 以及 TCS 等。这些中游企业根据客户的具体需求，将不同的软件产品、硬件设备和数据资源进行有效整合，形成高效、协同的研发体系，满足了汽车研发企业的特定需求。

3. 下游服务提供

国外下游服务环节同样完善，多家企业提供包括技术支持、培训、咨询等在内的全方位增值服务，如 Dell Technologies、HPE、Cisco Systems 以及 Oracle 等。这些下游服务企业对于帮助汽车研发企业更好地使用软件产品、提高研发效率具有重要意义。

综上所述，国外汽车软件产业链在上游软件产品供应、中游解决方案集成以及下游服务提供等方面均展现出了高度的成熟度和竞争力。这些代表性企业在不同环节中发挥着重要作用，共同推动了整个产业链的持续发展。

3.3.2 国内汽车研发软件产业链发展

近年来，国内汽车软件产业在智能化、网联化的浪潮中迅速发展，各环节均有代表性企业崭露头角，推动了整个产业链的成熟与进步。

1. 上游软件产品供应

国内汽车研发软件供应商如中望、新迪数字、数码大方、十沣、迈曦、世冠、恒润、同元、天洑、安世亚太、英特仿真、大连星派仿真等企业，已经在汽车研发仿真的相关环节中占据了一席之地。这些企业不断推出创新产品，覆盖了 CAD、CAE、EDA 等多个领域，为汽车研发提供了全面的软件支持。尽管当前上游国产软件的成熟度仍有待提高，但在政府政策的支持、企业研发投入的增加以及用户需求的多样化等良好机遇下，国产软件正逐步崛起。

2. 中游解决方案集成

中游环节主要负责将上游的软件产品集成为完整的解决方案，以满足汽车研发企业的特定需求。随着汽车研发复杂度的提高，解决方案的定制化与集成化趋势愈发明显。近年来，订阅式云服务在汽车研发领域得到了广泛应用，国家新能源汽车技术创新中心（简称国创中心）的数字化仿真云、博大网通云、速石云等云服务提供商通过集成国产和国外商业软件，为产业上下游提供了便捷的订阅式 SaaS 服务。这种服务模式不仅降低了企业的成本，还提高了资源利用效率，推动了汽车研发企业的数字化转型。

3. 下游服务提供

下游服务环节主要提供技术支持、培训、咨询等增值服务。这些服务对于帮助汽车研发企业更好地使用软件产品、提高研发效率具有重要意义。专业的技术支持团队可以为企业提供实时的技术支持和解决方案，确保研发工作的顺利进行。同时，定期的培训活动也有助于提升企业员工的专业技能和软件应用能力。

未来，汽车研发工业软件产业链的各个环节将更加注重协同与整合。通过加强上下游企业之间的合作与交流，共同推动技术创新和产业升级。同时，产业链上的企业也将积极寻求跨界合作，与其他行业实现资源共享和优势互补，共同开拓新的市场领域。

随着技术的不断进步和市场的持续拓展，汽车研发工业软件产业链将迎来更加广阔的发展空间。国产软件有望在产业链中发挥更加重要的作用，推动汽车研发技术的自主创新和产业升级。同时，产业链中的各个环节也将更加注重协同与整合，共同推动汽车研发软件行业的持续健康发展。

3.4 挑战与机遇

分析国内汽车研发软件面临的挑战，同时探讨产业发展的机遇。

3.4.1 国产软件面临的挑战

国产汽车研发软件要能与国外商业软件比肩甚至正面竞争，毋庸置疑还有很长的路要走。国产汽车研发软件主要面临着三大挑战。

1. 核心技术缺失，产品竞争力不足

国产汽车研发软件在关键技术、核心算法等方面存在不足，导致产品竞争力较弱。这主要是由于汽车研发软件体系设计复杂、对可靠性要求高，需要软件工程师和工业领域的专家共同合作，而我国在该领域的研发能力有限，且缺乏高额度持续性的资金投入。

此外，受传统观念影响，重"制造"轻"研发设计"的现象在一定程度上限制了自主创新能力的发展，导致国产汽车研发软件在性能、功能模块数量、平台稳定性等方面与发达国家地区的软件存在差距。

同时，国产汽车研发软件特别是 CAE 软件在国内的汽车工业领域应用深度不足。车企没有意愿，也没有精力和动力为了使用一款国产软件而去花时间学习，国产 CAE 软件的学习成本普遍偏高。没人用和不敢用也就无法成熟，导致更没有人用、更不敢用，形成了恶性循环。

2. 体系建设不全，深度化融合不足

我国工业基础领域相对薄弱，对基础工艺研发、关键工艺流程、工业技术数据缺乏长期积累，工业机理、工业建模与虚拟仿真等基础能力不足。这导致国产汽车研发软件在基础编码、软件开发、实施规范、集成接口等方面存在可扩展性、可配置性、可重构性较差的问题。

同时，汽车研发软件企业间缺乏统一软件标准，数据格式、接口标准难以协同，使得国产软件间无法形成发展合力，难以满足复杂多变的汽车研发实际业务与特定场景需求。

3. 软件人才短缺，后备储蓄量不足

汽车研发软件的研发和应用需要大量既懂信息技术又懂汽车研发技术，且具备一定企业管理知识的复合型人才。然而，目前我国高校培养的软件人才主要集中在计算机工程、软件工程专业，缺乏汽车研发软件产业所需的复合型人才。这导致国产汽车研发软件在研发和应用过程中面临人才短缺的问题。

以汽车 CAE 软件所需人才为例，CAE 涉及多个学科如静力学分析（线性、接触、弹塑性、

蠕变等）、动力学分析（瞬态分析、模态分析、谐波分析、响应谱、刚柔耦合等）、运动学分析（随机振动、线性屈曲、分线性屈曲等）、疲劳寿命分析、场分析（温度、电磁、流场、噪声、电压等）等。如此多学科，对于软件研发人才的知识储备要求更高。一般软件研发人才所需知识是计算机科学中的数据结构、编译原理、操作系统、系统结构、组成原理、编程语言、软件工程等，而上述 CAE 各学科基本又需要机械工程、力学等专业知识。因此，作为汽车研发软件的研发人才，需要具有跨专业的知识体系，而国内这类具有跨专业的复合型人才较为稀缺，院校培养及储备数量不足，导致不少 CAE 企业难以招到合适的人才。

3.4.2 国产软件崛起的机遇

尽管国产汽车研发软件的发展面临诸多挑战，但也有着广阔的机遇。通过政策支持、市场需求增长、技术突破与创新驱动、产业链协同与生态构建、国际化拓展与品牌塑造以及人才培养与团队建设等多方面的努力，国产汽车研发软件有望在未来实现更大的突破和发展。

以下是对国产汽车研发软件发展机遇的详细分析。

1. 新兴产业的快速发展

随着新能源汽车的快速发展，以及企业对高质量发展要求的提高，国产汽车研发软件迎来了新的市场机遇。这些产业对汽车研发软件的需求旺盛，为国产汽车研发软件提供了广阔的发展空间。中国汽车制造业智能化水平不足，设计研发、生产制造环节相当比例的工种和操作严重依赖人工参与，很多机械性重复性的环节，缺乏数字化和智能化，应用汽车研发软件提高研发数字化程度是当务之急。

2. 新技术的涌现

云计算、人工智能、大数据、大模型等领域的飞速发展，为工业软件领域注入了前所未有的活力与机遇。这些新技术不仅深刻改变了传统汽车研发模式和管理方式，更为国产汽车研发软件提供了实现技术突破和产业升级的宝贵契机。

云计算的普及，使得汽车研发软件能够以前所未有的灵活性和可扩展性部署在云端，极大地降低了企业的 IT 成本，提高了数据处理和资源共享的效率。国产汽车研发软件企业可以充分利用云计算平台，快速迭代产品，响应市场需求，同时探索基于云的服务模式，为用户提供更加便捷、高效的服务体验。

人工智能的融入，让汽车研发软件具备了更强大的智能分析和决策能力。通过机器学习、深度学习等技术，汽车研发软件能够自动优化生产流程、预测设备故障、提升产品质量，甚至参与到产品设计、研发等创新环节中。国产汽车研发软件应加大在 AI 技术上的研发投入，推动产品智能化升级，以满足制造业对智能制造的迫切需求。

大数据的兴起，为汽车研发软件提供了丰富的数据源和强大的数据处理能力。通过对海量汽车研发数据的收集、分析、挖掘，汽车研发软件能够揭示出隐藏在数据背后的规律和趋势，为企业决策提供有力支持。国产汽车研发软件应构建完善的数据管理体系，加强数据安全保护，同时利用大数据技术提升产品的预测性、精准性和个性化水平。

大模型的出现，为汽车研发软件在复杂场景下的应用提供了更强大的技术支持。大模型通过大规模训练和优化，能够处理更加复杂、多变的任务，为汽车研发软件在智能制造等领域的应用开辟了新的可能性。国产汽车研发软件应积极拥抱大模型技术，探索其在产品设计、仿真模拟、故障诊断等方面的应用潜力，推动汽车研发软件向更高层次发展。

新技术的涌现为国产汽车研发软件的发展提供了新的动力和方向。国产汽车研发软件企业应紧抓机遇，加大技术创新力度，加快产品升级换代步伐，以更加先进、智能、高效的汽车研发软件产品助力中国制造业实现高质量发展。

3. "卡脖子"风险，国产化替代潜力大

当前中国汽车研发领域的整车开发所需软件（图 3-1）已经被 ANSYS、Autodesk、达索系统、西门子等国际巨头垄断，国产自研的研发软件厂商产品除工业管理软件拥有市场份额外，CAD 和 CAE 软件产品几乎没有市场份额（图 3-2）。在世界变局的大背景下，国外的技术封锁可带动更多企业应用国产自研的汽车研发软件替代国外商业软件。

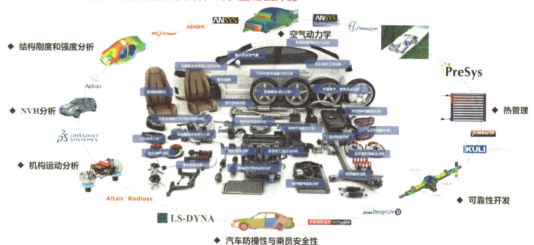

图 3-1　整车开发所需软件展示

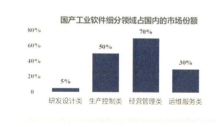

图 3-2　国产软件占有情况

中国汽车产业是一个产业链长且生态复杂的体系，对汽车研发软件的需求是多层次和多维度的。国产汽车研发软件在汽车行业的渗透正逐渐加大，力争在从点上实现突破，但国产化替代的道路仍然任重道远。

4. 新政策推动高质量发展

党的二十大报告提出："加快实施创新驱动发展战略。坚持面向世界科技前沿、面向经济主战场、面向国家重大需求、面向人民生命健康，加快实现高水平科技自立自强。以国家战略需求为导向，集聚力量进行原创性引领性科技攻关，坚决打赢关键核心技术攻坚战。加快实施一批具有战略性全局性前瞻性的国家重大科技项目，增强自主创新能力。加强基础研究，突出原创，鼓励自由探索。提升科技投入效能，深化财政科技经费分配使用机制改革，激发创新活力。加强企业主导的产学研深度融合，强化目标导向，提高科技成果转化和产业化水平。强化企业科技创新主体地位，发挥科技型骨干企业引领支撑作用，营造有利于科技型中小微企业成长的良好环境，推动创新链产业链资金链人才链深度融合。"汽车研发软件作为推进汽车智能制造的核心关键技术，其自主可控进程亟待推进。近年来，国家级政策从工业软件重点发展类型、重点应用行业等方面明确了行业发展方向。

近年来，国家大量利好政策的出台，国产汽车研发软件企业正在深耕所研究的学科和加强技术积累，在与客户合作的项目不断验证产品。科技部和工信部也通过设立多个重点研发计划重大课题来支持国产汽车研发软件产品的发展。在未来 3 ~ 5 年，国产汽车研发软件必将被车企和零部件企业所接受。

政　策　篇

　　产业的快速发展离不开国家政策支持，本篇首先梳理了汽车研发软件产业发展所涉及的产业政策，其次介绍了国内外汽车研发软件相关的标准规范发展现状以及相关制定组织，最后提出了国内汽车研发软件标准规范发展建议。

第 4 章
政 策 支 持

　　随着《中国制造 2025》的发布，工业软件已经成为中国制造业转型升级的关键领域。这一战略规划的目的是推动中国从"制造大国"向"制造强国"转变，而工业软件作为数字化转型的核心工具，其发展对于实现这一目标具有至关重要的意义。

　　在《中国制造 2025》战略的引领下，工业软件的发展不仅关乎制造业的转型升级，更关乎国家的经济命脉和产业安全。工业软件是智能制造的核心，是实现制造业数字化、网络化、智能化的重要支撑。通过工业软件的广泛应用，企业能够实现生产过程的可视化和智能化，提高生产效率和产品质量，降低能耗和资源消耗。

　　为了快速建立和完善工业软件集成标准与安全测评体系，政府和企业需要进一步加强合作。政府应出台相关政策措施，鼓励企业加大投入，提高自主创新能力。例如，可以提供税收优惠、资金扶持等政策，激发企业对于工业软件研发和应用的积极性。同时，政府应加强对工业软件行业的监管和支持，推动产学研用协同创新，加快工业软件的研发和应用进程。通过与高校、研究机构等合作，共同推动工业软件技术的创新和发展。

　　在"十四五"期间，全国各地积极响应国家战略，出台了一系列相关政策与方案规划，强调工业软件研发及应用的重要性。这些政策不仅为工业软件行业提供了明确的发展方向，还通过资金支持、税收优惠等措施鼓励企业加大投入，提高自主创新能力。例如，可以设立专项资金用于支持工业软件企业的研发和创新活动，为企业提供更多的资金支持。同时，还可以通过举办工业软件创新大赛等形式，发掘优秀的工业软件企业和创新项目，为其提供更多的展示和合作机会。表 4-1 是近年国家推出的针对工业软件的相关政策文件。

表 4-1　国家层面工业软件相关政策文件

时间	颁布单位	政策文件名称	主要内容
2022 年 11 月	工业和信息化部	《中小企业数字化转型指南》	应用产业链供应链核心企业搭建的工业互联网平台，融入核心企业生态圈，加强协作配套，实现大中小企业协同转型，以数字化转型推动中小企业增强综合实力和核心竞争力。从开展数字化评估、推进管理数字化、开展业务数字化、融入数字化生态、优化数字化实践五个方面提出了转型路径
2022 年 10 月	—	党的二十大报告	健全新型举国体制，强化国家战略科技力量 加快实现高水平科技自立自强。以国家战略需求为导向，集聚力量进行原创性引领性科技攻关，坚决打赢关键核心技术攻坚战

（续）

时间	颁布单位	政策文件名称	主要内容
2022 年 3 月	国家发展改革委	《关于做好 2022 年享受税收优惠政策的集成电路企业或项目、软件企业清单制定工作有关要求的通知》	重点软件领域：基础软件（操作系统、数据库管理系统、中间件等）、研发设计类工业软件（CAD、CAE、CAM、PDM 等）、生产控制类工业软件（工业控制系统、MES、MOM、PLC 等）、经营管理类工业软件等
2021 年 12 月	工业和信息化部等八部门	《“十四五”智能制造发展规划》	开发面向产品全生命周期和制造全过程的核心软件，包括 CAD、CAE、CAPP、CAM、PLM、PDM 等研发设计类软件，MES、APS、EMS 等生产制造类软件，ERP、SCM 等经营管理类软件
2021 年 11 月	工业和信息化部	《“十四五”软件和信息技术服务业发展规划》	重点突破工业软件。研发推广计算机辅助设计、仿真、计算等工具软件，大力发展关键工业控制软件，加快高附加值的运营维护和经营管理软件产业化部署。面向数控机床、集成电路、航空航天装备、船舶等重大技术装备以及新能源和智能网联汽车等重点领域需求，发展行业专用工业软件，加强集成验证，形成体系化服务能力
2021 年 11 月	工业和信息化部	《“十四五”信息化和工业化深度融合发展规划》	培育新产品新模式新业态：发展平台化、虚拟化仿真设计工具，培育平台化设计新模式，推动设计和工艺、制造、运维的一体化，实现无实物样机生产，缩短新产品研发周期，提升产品竞争力
2021 年 3 月	国务院	《中华人民共和国国民经济和社会发展第十四个五年规划和 2035 年远景目标纲要》	加快发展现代产业体系，巩固壮大实体经济根基。其中提到实施产业基础再造工程，加快补齐基础零部件及元器件、基础软件、基础材料、基础工艺和产业技术基础等瓶颈短板
2020 年 8 月	国务院	《新时期促进集成电路产业和软件产业高质量发展的若干政策》	聚焦高端芯片、集成电路装备和工艺技术、集成电路关键材料、集成电路设计工具、基础软件、工业软件、应用软件的关键核心技术研发
2020 年 7 月	中央全面深化改革委员会	《关于深化新一代信息技术与制造业融合发展的指导意见》	通过智能制造系统解决方案供应商、工业互联网创新发展工程等项目，培育和打造出一批系统解决方案供应商，为制造企业提升智能化水平提供必要的服务支撑。加快工业互联网平台建设，加强工业互联网在重点行业的推广应用，进一步提升石化、钢铁家电、机械等行业的应用水平

在这些政策的推动下，工业软件企业迎来了前所未有的发展机遇。它们积极投身于技术创新，推动工业软件的升级和换代。同时，政府也加强了对工业软件行业的监管和支持，推动产学研用协同创新，加快了工业软件的研发和应用进程。例如，可以建立工业软件产业园、孵化器等平台，为工业软件企业提供更多的资源和服务支持。此外，还可以通过与国际先进企业的合作和交流，引进国际先进技术和管理经验，提高中国工业软件的国际地位和影响力。

在技术方面，随着云计算、大数据、人工智能等新一代信息技术的快速发展和应用普及，工业软件将与各行业深度融合，实现更加智能化、高效化的生产和服务模式。这意味着从产品的设计、生产到销售等各个环节都将实现智能化管理，将为工业软件行业带来更多的发展机遇和挑战。因此，企业应保持敏锐的市场洞察力，紧跟技术发展趋势，不断创新和进步，以适应不断变化的市场需求和竞争环境。例如，可以利用云计算技术搭建工业云平台，为企业提供云端化的工业软件服务；通过大数据技术对生产过程中的数据进行分析和挖掘，优化生产流程和提高效率；利用人工智能技术实现自动化决策和智能控制等应用场景。

此外，随着工业互联网的快速发展，工业软件的应用场景将更加广泛。工业互联网通过连接设备、传感器等硬件设施，实现数据采集、分析，优化生产过程。在这个过程中，工业软件发挥着至关重要的作用。通过与工业互联网的深度融合，工业软件将进一步拓展应用领域，为企业提供更加全面、高效的生产和服务解决方案。例如，可以利用工业互联网平台实现设备远程监控和维护、生产过程的实时监测和优化等功能；通过与智能硬件的结合，开发出更加智能化的工业软件产品和服务。

同时，随着数字化转型的深入推进，企业对工业软件的需求将更加个性化、定制化。企业需要根据自身的业务需求和发展战略，选择适合自己的工业软件产品和服务。在这个过程中，工业软件企业需要加强与客户的沟通与合作，深入了解客户的需求和痛点，提供更加贴合客户需求的解决方案和服务。例如，可以建立客户关系管理（CRM）系统，对客户的需求进行深入挖掘和分析，为客户提供更加精准的产品和服务推荐。同时还可以通过定制化的开发服务满足客户的特殊需求，提高客户满意度和忠诚度。

综上所述，《中国制造2025》的发布为工业软件的发展提供了重要的战略机遇。在政策支持、市场需求和技术创新的共同推动下，工业软件行业将迎来更加广阔的发展前景。企业应抓住这一机遇，在未来的市场竞争中脱颖而出，并加大技术创新和产品研发的投入力度，提高自主创新能力，在研发和应用方面取得更大的突破和创新成果。同时政府也应继续出台相关政策措施，完善标准和安全测评体系，加强产学研用协同创新和国际合作交流，提高整个行业的竞争力和影响力，为推动中国制造业的转型升级做出更大的贡献。同时，在促进经济的持续发展和社会进步的进程中发挥关键作用和积极影响，不断拓展新的应用领域和发展空间，为未来的智能化生产和数字化生活提供更加智能高效的技术支撑和创新驱动力量，推动整个社会向更高层次迈进。

第 5 章
标 准 规 范

　　中国汽车研发软件标准规范体系（以下简称标准规范）是指为保证汽车研发全生命周期中涵盖正向研发的各个环节任务协同、数据共享与通信等内容的团体标准、行业标准以及国家标准的集合。标准规范的推行涉及打通跨领域、跨部门甚至跨行业的管理、数据、业务壁垒，是一个长期艰巨而颇具挑战性的工作。现阶段标准规范建设滞后于汽车研发产业发展水平，已经逐渐对汽车研发软件产业在汽车行业中的发展造成不利影响。为此，国内近年已经开始探索如何推动、开展汽车研发软件相关标准规范的制定和组织实施工作。

5.1 国内外汽车研发软件标准规范发展现状

5.1.1 国外汽车研发软件标准规范发展现状

　　ASPICE（Automotive Software Process Improvement and Capability dEtermination，汽车软件过程改进和能力评定）标准和 ISO 26262 标准是汽车软件开发领域的两个重要标准，它们共同构建了汽车软件开发的双重合规性，提高软件质量和功能安全性。ASPICE 标准是汽车行业的软件开发过程改进和能力评估标准。它关注软件开发流程的质量和效率，通过定义过程域和能力级别，帮助企业优化开发流程，提高软件质量和开发效率。ISO 26262 是汽车行业的功能安全标准，专注于确保汽车电子系统的安全性和可靠性。它定义了一系列功能安全活动和要求，涵盖了从需求分析到验证和确认的整个开发生命周期，旨在降低汽车电子系统故障的风险。

　　尽管 ASPICE 和 ISO 26262 关注的方面不同，但它们在汽车软件开发中有着紧密的关联。ASPICE 关注软件开发过程的质量和效率，而 ISO 26262 关注功能安全性，两者相互补充，共同构建一个完整的汽车软件开发体系。ASPICE 提供了优化开发流程的方法，确保软件开发符合质量要求，而 ISO 26262 确保了功能安全性。通过整合 ASPICE 和 ISO 26262，企业可以提高软件质量和功能安全性，实现汽车软件开发的双重合规性，确保汽车电子系统的安全性和可靠性。

1. 汽车软件开发的过程评估标准：ASPICE 标准

ASPICE 标准是一个针对汽车行业的软件开发和过程改进的评估框架。它定义了六个能力等级（从 L0 到 L5），等级越高表示过程能力越强。以下是关于 ASPICE 的详细解读。

（1）能力等级定义

L0：表示过程不完整，可能缺乏必要的步骤或文档，无法实现预期的输出。

L1：表示过程已被执行，但可能缺乏标准化或管理，输出结果可能因执行者或环境的不同而有所差异。

L2：表示过程已被管理，有明确的步骤和文档，能够按照预期的方式执行并产生稳定的输出。

L3：表示过程已被建立，不仅在单个项目中得到应用，而且在组织内得到广泛推广和应用，具有可重复性。

L4：表示过程是可预测的，能够根据输入和过程参数准确预测输出结果，具有高度的稳定性和可靠性。

L5：表示过程是创新的，不仅满足当前的需求，而且能够引领行业的发展，具有前瞻性和创新性。

（2）评定机制

L1 级评定主要关注过程是否被执行，对基本实践（BP）进行打分，以评估过程的执行情况。L2 至 L5 级评定则更加深入，需要对过程属性（PA）进行打分，通过 NPLF（非符合项、过程性能、过程实现、反馈和改进）这四个评定尺度来全面评估过程的能力。

（3）过程划分

ASPICE 将汽车系统研发过程划分为 32 个具体过程，这些过程被归类到 3 大类、8 个过程组中，以便更好地进行管理和评估。其中，有 16 个过程属于 VDA Scope（即德国汽车工业协会标准范围，原 HIS Scope，HIS 为德国汽车软件倡议组织），这些过程在汽车系统研发中具有重要意义，通常用于评审和评估。

（4）VDA Scope 中的 16 个过程

这些过程涵盖了汽车系统研发的关键环节，包括系统需求分析、系统架构设计、系统集成和系统集成测试、系统合格性测试等（SYS.2 至 SYS.5），还包括软件需求分析、软件架构设计、软件详细设计和编码、软件单元验证、软件集成和软件集成测试、软件合格性测试等软件开发的关键过程（SWE.1 至 SWE.6）。

此外，还有与供应商管理、项目管理和质量管理等相关的过程（SUP.1，SUP.8，SUP.9，SUP.10 以及 MAN.3）。

（5）系统开发流程和软件开发流程的先后顺序

这些流程按照汽车系统研发的实际过程进行排序，从需求挖掘开始，逐步深入系统分析和设计、软件开发和测试，最后进行系统集成和合格性测试。每个流程都扮演着重要的角色，共同构成了一个完整的汽车系统研发过程。

（6）过程评估模型

该模型基于一个二维框架来确定过程能力，其中第一个维度是由过程参考模型（PRM）定义的过程，第二个维度由进一步细分到过程属性的能力等级所构成。

通过这个过程评估模型，可以对汽车系统研发过程的能力进行全面、客观的评估，从而帮助组织识别和改进过程中的不足之处，提升整体研发能力和竞争力。

2. ISO 26262

（1）核心概念

ISO 26262 标准作为汽车电子系统功能安全的重要指导，其包含的核心概念构成了确保系统安全性的关键框架。

1）功能安全（Functional Safety）。功能安全是指在特定的系统操作条件下，系统能够正确地执行所规定的安全功能，以防止无法容忍的风险。这一概念强调系统的整体安全性和可靠性，确保在面临潜在危险时，系统能够做出适当的反应，从而保护车辆、乘客及道路其他使用者的安全。

2）安全目标（Safety Goal）。安全目标表示在特定系统操作条件下，要实现的功能安全性能指标。这些目标用来表达系统的安全要求和期望的安全性能，为系统设计和开发过程提供了明确的方向。安全目标的设定基于对系统潜在风险的全面评估和分析。

3）安全性能（Safety Performance）。安全性能描述系统在特定操作条件下满足安全目标的能力。这通常通过一系列指标或要求来衡量，如故障检测时间、失效率等。安全性能的评估是确保系统在实际应用中能够满足安全需求的重要环节。

4）安全需求（Safety Requirement）。安全需求是从安全目标中导出的具体要求，用于指导系统设计和开发过程。这些需求详细描述了系统必须满足的功能安全性能指标和相关限制，为开发者提供了明确的开发标准和规范。

5）安全分区（Safety Partition）。安全分区是将系统划分为不同的部分或区域，每个分区具有特定的安全目标和安全措施。这种划分有助于隔离和控制潜在的风险，防止故障在系统内部扩散，从而提高系统的整体安全性。每个分区在逻辑上是独立的，具有自己的安全功能和性能要求。

6）安全控制（Safety Control）。安全控制是为实现安全目标而采取的技术或管理措施。这些措施包括设计和实施安全功能、故障诊断、容错和验证等。通过实施有效的安全控制，可以确保系统在面临潜在危险时能够做出适当的反应，从而保护人员和财产的安全。

7）安全评估（Safety Assessment）。安全评估是对系统的安全功能、安全性能和安全控制的评估和验证过程。这一过程旨在确认系统的设计和实现是否满足安全要求，并识别可能存在的潜在风险。安全评估是确保系统功能安全性的重要手段之一。

8）安全确认（Safety Validation）。安全确认是确认整个系统的功能安全性能和安全控制的有效性的过程。这包括对系统的测试、验证和审查等，以确保系统在实际应用中能够满足预定的安全目标和性能要求。安全确认是系统开发和部署前的最后一道安全防线。

通过遵循这些核心概念的要求和指导原则，汽车制造商和供应商可以开发出更加安全可靠的汽车电子系统。

（2）标准解读

ISO 26262 提供了汽车生命周期（包括管理、研发、生产、运行、服务、拆解）和生命周期中必要的改装活动；提供了决定风险等级的具体风险评估方法（汽车安全综合等级，ASIL）；使用 ASIL 方法来确定可接受的残余风险的必要安全要求；提供了确保获得足够的和可接受的安全等级的有效性和确定性措施；功能安全受研发过程（包括具体要求、设计、执行、整合、验证、有效性和配置）、生产过程和服务流程以及管理流程的影响。

对标准中提到的几个关键方面的详细解读如下。

1）汽车生命周期和改装活动。ISO 26262 标准全面覆盖了汽车从概念构思到最终拆解的整个生命周期，包括管理、研发、生产、运行、服务及拆解等各个阶段。这意味着在汽车的整个生命周期中，都需要考虑并实施功能安全要求，以确保车辆在任何时候都能保持安全状态。

管理阶段：确立安全目标和安全需求，为后续的研发工作提供指导。

研发阶段：进行危险分析、风险评估，制定详细的安全概念和技术规范，确保设计满足安全要求。

生产阶段：实施严格的质量控制，确保生产出的产品符合设计规格和安全标准。

运行阶段：监控车辆运行状态，及时发现并处理潜在的安全隐患。

服务阶段：提供必要的技术支持和维护服务，确保车辆在服役期间保持安全性能。

拆解阶段：考虑车辆报废后的处理方式和环境影响，确保整个生命周期的环保和可持续性。

此外，标准还考虑了汽车在使用过程中可能需要的改装活动。这些改装活动必须遵循相同的功能安全要求，以确保改装后的车辆仍然保持安全性能。

2）风险评估方法和 ASIL。ISO 26262 标准提供了具体的风险评估方法，即汽车安全综合等级（ASIL）。ASIL 是评估汽车电子系统安全性能的关键指标，分为四个等级：ASIL A、ASIL B、ASIL C 和 ASIL D，等级越高表示安全性能要求越严格。

ASIL 评估过程如下。

① 危害分析：识别潜在的危险情景和事件。

• 目的：识别系统中可能存在的潜在危险情景和事件，即那些可能导致伤害或损害的情况。

• 方法：通常通过审查系统设计、操作环境、历史数据以及类似系统的经验来进行。

• 输出：一个包含所有已识别潜在危险情景和事件的清单。

② 风险评估：评估这些危险情景和事件的严重度、暴露频次和可控性。

• 目的：评估已识别的危险情景和事件的严重度、暴露频次和可控性，以便确定其风险等级。

• 方法：

严重度评估：考虑潜在伤害的后果，如人员伤害、财产损失等。

暴露频次评估：考虑危险情景发生的可能性或频率。

可控性评估：考虑通过设计或操作措施来减少或控制风险的可能性。

③ ASIL 等级确定：根据风险评估结果，为系统或系统元素分配相应的 ASIL 等级。

• 目的：根据风险评估结果，为系统或系统元素分配相应的 ASIL 等级，以指导后续的安全措施设计。

• 方法：

将风险评估结果与 ASIL 等级标准进行比较。

考虑系统或系统元素在车辆安全功能中的作用。

考虑系统故障对车辆整体安全性能的影响。

• 输出：系统或系统元素的 ASIL 等级，如 ASIL A、B、C 或 D，其中 D 表示最高等级的安全要求。

通过 ASIL 方法，可以明确获得可接受的残余风险所需的安全措施，为系统的设计和开发提供明确的安全要求。

3）安全要求和有效性、确定性措施。ISO 26262 标准使用 ASIL 方法来确定必要的安全要求，并提供了确保这些安全要求得到有效实施和验证的措施。

① 有效性测试：通过模拟实际运行条件，测试系统或系统元素在面临潜在危险时的反应和性能，以验证其对潜在风险的应对能力是否符合预期。

② 确定性分析：对系统或系统元素的设计、开发和生产过程进行全面分析，确保每个环节都符合安全标准，没有引入潜在的安全隐患。

此外，标准还强调了安全要求的可追溯性，即要求在设计、开发和生产过程中保留足够的文档和记录，以便在需要时能够追溯安全要求的实现情况。

4）研发、生产、服务和管理流程的影响。功能安全不仅受到研发过程的影响，还涉及生产、服务和管理等多个流程。ISO 26262 标准强调了在所有这些流程中都需要考虑和实施功能安全要求。

研发流程：从需求分析、设计、实现到验证和确认的每个环节都需要遵循功能安全要求。

生产流程：确保生产过程中的质量控制和一致性，避免生产缺陷对功能安全造成影响。

服务流程：提供及时的技术支持和维护服务，确保车辆在服役期间能够保持安全性能。

管理流程：建立有效的管理体系和监督机制，确保功能安全要求在整个生命周期中得到持续遵守和改进。

综上所述，ISO 26262 标准通过全面的生命周期管理、具体的风险评估方法、严格的安全要求和有效性措施以及跨流程的功能安全考虑，为汽车电子系统的功能安全提供了全面而深入的指导。

3. 汽车电子系统软件开发标准 AUTOSAR

AUTOSAR 标准旨在提高汽车电子系统的可靠性、安全性和可维护性，同时降低开发成本和时间。它通过定义一套通用的软件架构和开发流程，使得不同厂家、不同功能的汽车电子控制单元（ECU）之间能够相互通信、协调工作，从而实现软件模块的互换性和可重用性。

AUTOSAR 标准采用了三层架构，包括基础软件（BSW）、运行环境（RTE）和应用层（Application Layer）。

基础软件：提供与底层硬件通信和控制的接口，包括底层驱动程序、操作系统、通信协议栈等标准化软件模块。这些模块使得高级软件能够在各种硬件平台上运行而无需修改。

运行环境：作为中间件，负责实现软件组件与基础软件之间的通信。RTE 提供了一种标准化的通信机制，使得不同的软件组件能够相互交互和通信，而无须了解底层基础软件的具体细节。

应用层：包含与 RTE 通信的应用软件组件，实现汽车系统的具体功能，如引擎控制、制动系统、安全功能等。

在 AUTOSAR 架构中，软件被划分为多个独立的软件组件（SWC），每个组件都专注于完成特定的任务。这些组件通过标准化的接口进行通信，提高了系统的灵活性和可维护性。

虚拟功能总线（VFB）负责处理 SWC 之间的通信，类似于一个通信中心。在系统配置完成之前，每个组件与 ECU 之间的连接尚未确定。只有在系统配置完成后，才能确定将哪些 SWC 分配给哪个 ECU。

为了支持 AUTOSAR 标准的实施，业界开发了一系列工具链和开发环境，包括但不限于以下几个方面。

AUTOSAR 架构工具：用于 AUTOSAR 架构的设计和开发，支持基于模型的开发，并可以生成 C 代码。

AUTOSAR 编译器工具：将 AUTOSAR 的软件开发规范和标准代码化，确保生成的代码符合 AUTOSAR 的要求。

AUTOSAR 标准化测试工具：包括各种测试用例和工具，用于确保软件符合 AUTOSAR 的要求。

Debug 工具：用于实时监控 AUTOSAR 软件的执行，诊断软件问题和错误。

AUTOSAR 标准的优势主要体现在以下几个方面。

软件独立性和可移植性：允许开发独立的软件组件，这些组件可以在不同的汽车系统或 ECU 中自由移植和重用。

应对车辆复杂性：提供了一种统一的软件架构和标准化的接口，使得管理和维护复杂系统变得更加容易。

硬件无关性：软件不再受限于特定的硬件配置，即使在硬件发生变化时，软件也可以保持不变或只需进行最低程度的调整。

全行业标准化：得到了全球主要汽车制造商和供应商的广泛支持和认可，促进了行业内部的合作和互操作性。

随着汽车科技的不断发展，汽车电子系统变得越来越复杂。AUTOSAR 标准作为一种开放的、标准化的架构，为汽车电子系统软件的研发提供了有力支持。未来，随着消费者对汽车安全性、舒适性和节能性要求的不断提高，AUTOSAR 标准将在汽车电子系统软件开发中发挥更加重要的作用。

4. ISO/SAE 21434 标准

ISO/SAE 21434 标准旨在指导汽车制造商、供应商和相关利益相关方在汽车系统中应用适当的网络安全措施，确保汽车系统的网络安全性和抗攻击能力。

ISO/SAE 21434 标准的主要目的如下。

就重要的网络安全问题达成全行业协议：通过制定统一的标准，促进汽车行业内各企业之间在网络安全方面的协作与沟通。

确保整个供应链具有支持设计方法安全的过程：从原材料采购到成品交付，整个供应链都需要遵循网络安全标准，以确保最终产品的安全性。

提供系统化的网络安全工程方法：帮助汽车制造商和供应商在汽车产品的全生命周期内实施有效的网络安全管理措施。

ISO/SAE 21434 标准适用于涉及汽车电子系统、软件和通信网络的各个方面，包括：

汽车内部系统：如发动机控制单元、车身控制模块等。

车载通信系统：如车载 Wi-Fi、蓝牙、移动通信模块等。

与车辆相关的外部服务和网络：如远程车辆诊断、车辆数据云平台等。

该标准覆盖了从设计、开发、生产、测试、部署到维护的汽车全生命周期，并适用于所有与汽车网络安全相关的利益相关者，包括汽车制造商、供应商、软件开发商、网络服务提供商等。

ISO/SAE 21434 标准的主要内容包括但不限于以下几个方面。

风险管理：要求对汽车系统中的潜在网络安全威胁进行风险评估和管理，包括识别风险、分析威胁、评估影响，并采取相应的风险减轻措施。

安全生命周期管理：强调在整个汽车产品生命周期的各个阶段（设计、开发、测试、验证、维护等）中考虑和实施网络安全控制措施。

安全要求和规范：定义和明确汽车电子系统的网络安全要求和规范，包括安全功能、安全目标、安全控制措施等方面。

安全验证和确认：建立验证和确认的过程，以评估汽车电子系统的网络安全性能是否符合要求。

供应链管理：着重强调供应链管理中的网络安全问题，包括与供应商的安全合作、安全审计和安全设备管理等方面。

事件响应和漏洞管理：鼓励制造商建立有效的事件响应和漏洞管理机制，以便快速识别和响应安全事件，并修复发现的漏洞。

虽然具体的电动汽车行业应用案例可能因企业而异，但 ISO/SAE 21434 标准在电动汽车行业中的应用主要体现在以下几个方面。

电池管理系统网络安全：电动汽车的电池管理系统是核心部件之一，其网络安全直接关系到车辆的安全运行。通过应用 ISO/SAE 21434 标准，可以确保电池管理系统的通信安全和数据完整性。

远程车辆诊断与升级：电动汽车通常具备远程车辆诊断与升级功能，这些功能依赖于网络通信。应用 ISO/SAE 21434 标准可以确保远程通信过程的安全性和可靠性，防止恶意攻击和数据泄露。

车载智能系统安全：电动汽车往往搭载各种智能系统，如自动驾驶辅助系统、智能娱乐系统等。这些系统的网络安全同样重要，ISO/SAE 21434 标准的应用有助于确保这些系统的稳定运行和数据安全。

5.1.2　国内汽车研发软件标准规范发展现状

1. 国家标准 GB/Z 33013—2016

GB/Z 33013—2016《道路车辆　车用嵌入式软件开发指南》，旨在为道路车辆嵌入式软件的开发提供全面指导。该标准详细规定了车用嵌入式软件开发的流程及相关要求，确保软件开发的规范性和质量，从而满足现代车辆对电子控制装置和软件功能日益增长的需求。

该标准广泛适用于道路车辆软件的开发、验证和管理。这包括但不限于汽车的动力系统、底盘、车身以及电子零部件的自动控制软件。随着汽车电子技术的飞速发展，这些软件在现代车辆中融入了通信、半导体芯片、计算机控制等先进的电子信息技术，使得汽车的功能更加智能化、网络化。

GB/Z 33013—2016 标准涵盖了车用嵌入式软件开发的多个关键方面，具体如下。

软件生存周期：标准详细阐述了车用嵌入式软件的生存周期，包括需求分析、设计、编码、测试、发布等各个阶段的要求和规范。这有助于确保软件开发过程的有序进行和质量的持续监控。

软件质量计划：标准提出了制订软件质量计划的指导原则，明确了软件开发过程中各个阶段的质量目标和评估方法。这有助于确保软件开发的各个阶段都能达到预期的质量标准，从而提高软件的整体质量。

为了确保 GB/Z 33013—2016 标准的有效实施，相关企业和开发团队需要遵循以下要求。

建立完善的软件开发流程和管理体系：根据标准的规定，制定符合企业自身特点的软件开发流程和管理体系，确保软件开发的规范性和可控性。

加强软件测试和验证工作：严格按照标准的要求进行软件测试和验证工作，确保软件的稳定性和安全性。通过模拟实际使用场景和潜在风险情况，及时发现并修复软件中的缺陷和漏洞。

提升开发人员素质：加强对开发人员的培训和教育，提高他们的专业素质和技能水平，确保开发人员能够熟练掌握标准的要求和软件开发技术，从而高效地完成软件开发任务。

实施 GB/Z 33013—2016 标准可以带来以下显著优势。

提高软件开发效率：通过遵循标准的开发流程和管理要求，减少不必要的重复工作和错误，从而提高软件开发效率。这有助于缩短产品开发周期，快速响应市场需求。

提升软件质量：标准对软件开发的各个阶段都提出了明确的质量要求，有助于提升软件的整体质量。高质量的软件能够降低故障率和维修成本，提高用户满意度和维护品牌形象。

增强软件安全性：通过严格的测试和验证流程，及时发现并修复潜在的安全隐患，从而增强软件的安全性。这对于保障车辆行驶安全和用户隐私具有重要意义。

促进行业标准化：该标准的实施有助于推动整个汽车行业软件开发流程的标准化和规范化。这有助于提升行业整体的技术水平和竞争力，促进产业的健康发展。

综上所述，GB/Z 33013—2016 标准为车用嵌入式软件的开发提供了全面的指导和规范，对于提高软件开发质量和效率、保障软件安全性以及促进行业标准化具有重要意义。

2. 汽车软件质量管理体系要求：ASQMS

ASQMS（Automotive Software Quality Management System）即《汽车软件质量管理体系要求》，是一项针对汽车行业软件组织的质量管理体系标准，是由中国消费品质量安全促进会（简称"中消会"）发布的全球首个专门针对汽车软件的质量管理体系标准。该标准于 2023 年 12 月 1 日首次发布，并于 2024 年 1 月 1 日开始实施。该标准旨在填补从传统硬件到软件定义汽车的行业转型中质量管理体系标准的空白，确保汽车行业软件的质量、安全性和可靠性。

ASQMS 的主要目的是为汽车行业软件组织提供一个全面的质量管理体系框架，确保软件产品在从需求到运维的全生命周期内，都能满足既定的质量方针、目标和规范流程。通过这一标准，汽车行业软件组织能够更好地管理其软件开发过程，提升软件产品的质量，增强用户满意度，并在激烈的市场竞争中保持领先地位。

ASQMS 的适用范围广泛，涵盖了汽车产业生态内的各类软件。这包括但不限于车载软件，部署在云端（如车联网）、客户端、路端（如 V2X）、场端（如充换电设施）等的软件，以及软件开发运维工具等。该标准既适用于纯软件组织，也适用于软硬件一体的系统生产型组织。

ASQMS 的关键要求包括以下几个方面。

体系管理：要求软件组织建立基本的管理体系，确保质量管理体系与组织的质量方针、目标和规范流程对齐。这一要求基于 PDCA（计划 – 执行 – 检查 – 行动）循环框架，对体系进行持续改进。

支持过程：定义了十个支持过程，如软件工具链管理、文档管理、供应商管理等，确保软件开发过程中的各项支持活动得到有效管理。特别是，该标准融入了对趋势明确或已经发生的创新技术或实践的过程管理，如软件物料清单（SBOM）和开源软件的管理。

运行过程：要求软件组织按照典型的 V 模型贯穿软件开发的运行过程，包括需求定义、架构设计、软件详细设计及实现、集成和集成测试、验证测试、软件发布、软件部署、软件维护和软件终止等。这些过程实践确保了软件产品从需求到运维的全生命周期管理。

功能和网络安全：为保障功能和网络安全，ASQMS 将软件分为一类和二类。一类软件既无功能安全也无网络安全风险，其过程实践主要支持软件的功能与性能实现；而二类软件则需要在满足一类软件过程的基础上，满足额外的过程确保功能和网络安全得到保障。

结合当前汽车软件质量管理的实际情况，ASQMS 的重要性和影响主要体现在以下几个方面。

提升软件质量：通过全面的质量管理体系框架，ASQMS 帮助汽车行业软件组织提升软件产品的质量，减少因软件缺陷导致的召回和投诉事件，增强用户满意度。

强化安全管理：针对功能和网络安全的要求，ASQMS 有助于汽车行业软件组织建立更加完善的安全管理体系，防范潜在的安全风险，保护用户数据和车辆安全。

推动行业转型：随着汽车行业的智能化和网联化发展，ASQMS 为传统汽车制造商和软件供应商提供了适应新趋势的质量管理指南，推动行业向软件定义汽车的方向转型。

增强国际竞争力：ASQMS 的英文版发布和推广进一步提升了中国在全球汽车行业质量管理领域的影响力，有助于中国汽车行业软件组织在国际市场上树立品牌形象，增强国际竞争力。

综上所述，汽车行业的软件开发标准是保障汽车软件质量和安全性的重要基石。在软件开发过程中，应遵循标准化的流程和方法，确保软件质量符合国际标准，同时重视软件的安全性，为消费者提供更加安全、可靠的汽车产品。未来，我国应加快制定和完善汽车研发软件类的标准规范，推动智能网联汽车产业的健康、可持续发展。

5.2　中国汽车研发软件标准规范概述

5.2.1　各级标准规范梳理

1. CAD 软件标准规范（表 5-1）

表 5-1　CAD 软件标准规范

标准等级	标准名称
国标	《机械工程　CAD 制图规则》（GB/T 14665—2012）
	《电气工程 CAD 制图规则》（GB/T 18135—2008）
	《CAD 通用技术规范》（GB/T 17304—2009）
	《三维 CAD 软件功能规范》（GB/T 25108—2010）
	《CAD 工程制图规则》（GB/T 18229—2000）
	《技术产品文件　计算机辅助设计与制图　词汇》（GB/T 15751—1995）
	《CAD/CAM 数据质量》（GB/T 18784—2002）
	《技术制图　CAD 系统用图线的表示》（GB/T 18686—2002）
	《技术产品文件　字体　拉丁字母、数字和符号的 CAD 字体》（GB/T 18594—2001）
	《CAD 文件管理　总则》（GB/T 17825.1—1999）
	《CAD 文件管理　基本格式》（GB/T 17825.2—1999）
	《CAD 电子文件光盘存储、归档与档案管理要求　第一部分：电子文件归档与档案管理》（GB/T 17678.1—1999）
行标	《CAD 绘制电子产品图样用符号库》（SJ/T 10385—1993）

2. CAE 软件标准规范（表 5-2）

表 5-2　CAE 软件标准规范

标准等级	标准名称
国标	《机械产品结构有限元力学分析通用规则》（GB/T 33582—2017）
	《乘用车　车轮　弯曲和径向疲劳性能要求及试验方法》（GB/T 5334—2021）
	《乘用车顶部抗压强度》（GB 26134—2010）
	《汽车正面碰撞的乘员保护》（GB 11551—2014）
行标	《乘用车强化腐蚀试验方法》（QC/T 732—2005）
团标	《乘用车白车身轻量化设计与评价方法》（T/CSAE 26—2022）

3. 系统设计与仿真软件标准规范（表 5-3）

表 5-3　系统设计与仿真软件标准规范

标准等级	标准名称
国标	《信息技术　系统及软件完整性级别》（GB/T 18492—2001）
	《系统与软件工程　软件工程环境服务》（GB/T 30972—2014）
	《机械产品制造过程数字化仿真　第 1 部分：通用要求》（GB/T 39334.1—2020）
	《工业产品数据字典通用要求》（GB/T 41302—2022）
	《系统与软件工程　开发运维一体化　能力成熟度模型》（GB/T 42560—2023）
	《软件系统验收规范》（GB/T 28035—2011）
	《嵌入式软件质量保证要求》（GB/T 28172—2011）
团标	《乘用车空气动力学仿真技术规范》（T/CSAE 112—2019）

4. 测试验证软件标准规范（表 5-4）

表 5-4　测试验证软件标准规范

标准等级	标准名称
国标	《系统与软件工程　性能测试方法》（GB/T 39788—2021）
	《软件与系统工程　软件测试工具能力》（GB/T 41905—2022）
	《系统与软件功能性　第 3 部分：测试方法》（GB/T 29831.3—2013）
	《系统与软件维护性　第 3 部分：测试方法》（GB/T 29834.3—2013）
	《系统与软件可移植性　第 3 部分：测试方法》（GB/T 29833.3—2013）

5. 辅助软件标准规范（表 5-5）

表 5-5　辅助软件标准规范

标准等级	标准名称
国标	《嵌入式软件　C 语言编码规范》（GB/T 28169—2011）
	《程序设计语言 C》（GB/T 15272—1994）
	《统一建模语言（UML）》（GB/T 28174）
	《计算机辅助工艺设计　系统功能规范》（GB/T 28282—2012）
	《信息技术　云计算　云服务计量指标》（GB/T 37735—2019）
	《信息技术　计算机图形与图像处理　图形标准实现的一致性测试》（GB/T 17555—1998）

总的来说，中国汽车研发软件标准规范制定的目标是提高汽车研发软件的质量、安全性、开发效率，推动软件的标准化和规范化，促进软件的创新与发展，并加强与国际接轨。这将有助于提升中国汽车研发软件的整体水平，推动中国汽车产业的健康发展。

5.2.2　团体标准

国家新能源汽车技术创新中心（简称国创中心）对国内外汽车仿真分析软件相关的测评标准和规范进行了调研和分析。国际上对汽车仿真分析软件功能测评的相关标准匮乏，现有标准如《系统和软件工程　软件生命周期过程》（ISO/IEC/IEEE 12207）、《信息技术 – 过程评估》（ISO/IEC 15504）、《软件升级与软件升级管理系统》（UN-R 156）、《信息安全与信息安全管理体系》（UN-R 155）、《软件与系统工程》（ISO/IEC/IEEE 29119）等均为通用软件标准，未专注于汽车领域，未对与汽车相关的应用场景和测试用例进行明确规范；用于汽车电子系统开发的安全标准《道路车辆　功能安全》（ISO 26262）、用于软件升级方面的标准《道路车辆 软件升级工程》（ISO 24089）、AUTOSAR 等定义汽车电子系统中的软件和硬件架构，均未涉及仿真相关工作，未形成相关系统，不具有汽车仿真的普遍适用性；*Model Description Documentation Recommended Practice for Ground Vehicle System and Subsystem Simulation*（SAE J2998_202002）定义了仿真分析的方法，并未对软件性能提出要求。因此，国际上的现有标准对于国产流体及热管理仿真分析软件功能测评并不适用。

国内现有汽车仿真分析软件相关标准同样匮乏，现行标准如《系统与软件工程 系统与软件质量要求和评价（SQuaRE）》（GB/T 25000）和《系统与软件工程　软件测试》（GB/T 38634）均为通用软件测试相关标准；《电动汽车车载控制器软件功能测试规范》（T/CSAE 177—2021）团体标准规定了电动汽车车载控制器软件功能测试开展全过程的要求。

鉴于当前汽车仿真软件标准的缺失现状，国创中心牵头软件企业、高校、科研机构、测评机构、汽车厂商共同制定汽车研发仿真分析软件工具测评标准体系，总计包含"1 体系 +8 标准"，分别为：汽车研发仿真分析软件工具测评标准体系、《汽车研发仿真分析软件工具通用质量要求》《汽车流体及热管理三维仿真分析软件工具测评规范》《汽车动力学仿真分析软件工具测评规范》《汽车 NVH 分析软件工具测评规范》《汽车结构耐久分析软件工具测评规范》《汽车电控系统软件开发工具测评规范》《汽车碰撞安全分析软件工具测评规范》《汽车热管理一维仿真分析软件工具测评规范》。该标准可用于指导汽车仿真分析软件工具的测试与评价工作，为国产工业软件测评提供支撑，助推工业软件的国产替代。

5.3 中国汽车研发软件标准规范发展建议

对于汽车研发软件标准规范的发展建议，可以考虑以下六个方面。

1. 统一标准和规范，强化国内标准体系建设

统一行业标准与规范能显著提升汽车软件的开发效率与质量。当前，汽车软件研发领域面临多种标准并存的问题，这直接导致了开发、测试、部署等环节中的兼容难题，进而增加了成本、延误了时辰。为此，制定并实施统一标准，成为摆脱这一困境、加速技术迭代与创新的必由之路。

针对汽车软件研发的特性和难点，必须建立和完善一套符合中国国情的汽车软件研发标准体系。这一体系应全面覆盖功能安全、网络安全、数据保护、软件架构设计等多个核心领域，为汽车软件的研发提供全方位、系统化的指导。

此举不仅将大力提升国内汽车软件的整体研发水平，更将有力推动汽车产业的数字化转型。通过构建这样一套标准体系，能够确保汽车软件研发的高效、有序进行，从而助力中国汽车产业在全球竞争中占据有利地位。

2. 加强国际合作与交流，积极参与国际标准制定

在全球化日益加深的今天，国际合作与交流已成为推动各行业发展的关键力量。对于汽车软件行业而言，积极参与国际标准的制定，不仅是提升行业国际竞争力的重要途径，更是实现技术突破、引领行业发展的必要条件。

为了实现这一目标，鼓励国内企业勇敢走出国门，与国际组织建立紧密的合作关系。通过与国际同行的深入交流与合作，可以共同探索汽车软件技术的最新发展趋势，共同应对行业面临的挑战。更重要的是，通过将国内汽车软件研发的实际需求和实践经验带入国际标准制定过程，为国际标准的完善贡献中国力量。

同时，与国际组织的合作也提供了借鉴国际先进经验的宝贵机会。通过学习和吸收国际上的成功经验和做法，可以不断提升我国汽车软件标准的水平，推动其与国际接轨，进而提升我国汽车软件行业的整体竞争力。

总之，加强国际合作与交流，积极参与国际标准制定，是我国汽车软件行业实现跨越发展、走向国际舞台的必由之路。我们必须紧紧抓住这一历史机遇，努力推动我国汽车软件行业蓬勃发展。

3. 促进行业协同创新，扩大开源社区参与度

在汽车产业迅猛发展的今天，软件技术已成为行业转型升级的核心动力。为加速软件技术革新，必须采取三大策略：鼓励产业链上下游企业紧密合作、促进产业协同发展、扩大开源社区参与度。

首先，汽车制造商、软件开发商及零部件供应商应携手共进，建立协同研发机制，实现资源共享与优势互补。通过产学研用一体化平台，推动汽车软件技术的突破与创新，共同迎接行业挑战。

其次，产业协同发展是提升汽车产业整体竞争力的关键。应推动全产业链的深入合作，通过协同研发、市场拓展等举措，实现产业链的优化升级。同时，与政府、行业协会及研究机构的紧密合作，将为产业的可持续发展提供坚实保障。

最后，扩大开源社区在汽车软件领域的参与度至关重要。将构建完善的开源生态系统，提供丰富的资源与便捷的开发工具，吸引更多开发者投身汽车软件开发。同时，制定有利于开源软件发展的政策规范，确保其合法权益与知识产权得到充分保障。这三大策略将共同推动汽车产业的软件技术革命，引领行业迈向更加辉煌的未来。

4. 重视知识产权保护，推动标准实施与监管

在当今快速发展的知识经济时代，知识产权保护的重要性愈加凸显。它不仅是创新精神的法律保障，更是推动标准实施与监管的基石。强有力的知识产权保护能够激发企业的创新活力，为标准的制定与执行创造一个良好的法治环境。

知识产权保护的强化，对于软件行业而言尤为关键。软件作为技术创新的重要载体，其知识产权的保护力度直接影响到企业的创新积极性和市场竞争力。因此，必须加大软件知识产权的保护力度，以此为核心激励企业积极投身于技术创新，推动行业的持续进步。

同时，标准实施与监管是知识产权保护的有力抓手。为确保知识产权得到充分尊重，必须严格执行标准，加大监管力度。在软件行业，这意味着要建立健全的标准体系，明确知识产权保护的要求，确保企业在严格遵循标准的过程中，能够收获应有的经济回报，形成正向循环。这不仅有助于提升企业的竞争力，还能促进整个行业的健康发展。

政府在这一过程中应发挥关键作用。政府应制定更为具体、详尽的汽车研发软件标准规范，为行业提供明确的指导。通过明确的政策引导和有力的监管措施，敦促整个行业严格遵循这些标准规范，确保标准得以在实际中广泛应用。这将有助于全面提升行业的执行效率，为行业的规范化发展奠定坚实基础。

推动行业规范化发展是最终目标。而实现这一目标的关键在于：促使行业全面遵循标准规范，确保标准的实际应用，并在此基础上不断提升执行效率。唯有如此，方能推动整个行业迈向更加稳健、可持续的发展道路。在这个过程中，知识产权保护与标准实施将发挥不可或缺的作用，它们相辅相成，共同促进创新与发展。

5. 持续跟踪国际市场动态，关注用户体验，建立反馈机制

紧跟国际软件发展动态对于中国汽车行业的进步至关重要。时刻关注国际市场上汽车软件技术的最新进展，及时捕捉国际先进的理念和技术趋势，以确保我国的技术发展能够与国际同步，保持前沿性和实用性。

在制定汽车软件的发展策略时，用户体验应被置于核心地位。软件的易用性和人机交互性直接影响到消费者的满意度和忠诚度。因此，必须确保软件界面设计友好、操作简便，以满足消费者对智能化、个性化服务的期待。这不仅能提升用户体验，还能增强品牌的竞争力和扩大市场份额。

为了实现这一目标，建立一个高效的反馈机制同样重要。需要积极收集市场和用户的反馈信息，包括他们的需求、建议和投诉。通过对这些信息的深入分析和处理，能够及时发现并解决技术发展中的问题和不足，从而不断优化和更新技术策略。这将有助于汽车研发软件企业不断完善汽车软件，使其更加符合实际需求，更好地服务于用户和整个行业。

总之，紧跟国际软件发展动态、注重用户体验、完善反馈机制是推动汽车软件技术持续进步、促进行业健康发展的关键步骤。我们将继续努力，为汽车行业的繁荣发展贡献自己的力量。

6. 优化产业生态，提升中国汽车品牌国际影响力

在全球化的浪潮中，中国汽车品牌正面临前所未有的机遇与挑战。为了提升国际影响力，优化产业生态与加强品牌建设成为关键。

在优化汽车研发软件生态方面，中国汽车品牌需加强自主研发能力，推动技术创新，并融合多学科技术，实现跨学科合作。同时，构建开放合作平台，促进产业链协同与跨界合作，共享资源，加速技术迭代。此外，推动标准化与模块化，降低开发成本，提高软件的可移植性和复用性，也是提升研发效率的重要途径。

在加强品牌建设方面，中国汽车品牌需明确品牌定位，突出品牌特色和优势，并通过多渠道推广提升品牌知名度和美誉度。同时，注重产品质量与服务，建立健全的质量控制体系，提供全方位的售前、售中和售后服务，增强消费者信任与品牌忠诚度。此外，加强国际化布局，深入研究目标市场，实现产品本地化生产和销售，提高市场竞争力，也是提升品牌国际影响力的重要手段。

优化产业生态是提升中国汽车品牌国际影响力的关键所在。通过深化产业链整合、增强技术创新能力、加强品牌建设和市场推广等措施，可以充分释放中国汽车品牌在国际市场上的巨大潜力和优势。相信在不久的将来，中国汽车品牌一定能在国际舞台上绽放更耀眼的光芒，为世界汽车产业的发展贡献更多的智慧和力量。

技 术 篇

　　关键技术是汽车研发软件的灵魂。本篇主要介绍了汽车CAD软件关键技术，包括几何建模技术、设计验证技术、大装配设计技术等。汽车CAE领域主要讲解了支撑CAE软件的关键技术，包括技术流程与技术分解等，主要涵盖结构与耐久、碰撞与安全、多体动力学、流体与热、电磁分析软件技术、NVH、轻量化及整车性能软件技术，以及共性基础技术与软件等。汽车电控系统设计与仿真软件的关键技术主要讲解了需求定义和分析技术、系统功能/逻辑架构定义和分析、系统物理架构定义和分析、几何结构定义、嵌入式系统定义与分析、高精度模型的建立与表示、系统仿真求解和分析技术、仿真调度与同步技术、模型优化技术、数据后处理和可视化、模型验证和评估、模型与产品的一致性、多领域建模等。汽车研发测试验证与标定软件关键技术主要讲解了系统虚拟集成与验证、模型/代码测试软件关键技术、仿真测试验证与标定软件关键技术、模型/算法测试软件关键技术，以及仿真模型测试关键技术等。支持汽车研发辅助软件关键技术方面主要讲解了元模型数据对象构建及扩展技术、汽车研发模型数据库技术等。

CHAPTER 6

第 6 章
CAD 软件关键技术

我国汽车行业的研发设计已基本实现了全面三维化。汽车三维 CAD 软件（包括通用的 MCAD、ECAD 软件，以及部分专用 CAD 软件）是汽车新产品研发过程中最核心、最通用的设计工具，主要用于完成汽车概念设计、工程设计阶段的实体及特征造型、工程标注、运动仿真、工程图输出等具体工作，在整车设计、传动设计、动力设计、车身设计、电控设计、模具设计等专业场景下广泛应用。在云时代，汽车三维 CAD 软件也逐渐走向了云化、SaaS 化。当前我国汽车行业所应用的三维 CAD 软件关键技术主要有以下几种。

6.1 几何建模技术

在汽车的研发设计过程中，汽车设计工程师需要使用三维 CAD 软件建立汽车的三维数字模型。该模型以几何形状为核心，并以标记的形式包含了材料、工艺等非几何信息，是汽车产品数据的源头，在汽车产品的全生命周期过程中有着广泛的应用场景（后续 CAE 分析、生产制造、运营维护等）。因此，在整车及零部件的设计过程中，几何建模是设计工程师关注的重点，设计团队通常使用多款三维 CAD 软件（CATIA、UG NX、Creo、新迪天工 CAD、SolidWorks、ICEM Surf 等）、应用多种几何建模技术完成汽车三维数字模型的搭建，主要用到曲面建模（车身 A 级曲面、车灯等）、特征建模（汽车工程结构设计，如内外饰、底盘、离合器、发动机、轴、前后桥等）、参数化建模（车架、齿轮等）、同步建模（快速系列化设计）、直接建模（异构模型数据快速编辑）、收敛建模（创成式设计）、MBD（三维标注、非几何信息定义）等技术。

6.1.1 NURBS 曲线曲面

形状信息的核心问题是计算机表示，就是要找到既适合计算机处理且有效地满足形状表示与几何设计要求，又便于形状信息传递和产品数据交换的形状描述的数学方法：1963 年美国波音飞机公司的 Ferguson 首先提出将曲线曲面表示为参数的矢函数方法，并引入参数三次曲线，从此曲线曲面的参数化形式成为形状数学描述的标准形式。1964 年美国麻省理工学院的 Coons 发表了一种具有一般性的曲面描述方法，给定围成封闭曲线的四条边界即可定义一块曲面，但这种方法存在形状控制与连接问题。1971 年法国雷诺汽车公司的 Bézier 提出一种由控制多边形设计曲线的新方法，这种方法不仅简单，而且漂亮地解决了整体形状控制问题，把曲线曲面的设计向前推进了一大步，为曲面造型的进一步发展奠定了坚实的基础，但 Bézier 方法仍存在连接问题和全局修改问题。到 1972 年，de-Boor 总结、给出了关于 B 样条的一套标准算法。1974年 Gordon 和 Riesenfeld 又把 B 样条理论应用于形状描述，最终提出了 B 样条方法。这种方法继承了 Bézier 方法的一切优点，克服了 Bézier 方法存在的缺点，较成功地解决了局部控制问题，又轻而易举地在参数连续性基础上解决了连接问题，从而使自由曲线曲面形状的描述问题得到较好解决。但随着生产的发展，B 样条方法显示出明显不足：它不能精确表示圆锥截线及初等解析曲面，这就造成了产品几何定义的不唯一，使曲线曲面没有统一的数学描述形式，容易造成生产管理混乱。为了满足工业界进一步的要求，1975 年美国 Syracuse 大学的 Versprile 首次提出有理 B 样条方法。后来由于 Piegl 和 Tiler 等人的推广，终于使非均匀有理 B 样条（NURBS）方法成为现代曲面造型中最为广泛流行的技术。NURBS 方法的提出和广泛流行是生产发展的必然结果。

NURBS 方法的突出优点是：可以精确地表示二次规则曲线曲面，从而能用统一的数学形式表示规则曲面与自由曲面，而其他非有理方法无法做到这一点；具有可影响曲线曲面形状的权因子，使形状更易于控制和实现。NURBS 方法是非有理 B 样条方法在四维空间的直接推广，多数非有理 B 样条曲线曲面的性质及其相应算法也适用于 NURRS 曲线曲面，便于继承和发展。由于 NURBS 方法的这些突出优点，国际标准化组织（ISO）于 1991 年颁布了关于工业产品数据交换的 STEP 国际标准，将 NURBS 方法作为定义工业产品几何形状的唯一数学描述方法，从而使 NURBS 方法成为曲面造型技术发展趋势中最重要的基础。

1. NURBS 曲线

一条 p 次 NURBS 曲线定义为：

$$C(u) = \frac{\sum_{i=0}^{n} N_{i,p}(u)w_i P_i}{\sum_{i=0}^{n} N_{i,p}(u)w_i}, u \in [0,1] \tag{6-1}$$

式中，$\{P_i\}$ 是控制点（它们形成控制多边形）；$\{w_i\}$ 是权因子；$\{N_{i,p}(u)\}$ 是定义在非周期（且非均匀）节点矢量 $\boldsymbol{U}$ 上的 p 次 B 样条基函数。其中，

$$\boldsymbol{U} = \left\{ \underbrace{0,\cdots,0}_{p+1}, u_{p+1},\cdots,u_{n-p-1}, \underbrace{1,\cdots,1}_{p+1} \right\} \tag{6-2}$$

并且对所有的 i，$w > 0$。

$$R_{i,p}(u) = \frac{N_{i,p}(u)w_i}{\sum_{i=0}^{n} N_{i,p}(u)w_i} \tag{6-3}$$

原来的曲线可以表示为：

$$C(u) = \sum_{i=0}^{n} R_{i,p}(u)P_i \tag{6-4}$$

其中有理基函数 $\{R_{i,p}(u)\}$ 具有如下的一些优良性质：

P.1 非负性：对所有的 i，p 和 $u \in [0,1]$，$R_{i,p}(u) \geq 0$。

P.2 规范性：对所有的 $u \in [0,1]$，$\sum_{i=0}^{n} R_{i,p}(u) = 1$。

P.3 局部支撑性：在任一个给定的节点区间内，至多有 $p+1$ 个非零的 $R_{i,p}(u)$。

P.4 仿射不变性：对 NURBS 曲线进行仿射变换得到的仍然是 NURBS 曲线，并且新曲线的控制点可通过对原曲线的控制点应用该仿射变换得到。

P.5 强凸包性：如果 $u \in (u_i, u_{i+1})$，那么 $C(u)$ 位于控制点 $P_{i-p}, \cdots, P_i$ 的凸包内（图 6-1）。

曲线的有理基函数如图 6-2 所示。

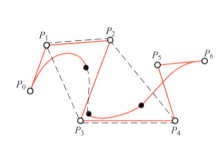 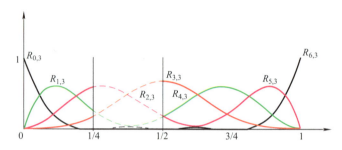

图 6-1　P.5 强凸包性的示意图　　　　　图 6-2　曲线的有理基函数示意图[⊖]

2. NURBS 曲面

一张在 u 方向 p 次、v 方向 q 次的 NURBS 曲面是具有以下形式的双变量分段有理矢量函数：

$$S(uv) = \frac{\sum_{i=0}^{n} \sum_{j=0}^{m} N_{i,p}(u) N_{j,q}(v) w_{i,j} P_{i,j}}{\sum_{i=0}^{n} \sum_{j=0}^{m} N_{i,p}(u) N_{j,q}(v) w_{i,j}}, \ u \in [0,1], v \in [0,1] \qquad (6\text{-}5)$$

式中，$\{P_{i,j}\}$ 形成了有两个方向的控制网格；$\{w_{i,j}\}$ 是权因子；$\{N_{i,p}(u)\}$ 和 $\{N_{j,q}(v)\}$ 分别是定义在节点矢量 U 和 V 上的非有理 B 样条基函数；而

$$U = \{\underbrace{0, \cdots, 0}_{p+1}, u_{p+1}, \cdots, u_{n-p-1}, \underbrace{1, \cdots, 1}_{p+1}\} \qquad (6\text{-}6)$$

$$V = \{\underbrace{0, \cdots, 0}_{q+1}, v_{q+1}, \cdots, v_{m-q-1}, \underbrace{1, \cdots, 1}_{q+1}\} \qquad (6\text{-}7)$$

一张二次 NURBS 曲面的控制网格和对应曲面如图 6-3 所示。

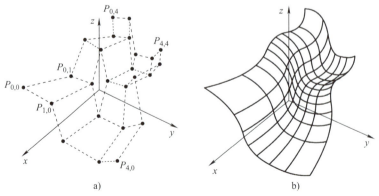

a)　　　　　　　　　　　　　b)

图 6-3　一张二次 NURBS 曲面的控制网格和对应曲面的示意图

⊖　其中节点矢量 $U = \{0,0,0,0,1/4,1/2,3/4,1,1,1,1\}$。

6.1.2　几何连续性

几何连续性是参数连续性基础上的一种放松，释放了更多的自由，可以让曲线和曲面之间的拼接更加光滑（图 6-4）。汽车 A 面模型的主要关键大面需要保证 G3 连续，比如车体的对称处和前后保险杠的大面需要 G3 连续，以使得曲面之间平滑拼接。但是连续性的高低并不意味着，连续性越高曲面质量越高，模型上相关连续性达到 G2 后，人眼很难区分它们的差别。很难讲 G3 连续性一定比 G1 连续性好，关键是在合适的地方采用合适的连续性，使模型整体上达到实用和美观的和谐统一。

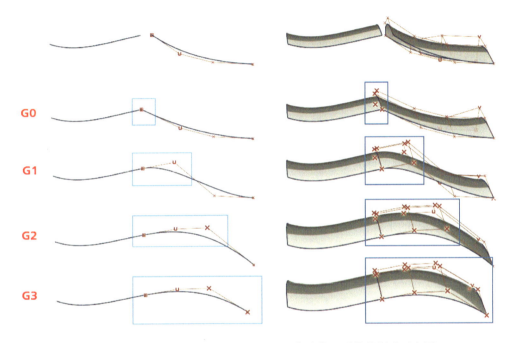

图 6-4　曲线曲面拼接前后几何连续性对曲线曲面形状的影响示意图

6.1.3　参数化建模技术

参数化建模是通过高级参数化步骤定义和操作实体模型的关键技术。这些步骤可由用户修改，并适用于特定的参数值和约束配置。不仅如此，所支持的设计范例允许形状设计者定义整个形状系列，而不仅仅是特定的实例。在参数化开发之前，实体模型的设计者只能创建一个特定的形状。形状一旦创建，不支持编辑和改变。为了实现这一点，设计师必须导入形状，并通过额外的设计步骤对其进行修改。相比之下，参数化设计侧重于创建形状的步骤并对其进行参数化。这允许设计者定义一整类形状，稍后可以简单地实例化这些形状。增加的灵活性可以以多种方式利用，可广泛应用于实体建模及产品设计。一般来说，参数化建模分为变型建模、约束建模和特征建模。

1. 变型建模

如果目标是从实例设计转移到通用设计，一个简单的技术是准备一个变型设计。把几何表示作为符号系统，可以以不同的方式识别和评估参数，以生成变型设计。例如，考虑 CSG 表达式 BLO(W, H, D)，它可以计算出标准位置的块，块的宽度为 W，高度为 H，深度为 D。将 W、H 和 D 作为参数，我们可以实例化许多块。这种范例可以通过参数化从实体基元构建的复杂表达式，并将表达式嵌入允许程序化地计算参数值的编程语言中来扩展。很明显，我们可以将转换表达式参数化，这些表达式将图元相互关联起来，形成条件分支。这些条件分支可能会也可能不会基于特定的参数评估来评估组件形状，并通过封装相关参数和暴露独立参数来抽象设计。

2. 约束建模

变型设计依赖于手动定义的固定程序。虽然程序可能非常复杂，就像将设计语言嵌入通用编程语言中一样，但与为设计人员提供可视化工具并从可视化设计过程中获得灵活而直观的参数化设计相比，编程式设计很难让自己被设计师广泛接受。随着几何约束解决方案的出现，可视化的解决方案最终胜出。一般而言，这种设计流程会先准备一个草图或从草图开始，并通过添加特定的尺寸和关系约束将其转换为精确的图纸。再加上拉伸和切割等操作，直观而轻松地创建设计成为可能。

约束指定模型中实体上或实体之间必须维护的关系。自然会出现以下几类约束：

1）几何关系，如同心度、垂直等，以及诸如距离或角度之类的几何尺寸限制。

2）表达尺寸参数或技术变量（如扭矩）之间关系的方程式约束。

3）定义形状有效性条件的语义约束。

4）模型中实体之间的拓扑关系，例如关联或连接。

迄今为止，不同能力的约束系统处理部分或所有这些类型的约束。对于平面几何约束问题，有能力和有效率的求解器是很容易得到的。对于空间约束问题，这种技术还不太成熟，可能是因为空间问题的内在难度更大。

约束问题和求解程序生成的解决方案的草图如图 6-5 所示。

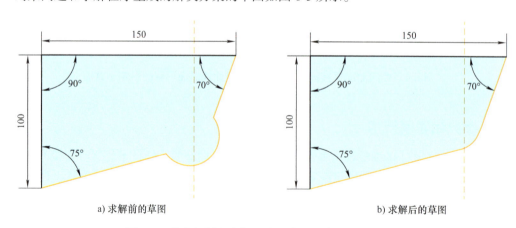

a) 求解前的草图　　　　　　　　　　b) 求解后的草图

图 6-5　约束问题和求解程序生成的解决方案的草图

3. 特征建模

特征已经成为参数化建模不可或缺的一部分。通过提供参数化几何图形、属性和几何约束，特征为指定创建形状的操作提供了更高级别的词汇。此外，可以封装参数、属性和约束。

在一个好的设计中，特征为产品定义捕捉明确的工程属性和关系，并为各种设计任务和性能分析提供基本信息。在制造业中，特征可以与制造知识相联系，从而促进制造和工艺规划。特征还提供了在数据仓库中组织设计和制造信息的框架，以便在新产品设计中重用。

一个特征至少应该包含三个不同的概念：通用形状、行为和工程意义。通用形状被参数化地定义为边界表示、CSG 树或其他几何表示。行为和工程意义是通过属性和领域特定的规则来定义的。属性可以分为几组：几何属性是指特征的形状，例如尺寸属性、参数的默认值和可行值、公差、位置参数等；技术属性提供对下游应用有用的信息，如材料特性、热处理、工具和夹具信息等。一些属性可以采用规则的形式来定义特征的行为。规则规定了为了执行特定活动，应该或必须对给定流程中的某个功能施加什么条件。

特征模型是一种数据结构，根据其组成特征来表示零件或组件。通过以适当的结构组织组成特征来创建特征模型，该结构表达了各种特征之间的所需关系。关于特征的精确定义一直存在争议。在某种程度上，争议是由不同类别的设计、分析和制造产生的相互冲突的零件和组件概念化引起的。例如，发动机的燃烧器外壳可能具有一组与热分析相关的特征，而另一组不同的特征可能与结构分析相关。第三组特征对于制造壳体的铸造工艺可能是重要的，第四组特征在与其他发动机零件装配的情况下，特征的公差分析可能很重要。

越来越多的实体建模系统在设计界面中同时使用特征和约束。通常，基于特征的设计系统采用一种设计范例，其中设计人员可以使用一组预定义的特征和操作来定义草图特征。草绘特征的几何形状是通过扫描平面横截面或在两个或多个平面横截面之间放样来创建的。

参数化实体建模的趋势主要由两种不同的需求推动：与产品数据管理和下游应用程序的集成，以及对并发分布式设计环境的支持。为了满足这些要求，实体建模应该在工程过程之间提供有效和直接的通信机制，这反过来又需要先进的建模工具和方法来为用户提供捕捉具有丰富工程语义的几何图形的工具。这些要求以多种方式影响参数，进而影响特征和约束。

参数化建模设计的成功语义必须坚持两个关键原则：

1）参数化建模算法必须是连续的。

2）参数化建模算法必须是持久的。

如图 6-6 所示，它是这样构造的：首先，画一个矩形并拉伸成一个方块。在方块的正面，画一个圆作为穿过块顶部的槽的轮廓。然后，槽的左边缘被视觉识别出来用于倒圆。在编辑的过程中，参数化建模的算法需要保证'倒圆角'始终发生在左侧。如图 6-6 中间图片所示，最右侧的模型是我们避免发生的结果——倒圆角从左侧跳到了右侧。

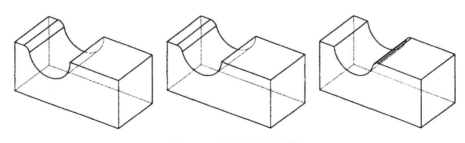

图 6-6　左侧所示的实体

6.1.4　实体建模技术

实体建模不同于曲线曲面类建模和计算机计算中的其他领域，它强调信息的完整性、物理保真度和通用性。当今使用的实体建模的概念是在 20 世纪 70 年代早期到中期发展起来的，以满足机械几何建模系统中对信息完整性的特殊需求。这个重要的概念在很大程度上通过英国罗切斯特大学的工作得到了推广，并且仍然是理解实体建模的本质、能力和局限性的核心。

实体建模的早期努力集中在用能够支持各种自动化工程任务、几何明确的计算机模型代替工程图，包括机械部件和组件的几何设计（成形）和可视化、它们的整体（质量、体积、表面）属性的计算、机构和数控加工过程的模拟以及干涉检测。假定所有制造的机械部件都具有已知确定的尺寸，它们还应该有良好的边界，可以在计算机上显示和操作；然后假定这些机械部件所代表的实体由天然的各向同性材料制成，可以添加或移除其中的任意部分。这些假设的性质可以被转换成三维欧几里得空间子集的性质。假定具有有限的大小、可表示的边界，并且这个子集是刚性的，很容易保证实体在旋转和平移下保持一致性。

边界通常被解释为集合，可以由有限的分片光滑面片集合来描述，或者等价地可以是有限三角化的。此外，集合的集合应该在几个集合运算下闭合：材料的添加和移除大致对应于集合并和差运算，而两个这样的集合之间的干涉可以通过集合交集来建模。对应当前几何建模引擎中最重要的三个布尔运算：交、并、差。

最常见的两种表示方式为 CSG（构造实体几何）和 B-Rep（边界表示）。CSG 的使用受到实体图元的可用性以及表示和维护图元及其组合上的点的邻域信息的必要性的限制。对于平面和二次曲面所包围的实体，已经有了完整的解，但对于更复杂的实体，只有有限的结果。CSG 吸引人的特性包括简明性、有保证的有效性（根据定义）、计算方便的布尔代数特性，以及根据定义实体图元及其位置和方向的高级参数对实体形状的自然控制。相对简单的数据结构和优雅的递归算法进一步促进了 CSG 在学术界和早期商业系统中的流行。CSG 和所有其他隐式表示法的一个相关的显著缺点是缺乏对实体内部特别是其边界的显式表示和参数化。这导致了一些实际问题，包括为显示或工程分析目的生成有序点的计算困难。没有明确的表示，实体或其部分中的点的空间位置是未知的。从历史上看，B-Rep（边界表示）是最早用于描述多面体三维物体的计算机表示之一（图 6-7）。边界表示有许多吸引人的性质。因为实体的边界是唯一的，所以有可能调用附加条件（例如，平滑度、连通性、符号不变性、方向等）来定义和构建边界的唯一规范分解。由于维数减少，边界表示可以比同一实体的大多数三维单元表示小得多。需要指出的是，它的构建和维护并不简单。正则化集合运算和其他保证可靠性的构造可以直接在边界表示上实现，但是这种方法需要支持非流形边界表示，因为流形边界表示在这种运算下不是封闭的。另一种选择是设计一组对边界表示的直接操作，这些操作必须始终保持边界表示的有效性（比如欧拉操作）。

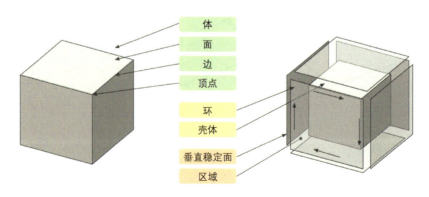

图 6-7　B-Rep 示意图

几何建模计算和系统的稳健性仍然是实体建模中的最大挑战，尽管在准确性和一致性方面取得了许多进展。根本的问题是几何和实体建模理论基于精确几何的经典模型，但工程数据和计算数据几乎总是近似的。严格地说，这意味着在近似模型中不能假设精确几何定理成立，必须再次考虑引入误差可能会导致不一致的结果和矛盾。要得到稳健性问题的最终解决方案需要认识到数学模型的不精确性，并重新制定关键概念和计算方式。

6.2　设计验证技术

汽车作为高度复杂的机电类产品，其每个零部件的设计方案都会对整车设计合理性造成影响。在汽车三维 CAD 软件中，设计工程师需要应用多种设计验证手段来提前验证汽车零件、部件乃至整装的设计合理性，避免到制造阶段才发现问题。在三维 CAD 软件环境下，汽车设计师可以应用干涉检查技术来验证各零部件之间是否存在干涉或冲突，尽早发现设计尺寸或配合上的错误；应用运动模拟技术来验证各运动副的运动状态是否合理、顺畅；应用公差分析技术来验证零部件尺寸公差对汽车装配质量的影响，从而合理分配公差，提高装配精度；应用爆炸、动画等可视化技术来验证汽车三维设计模型的装配、拆卸合理性和整体美观性，并提高汽车设计师与用户方沟通的效率。

6.2.1　公差表示技术

在实现完全集成的设计和制造环境时，在现有实体模型中包含变化信息（例如公差信息）对于促进自动过程规划和制造、自动检查和自动装配中的进一步下游工作是绝对必要的。两种类型的公差（尺寸公差和几何公差），通常在产品尺寸标注中表示。传统公差规定了尺寸的上限和下限，而几何公差适用于控制产品形状、轮廓、方向、位置和跳动的公差类别。

实体模型中表示这些公差的一个简单解决方案是将公差作为对象的几何属性，就像在传统工程制图中所做的那样。因此，为了实现几何图形的总公差属性，必须定义几何实体之间的每种关系并给出公差。基于计算机的设计和制造过程需要信息在逻辑上"明确"并且没有冗余。尺寸和公差的通用惯例（DAT）表示包含大量隐含信息，对于"聪明"和"有经验"的生产工程师来说，它们可能是"显而易见的"，但对于计算机理解来说却不是好事。信息内容不仅必须明确，而且在设计、生产和装配小组中必须是独一无二的。这种情况促使研究人员思考并设计出 CAD/CAM 可接受的适当"公差理论"。早期的理论基于"变型类"概念。变型类是与标称对象相似的对象族，在装配中可以互换，并且功能等同。根据它的定义，如果一个物体的特征边界位于"公差带"的规定范围内，则认为该物体在公差范围内。公差带也是在通过"偏移"（即扩大或缩小正 / 负公差）零件的标称边界范围而构建的可行区域范围内定义的。公差信息被指定为对象边界的表面特征（二维子集）上的一组几何属性，它规定了边界表面的偏移标准。

1. 公差数据结构

根据 ANSI 标准 Y14.5—1982，已经研究了所有五类公差规范（尺寸、形状、方向、跳动和位置公差）以建立其数据结构。公差规范涉及一个基准参考框架（DRF）的规范和五种公差形状元素之间的关系：顶点、边缘、表面、轴和中间平面。每当公差规范需要一个基准系统来确定特性相对于其他特性的位置和方向时，就提供一个基准参考框架，它可能是三平面坐标系、轴或一组有序的特征。尺寸公差为特征的尺寸（线形和角度）提供了限制，即几何形状和尺寸变化的允许范围。尺寸数据结构包含标称值及其最大和最小变化的记录。形状公差（直线度、平面度、圆度和圆柱度）用于单个特征（单个表面、边缘、轴或中间平面），其数据结构需要描述形状公差类型和具体的公差值。倾斜度、平行度和垂直度包含在方位公差中。方位公差的数据记录包括方位公差的类型、公差值、MMC（材料）条件和指向 DRF 记录的指针。位置公差规定了某一特性相对于其他特性或基准的规定位置的容许偏差，其数据结构包含位置公差类型、公差形状元素类型、公差值、MMC 条件以及指向 DRF 记录的指针。

2. 公差约束：将公差信息附加到实体模型

公差附加方法基本上是将公差作为设计约束应用于实体对象。该约束模块由实体对象的特征参数及其几何图形驱动。对实体模型（CSG 或 B-Rep）形式都指定了约束。约束描述独立于实体模型的"集合运算符"描述，除了 CSG 和 B-Rep 数据结构之外，它们仅被指定和附加到有形和无形的拓扑实体。每个公差规范都被视为几何约束属性，由约束链表中的约束结构定义。

6.2.2 运动模拟技术

在空间运动学中使用强大的计算机辅助几何设计工具的想法起源于计算机图形学，其中需要刚体运动来可视化计算机动画中的移动对象（关键帧插值）以及生成平滑的摄像机运动。

1. 齐次坐标

我们借助齐次坐标 $P=(p_0,p_1,p_2,p_3)\in R^4$ 来描述三维空间中的点 p。我们可以从 $\tilde{p}_i = p_i / p_0$ 中得到 P 的每个点对应的笛卡儿坐标 $P=(\tilde{p}_1,\tilde{p}_2,\tilde{p}_3)\in R^3$，其中 $i = 1,2,3$。齐次坐标矢量 $\boldsymbol{P}$ 和 $\lambda\boldsymbol{P}$ 描述了任意常数因子 λ 的同一点。

2. 刚体运动

让我们考虑三维欧几里得空间中的两个坐标系，固定坐标系（世界坐标系）E^3 和运动坐标系 $\tilde{E}^3$。所有点都可以在任一坐标系中描述。我们分别用 P 表示一个点的固定坐标，用 $\tilde{P}$ 表示移动坐标。为了将移动坐标转换为固定坐标，我们必须使用齐次坐标应用将 $\tilde{E}^3$ 映射到 E^3 的坐标变换，该坐标变换可以由以下形式的 4×4 矩阵表示：

$$\boldsymbol{M} = \begin{bmatrix} m_{0,0} & 0 & 0 & 0 \\ m_{1,0} & m_{1,1} & m_{1,2} & m_{1,3} \\ m_{2,0} & m_{2,1} & m_{2,2} & m_{2,3} \\ m_{3,0} & m_{3,1} & m_{3,2} & m_{3,3} \end{bmatrix}$$

其中 $\boldsymbol{M}$ 的子矩阵是一种特殊的正交矩阵（旋转矩阵）：

$$\frac{1}{m_{0,0}} \begin{bmatrix} m_{1,1} & m_{1,2} & m_{1,3} \\ m_{2,1} & m_{2,2} & m_{2,3} \\ m_{3,1} & m_{3,2} & m_{3,3} \end{bmatrix}$$

3. 欧拉角

欧拉角是用来唯一地确定定点转动刚体位置的三个一组独立角参量，由章动角 θ、进动角 ψ 和自转角 ϕ 组成，为欧拉首先提出，故得名。它们有多种取法，图 6-8 是常见的一种。对于在三维空间里的一个参考系，任何坐标系的取向，都可以用三个欧拉角来表现。固定坐标系又称为世界坐标系，是静止不动的。而运动坐标系则随着刚体的旋转而旋转。

我们也可以给予欧拉角两种不同的动态定义：一种是绕着固定于刚体的运动坐标系坐标轴的三个旋转运动的复合角位移；另外一种是绕着固定坐标系坐标轴的三个旋转运动的复合角位移。X、Y、Z 坐标轴是旋转的刚体运动坐标轴；而 x、y、z 坐标轴是静止不动的固定坐标轴。

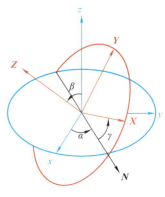

图 6-8　欧拉角示意图 ⊖

4. 运动仿真

由于机械产品日益复杂，新设计上市速度越来越快，竞争越来越激烈，除了用有限元分析模拟结构性能之外，工程师还需要在构建物理原型之前确定新产品的运动学和动力学。运动模拟（也称为刚体动力学模拟）提供了一种模拟方法来解决这些问题。运动仿真提供有关运动机构所有组件的运动学（包括位置、速度和加速度）和动力学（包括关节反作用力、惯性力和功率要求）的完整定量信息。通常非常重要的是，几乎不需要额外的时间开销就可以获得运动模拟的结果，因为执行运动模拟所需的一切都已经在 CAD 装配模型中定义。

运动仿真也检查干涉，这是一个与 CAD 装配动画中的干涉检查截然不同的过程。运动仿真实时进行干涉检查，并提供所有机构零部件的精确空间和时间位置以及精确的干涉体积，如图 6-9 所示。

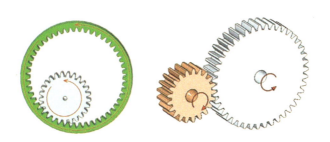

图 6-9　运动仿真中的齿轮旋转示意图

6.3 大装配设计技术

整车的三维数字模型通常由数万个零部件组成，属于典型的大型复杂装配结构。整车大模型的流畅显示和装配，对任何本地化部署的三维 CAD 软件来说都是重大挑战。汽车行业的三维 CAD 软件通常都要具备 10 万以上零部件的大装配设计能力，并提供如大装配体打开性能优

⊖ 设定 x、y、z 轴为固定坐标系的参考轴。称 x-y 平面与 X-Y 平面的相交线为交点线，用英文字母 N 代表。

化、大装配模型轻量化、大装配模型显示和编辑、大装配体自上而下装配等功能，能有效降低对计算机性能的依赖，提升整车模型的装配效率。

1. 装配建模

装配建模是机械 CAD 系统的核心，对 CAD 系统的可用性有很大的影响。装配建模一般有两种方法，一种是自下而上，另一种是自上而下。前者是在总体设计方案确定后，设计人员首先利用 CAD 工具对机器中的零部件进行详细的结构设计，然后定义这些零部件的装配关系，建立产品模型；后者是产品的函数表达式，设计人员通过 CAD 系统详细描述零件的几何结构，并确保零件的结构满足功能要求，然后建立产品模型。在计算机辅助装配建模中推荐混合使用这两种方法。功能需求和设计方案都制约着零部件的结构设计，而零部件的详细结构又反过来影响装配设计，因此将零部件建模和装配建模集成在一起完成产品的设计。

2. 装配中的基本概念

装配（Assembly）：是指向零件或子装配的指针的集合。装配是包含多个组件对象的文件。

子装配（Sub-assembly）：是出现在上一层装配中的组件对象。子装配包含自身组件对象。

组件对象（Component）：是包含指向主组件对象的指针。组件对象可以由自己包含的零件或子装配组成。

大型装配的一些性能优化管理包含借助缓存可以提高系统的性能，以可视化模式加载集合的所有部分，同时不加载零件的整个历史记录，有助于减少计算机/系统内存的负载。还包含：关闭遮挡剔除并将 3D 精度设置高一些、增加移动时的细节级别（增加值可提高性能）、增加移动时像素剔除（增加值可提高性能）。提供选项让用户可以默认以停用所有组件的方式打开，然后根据需要激活所用组件。

CHAPTER 7

第 7 章
CAE 软件关键技术

计算机辅助工程（CAE）是指用计算机辅助求解分析复杂工程问题。CAE 作为虚拟实验手段，是工程与产品设计优化、性能评估、故障预测必不可少的工具，被视作现代工业的基石。

CAE 通过构造准确描述物理特性的数学模型，利用数值方法及计算机平台进行求解，是物理、数学、计算技术、自动化技术/传感技术、人工智能技术等的综合集成，支持着工程和产品的全生命周期管理。在设计优化阶段，可节约原型成本，缩短产品入市周期。在产品制造阶段，可优化制造工艺流程，提高产品良率。在运行维护阶段，提供系统控制精确模型，支持故障预测和预测性维护。CAE 是实现数字孪生的基础。现代科学与工程可分为五种范式，即实验、理论、仿真、数据驱动和人工智能。CAE 技术是第三范式的具体体现，是后继范式的前提。CAE 的发展过程依赖于物理、数学和工程技术进步（如有限元法、并行算法等），也依赖于计算硬件（如 CPU、GPU）的发展等，并受各种应用需求（如高可靠性、高能效等）驱动。

汽车 CAE 软件泛指在汽车领域应用的相关软件。汽车为 CAE 软件提供了丰富的、多样化的、复杂的应用场景。伴随着汽车电气自动化、再电气化、智能化，以及安全性、可靠性、集成度、效能、舒适性等需求水平提升，汽车 CAE 技术和软件不断面临着各方面的新挑战。

汽车设计软件发展有三个典型的特点。

1）设计呈现链条化，即采用单个软件或若干软件形成流程化的仿真，对于很多应用场景形成完整的解决方案。例如 ANSYS、Siemens 通过不断推出各类分析软件、工程文件标准化和流程集成，打造出各种应用场景的分析流程或专用软件，又例如 COMSOL 紧紧围绕多物理场分析核心基础，面向具体业务优化流程。

2）CAE 软件呈现多学科交叉、多物理场耦合的特点，基础算法相对成熟，但个性化算法不断深化，随着 AI 技术（尤其是大模型 Transformer）的迅猛发展，其迅速有效地渗透到仿真领域，并有可能在部分应用场景之中重构仿真流程。

3）整车厂、整机厂等设计部门围绕不同类型的问题进行分工，不同部门也可能采用相同类型的 CAE 软件，即业务和软件通常互有交叉。根据应用场景，可大致进行汽车 CAE 软件的分类，如图 7-1 所示。

随着行业的深化，CAE 软件厂商都在完善产品线，尤其是继续巩固各自优势行业，并纷纷提供一站式的综合解决方案。目前，软件功能的同质化程度相当高，因而也在覆盖度、便捷性、应用生态和服务上不断拓展。在这个过程之中，国产软件处于奋起直追的态势，并取得大量的进展和成果，有望逐渐形成局部替代，最终达到全面替代的远期目标。然而，随着人工智能技术的深化，CAE 软件的技术门槛变得更高，为国产软件带来更大的挑战。

考虑到汽车设计仿真范围广泛、CAE 软件种类繁多，本章首先根据汽车中主要应用场景进行分类，然后对每一类问题进行技术分解，从问题描述、底层关键技术、现有典型软件以及发展趋势进行详细的阐述。汽车行业也在大量地使用其他相关软件，由于数量众多，并且也存在自定义、自主开发的软件，难以一一列举。

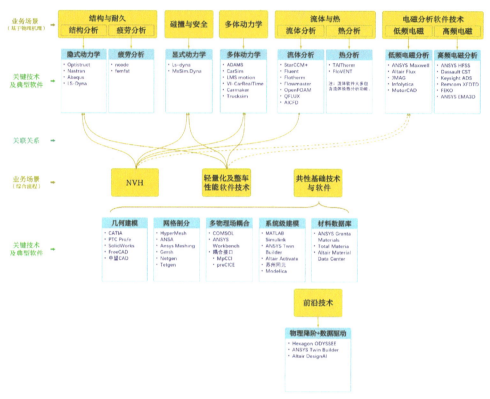

图 7-1　根据应用场景的汽车 CAE 软件的分类

7.1 结构与耐久

汽车耐久性定义为汽车在相当长的使用生命周期内，在正常使用的条件下，维持其应有的功能、性能和质量的能力。在研发阶段，汽车耐久性能的设计目标通常要求汽车达到的最低使用年限和最低等效的用户行驶里程来定义。

汽车的结构耐久所指的结构，是力学意义上的承载构件和由它们组成的结构系统，泛指支撑汽车所有系统、承受汽车所有载荷的组合。除了材料力学性能外，相关的结构力学性能主要包括结构的刚度和强度。

7.1.1　结构分析技术流程与技术

汽车结构分析主要是对其车体结构件进行静态力学性能分析，即结构刚度分析和结构强度分析。其中结构刚度分析主要是线性分析，分析过程和技术要求比较简单；结构强度分析主要是非线性分析，分析过程和技术要求相对结构刚度分析较复杂一些，需要考虑结构中材料、几何及边界等三大非线性问题。

1. 结构刚度分析

汽车结构刚度分析又分弯曲刚度分析和扭转刚度分析。

（1）弯曲刚度分析

弯曲刚度分析是指结构在受到铅垂载荷作用下，结构的抗弯曲变形能力，常见计算方法有两种。

1）将车体结构简化成一根具有均匀弯曲刚度的简支梁。如图 7-2 所示，先在简支梁的中点处施加集中载荷力，再根据简支梁的变形量和相关参数来计算车体结构的弯曲刚度。

车体结构的弯曲刚度 K_{EI} 的计算公式：

当 $x \le b$ 时：$K_{EI} = \dfrac{Fax(L^2 - x^2 - a^2)}{6zL}$

当 $x = a = b$：$K_{EI} = \dfrac{FL^3}{48z}$

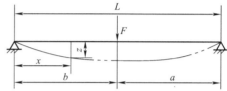

图 7-2　均匀弯曲刚度简支梁的加载示意图

当 $b \le x \le L$ 时：$K_{EI} = \dfrac{Fa\left(\dfrac{L}{a}(x-b)^3 + (L^2 - a^2 x - x^3)\right)}{6Lz}$

式中，K_{EI} 是弯曲刚度；F 是集中载荷力；L 是前后固定支撑点的纵向距离；b、a 分别是前后支撑点与载荷位置的纵向距离；z 是垂直方向上的挠度；x 是计算点到前支撑点的距离。

2）车体结构的弯曲刚度大小直接用车身底架的最大垂直挠度衡量。计算公式如下：

$$K_{EI} = \frac{\sum F}{\delta_{z_{max}}} \tag{7-1}$$

式中，$\sum F$ 是垂直方向上载荷力的合力；$\delta_{z_{max}}$ 是垂直方向的最大变形位移。

（2）扭转刚度分析

当汽车受到左右对称并且方向相反的载荷作用时，车身会产生扭转变形，则扭转刚度就是评价车体结构抵抗这种扭转变形的能力，计算车体结构扭转刚度 K_{GJ} 的方法较多，如下给出较常用的两种。

1）将汽车车体假设为一根具有均匀扭转刚度的直杆，然后根据材料力学中的计算公式计算车体的扭转刚度值。计算公式如下：

$$K_{GJ} = \frac{TL}{\theta} \tag{7-2}$$

式中，K_{GJ} 是扭转刚度；T 是扭矩；L 是前后悬架安装塔之间的距离；θ 是前后轴间的相对扭转角，$\theta = \arctan\left(\dfrac{|z_1| + |z_2|}{L_1}\right)$，其中 z_1、z_2 分别表示前轴左右对称点在载荷作用下的 z 向位移，L_1 是前轴的轴距，其示意图如图 7-3 所示。

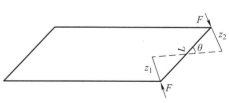

图 7-3　车体结构相对扭转角计算示意图

2）扭转刚度直接由扭矩与扭转角计算得到，即：

$$K_{GJ} = \frac{T}{\theta}$$

（7-3）

式中，K_{GJ} 是扭转刚度。

结构刚度分析技术流程如图 7-4 所示。

在对汽车结构进行刚度分析时，需要将所有分析项根据车身、底盘、内/外饰、开闭件等系统进行排列，将整车级分解成部件和零件级，对其刚度单独计算，并制定针对性的评价标准。结构刚度分析总括图如图 7-5 所示，其具体分析项见表 7-1。

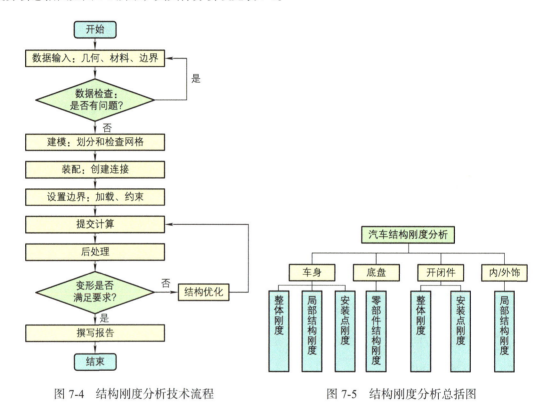

图 7-4　结构刚度分析技术流程　　　　图 7-5　结构刚度分析总括图

表 7-1　结构刚度分析项

系统	项目	
车身	1. 白车身扭转刚度分析	12. 仪表板横梁安装点刚度分析
	2. 白车身弯曲刚度分析	13. 减振器安装点刚度分析
	3. 白车身开口变形分析	14. 副车架安装点刚度分析
	4. 座椅安装点刚度分析	15. 后螺簧座安装点刚度分析
	5. 车顶乘员把手安装点刚度分析	16. 气弹簧安装点刚度分析
	6. 刮水器安装点刚度分析	17. 电池包安装点刚度分析
	7. 铰链和限位器安装点刚度分析	18. 洗涤壶支架安装点刚度分析
	8. 锁扣安装点刚度分析	19. 后保险杠支架刚度分析
	9. 翼子板安装点刚度分析	20. 风窗下横梁刚度分析
	10. 制动踏板安装的刚度分析	21. 天窗安装点刚度分析
	11. 加速踏板安装点刚度分析	22. 前大灯安装点刚度分析

（续）

系统	项目	
车身	23. 空调系统安装点刚度分析 24. 翼子板角点刚度分析 25. 翼子板装饰件安装点刚度分析	26. 翼子板装配变形刚度分析 27. 充电口盖扭转刚度分析 28. 白车身接头刚度分析
开闭件	1. 车门内外腰线刚度分析 2. 车门窗框刚度分析 3. 车门扭转刚度分析 4. 车门附件安装点刚度分析 5. 车门后视镜安装点刚度分析 6. 车门装配变形分析 7. 前舱盖扭转刚度分析 8. 前舱盖横向刚度分析 9. 前舱盖弯曲刚度分析 10. 前舱盖附件安装点刚度分析	11. 前舱盖角点刚度分析 12. 前舱盖装配变形分析 13. 后背门扭转刚度分析 14. 后背门弯曲刚度分析 15. 后背门侧向刚度分析 16. 后背门安装点刚度分析 17. 后背门装配变形分析 18. 后背门开门止位刚度分析 19. 后背门倾靠刚度分析 20. 后背门间隙段差分析
底盘	1. 副车架刚度分析 2. 摆臂屈曲分析 3. 摆臂外点刚度分析	4. 制动踏板刚度分析 5. 稳定杆连杆屈曲分析
内 / 外饰	1. 保险杠静刚度分析 2. 保险杠系统自重下沉分析 3. 扶手箱刚度及滥用力分析 4. 副仪表板侧向刚度分析 5. 仪表板总成表面刚度分析 6. CCB 转向管柱安装点刚度分析	7. 门护板斜拉手支架刚度分析 8. 托杯总成刚度分析 9. 手套箱总成刚度及滥用力分析 10. 出风口总成刚度分析 11. 仪表板管梁总成刚度分析 12. 副仪表板总成表面刚度分析

2. 结构强度分析

由材料力学知识可知，结构强度是指结构件在不同环境下承受载荷的能力，或是结构件在一定的外力和其他载荷作用下，结构件抵抗永久变形和破裂的能力。对汽车结构件进行强度分析的主要目的是通过计算找出结构件应力集中的区域，以便有针对性地做出改进和优化。在有限元分析中，对汽车结构强度分析的评价依据是材料力学中提出的第四强度理论，其定义就是在任意应力状态下，材料不发生破坏的条件，其评价公式如下：

$$\sqrt{\frac{(\sigma_1-\sigma_2)^2+(\sigma_2-\sigma_3)^2+(\sigma_3-\sigma_1)^2}{2}} \leqslant [\sigma] \tag{7-4}$$

$$[\sigma]=\frac{\sigma_s}{n} \tag{7-5}$$

式中，σ_1、σ_2、σ_3 分别为第一、第二、第三主应力；$[\sigma]$ 为许用应力；σ_s 为材料的屈服强度；n 为安全系数。

结构强度分析技术流程如图 7-6 所示。

与刚度分析一样，将整车级分解成部件和零件级进行强度分析，并针对性制定评价标准。结构强度分析总括图如图 7-7 所示，其具体分析项见表 7-2。

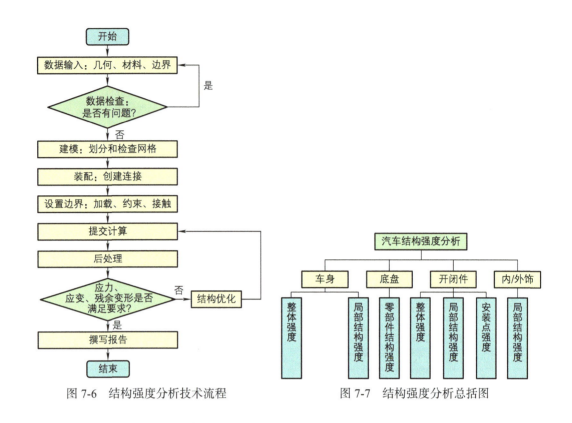

图 7-6 结构强度分析技术流程   图 7-7 结构强度分析总括图

表 7-2 结构强度分析项

系统	项目	
车身	1. 白车身静强度分析 2. 白车身举升支撑点强度分析 3. 车身总装吊挂点强度分析 4. 车身涂装吊挂点强度分析 5. 顶盖雪压分析 6. 顶盖抗凹分析 7. 侧围抗凹分析 8. 热泵框架强度分析 9. 充电机支架强度分析 10. 蓄电池支架强度分析	11. 安全拉手强度分析 12. 膨胀水箱支架强度分析 13. 翼子板关键区域强度分析 14. 翼子板抗凹分析 15. 翼子板外装饰件安装强度分析 16. 翼子板装配强度分析 17. 翼子板前保支架安装强度分析 18. 翼子板倚靠强度分析 19. 充电口强度分析
开闭件	1. 车门锁扣安装点强度分析 2. 车门下垂分析 3. 车门抗凹分析 4. 车门过开分析 5. 车门铰链强度分析 6. 前舱盖猛然关闭分析 7. 前舱盖抗凹分析 8. 前舱盖撑杆安装点强度分析 9. 前舱盖强度分析	10. 前舱盖铰链强度分析 11. 前舱盖下拉强度分析 12. 后背门猛然关闭分析 13. 后背门抗凹分析 14. 后背门下垂分析 15. 后背门气/电弹簧安装点强度分析 16. 后背门强度分析 17. 后背门铰链强度分析

（续）

系统	项目	
底盘	1. 副车架强度分析 2. 前摆臂强度分析 3. 后摆臂强度分析 4. 稳定杆吊杆强度分析 5. 稳定杆强度分析 6. 增程器悬置支架强度分析	7. 制动踏板强度分析 8. 转向节强度分析 9. 前束臂强度分析 10. 减振器强度分析 11. 前转向拉杆强度分析
内 / 外饰	1. 保险杠振动强度分析 2. 车门内开手柄强度分析 3. 车门内饰板卡扣拔脱力分析	4. 门护板系统扬声器网罩强度分析 5. 侧门门护板地图袋强度分析

7.1.2　疲劳分析技术流程与技术

结构疲劳破坏是指结构在长期的交变载荷作用下引起的材料破坏，其中交变载荷是指随时间做周期性变化的载荷，汽车在行驶过程中来自路面的载荷基本属于幅值变化的交变载荷。

结构疲劳过程可以看成损伤趋于某个临界值的累积过程。疲劳损伤是指在低于材料屈服极限的外部交变载荷作用下，零部件经过若干的循环次数后，结构发生失效现象的过程。外部交变载荷在每一次循环中都会对结构件造成一定的损伤，假设其值大小为 $\dfrac{1}{N}$，因为损伤是一直累积到结构件完全断裂的过程，所以在同幅外部交变载荷的作用下，经过 n 个循环，则结构件受到的总损伤值为 $C = \dfrac{n}{N}$，其中 C 为循环比。若是不同等级幅值的交变载荷，则总的累积损伤为各同幅值交变载荷的循环比之和，即：

$$D = \sum_{i=1}^{l} \frac{n_i}{N_i} \tag{7-6}$$

式中，l 为交变载荷的应力水平等级；n_i 为第 i 级应力等级的循环次数；N_i 为第 i 级应力等级的疲劳寿命。当 D 值累积到一个临界值时，结构件就会发生疲劳失效，假设这个临界损伤值为 D_f，则 $D = \sum_{i=1}^{l} \dfrac{n_i}{N_i} = D_f$。

根据计算疲劳累积损伤的方法不同，共有四种疲劳损伤理论：线性疲劳累积损伤理论、非线性累积损伤理论、双线性累积损伤理论以及其他类型的累积损伤理论。目前在有限元疲劳仿真分析中，线性疲劳累积损伤理论被应用的最多，在损伤累积时不考虑变幅载荷的加载顺序，其累积过程被看成不同应力水平等级下的线性叠加。

1）Miner 法则。结构件在恒定的应力幅作用下，循环 N 次后，将会发生完全疲劳失效。当损伤值累积和等于 1 时，结构件完全疲劳失效，即：

$$D = \sum_{i=1}^{l} \frac{n_i}{N_i} = 1 \tag{7-7}$$

2）修正 Miner 法则。当 Miner 法则中的临界损伤和不等于 1 时，则：

$$D = \sum_{i=1}^{l} \frac{n_i}{N_i} = a \qquad (7\text{-}8)$$

式中，a 为常数，一般建议取 0.7。使用修正后的 Miner 法则对结构件疲劳损伤进行分析时，结果更保守些，寿命估算精度更高些。

3）相对 Miner 法则。因为临界损伤和 D_f 受到加载载荷的顺序以及结构件形状等因素影响，其值在 0.1 ~ 10 之间变化，则通过损伤和的试验值进行寿命估算。则：

$$D = \sum_{i=1}^{l} \frac{n_i}{N_i} = D_f \qquad (7\text{-}9)$$

式中，D_f 值通过试验结果得到，其值可以小于 1，也可以大于 1。

目前，疲劳分析方法主要有：名义应力法、局部应力 – 应变分析法、损伤容限分析法等。

汽车疲劳分析对象主要是车身、开闭件及底盘等系统中的零部件，采用的计算方法主要是名义应力法。疲劳分析技术流程如图 7-8 所示，疲劳分析总括图如图 7-9 所示，疲劳主要分析项见表 7-3。

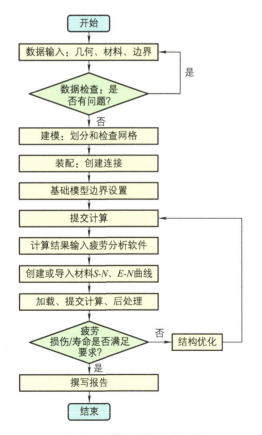

图 7-8　疲劳分析技术流程图

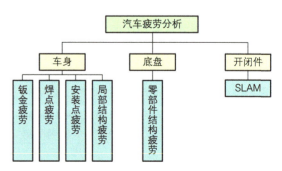

图 7-9　疲劳分析总括图

表 7-3　疲劳主要分析项

系统	项目	
车身	1. 白车身焊点疲劳分析 2. 白车身钣金件疲劳分析 3. 充电机支架振动疲劳分析	4. 冷却水泵支架振动疲劳分析 5. 充电口安装点疲劳分析
开闭件	1. 侧门 slam 分析 2. 前舱盖 slam 分析	3. 后背门 slam 分析
底盘	1. 副车架疲劳分析 2. 前下摆臂疲劳分析 3. 稳定杆吊杆疲劳分析 4. 后控制臂疲劳分析 5. 增程器悬置支架疲劳分析	6. 制动踏板疲劳分析 7. 转向节疲劳分析 8. 驱动桥疲劳分析 9. 减振器疲劳分析 10. 车轮疲劳分析

7.1.3　常用软件

结构刚度分析软件：Optistruct，Nastran，ABAQUS。
结构强度分析软件：Optistruct，ABAQUS，LS-Dyna。
结构疲劳分析软件：nCode，FEMFAT。

7.2　碰撞与安全

车辆碰撞安全性能作为被动安全的核心，是指在不可避免发生安全事故的情况下，尽可能保护驾乘人员伤亡的能力。针对汽车碰撞安全，多个国家和地区均出台了强制性的法规和标准，大致包括：碰撞形式、碰撞速度、假人类别以及性能评价指标等。碰撞安全中的量化测试项不仅包括头部、胸部、腿部、颈部、腹部、骨盆、脚及脚踝等部位伤害指标的测量，还包括乘员舱和转向系统等变形测量。

为了验证车辆的安全性能，汽车碰撞安全性能评估是必不可少的一环。但对于开发阶段的车辆，需要进行结构设计方案的不断更改与完善，若每更改一次就进行试验测试，那么成本极高。而相对于试验测试，数值仿真可以快捷调试模型，进行大量的分析，能够在一定程度上替代相对昂贵的碰撞试验，缩减设计方案变动的更新周期。目前碰撞安全 CAE 仿真已经成为汽车开发中的重要一环，承担着在开发过程中评估碰撞安全性能的重要任务。

7.2.1　技术流程与技术

对于碰撞安全整车维度的仿真分析，其难点在于整车结构的复杂性。通常一辆整车包含多个总成，上万个零部件，如白车身、车身开闭件、座椅、乘员保护系统、电池包、电驱系统、内饰及轮胎等，这些部件之间的连接形式具有多样性，如焊点、焊缝、胶粘、铰链等，其中涉及的建模等技术也很复杂。同时，整车碰撞是一个高度非线性过程，几何非线性、边界非线性、接触非线性、材料非线性都涵盖其中，并且碰撞仿真是一个相对耗时的过程，需要在计算效率与仿真的准确性之间找到相对平衡。

仿真分析流程如图 7-10 所示，主要包括几何模型清理、网格划分与检查、材料属性定义、模型连接与装配、边界条件设置、求解计算与结果后处理六个步骤。

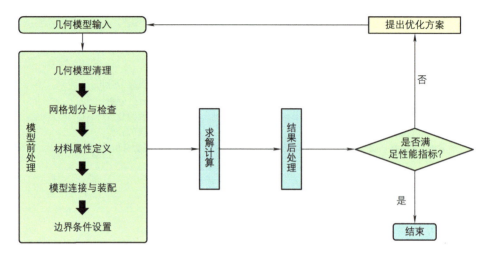

图 7-10 仿真分析流程

1. 几何模型清理

整车几何模型主要包括白车身、底盘、开闭件、内外饰及电气系统等。几何模型在设计过程中需考虑工艺的可行性，会有工艺孔、倒角圆角的存在，而这些微小细节对于整车碰撞安全仿真分析结果影响较小，且这些结构的存在会影响后续网格划分的质量，可以进行简化或忽略。因此在收到几何数据后，需根据各个部件的外形尺寸对几何数据进行清理，对一些复杂的局部结构进行简化，忽略对整体力学性能影响较小的几何细节，如直径较小的工艺孔、圆角或倒角以及较小的凸台等。

2. 网格划分与检查

几何数据是一个连续体，而有限元分析则是将一个连续体离散为若干个单元，并通过单元节点相互联结成组合体，用每个单元内所假设的近似函数来表示待求解的未知变量，通过建立方程组合来进行求解。因此网格尺寸的大小也会影响着仿真分析结果的准确性，在网格划分时需综合考虑计算效率与计算精度，设置合理的网格尺寸。

通过选择网格尺寸大小、单元类型等对几何数据进行网格处理。对于钣金冲压件，其厚度方向尺寸远小于其他方向尺寸，通常采用壳单元进行网格划分；对于塑料件，可根据零件的几何结构判断采用壳单元或者体单元进行网格划分。划分时需注意网格尽量贴合几何轮廓，疏密分布均匀，通过体、面、线、点的几何处理以及局部区域的边界节点与几何保持一致。同时也要确保网格质量，较差的网格质量将会导致仿真分析时能量出现异常、计算报错等情况。网格质量的关注参数主要有：单元最大最小尺寸、边长比、翘曲度、最大最小内角及雅可比等。单元尺寸不能过小，且应该防止集中出现翘曲单元，部件与部件之间应该避免干涉。

3. 材料属性定义

整车所涉及的零部件较多，各零部件采用的材料也各有不同。需根据输入的整车 BOM 表，定义相应的单元及材料属性。各个材料的力学性能也有很大差异，对不同的材料选择不同的材料卡片，定义不同的参数（弹性模量、泊松比、密度、应力应变曲线等）。

4. 模型连接与装配

根据几何数据的装配关系，对部件进行连接，实现各个零部件及总成之间的粘接和螺栓连接等装配关系。在整车中常见的连接方式主要有：焊点连接、焊缝连接、胶粘连接、螺栓连接、铰接等。焊点与焊缝的连接主要在白车身，胶粘连接主要在车门及发罩，铰接主要在转向系统、前后悬架以及车门铰链处。

5. 边界条件设置

在碰撞事故中，常见的形式有前部碰撞、侧面碰撞、追尾碰撞、人与行人碰撞等，相关的碰撞安全法规或标准也大多针对这些典型工况做了具体的规定，如碰撞速度、角度、假人的放置以及传感器的布置等。这些法规或标准不仅为碰撞试验进行详尽指导，也为仿真分析提供了详细的边界条件设置。根据碰撞安全法规或规程中各工况的不同，对模型设置不同的边界条件以及截面力等输出参数。

6. 求解计算与结果后处理

模型搭建完成后，在求解器中提交求解计算。在后处理软件中根据各工况关注的结果信息进行提取，例如力、位移曲线、变形量、应力应变等。通过结果曲线来判断各评价指标是否合格，是否需进行后续的优化分析。

在进行整车碰撞分析有限元仿真时，为了获取精确的仿真结果，接触算法的准确性及稳定性便成为整车碰撞仿真计算中的重中之重，图 7-11 为整车碰撞仿真中与接触相关的项。从整车碰撞仿真经验上来看，接触算法会直接影响整车系统的能量平衡，接触算法的不合理或不稳定会造成内能及滑移能异常，进而直接影响整车模型的计算精度。同时，接触算法的不合理还会造成接触区域应力失真，单元畸变甚至直接导致有限元计算程序崩溃。汽车碰撞分析中常见的接触形式有全局接触、面面接触、内部接触、气囊接触及绑定接触。鉴于整车模型的规模，除特殊要求外，为降低接触对定义的难度，通常整车模型需要定义一个全局接触；对于某些区域，例如摩擦系数相比其他部位差异性较大、接触对的刚度差异过大等区域，则需要单独定义面面接触，对接触算法及接触参数进行相应的修改；对于例如泡沫、橡胶、蜂窝等柔性材料，为降低或避免其在压缩过程中出现单元负体积现象的可能性，通常需要对上述柔性材料单独定义内部接触；对于折叠的气囊在碰撞过程中触发后的充气展开仿真，通常要定义气囊接触，用于模拟气囊膨胀过程中编织层之间的自接触；而对于汽车中壳—壳、壳—实体、焊点—壳的连接类问题，则通常需要定义绑定接触，绑定接触算法包含约束绑定算法和罚函数类的绑定算法，应用情况各不相同。

目前主流商业软件在接触问题的处理上，主要包含三种计算方法，分别为动态约束法、分布参数法、罚函数法。

（1）动态约束法（Kinematic Constraint Method）

此法是由 Hughes 等在 1976 年提出。动态约束法的基本原理是：在每一时间步 Δt 修正构形之前，搜索所有未与主面（Master Surface）接触的从节点（Slave Node），看从节点是否由此 Δt 时间内穿透了主面。如若是，则缩小 Δt，使那些穿透主面的从节点全部都不贯穿主面，而使其正好位于主面上。在计算下一时步 Δt 之前，对所有已经和主面相接触的从节点施加约束条件，以保证从节点与主面接触而不贯穿。此外，应评估接触单元的受力状态，检查那些和主面接触的从节点所属单元是否受到拉应力作用，如果从节点所属单元受到了拉应力，则算法施加释放条件，使得从节点与主面脱离。

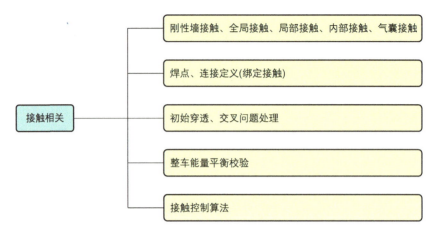

图 7-11　整车碰撞仿真中与接触相关的项

动态约束法算法存在的主要问题是：如若主面网格划分比从面细，局部区域的主节点（Master Node）可以无约束穿越从面（Slave Surface）（这是因为约束只施加于从节点上），随之便会形成所谓的"纽结"（Kink）现象。若接触界面上的压力较大时，不管单元采用单点或多点积分算法，这种现象都极易发生。当然，质量高的网格划分可以减弱这种现象。而对于大多数问题，初始构形上好的网格划分在迭代多次后可能会变得很糟糕，如爆炸气体在结构中的传播。由于节点约束算法相对复杂，目前在显式动力学软件中此算法仅用于固连（Tied Contact）与固连断开（Tiedbreak Contact）类型的接触界面（统称固连接触），主要是用来将结构网格的不协调部分连接起来。

（2）分布参数法（Distributed Paramete Method）

分布参数法也是发展时间较长的一种接触界面算法，Wilkins 在 1964 年成功地将该算法运用到 HEMP 程序中，Burton 等则于 1982 年将此法应用在 TENSOR 分析程序中。与节点约束法相比，分布参数法算法具有比较好的网格稳定性。目前，在显式动力学软件中，此法主要用于处理接触 – 滑动界面的问题。

分布参数法的基本原理是：首先将每一个正在接触的从单元（Slave Element）的一半质量分配到被接触的主面面积上，同时基于每个正在接触的从单元的内应力计算出作用在接受质量分配的主面面积上的分布压力。在算法完成质量和压力的分配后，修正主面的加速度。然后对从节点的加速度及速度施加约束，从而保证从节点只能在主面上滑动，不会从节点穿透到主表面，避免了接触反弹现象。这种算法主要用于处理接触界面具有相对滑移而不可分开的问题。因此，在结构计算中，该算法的应用范围相对较小。

（3）罚函数法（Penalty Method）

算法的基本原理是：在每一个时间步 Δt 中首先检查从节点是否穿透了主面，如果没有穿透，则不做任何处理。如果穿透，则在该从节点与被穿透的主面间引入一个比较大的界面接触力，接触力的大小与穿透深度、主面的刚度成正比。在物理上，这相当于在两者之间设置一个法向弹簧，用来限制从节点对主面的穿透现象。接触力称为罚函数值。

罚函数法求解出的撞击力、撞击速度与加速度会产生振动振荡的现象，振荡的程度与所选取的罚因子数值相关。可以通过减小时间步长控制系数 TSSFAC 等方法降低振荡。

罚函数法原理简单、编程容易以及没有数值噪声，且算法动量守恒准确，计算结果准确。罚函数法的主要计算步骤如下：

1）对于任意一个从节点 n_s，首先搜索与它最靠近的主节点 m_s。

2）检查与主节点 m_s 有关的所有主单元面，进而确定从节点 n_s 穿透主表面时可能接触的所有主单元表面。若主节点 m_s 与从节点 n_s 不重合，当满足式（7-10）时，从节点 n_s 与主单元面 S_i 接触。

$$\begin{cases}(C_i \times S)(C_i \times C_{i+1}) > 0 \\ (C_i \times S)(S \times C_{i+1}) > 0\end{cases} \quad （7\text{-}10）$$

3）计算出从节点 n_s 在主单元面上的接触点的位置。

4）检查从节点是否穿透主面。

若 $l = n_i[t - r(\xi_c, \eta_c)] < 0$，则表明从节点 n_s 穿透了含有接触点 $c(\xi_c, \eta_c)$ 的主单元面。其中，n_i 是接触点位置处主单元面外法线单位矢量。若 $l \geq 0$，则表明从节点 n_s 没有穿透主单元面，即意味着两物体没有发生接触—碰撞，无需进行任何处理，在从节点 n_s 处理结束后，开始搜索下一个从节点 n_{i+1}。

5）如果从节点穿透主面，则在从节点 n_s 与接触点 c 之间施加法向接触力，如式（7-11）所示。

$$f_s = -lk_i n_i \quad （7\text{-}11）$$

式中，k_i 为主单元面刚度因子，对实体单元 $k_i = \dfrac{fK_i A_i^2}{V_i}$，对板壳单元 $k_i = \dfrac{fK_i A_i}{L_i}$，其中 K_i 为接触单元的弹性模量，A_i 为主单元面的面积；V_i 为主单元的体积；L_i 为板壳单元的最大对角线长度；f 为接触刚度缩放因子，默认值为 0.10。在显式动力学软件计算过程中，当发现穿透量过大时，可以通过关键字 *CONTROL_CONTACT 中的 SLSFAC 控制参数缩放罚函刚度因子。值得注意的是，若取 $f > 0.4$，可能会造成接触计算不稳定，此时，可通过调整 TSSFAC 减少时间步长，以提高接触分析过程的稳定性。

6）计算切向接触力（摩擦力）。显式动力学软件中采用 Coulomb 摩擦列式和等效弹塑性弹簧模型。摩擦系数可以通过设置 *CONTACT 或 *PART_CONTACT 中非零的静（F_d）、动（F_s）系数来设置，当静、动摩擦系数不同时，则 F_d 应小于 F_s，另外必须指定非零的衰减系数 D_c。对于伴有数值噪声的问题（如碰撞分析），F_d 及 F_s 一般设为相同的数值，这样可以避免额外噪声产生。

7）将接触力矢量 f_s 及摩擦力矢量作为已知的向量，组装到总体载荷矢量阵 $\{P\}$ 中，进行动力学分析。

7.2.2　常用软件

目前碰撞安全常用的仿真软件主要有 LS-DYNA，国产软件有 MxSim.Dyna。

LS-DYNA 是一款比较先进的功能齐全的通用非线性有限元程序，包含几何非线性如大位移、大变形等，材料非线性以及接触非线性，以显示求解、结构分析和非线性动力分析为主。

MxSim.Dyna 是迈曦自主研发的基于 CPU/GPU 异构并行架构的高性能非线性显式动力学有限元分析软件。

7.3 多体动力学

机械系统一般由若干个柔性和刚性物体组成，通过一系列的几何约束连接起来，完成预期运动的一个整体，因此也可以把整个机械系统叫作多体系统。多体动力学全称是"多体系统动力学"（Dynamics of Multibody Systems），是研究多体系统运动规律的科学。

多体系统动力学包括多刚体系统动力学和多柔体系统动力学。多刚体系统动力学将各部件抽象为刚体，即假设物体本身的变形很小，以至于不会对系统整体运动产生明显影响，但可以计入各部件连接点（关节点）处的弹性、阻尼等影响；多柔体系统动力学研究由可变形物体以及刚体所组成的系统在经历大范围空间运动时的动力学行为，是多刚体系统动力学的延伸和发展。多体动力学起源于多刚体动力学，但由于多柔体动力学涵盖了多刚体动力学，现在不再强调多刚体动力学或多柔体动力学问题，统称为多体系统动力学。

多体系统动力学包括四要素：物体、运动副、外力和力元。物体是多体系统中的构件，运动副用以定义物体之间的运动学约束，外力用以定义多体系统以外的物体对系统中物体的作用，元力用以定义多体系统中物体之间的相互作用，即内力。

多体系统动力学的主要任务如下。

1）建立复杂机械系统运动学和动力学方程式化的数学模型，开发实现这个数学模型的软件系统，用户只需输入描述系统的最基本数据，借助计算机就能自动进行程式化的处理。

2）开发和实现有效地处理数学模型的计算机方法与数值积分方法，自动得到运动学规律和动力学响应。

3）实现有效的数据后处理，采用动画显示、图表或其他方式提供数据处理结果。

多体系统动力学分析流程如图 7-12 所示。

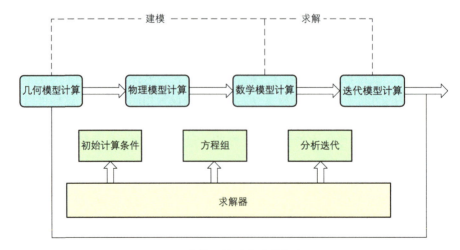

图 7-12　多体系统动力学分析流程图

目前多体系统动力学已形成了比较系统的研究方法。其中主要有工程中常用的以拉格朗日方程为代表的分析力学方法、以牛顿 – 欧拉方程为代表的矢量学方法、图论方法、凯恩方法和变分方法等。

多体系统动力学广泛应用于航空航天、车辆工程、机器人技术、机械设计等领域,在车辆工程上的应用即车辆系统动力学。在车辆系统动力学研究中,建立系统运动微分方程的传统方法主要有两种:一是利用牛顿矢量力学体系的动量定理及动量矩定理,二是利用拉格朗日的分析力学体系。

牛顿矢量力学体系依据如下两个定理。

1)质点系动量定理。质点系动量矢 p 对时间的导数等于作用于质点系的所有外力 F_i 的矢量和(即主矢),其表达式为 $\dfrac{\mathrm{d}p}{\mathrm{d}t}=\sum F_i$。质点系的动量定理也可写为 $m\ddot{r}_c=\sum F_i$,式中,m 为质点系总质量,$\ddot{r}_c$ 为质点系质心加速度。

2)质点系动量矩定理。质点系对于任一固定点 O 的动量矩 L_0 对时间的导数,等于所有作用于质点系的外力对于 O 点的主矩 M_0,其表达式为 $\dfrac{\mathrm{d}L_0}{\mathrm{d}t}=M_0$。

拉格朗日法的基本思想是将系统的总动能以系统变量的形式表示,然后将其代入拉格朗日方程,再对其求偏导,即可得到系统的运动方程。引入动能函数 E_T,拉格朗日方程的基本形式为:

$$\frac{\mathrm{d}}{\mathrm{d}t}\left(\frac{\partial E_T}{\partial q_i}\right)-\frac{\partial E_T}{\partial q_i}=F_{Q_i},\quad i=1,2,\cdots,n \tag{7-12}$$

式中,q_i 为第 i 个质点的广义坐标;F_{Q_i} 为对应于广义坐标 q_i 的广义主动力;n 为系统方程的阶数。

1. 技术流程与技术

车辆动力学这门学科研究的是车辆在路面上运动情况,主要关心车辆的加速、制动、转向、操控、乘坐舒适性等。施加在车辆上的轮胎作用力、重力和空气动力决定了动力学特性。通过对特定条件下车辆及其部件的研究,了解这些力源会产生何种作用力以及车辆在这些作用力下的响应特性。为了达到这个目的,必须采用精确的方法来对系统建模,并建立用来描述运动的系统和规则。为更好描述车辆的各种运动状态,需建立车辆坐标系(图 7-13)和轮胎坐标系(图 7-14)。

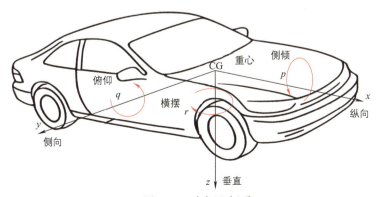

图 7-13　车辆坐标系

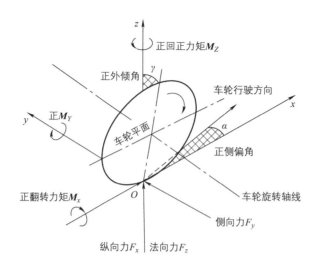

图 7-14　轮胎坐标系

车辆坐标系：以车辆为参考物，车辆运动按右手直角坐标系来定义（车辆固定坐标系），坐标系以车辆重心为原点，且与车辆一起运动。国际汽车工程师协会 SAE 规则规定的坐标系如下。

x——向前方，在纵向对称平面上。

y——指向车辆右侧。

z——指向车辆下方。

p——绕 x 轴侧倾角速度。

q——绕 y 轴的俯仰角速度。

r——绕 z 轴的横摆角速度。

轮胎坐标系：为了准确描述轮胎的工作状况和力学特性（力和力矩），SAE 规定了如图 7-14 所示的坐标系。以车轮平面与地平面的交线为 x 轴，规定向前为正。以地平面的垂线为 z 轴，规定指向下方为正。y 轴在地平面上，其方向保证整个坐标系为符合右手定则的正交坐标系。

1）车轮平面——垂直于车轮旋转轴线的轮胎中分平面。

2）轮心——车轮旋转轴线与车轮平面的交点。

3）轮胎接触中心——轮面与车轮旋转轴线在地平面上的投影线的交点。

4）承载半径——在车轮平面内轮胎接触中心和车轮中心之间的距离。

5）纵向力 $\boldsymbol{F}_x$——地面对轮胎的作用力在地平面内沿平行于车轮平面与地平面交线方向的分量。

6）侧向力 $\boldsymbol{F}_y$——地面对轮胎的作用力在地平面内沿垂直于车轮平面与地平面交线方向上的分量。

7）法向力 $\boldsymbol{F}_z$——地面对轮胎的作用力在垂直于地平面方向上的分量。

8）翻转力矩 $\boldsymbol{M}_x$——地面作用在轮胎上的力矩在地平面内沿平行于车轮平面和地平面交线的分量。

9）滚动阻力矩 $\boldsymbol{M}_y$——地面作用在轮胎上的力矩在地平面内沿垂直于车轮平面与地平面交线方向上的分量。

10）回正力矩 M_z——地面作用在轮胎上的力矩沿垂直于地平面方向上的分量。

11）正侧偏角 α——车轮行驶方向与车轮平面之间的夹角。

12）正外倾角 γ——车轮平面与垂直面之间的夹角。

车辆性能 V 字开发流程（图 7-15）主要包含操纵稳定性和平顺性两部分。而在这两部分性能开发过程中车辆动力学仿真显得尤为重要，不仅能缩短车辆研发周期，提出性能风险点，规避设计缺陷，还能为后期车辆调校匹配提供参考和指导方向。随着技术的发展，国内及国外部分企业在流程中引入了虚拟调校，结合驾驶模拟器及实时仿真分析软件搭建的车辆模型开展操纵稳定性和平顺性虚拟调校匹配。总的来说，车辆动力学仿真分析在操稳与平顺性上的应用主要包含悬架 K&C 特性仿真、操纵稳定性仿真和平顺性仿真三部分。

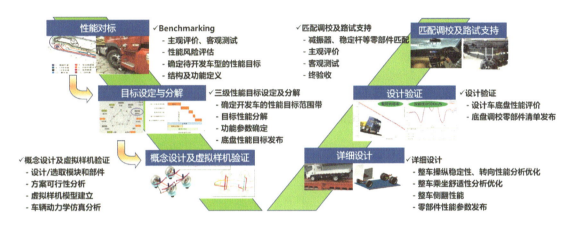

图 7-15　车辆性能 V 字开发流程

悬架 K&C 特性：悬架的运动学特性（Kinematics，简称 K 特性）和弹性的运动学特性（Compliance，简称 C 特性）。它对整车性能的好坏有着重要的影响。悬架的 K 特性指的是车轮在受到位移作用下，悬架的性能参数随位移的变化情况，主要与悬架系统的硬点、弹簧、缓冲块等有关；C 特性指的是车轮在受到力和力矩作用下，悬架性能参数随力和力矩的变化情况，主要与悬架系统的橡胶衬套、零部件变形等有关。悬架的 K 特性和 C 特性关系密切且相互影响，两者共同组成了悬架的综合性能。悬架 K&C 特性可为汽车悬架系统的设计、整车行驶平顺性及操纵稳定性的提升提供重要指导。

悬架 K&C 特性仿真分析就是在多体动力学软件中搭建悬架模型，如图 7-16 所示。模型中包括悬架硬点、缓冲块、橡胶衬套、弹簧、横向稳定杆等零部件信息，部件间按悬架部件实际连接关系（运动副或橡胶衬套）进行建模。悬架模型搭建好后，在软件中模拟悬架 K&C 试验工况，使位移或力的加载范围与试验保持一致，仿真输出悬架性能参数随位移或力的变化曲线或指标。

操纵稳定性：是指驾驶者不感到过分紧张、疲劳的条件下，汽车能遵循驾驶者通过转向系及转向车轮给定的方向行驶，且当遭遇外界干扰时，汽车能抵抗干扰而保持稳定行驶的能力。汽车的操纵稳定性不仅影响到汽车驾驶的

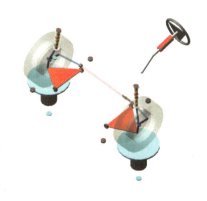

图 7-16　悬架模型

操纵方便程度，也是决定高速汽车安全行驶的一个主要性能，所以人们称之为"高速车辆的生命线"。车辆操纵稳定性主要包括车辆稳态特性和瞬态特性，代表性工况包括稳态回转、中心区、角阶跃、角脉冲、蛇行、扫频等。评价指标诸如：响应时间、不足转向度、侧倾梯度、转向灵敏度、横摆角速度增益等。操纵稳定性的试验方法国内常用的有《汽车操纵稳定性试验方法》（GB/T 6323—2014），国外常用标准有 ISO 4138：2021，ISO 3888-1：2018 等。国内外部分企业结合多年经验对操稳试验形成了企业标准，较为典型的有福特操稳企业标准，国内部分企业在做操稳试验时参考福特标准执行。

汽车操纵稳定性仿真分析就是在多体动力学软件中搭建整车模型，模型包括车辆轮胎、悬架、制动、动力及传动、车身等系统，体现车辆的载荷分布、轴距等信息。整车模型搭建好后，在软件中模拟整车操稳试验工况进行操稳仿真，并输出各工况下的评价指标及曲线。

平顺性：汽车行驶时，会由路面不平度以及发动机、传动系和车轮等旋转部件激发车辆的振动。平顺性仅考虑由路面不平度激发的车辆振动，频率范围约为 0.5 ~ 25Hz。在图 7-17 中，路面不平度与车速形成了对汽车振动系统的"输入"，此输入经由轮胎、悬架、坐垫等弹性、阻尼元件和悬架、非悬架质量构成的振动系统的传递，得到振动系统的"输出"——悬架质量或进一步经座椅传至人体的加速度，此加速度通过人体对振动的反应（舒适性）来评价汽车的平顺性。

图 7-17 "路面—车辆—人"框图

路面不平度包括从局部路面损坏产生的凹坑到反映路面建设及维护实际精确度界限始终存在的随机的路面宽度的变化。不平度可以由沿车辆经过轮辙的轮廓高度来描述。由于路面轮廓符合"宽带随机信号"的通常范畴，故可以用轮廓本身或其统计特性来描述。最有用的表达方式之一是功率谱密度（PSD）函数 $G_q(n)$。1984 年，国际标准化组织在文件 ISO/TC 108/SC2N67 中提出的"路面不平度表示方法草案"和国内由长春汽车研究所起草制定的《车辆振动输入—路面平度表示方法》(GB 7031—1986)标准中，建议 $G_q(n)$ 用下式拟合：

$$G_q(n) = G_q(n_0)\left(\frac{n}{n_0}\right)^{-W}$$
（7-13）

式中，n 为空间频率（m^{-1}），n_0 为参考空间频率，$n_0=0.1m^{-1}$；$G_q(n_0)$ 为参考空间频率 n_0 下的路面功率谱密度值；W 为频率指数。

在上述两个标准中，按路面功率谱密度将路面的不平程度分为 8 级，如表 7-4 所示。表 7-4 中规定了各级路面不平度系数 $G_q(n_0)$ 的几何平均值和 $0.011m^{-1} < n < 2.83m^{-1}$ 范围路面不平度相应的均方根值的几何平均值，分级路面谱的频率指数 $W=2$。平顺性主要评价各轴向加权加速度均方根值。

表 7-4　路面不平度 8 级分类标准

路面等级	系数	
	$G_q(n_0)/(10^{-6}m^3)$	$\sigma_q/(10^{-3}m)$
A	16	3.81
B	64	7.61
C	256	15.23
D	1024	30.45
E	4096	60.90
F	16384	121.80
G	65536	243.61
H	262144	487.22

平顺性仿真分析就是在多体动力学仿真软件中计算振动传递，评价悬架质量或人体的各向加速度 / 加权加速度均方根值，一般参考《汽车平顺性试验方法》(GB/T 4970—2009）中的试验方法进行试验或仿真。

2. 常用软件

车辆动力学仿真分析软件有 ADAMS、CarSim、LMS motion、VI-CarRealTime、Carmaker、Trucksim（适用于商用车）等，在乘用车车辆性能开发中常用的软件有 ADAMS 及 CarSim。

7.4　流体与热

流体力学是一门历史很悠久、应用广泛的学科，主要研究在各种力的作用下，流体本身的运动状态和流动规律以及流体和固体之间的相互作用。流体是分子没有任何意愿要保持固定的排列形式，具有流动性的物体。

根据流体运动的普遍规律如质量守恒、动量守恒、能量守恒等，利用数学分析的手段，研究流体的运动，解释已知的现象，预测可能发生的结果。

随着数学的发展，计算机的不断进步，以及流体力学各种计算方法的发明，许多原来无法用理论分析求解的复杂流体力学问题有了求得数值解的可能性，这又促进了流体力学计算方法的发展，并形成了"计算流体力学"。

7.4.1　流体力学

1. 基本分类

流体是一种物质状态，其分子之间的距离相对较大，是一种在微小剪切力的持续作用下能够连续变形的物质。与固体相比，流体只能在运动状态下才能同时承受剪切应力和法向应力，静止状态下仅能承受法向应力，即静压力。

流体包括两种主要类型：液体和气体。液体是一种形态介于固体和气体之间的物质，其分子之间有一定的吸引力，因此具有一定的黏性和表面张力。液体的特征包括固定的体积和可变的形状，它们可以流动，并且在受到外部压力时会保持相对不变的体积，水、酒精、石油、汞等都是常见的液体。气体是一种没有固定形状和体积的物质，其分子之间的间距比液体大得多，分子之间几乎没有相互吸引力。气体具有高度的可压缩性和可扩散性，可以完全填充其所处的容器，并且容易受到外部压力和温度的影响而发生体积和形状的变化。空气（主要是氮气和氧气的混合物）、氢气、氦气等都是常见的气体。

除了液体和气体，还有一些特殊情况下的流体状态，如等离子体（Plasma），它是由离子和电子组成的高度电离的气体，具有导电性等特殊性质。在特定条件下，等离子体也可以被视为一种流体。

2. 研究历程

流体力学是力学的一个分支，主要研究在各种力的作用下，流体本身的静止状态和运动状态以及流体和固体界壁间有相对运动时的相互作用和流动规律。流体力学的研究领域包括：理论流体力学、空气动力学、湍流理论、多相流体力学、计算流体力学、实验流体力学等。流体力学在工程领域有广泛的应用，在汽车工业上流体力学被应用于车辆的空气动力学设计和性能优化。通过模拟车辆在不同速度和风向下的空气流动，工程师可以改善汽车的气动性能，减少空气阻力，提高燃油效率和行驶稳定性。在航空航天领域，流体力学被用于设计飞机、火箭、导弹等飞行器的气动外形和推进系统。通过数值模拟和实验研究，工程师可以优化飞行器的气动性能，提高飞行器的稳定性、燃油效率和性能。在能源工程领域，流体力学被用于设计和优化各种能源转换设备，如风力发电机、水力发电机、燃气轮机等。通过模拟流体在这些设备中的流动和传热过程，工程师可以改进设备的效率和性能，提高能源利用率。

在流体力学的发展史上，古希腊的阿基米德建立了物体浮力定理和浮体稳定性在内的液体平衡理论，奠定了流体静力学的基础；意大利的达·芬奇研究了水波、管流等问题；17世纪，帕斯卡阐明了静止流体中压力的概念；牛顿研究了液体中物体所受到的阻力，提出了著名的牛顿内摩擦定律，即两流体层间的摩阻应力同此两层的相对滑动速度成正比而与两层间的距离成反比；欧拉采用了连续介质的假设，即真实流体或固体所占有的空间可以近似地看作连续地无空隙地充满着"质点"。质点所具有的宏观物理量（如质量、速度、压力、温度等）满足一切应该遵循的物理定律。欧拉建立了欧拉方程，用微分方程来描述无黏流体的运动；伯努利通过实验得到了流体定常运动下的流速、压力、管道高程之间的关系，从而建立了伯努利方程，即在理想条件下，同一流管的任何一个截面处，单位体积流体的动能、势能和压力势能之和是一个常量。欧拉方程与伯努利方程的建立也标志着流体动力学的建立。

3. 常见概念

层流与湍流：在层流中，流体沿着平行的层次流动，各个层之间的相对运动是非常有序的。在层流中，流体粒子之间的交换和混合非常有限，形成流体的层状结构。层流通常发生在低速流动或流体通过管道等较小几何尺度时。层流的特点是流线清晰、速度分布均匀、阻力小。在湍流中，流体的运动是混乱和不规则的，表现为旋转、涡流和混合。湍流中的流体粒子之间发生大范围的相互作用和交换，导致流体运动的高度不稳定和混乱。湍流通常发生在高速流动或者流体经过复杂的几何结构时，例如在管道弯曲处或者流体流经汽车车身等。

欧拉法与拉格朗日法：在欧拉法中，观察者固定在空间中的某个点，并观察流体通过这个点时的变化。在这种描述下，流体的运动状态是随时间和空间位置变化的。欧拉描述重点关注流体中不同位置点的性质和变化，例如速度、压力、密度等，通过偏微分方程来描述流体的运动。在拉格朗日法中，观察者跟随着流体中的某个质点（或称为流线），并记录该质点随时间的位置和状态的变化。在这种描述下，流体中的每个质点都有其自身的轨迹和状态，而观察者跟随着这些质点移动。拉格朗日法着重于描述质点的轨迹和运动状态，通常通过常微分方程来描述质点的运动。

有限体积法与有限差分法： 在有限体积法中，被研究区域被划分为离散的控制体积（或称为单元），这些控制体积通常是空间中的立方体、六面体或任意形状的多面体，偏微分方程被积分在每个控制体积上，通过对积分的离散化得到离散方程。离散方程通常表示为守恒形式，其中守恒量在每个控制体积上保持守恒。在有限差分法中，研究区域被离散化为网格，通常是规则的网格，如矩形或立方体网格，偏微分方程中的导数被替代为离散的差分近似，例如用中心差分、向前差分或向后差分等。

稳态与瞬态： 稳态模拟假设流体属性在时间上不发生变化，即系统在模拟的时间范围内达到了一个恒定的状态。在稳态模拟中，偏微分方程中的时间项被省略。稳态模拟通常用于描述流体系统已经达到平衡状态或其变化非常缓慢的情况，使得在一定时间内系统的性质基本保持不变。瞬态模拟考虑了流体属性随时间的变化，即系统的状态在模拟的时间范围内不断演变，适用于描述流体系统在时间上发生较大变化、存在瞬时冲击或外部扰动引起的动态响应等情况。

7.4.2　流体分析技术流程与技术

1. 计算流体力学

在 CAE 工程中对流体的研究主要应用计算流体力学（CFD）的方法。CFD 方法是对流场的控制方程用计算数学的方法将其离散到一系列网格节点上求其离散的数值解的一种方法。控制所有流体流动的基本定律是：质量守恒定律、动量守恒定律和能量守恒定律。由它们分别导出连续性方程、动量方程和能量方程。

连续性方程描述了流体的质量守恒，即在给定区域内，质量的流入和流出之和等于质量的变化率。对于不可压缩流体，连续性方程通常以连续性方程的形式给出。

$$\frac{\partial \rho}{\partial t} + \frac{\partial(\rho u)}{\partial x} + \frac{\partial(\rho v)}{\partial y} + \frac{\partial(\rho w)}{\partial z} = 0 \tag{7-14}$$

能量方程描述了流体的能量转移和转换过程，包括流体的内能、动能、压力能等因素。能量方程通常包含对流项、扩散项、压力项和外部源项。

$$\frac{\partial(\rho T)}{\partial t} + \mathrm{div}(\rho u T) = \mathrm{div}\left(\frac{k}{c_p} \mathrm{grad} T\right) + S_T \tag{7-15}$$

Navier-Stokes 方程描述了流体的运动，包括流体的加速度、压力、黏性力和外力等因素的影响。Navier-Stokes 方程是一个非线性的偏微分方程组，通常分为三个方程，分别描述流体在三个坐标方向上的动量守恒。CFD 是建立在全 Navier-Strokes 方程（纳维 – 斯托克斯方程，简称 N-S 方程）近似解基础上的计算技术。根据近似解的精度等级，把 N-S 方程的解法分为以下4 类：线性非黏性流方法、非线性非黏性流方法、平均雷诺数基础上的 N-S 方程解法、全 N-S 方程解法。

$$\frac{\partial(\rho u)}{\partial t} + \text{div}(\rho u \boldsymbol{u}) = -\frac{\partial p}{\partial x} + \frac{\partial \tau_{xx}}{\partial x} + \frac{\partial \tau_{yx}}{\partial y} + \frac{\partial \tau_{zx}}{\partial z} + F_x$$

$$\frac{\partial(\rho v)}{\partial t} + \text{div}(\rho v \boldsymbol{u}) = -\frac{\partial p}{\partial y} + \frac{\partial \tau_{xy}}{\partial x} + \frac{\partial \tau_{yy}}{\partial y} + \frac{\partial \tau_{zy}}{\partial z} + F_y \qquad (7\text{-}16)$$

$$\frac{\partial(\rho w)}{\partial t} + \text{div}(\rho w \boldsymbol{u}) = -\frac{\partial p}{\partial z} + \frac{\partial \tau_{xz}}{\partial x} + \frac{\partial \tau_{yz}}{\partial y} + \frac{\partial \tau_{zz}}{\partial z} + F_z$$

求解的数值方法主要有有限体积法（FVM）、有限元法（FEM）和边界积分法（BIM）等，应用这些方法可以将计算域离散为一系列的网格并建立离散方程组，离散方程的求解是由一组给定的猜测值出发迭代推进，直至满足收敛标准。常用的迭代方法有 Gauss-Seidel 迭代法、TDMA 方法、SIP 法及 LSORC 法等。近些年来，随着对复杂流体现象的研究需求不断增加，CFD 不断发展出能够处理多物理场耦合问题的新方法和技术。同时，随着超级计算机和高性能计算技术的发展，CFD 模拟的规模和精度得到了显著提升，可以模拟更大规模、更复杂的流体现象。

图 7-18 表明 CFD 分析方法的相互关系。有限体积法（Finite Volume Method，FVM）、质点网格法（Particle-in-Cell，PIC）、流体网格法（Fluid-in-Cell，FLIC）、线上求解法（Method of Lines，MOL）、流线曲率法（Streamline Curvature Method，SCM）等方法都是有限差分法的一种或是其变形的一种方法。变分 FEM 法、重叠残差法、最小二乘 FEM 法等是有限要素法的变形。边界积分法（BIM）是从古典的特异点法发展的方法，它也可称为边界元法（BEM）。三种 CFD 数值计算方法的比较如表 7-5 所示。

图 7-18　CFD 分析方法的相互关系

表 7-5　三种 CFD 数值计算方法的比较

比较项	有限差分法（FDM）	有限元法（FEM）	边界积分法（BIM）
网格划分	规则的格子普遍用于边界的网格划分	可自由地分割为三角形、四边形、三棱柱、六面体等要素	边界的面元分割
建立一次方程式的系数行列	大型稀疏矩阵	与 FDM 相同	小型稠密矩阵
主要特征	最基本的标准解法	精确度高，对已有程序使用方便，计算量大	输入数据少
适用性	适用性广，用于伴有冲击的超声波的超声速流边界层流，LES 计算	适用于复杂形状的边界	定常流中的物体自由表面流

CFD 方法在汽车流场计算中求解 N-S 方程的应用如表 7-6 所示。

表 7-6　CFD 方法在汽车流场计算中求解 N-S 方程的应用

基本方程	假设	导出方程	CFD 方法
N-S 方程	无黏流	欧拉方程	欧拉法
	无旋流	拉普拉斯方程	涡格法、边界层法、面元法
	时均流	雷诺方程	k-ε 模型、低雷诺数 k-ε 模型、各向同性 k-ε 模型、雷诺应力模型
	空间平均	—	大涡模拟
	无处理	—	直接模拟
	其他	—	半直接模拟与三阶上风格式

2. 湍流

湍流是流体的一种流动状态，在工业中所研究的流动大多数都属于湍流。湍流基本特征是流体微团运动的随机性。湍流微团不仅有横向脉动，而且有相对于流体总运动的反向运动，因而流体微团的轨迹极其紊乱，随时间变化很快。截至目前，湍流现象仍是流体力学甚至整个科学界研究的热点以及难点。

上文提到的 N-S 方程也可以用来描述湍流现象，以不可压缩流体为例，方程为

$$\frac{\partial u_i}{\partial t} + u_j \frac{\partial u_i}{\partial x_j} = f_i - \frac{1}{\rho} \frac{\partial p}{\partial x_i} + v \frac{\partial^2 u_i}{\partial x_j \partial x_j} \tag{7-17}$$

由于 N-S 方程非线性的特点，只有在一些特定条件下才可以知道准确的解析解，但对于大多数工程问题，研究人员并不关注细节处的湍流，而是从整体进行把握。因此，可以转换思路使用统计学的方法，雷诺对 N-S 方程进行平均，把瞬时速度 u 分解为时均速度 $\bar{u}$ 和脉动速度 u'，这就是雷诺平均方程（Reynolds Equation，RANS）。采用 RANS 模型后，方程中多出了雷诺应力项。1877 年，Boussinesq 提出了影响涡黏度假设来描述雷诺应力。

与 RANS 模型相比大涡模型（LES）可以更好地解析细节处的流动，且更加准确。湍流内部包含着许多涡，它们的尺寸有大有小，大涡对平均流动有明显的影响，而小涡通过非线性作用对大涡产生影响。大涡模型把湍流运动分成大尺度和小尺度两部分运动，小尺度量通过模型建立与大尺度量的关系，大尺度量通过数值计算得到。LES 在航空航天、汽车、风能、海洋工程等领域的应用非常广泛，特别是对于需要高精度湍流模拟的问题，例如流动中的激波 – 涡结构、湍流 – 化学反应等复杂流动现象。

最后就是直接数值模拟（DNS）。DNS 对所有尺度的湍流进行直接求解，捕捉湍流的所有

细节，最小的网格尺度要小于耗散尺度。虽然 DNS 能够提供高度详细的湍流信息，但由于计算成本的限制，它通常仅在小尺度湍流结构的研究中得到应用。在工程领域，通常采用其他湍流模型，如 LES 或 RANS，以平衡计算精度和计算成本。

湍流模型的选择在汽车空气动力学数值模拟中是非常重要的一个环节，因为流模型的特点及其适用性直接关联到数值模拟结果的精准性。对一个湍流模型进行选择之前，首先要考虑的是该模型是否适合所需要数值模拟的对象以及该模型的模拟能力和该模型计算时所需要的条件，多重因素考虑完之后再进行试验模拟，因此对湍流模型的研究意义重大，同时也可以为后面工程实际应用提供一些参考。

当前应用于汽车空气动力学数值模拟中的湍流模型涵盖了 S-A（Spalart-Allmaras）模型、standard k-ε（k-epsilon）模型、RNG（Re-normalization Group，重整化群）k-ε 模型、Realizable（可实现）k-ε 模型、k-s-v^2 模型、RSM(Reynolds Stress Model，雷诺应力模型)、SST（Shear Stress Transport，切应力输运）k-ω 模型以及 LES（Large Eddy Simulation，大涡模拟）模型。

标准 k-ε 模型主要是针对高雷诺数模型且发展较为成熟的湍流类型，并不适用于分子黏性相对较大的层流；RNG k-ε 模型对影响湍流的涡流因素以及低雷诺数所引起的效应问题进行了综合考虑，该模型擅长于应变发生快捷、中等强度的涡流以及局部转捩相对来说比较复杂的剪切流动情况；Realizable k-ε 模型主要的适用类型有在管道之中的流动、均匀流动的旋转剪切流、有分离现象的流动类型以及在边界层带有流动的类型；SST k-ω 模型最擅长当近壁面处于低雷诺数时进行处理。该模型不管是在实际应用中还是在数值模拟中，在预测分离的特性时都能表现出良好的精确性和及时性。湍流模型的选择直接影响到数值模拟结果的精确性，因为各种湍流模型所适用的实际对象不同且自身存在着不足，所以未来对湍流模型的研究可以着重改善湍流模型自身的不足，以及综合多种湍流模型的优点进行升级优化来进一步提高数值模拟计算结果的精确性

3. 空气动力学

空气动力学（Aerodynamics）是研究空气在固体物体周围流动和相互作用的学科，是流体力学的一个分支。根据流体运动的速度范围空气动力学分为低速空气动力学与高速空气动力学，通常以 400km/h 为分界；根据流动中是否必须考虑气体介质的黏性，空气动力学又可分为理想空气动力学（或理想气体动力学）和黏性空气动力学。在汽车工业中，空气动力学是一个重要的领域，因为汽车设计的空气动力学特性直接影响其性能、燃油效率和稳定性。

早期的汽车空气动力学发展历程缓慢而曲折。为了检验汽车性能，工程师会通过速度测试进行参考，在大量的测试结果中，人们逐渐意识到风阻对车速有很大的影响。随着航空工业的发展，汽车工业也借鉴着航空的设计思路来应用空气动力学。

随着对空气动力学的深入理解，汽车设计师开始尝试通过优化车身外形和添加空气动力学附件来减小气流分离和涡流产生，以降低空气阻力并提高燃油效率。常见的空气动力学附件有扰流器、包围件、尾翼等，其中扰流器安装在车辆前部，通过改变前部气流的流向和速度，减小气流的阻力，提高空气动力学性能，还有助于减小空气流经车底时的气流分离，降低底部阻力。汽车尾翼汽车在行驶过程中，空气流经车辆的表面会产生阻力。尾翼的形状和角度设计旨在减小空气阻力。通过合理设计的尾翼，可以改变空气流动的方式，减少在车辆尾部形成的湍流，从而降低整体的空气阻力。在一些高速行驶的情况下，车辆可能会产生升力，即车辆底部和车顶之间的气流产生向上的力。尾翼的设计可以通过改变空气流动的方式，降低或抵消部分

升力，使车辆更稳定地贴着地面行驶。

计算流体力学（CFD）技术对汽车设计和优化产生了深远的影响。随着计算机性能的提高和 CFD 软件的不断发展，汽车制造商能够更精确地模拟和分析车辆的气流动态，从而优化车辆设计以达到更好的空气动力学性能。现代 CFD 软件能够更准确地捕捉复杂的气流现象，如湍流、分离流、边界层等，从而提高了对车辆气动性能的预测能力。借助 CFD 技术，汽车制造商能够在虚拟环境中进行风洞测试，避免了传统的物理风洞测试所需的大量资源和时间。这不仅节省了成本，还使得风洞测试能够更加灵活。

7.4.3　汽车相关计算流体力学的研究

CAE 在汽车工业中被广泛运用，为汽车设计、测试和优化提供了强大的工具，包括结构分析、碰撞模拟、振动及噪声分析、热力学分析、流体分析等，其中流体分析在造车中扮演着重要的角色。流体分析（CFD）包括风阻设计、整车风噪、A 柱溢流、涡流和气流管理、燃烧过程模拟等。CFD 在汽车工业中的应用可以帮助设计师优化汽车的设计，提高性能、安全性和效率，降低开发成本和时间，是汽车工业中不可或缺的工具之一。下文将简单介绍几个 CFD 在汽车工业上的应用示例。

汽车在行驶过程中存在许多噪声来源，发动机、变速器和传动系统在运转时会产生机械噪声和振动，这些噪声通过底盘传导到车厢内部；车辆行驶时，车身与空气流动相互作用产生气流噪声，特别是在高速行驶时，空气流动会在车身表面产生湍流，引发噪声；车辆空调和通风系统的运转会产生风扇噪声和空气流动噪声，尤其是在高档位运转时噪声更为明显；车辆悬架系统的部件在行驶时会产生摩擦和振动，引发悬架系统噪声传导到车厢内部。CFD 可以模拟汽车行驶时产生的空气流动，可以实现流体力学和声学的耦合模拟，将流场和声场的计算结果进行耦合，评估与气流交互所产生的噪声。具体可以从以下几个方面实施：首先是用于模拟汽车内部空气流动和声波传播，以评估和优化车内噪声水平。通过分析车辆内部空间的几何形状、通风口设计、隔声材料的位置和性能等因素，可以识别并改善产生噪声的部分，从而提高车内的舒适性。其次是用于模拟汽车排气系统中的气流和声波传播，以评估和优化排气系统的设计以减少排气噪声。通过调整排气管的几何形状、消声器的结构和位置等参数，可以降低发动机排气时产生的噪声水平。最后是用于模拟汽车在行驶过程中空气流动对车身和车窗产生的噪声。通过优化车身外形设计、减少气流阻力、改善车窗玻璃的设计等措施，可以降低空气动力学噪声的产生和传播。

CFD 在汽车水管理方面的应用主要包括评估和优化车辆的雨水排放、水泵系统、水冷系统等，以确保车辆在各种条件下的水管理效果良好。通过模拟汽车在不同速度和路面条件下的行驶时，雨水与车身和车轮的交互作用，以评估雨水排放效果和防溅设计的效果。A 柱溢流是指车辆前部 A 柱（前挡风玻璃两侧的支柱）上的空气流动现象，这种现象可能会影响车辆的空气动力学性能和乘员舒适度。CFD 可以模拟 A 柱周围的空气流动，并分析空气流动对车辆外形和气动性能的影响。通过调整 A 柱的形状和轮廓，可以减少气流的阻力，降低空气阻力系数，从而提高车辆的燃油效率。A 柱溢流可能会导致雨水在车辆前部区域的不良排放，影响驾驶视线和乘员舒适性。CFD 可以模拟雨水在 A 柱周围的流动，分析雨水排放的路径和速度。通过优化 A 柱设计和调整雨水排放策略，可以减少雨水在车辆前部区域的堆积，提高驾驶安全性和乘员舒适性。通过分析雨水在车身表面的流动和排放情况，设计人员可以优化车身设计和防溅装置，确保雨水排放顺畅，减少喷溅，提高行驶安全性和驾驶舒适性。CFD 还可以帮助评估汽车底盘的排水系统设计，确保在雨天或水淹情况下，排水系统能够有效排水，防止车辆被淹水影响安全和性能。CFD 可用于模拟刮水器与挡风玻璃之间的水流动，以评估刮水器的清洁效率和风阻。工程师可以通过 CFD 分析不同刮水器设计的水流动情况，优化刮水器的形状、运动轨迹和速度，以提高清洁效率并降低风阻。CFD 可用于模拟引擎冷却系统中的水流动，以评估散热器、水泵、管道和风扇的效率。通过 CFD 模拟，工程师可以优化散热器的排列方式、冷却风道设计以及风扇叶片的形状和数量，以确保引擎在各种工况下都能保持适当的温度。

CFD 还可以应用于汽车内燃机内部的燃烧过程中。CFD 可以模拟燃烧室内燃料喷射、混合和燃烧过程，帮助优化燃烧室的几何形状、喷射策略和燃烧参数，以提高燃烧效率和减少污染物排放，模拟燃料喷射系统中燃料在喷嘴、进气道和气缸内的流动和混合过程，帮助优化喷嘴设计、喷射参数和喷嘴位置，提高燃料利用率和发动机性能。通过模拟进气系统中空气的流动和压力分布，帮助优化进气道、进气口和进气歧管的设计，提高发动机的进气效率和性能。CFD 可以模拟燃烧过程中产生的污染物在排气系统中的传输和转化过程，帮助设计和优化催化转化器、颗粒捕集器等排放控制设备，以满足排放标准。CFD 可以模拟发动机冷却系统中冷却液的流动和传热过程，帮助优化散热器、水泵和冷却通道的设计，提高发动机的冷却效率和热管理能力。

CFD 在汽车内部空调气流设计中的应用可以帮助优化车内空气流动，提高乘坐舒适性和空调系统的效率。CFD 可以模拟空调系统中出风口处的空气流动，包括出风口形状、位置和角度对车内气流的影响。通过调整出风口的设计参数，可以实现均匀的冷暖气流分布，避免出现冷热不均匀的情况，模拟空调系统中进风口处的空气流动，包括进风口的位置、形状和大小对外界空气进入车内的影响。通过优化进风口设计，可以实现有效的外界空气进入和车内空气循环，提高空气质量和通风效果。CFD 可以模拟车内不同位置的通风口处的空气流动，包括座椅通风口、后座通风口和脚部通风口等，以优化通风效果和乘坐舒适性，模拟车内不同位置的气流速度分布，包括空调系统产生的气流速度和方向。通过分析气流速度，可以优化空调系统的设计，避免气流过强或过弱造成的不适感。CFD 可以模拟车内不同位置的温度分布，包括空调系统对车内空气的冷却和加热效果。通过分析温度分布，可以优化空调系统的工作参数，提高能效和舒适性，评估空调系统的换气效率，包括空气流动路径、换气速率和换气效果等。通过评估换气效率，可以优化空调系统的设计和工作参数，提高空气质量和通风效果。

近些年来，电动车辆的增加也间接导致了电动车事故的增加，而电动车事故大多由电动车自燃导致，因此采用热管理措施是十分必要的。CFD 技术在热管理方面也有很多应用，可以模拟电池模组和电池包内部的热传导过程，通过考虑电池模组中的材料热导率、传热系数等参数，分析电池内部温度分布，预测热点位置和温度梯度。对于采用液冷或液冷却的电池系统，CFD 可以模拟冷却液在散热板、冷却管道和冷却器中的流动和传热过程，以优化冷却系统的设计和工作参数，提高冷却效率。CFD 可以模拟电池冷却系统中换热器的流动和传热过程，包括散热器和热交换器的设计和优化。通过分析换热器的性能，可以提高换热器的效率，降低冷却系统的能耗。CFD 可以用于验证不同的电池热管理策略，如动态温度控制、风扇调速、冷却液循环控制等。通过模拟不同策略下的温度变化和能量消耗，可以评估热管理系统的性能和稳定性。CFD 在新能源汽车电池热管理上的应用可以帮助优化电池系统的散热设计、冷却系统的效率和热管理策略，从而提高电池系统的性能、安全性和寿命。

7.4.4　热分析技术流程与技术

热量在物质中和空间中传递的主要方式有传导、对流和辐射三种，实际场景通常是包含多种传热方式的组合。它们是热分析的主要对象，在汽车之中普遍存在。热的产生主要来自燃油燃烧、电池损耗、电机及其控制器损耗、部件摩擦、风摩擦、阳光辐射以及空调等，热分析的目的主要是保证热量能够及时耗散，使得温升满足部件耐受能力或乘坐舒适度等要求。

热是一种汽车领域常见的物理场，例如考虑发动机舱热管理、乘员舱舒适度分析、电机热管理和电池的热管理等。热分析往往需要与其他物理分析相耦合，如其他场提供热源，或者其他场提供物质扩散速度项，并且一般的固体传热相对简单，因此独立的热分析工具相对较少，一般会流热一同设计开发。

热平衡方程是热分析的基本准则，它由热力学第一定律导出，该定律反映了不同形式的能量在传递和转换过程中保持守恒。热力学第一定律指出，区域 Ω 的宏观动能 K_Ω 与内能 E_Ω 的变化是由施加在系统上的力的机械功率 P_{ext} 或热的交换速率 Q_{exch} 引起的。

$$\frac{\mathrm{d}E_\Omega}{\mathrm{d}t} + \frac{\mathrm{d}K_\Omega}{\mathrm{d}t} = P_{\text{ext}} + Q_{\text{exch}} \tag{7-18}$$

并可导出一般性方程：

$$\rho\frac{\partial E}{\partial t} + \rho\boldsymbol{u}\cdot\nabla E + \nabla\cdot(\boldsymbol{q}+\boldsymbol{q}_r) = \boldsymbol{\sigma}:\boldsymbol{D}+Q \tag{7-19}$$

式中，E 是单位质量的内能；ρ 是密度；$\boldsymbol{u}$ 是（流体）速度矢量；$\boldsymbol{q}$ 是传导热流（热流密度矢量）；$\boldsymbol{q}_r$ 是辐射热流；Q 是其他热源；$\boldsymbol{\sigma}$ 是柯西应力张量；$\boldsymbol{D}$ 是应变率张量。

算子：表示如下张量计算：

$$\boldsymbol{a}:\boldsymbol{b} = \sum_n\sum_m \boldsymbol{a}_{nm}\boldsymbol{b}_{nm}$$

该方程体现了与连续介质力学理论的质量守恒定律与动量守恒定律保持一致性。由于热的产生与扩散通常发生在介质之中，介质的流动会在宏观上以速度项的形式影响热的扩散。

可从式（7-19）导出不同的方程以描述各种介质中的热传输。

（1）固体中的热传输

基于固体的恒压比热容（Specific Heat Capacity）定义 $E=C_pT$，从式（7-19）可导出，

$$\rho C_p\frac{\partial T}{\partial t} + \rho C_p\boldsymbol{u}\cdot\nabla T + \nabla\cdot(\boldsymbol{q}+\boldsymbol{q}_r) = -\alpha T:\frac{\mathrm{d}\boldsymbol{S}}{\mathrm{d}t}+Q \tag{7-20}$$

式中，$\boldsymbol{u}$ 指平移运动速度矢量；α 表示热膨胀系数，$\boldsymbol{S}$ 是第二皮奥拉 – 基尔霍夫 Piola-Kirchhoff 应力张量（Second Piola-Kirchhoff Stress Tensor）；T 表示温度场。

固体中的速度项 $\boldsymbol{u}$ 往往可以忽略。$-\alpha T:\dfrac{\mathrm{d}\boldsymbol{S}}{\mathrm{d}t}$ 反映了材料压缩或膨胀而产生的热源，是热弹性阻尼项，主要是在结构高频振动时材料由于黏弹性产生机械损失，而导致的热。一般情况下，该项占比较小，可以忽略。

由此，当考虑稳态问题时，并忽略辐射传热时，式（7-20）可以写作

$$\nabla q = Q \tag{7-21}$$

傅里叶定律是热传导的基本定律，它表明单位时间内通过指定截面的热量 $\boldsymbol{\Phi}$ 与垂直于该截面方向上的温度梯度 ∇T 和截面面积 A 成正比，方向与温度梯度相反，可表达为

$$\boldsymbol{q} = \frac{\boldsymbol{\Phi}}{A} = -\boldsymbol{k}\nabla T = -\boldsymbol{k}\frac{\partial T}{\partial n}\boldsymbol{n} \tag{7-22}$$

式中，T 为温度场；$\boldsymbol{k}$ 是热传导系数（导热系数），取值为正，意味着热是从温度高的地方流向温度低的地方。材料的导热系数可以是常数或者依赖于温度的函数，也可以是各向同性或各向异性。一般地，在各向异性介质之中，它具有对称正定的二阶张量形式：

$$\boldsymbol{k} = \begin{bmatrix} k_{xx} & k_{xy} & k_{xz} \\ k_{yx} & k_{yy} & k_{yz} \\ k_{zx} & k_{zy} & k_{zz} \end{bmatrix}$$

由此得到固体中的热传导基本控制方程：

$$\nabla \cdot (-\boldsymbol{k}\nabla T) = Q \tag{7-23}$$

热辐射服从斯忒藩 – 玻尔兹曼定律（Stefan-Boltzmann Law）：

$$Q = \varepsilon\sigma A(T^4 - T_0^4) \tag{7-24}$$

式中，Q 是单位时间内辐射出的能量；ε、σ 分别是发射率、斯忒藩 – 玻尔兹曼常数；A、T 和 T_0 分别是辐射体表面积、辐射体温度和环境温度。根据该定律，辐射功率 $e_b(T)$ 可表达为

$$e_b(T) = n^2\sigma T^4 \tag{7-25}$$

式中，n 是介质的折射率，真空取 1。

（2）液体中的热传输

基于式（7-19），液体中可取因变量温度 T 和压强 p，并将柯西应力张量 $\boldsymbol{\sigma}$ 分解为静态和偏差项，即 $\boldsymbol{\sigma} = -p\boldsymbol{I} + \boldsymbol{\tau}$（$\boldsymbol{I}$ 表示恒等矩阵），可推导出液体中的热传输方程可描述为：

$$\rho C_p\frac{\partial T}{\partial t} + \rho C_p\boldsymbol{u}\cdot\nabla T + \nabla\cdot(\boldsymbol{q} + \boldsymbol{q}_r) = \alpha_p T\left(\frac{\partial p}{\partial t} + \boldsymbol{u}\cdot\nabla p\right) + \boldsymbol{\tau}:\nabla\boldsymbol{u} + Q \tag{7-26}$$

式中，α_p 是热膨胀系数，$\alpha_p = -\frac{1}{\rho}\frac{\partial\rho}{\partial T}$，理想气体的 α_p 可取简化形式 $\frac{1}{T}$；p 是压强；$\boldsymbol{\tau}$ 是黏性应力张量。

在考虑稳态情况，并且忽略热辐射时，式（7-26）可简化为

$$\rho C_p\boldsymbol{u}\cdot\nabla T + \nabla\cdot(-k\nabla T) = \alpha_p T\left(\frac{\partial p}{\partial t} + \boldsymbol{u}\cdot\nabla p\right) + \boldsymbol{\tau}:\nabla\boldsymbol{u} + Q \tag{7-27}$$

式中，$\alpha_p T\left(\frac{\partial p}{\partial t} + \boldsymbol{u}\cdot\nabla p\right)$ 反映了压强变化所做的功；$\boldsymbol{\tau}:\nabla\boldsymbol{u}$ 反映黏性耗散，其中的速度项可以根据流体的层流和湍流等属性进行具体分析。

一般情况的流体换热分析如图 7-19 所示。

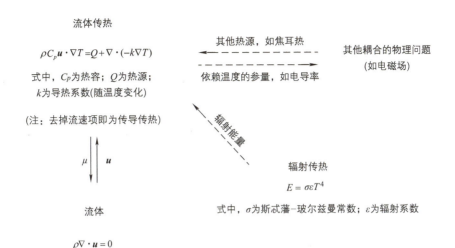

流体传热

$$\rho C_p \boldsymbol{u} \cdot \nabla T = Q + \nabla \cdot (-k \nabla T)$$

式中，C_p为热容；Q为热源；
k为导热系数(随温度变化)

(注：去掉流速项即为传导传热)

$\mu \bigg\downarrow \boldsymbol{u}$

流体

其他热源，如焦耳热

其他耦合的物理问题
(如电磁场)

依赖温度的参量，如电导率

辐射能量

辐射传热

$$E = \sigma \varepsilon T^4$$

式中，σ为斯忒藩–玻尔兹曼常数；ε为辐射系数

$$\rho \nabla \cdot \boldsymbol{u} = 0$$
$$\rho \boldsymbol{u} \cdot (\nabla \boldsymbol{u}) = \nabla \cdot (-p\boldsymbol{I} + \mu(\nabla \boldsymbol{u} + (\nabla \boldsymbol{u})^{\mathrm{T}})) + \boldsymbol{f}$$

式中，$\boldsymbol{u}$为速度矢量；ρ为流体密度；p为压强；$\boldsymbol{I}$为单位矩阵；
μ为黏度(随温度变化)；T为温度；$\boldsymbol{f}$为受力

图 7-19　流体换热分析

热分析主要利用有限元法、有限体积法、有限差分法、边界元法等数值方法对温度场控制方程进行离散。为了获得唯一的稳定解，还需要定义相应的边界条件。热的三类边界条件为：

第一类边界条件，即狄利克雷（Dirichlet）边界条件，是在边界上指定场函数的分布形式，即直接指定边界上的温度分布，如$T\big|_\Gamma = f(\boldsymbol{x}, \boldsymbol{\tau})$、$T\big|_\Gamma = f(\boldsymbol{\tau})$等。

第二类边界条件，即诺依曼（Neumann）边界条件，是在边界上指定场函数沿边界外法线方向的偏导数（方向导数），即给定边界上的热流密度，如：$-k\dfrac{\partial T}{\partial n}\bigg|_\Gamma = f(\boldsymbol{x}, \boldsymbol{\tau})$、$-k\dfrac{\partial T}{\partial n}\bigg|_\Gamma = f(\boldsymbol{\tau})$等。

第三类边界条件，即洛平（Robin）边界条件，或称混合边界条件，是在边界上指定场函数自身和场函数沿边界外法线方向的偏导数的线性组合，即给出边界上物体与周围流体间的流体温度和表面传热系数之间的线性函数。

在实际问题中，热的传导扩散过程比较复杂，如流热扩散之中，流体还可分为层流、湍流，其热扩散环境也可能伴随着多相流（如湿度较大的空气）、相变过程（如液体蒸发）、微小受限结构（如微流道、薄膜）、多孔介质等。因此，通常在不影响精度的情况下，会对方程进行简化求解。

7.4.5　常用软件

1. 流体分析软件

流体分析主流商业软件有：SimcenterStarCCM+、ANSYS Fluent、Bentley Flowmaster。开

源软件有 OpenFOAM、微软 AirSim、UdacitUdacity 等。

国内相关软件也逐渐发展，有十沣科技系列软件（其中 QFLUX 是通用流体仿真软件，TF-Lattice 是基于 Lattice Boltzmann 方法的流体力学软件，TF-SPH 是基于 SPH 光滑粒子法的无网格粒子法流体仿真软件）、天洑 AICFD（通用智能热流体仿真软件，融入人工智能技术实现快速仿真）、中国空气动力研究与发展中心计算空气动力研究所的 NNW-FlowStar、熙流数字科技有限公司的气动咖（Aerocae）等。

2. 热分析常用软件

常用的软件工具，如 ANSYS、COMSOL Multiphysics、Infolytica 等，都包含有热仿真模块。

流体传热仿真软件有 ANSYS Fluent、SimcenterSTAR-CCM+/FloEFD/Flotherm/Flomaster、天洑 AICFD 等。而专门的热分析工具如 ThermoAnalytics 公司的 TAITherm（多用于人体舒适度、汽车热设计、电池热设计）、SINDA/FLUINT（多用于航空航天热设计）、FloVENT（多用于建筑通风、暖通）等，一般是针对一些细分行业进行精准服务，并包含多种设计优化功能。

在实际仿真中，热耦合仿真通常采用交错耦合方式进行计算，即按照分析热源（作为源项）、温度（获得温度，更新依赖于温度的材料本构特性）、流场等的顺序循环计算。

7.5 电磁分析软件技术

现代汽车中的电气化程度相当高，如电源供电、数模信号传输控制等。对于新能源汽车，其采用电机、功率模块作为动力和控制系统，电磁问题更是其中的关键核心问题。对于将来可能导入的无线电能传输、超级电容器等技术，其中的电磁问题也有待考虑。汽车中的电磁类问题大致可分为两类：

1）低频：或中低频，主要用于电机电磁仿真、电磁阀、电池充电等。

2）高频：包括天线、雷达布局，天线信号分析，电控系统的功率模块开关影响，整车、线束电磁兼容（EMC）等。

电机基于控制调控激励，通过电磁作用力产生运动。在此过程之中，会产生定转子基本铁损 [主要包括磁滞损耗 (Hysteresis Loss)、涡流损耗 (Eddy Current Loss) 和附加损耗（Excessive Loss）]、空载杂散损耗（主要由谐波引起）、定转子铜损（焦耳损耗）、负载杂散损耗和风摩擦损耗等。电磁场计算主要提供电磁力和损耗的分析输出，并能够用于评估电机引起的系列问题，包括效率、机械力产生振动、损耗产生热量，以及可能导致的电机退磁等，还可以通过与电机控制系统的联合仿真制定更有效的控制策略。

7.5.1 电磁问题概述

电磁场的基本方程为麦克斯韦（Maxwell）方程组，其微分形式为

$$\nabla \cdot \boldsymbol{D} = \rho \qquad\qquad（7\text{-}28\text{a}）$$

$$\nabla \cdot \boldsymbol{B} = 0 \qquad\qquad（7\text{-}28\text{b}）$$

$$\nabla \times \boldsymbol{H} = \boldsymbol{J} + \frac{\partial \boldsymbol{D}}{\partial t} \qquad\qquad (7\text{-}28c)$$

$$\nabla \times \boldsymbol{E} = -\frac{\partial \boldsymbol{B}}{\partial t} \qquad\qquad (7\text{-}28d)$$

电流连续性定理为

$$\nabla \cdot \boldsymbol{J} = -\frac{\partial \rho}{\partial t} \qquad\qquad (7\text{-}29)$$

材料的本构关系如下：

$$\boldsymbol{D} = \varepsilon \boldsymbol{E} \qquad\qquad (7\text{-}30a)$$

$$\boldsymbol{B} = \mu \boldsymbol{H} \qquad\qquad (7\text{-}30b)$$

$$\boldsymbol{J} = \sigma \boldsymbol{E} \qquad\qquad (7\text{-}30c)$$

式中，$\boldsymbol{D}$、$\boldsymbol{E}$ 分别是电位移矢量（电通量密度）、电场强度；$\boldsymbol{H}$、$\boldsymbol{B}$ 分别是磁场强度和磁感应强度（磁通密度）；$\boldsymbol{J}$ 是电流密度；ρ 是电荷密度；ε、μ、σ 分别是电容率（介电常数）、磁导率和电导率。

麦克斯韦方程组体现了全部频率的电磁规律，根据所需要分析的问题不同，可以忽略其中的部分物理量，从而简化计算，如图 7-20 所示。

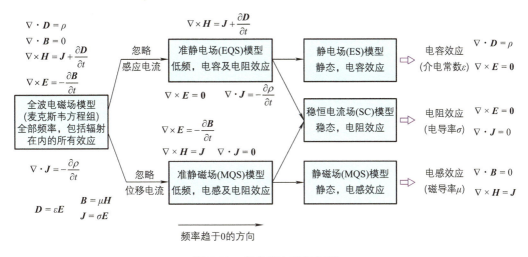

图 7-20　各类型电磁场问题

电磁场仿真的核心是求解电磁场麦克斯韦方程组，获得电场与磁场的时空分布，并分析电磁场引起的损耗和作用力等物理量。

7.5.2　低频电磁软件技术

电磁场仿真中的高频和低频问题主要由待仿真结构的特征尺寸、材料特性和运行频率区分。当特征尺寸远小于电磁场波长及电流趋肤深度时，可忽略电场和磁场之间的耦合效应，求解静态问题；当特征尺寸接近电流趋肤深度时，需要考虑涡流的影响，如果位移电流产生的磁场远小于传导电流产生的磁场，可求解准静态磁场问题；如果磁场变化感应的电场远小于电荷产生的电场，则可求解准静态电场问题。在这几种情况下，麦克斯韦方程组中的部分项被忽略。静态和准静态问题的求解统一称为低频电磁场仿真。高频电磁场仿真指当特征尺寸接近或大于波长时，必须考虑电磁场的波动效应，即求解全部麦克斯韦方程组，因此高频问题也被称为全波问题。低频电磁场和高频电磁场仿真中涉及的材料特性、边界条件及应用领域都有较大差别。如针对材料特性，低频电磁场仿真中的难点主要在于材料本构的非线性，高频电磁场仿真的主要难点在于色散效应；针对边界条件，低频电磁场仿真中关注的主要问题是开放空间的近似，高频电磁场仿真中由于要考虑电磁波的辐射效应，需要在计算区域外围添加吸收边界，避免"伪反射"问题。

实际工程应用中结构、材料、工况具有复杂性，通常无法获得麦克斯韦方程组的解析解，数值方法成为电磁场仿真的重要工具。电磁场数值计算方法可分为微分方程方法和积分方程方法。微分方程包括有限差分法（Finite Difference Method，FDM）、有限积分法（Finite Integration Technique，FIT）、有限元法（Finite Element Method，FEM）等，积分方程方法包括矩量法（Method of Moment，MoM）、边界元法（Boundary Element Method，BEM）及部分元等效电路（Partial Element Equivalent Circuit，PEEC）等，如图7-21所示。这些方法在所依赖的Maxwell方程组形式、收敛速度、精度、计算复杂度、离散空间类型、矩阵形式、媒质/结构适应性、插值函数、并行能力等方面各有自身特点，需要根据实际问题进行选用，或者混合使用。

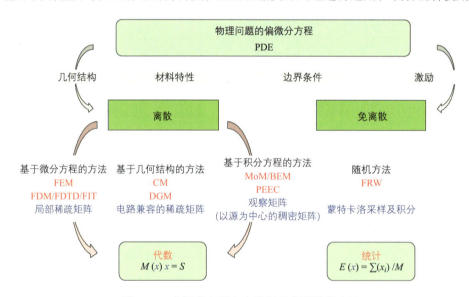

图7-21　求解麦克斯韦方程组的主要数值方法

对于低频电磁场数值计算，有限元法在工程中应用最广泛，其概念最早于1956年被提出，P. Silvester和M. V. K. Chari首次将有限元应用到电磁场数值计算中。由于热学、力学中常用的点单元无法描述界面上电磁学问题中矢量场某些分量的不连续性，在电磁场计算中发展出了棱单元法。A. Bossavit将电磁场计算的有限元方法和微分几何建立起联系，提出有限元的插值函数（包括点单元、棱单元、面单元、体单元）均可写成Whitney微分形式，为电磁场有限元计算夯实了理论基础。

1. 基本方程和数值离散方法

求解变量及方程形式。考虑到数值稳定性，低频电磁场计算通常选择位函数作为求解变量，求解变量可以是标量和矢量。不失一般性，以考虑涡流的准静磁场问题为例，常用求解变量组合有 $A\text{-}v$ 与 $T\text{-}\varphi$ 等形式。第一种是以磁矢量位 A（满足 curl $A=B$）及导体区域的电标量作为变量，方程转换为如下形式进行求解：

$$\mathrm{curl}\frac{1}{\mu}\mathrm{curl}A + \sigma\left(\frac{\partial A}{\partial t}+\nabla v\right) = j_0 \tag{7-31}$$

$$\mathrm{div}\,\sigma\left(\frac{\partial A}{\partial t}+\nabla v\right) = 0 \tag{7-32}$$

式中，j_0 为激励电流密度。

第二种是以磁标量位（无电流且单连通区域）及导体区域的电流矢量位 T（满足 $\mathrm{curl}T=J$ 及 $H=H_0+T+\mathrm{grad}\varphi$，grad 为梯度算子）作为变量，方程转换为如下形式进行求解：

$$\mathrm{curl}\frac{1}{\sigma}\mathrm{curl}T + \frac{\partial}{\partial t}\mu(T+\nabla\varphi) = -\frac{\partial}{\partial t}\mu H_0 \tag{7-33}$$

$$\mathrm{div}\,\mu(T+\nabla\varphi) = -\mathrm{div}\,\mu H_0 \tag{7-34}$$

式中，H_0 为任一满足 curl$H_0=j_0$ 的源场。

两种格式各有优劣。$T\text{-}\varphi$ 形式的矢量未知量 T 仅在导体区域，因此总体上求解自由度较小。但当涉及多联通区域时，磁标量位违反安培环流定律，需要通过区域的拓扑性质引入"切"并添加相关约束保证方程的适定性，算法实现复杂性较高。$A\text{-}v$ 形式在整个求解区域离散磁矢量位 A，求解自由度较大，且方程组的解存在唯一性问题，一般可通过不同方式添加库仑规范 div$A=0$ 确保解的唯一性。当激励电流满足相容性条件 div $j_0=0$ 时，共轭梯度等常用迭代求解器可以实现自动规范，从而避免添加规范约束。

针对上述准静磁场方程，用有限元方法进行离散的步骤包括：通过变分法将原始问题表述为弱形式的积分方程；通过网格单元划分和在各单元上对待求变量进行插值近似，实现对原始问题无限维解空间的有限维离散逼近；最终将待求解的偏微分方程组转化为代数方程组进行求解。

当待求解变量为标量时，有限元的插值函数为节点单元，即点连续的标量函数。当待求变量为矢量时，若采用点连续函数来近似其各个分量，将节点单元用于矢量的各个分量，相当于在单元的分解面上强加矢量的所有分量的连续性。这样的近似方法将破坏矢量变量的物理特性，因为线矢量场（包括 E、H、A、T）在不同材料之间的界面处具有不连续的法向分量，而面矢量（包括 B、D、J）在不同材料的交界界面处具有不连续的切向分量。方程中涉及的线矢量场的插值函数需要定义在泛函空间（Ω 为求解区域）：$H(\mathrm{curl},\Omega)=\{u:u\in L^2(\Omega),\mathrm{curl}\,u\in L^2(\Omega)\}$ 中以保证线矢量场界面上切向连续、法向不连续的物理特性。$H(\mathrm{curl},\Omega)$ 空间中的离散插值函数称为棱单元，也被称为 Nedelec 单元。Alain Bossavit 和 Robert Kotiga 等人在低频电磁场计算中应用了微分几何中 Whitney 微分形及外代数相关理论构造有限元空间，引入 Whitney 单元概念，形成相应的理论体系，用 Whitney 节点单元近似标量场时保证了其梯度场的旋度为零的特性，用惠特尼棱单元来近似矢量场保证了其旋度场的散度为零的特性，构成了一组表达简洁且自然适用于电磁变量离散的有限元空间。

2. 材料建模

材料建模对数值求解的精确性至关重要。材料建模涵盖范围很广，包括建立材料本构特性以及其与制造工艺、工况、环境等不同影响因素之间关系的数学模型。

（1）空间多尺度及均一化

空间多尺度指研究对象或其组件结构几何特征尺寸跨度大。电气设备及部件仿真中涉及空间多尺度问题的典型结构包括绕组、叠片铁心、复合材料等。若在数值计算中将细小尺度的结构进行网格划分和离散会导致网格量过大、难以剖分或网格质量差、计算难以收敛等问题。空间多尺度问题的常见处理方法是均一化（Homogenization），即将周期规律排列的精细结构视为单一材料区域，通过对材料局部的小尺度建模得到其等效材料本构特性，再将其应用于数值仿真。通过均一化处理，场在小尺度结构中的变化被忽略，从而可以更高效地实现网格剖分、数值离散和求解。均一化的关键是定义周期单元或局部问题，即在每个周期单元或精细结构局部给定边界条件，建立合理的求解模型。均一化相关工作包括如采用均一化方法针对含有磁电复合材料、多铁性纳米粒子复合材料的器件进行仿真；硅钢叠片的时域非线性均一化方法；用均一化方法评估可控永磁材料的等效磁导率和剩磁；基于等效复磁导率的均一化方法，以实现利兹线损耗的精确计算。在涉及复杂多尺度结构的电气设备多物理仿真中，均一化也是提高计算效率和收敛性的重要手段，如在变压器电磁－热流耦合仿真中，可先对变压器绕组区域截面进行局部二维流体建模仿真，得到绕组区域的等效热导率，再将其应用于三维温升计算中。

（2）各向异性

材料各向异性是指在不同方向上的材料属性不同。电磁学中主要涉及介电常数、电导率、磁导率的各向异性，在麦克斯韦方程中体现为材料本构关系中的 μ、ε、σ 不能由标量描述，而表达为如下张量形式：

$$\boldsymbol{m} = \begin{bmatrix} m_{xx} & m_{xy} & m_{xz} \\ m_{yx} & m_{yy} & m_{yz} \\ m_{zx} & m_{zy} & m_{zz} \end{bmatrix}$$

式中，$\boldsymbol{m}$ 泛指介电常数、电导率、磁导率等材料属性，下标表示张量中各元素关联的空间坐标分量。

材料各向异性是材料和介质中的常见性质。在低频电磁场分析中，铁磁材料的各向异性建模是一个难点问题。铁磁材料具有磁滞效应，在电机等电气设备中，磁钢的轧制工艺、退火工艺和叠压均会影响材料各向异性特性，材料的磁化曲线会随着磁化方向的夹角变化，需要由矢量磁滞模型描述。由于矢量磁滞模型的建模和与数值计算方法的结合尚不成熟，目前在数值计算中一般的处理方法为正交各向异性简化，即在 3 个主轴方向分别输入 3 条 B-H 曲线。

磁滞模型。铁磁性材料作为电气设备的核心部件，起着电能转换的作用，这类材料包括各类软磁材料（如铁氧体、硅钢和非晶等）和永磁材料（如 NdFeB、SmCo 等）。铁磁性材料的精确建模对电磁场计算至关重要，也是电磁场计算领域的重点和难点，吸引国内外学者不断开展研究。

对于材料模型的研究主要集中在两个方面：一是建立计算简单、精确描述磁滞回线的磁滞模型；二是将磁滞模型与有限元计算耦合，实现考虑磁滞效应的电磁场精确计算。

磁滞模型按照不同的分类方法，可分为算子磁滞模型（如 Preisach 模型、Prandtl-Ishlinskii 模型等）、微分磁滞模型（如 Jiles-Atherton、Tellinen 模型）、矢量磁滞模型（如 Stoner-Wolh-farth 模型、Enokizono-Soda 模型、Chua 模型等），其中应用最广泛的 3 类模型为：Preisach 模型、Jiles-Atherton（J-A）模型和 Stoner-Wolhfarth（S-W）模型。原始 Preisach 模型和 J-A 模型均为静态标量模型，为扩大模型应用范围，提出了相应的动态矢量模型及逆模型，为进一步提高模型精度，简化计算，提出了一系列的改进模型。S-W 模型是最早提出的矢量磁滞模型，但由于不考虑粒子间的相互作用，因此不能考虑磁化历史对未来磁化过程的影响，也不能解释涡流损耗。

由于磁滞模型种类较多和磁滞模型本身的复杂性，磁滞模型与有限元计算的耦合方法也不尽相同，含磁滞效应有限元计算主要有三个问题。其一是收敛性问题。为提高收敛性，需要对非线性迭代算法进行深入研究和优化，如牛顿法、固定点迭代算法以及相应的改进算法。部分相关工作包括：针对与磁滞模型耦合的时域有限元计算中收敛困难的问题，提出了一种更稳定的时间离散格式；采用牛顿法和固定点迭代算法结合的方法，改善耦合磁滞效应的非线性计算收敛性。其二是动态磁滞模型中的时间变量离散问题。磁滞模型根据机理的不同，分为静态磁滞模型和动态磁滞模型，常用的时间离散方法有瞬态法、时谐法和时间周期法。其三是矢量磁滞模型与有限元计算耦合问题。磁滞模型还可分为标量模型和矢量模型，矢量模型可用来分析各向异性问题，由于目前矢量模型的参数识别过程需要特定磁测量设备获取关键参数，导致该类问题的研究较少。

近年来，随着人工智能的兴起和在不同领域的扩展应用，人工神经网络成为磁滞建模的一个重要工具。主要的研究方向集中在两个方面：人工神经网络磁滞模型和基于神经网络的传统磁滞模型。神经网络磁滞模型通过前馈或反向神经网络模型直接给出材料的 B-H（输入和输出）关系；基于神经网络的传统磁滞模型主要通过神经网络算法来获取相应磁滞模型的参数，即采用神经网络算法实现传统磁滞模型的参数识别。另外，基于数据驱动思想，有学者提出采用一种结合原始磁测量数据与有限元计算的新范式，跳过磁滞建模的步骤直接进行求解，这一方法适用于强非线性问题，但数据噪声对求解收敛性有较大影响。

3. 计算网格与离散的特殊性

空间多尺度。对周期规律排列的精细结构可通过材料均一化建模的方法进行处理。针对非周期排列的细薄结构，可通过对局部数值离散格式的特殊处理，包括对薄层或细线结构采用壳单元或线单元，以及耦合局部解析模型等。

趋肤效应。当导体中存在交变电磁场时，导体内部的感应电流集中在靠近导体外表的薄层，向导体内指数衰减。趋肤深度是用于描述电流密度衰减的特征常数，在有限元计算时为了准确计算电磁场分布以及感应电流所引起的损耗，趋肤深度可以作为描述有限元网格划分的参考。

开放空间截断边界。在没有屏蔽的情况下电磁场将充斥整个空间。要对计算区域内的电磁场分布进行准确计算常需要考虑有限计算区域之外的场如何描述，以及如何考虑到求解计算中去。通常会有截断法、气泡边界、有限元与边界元混合分析等。

4. 变形与运动

一般情况下，电磁场不受材料边界限制在全空间分布，有限元计算需要对空气域划分网格。机械运动和结构变形可能导致初始划分的网格失效。重新做网格剖分或使用边界元方法考虑空气域计算效率低，因而能处理的问题规模受限。研究适用于电磁场与机械运动和变形耦合的通用、高效数值计算方法，对于相关机电设备的结构设计和优化有重要应用价值。

在电机等机电能量转换设备中，需要考虑电磁场与运动导体之间的相互作用，导体在磁场中运动产生感应涡流，并受到电磁力的影响改变运动状态。运动状态的改变将导致物面边界发生变化，此外，不合适的离散数值格式可能导致数值解出现"伪振荡"。因此，处理电磁场中的运动问题需要合适的数值离散格式和网格形变方法。

离散数值格式。从离散数值格式的角度，常见的处理导体运动的方法有拉格朗日方法（Lagrange Method）、欧拉方法（Euler Method）、有限元 – 边界元耦合方法。

拉格朗日方法在每一个运动区域上用一套与运动区域相对静止的坐标系来描述导体的运动，速度项反映在运动体的离散网格在每一步的位移中。拉格朗日方法由于对流项不显式地出现在方程中而保证方程组矩阵的对称性，不会存在数值振荡的问题。然而，拉格朗日方法需要有效的技术来处理每个时间步面临的网格错位问题。此外，对于分析稳态运动的问题时，采用拉格朗日方法通常需要经历一个长时间的暂态过程，使得拉格朗日方法面临巨大的计算负担。

对于处理稳态运动的问题时，欧拉方法比拉格朗日方法更可取。使用欧拉方法，运动和静止区域采用同一套坐标系，对流项显式地出现在方程中。欧拉方法不需要对暂态过程进行模拟，也不需要处理运动体网格的重剖分。然而，欧拉方法只适用于电磁结构在运动过程中不发生改变的情况，具有一定的局限性。同时，由于对流项的影响，方程最终的系数矩阵失去了对称性，方程的收敛行为主要由 Peclet 数决定，当 Peclet 数过大时求解方程可能出现"伪振荡"。引入迎风因子、有限解析单元法或模型降阶方法能够有效地消除数值振荡。

有限元边界元耦合的方法是在物体边界的内部用有限元离散而在外部空气区域用边界元离散，减少了网格剖分的工作量，能够有效解决开放边界问题和运动问题。然而，边界元离散时构造的矩阵是一个稠密矩阵，在内存占用和计算时间上都具有二阶线性复杂度，限制了有限元边界元耦合方法在工程上的应用。使用快速多极子（Fast Multipole）等方法能够对稠密矩阵做局部稀疏化，从而一定程度上提高有限元边界元耦合方法的计算效率。

网格处理。当采用拉格朗日离散格式时，速度反映在运动体的离散网格在每一步的位移，需要采用合适的网格重构或网格变形技术使计算网格适应物体边界的变化。网格重剖分是最直接的方式，但显著加大了计算负担，且在瞬态场中，重剖分后各节点的位置和个数均可能改变。在对相邻时间步长的场量通过差分求导时，需要采取插值的方式来获得各个节点上相邻时刻的场值，加大计算负担的同时还可能引入额外的误差。采用网格形变技术可以保留原始网格的拓扑结构与密度等特性，在保证网格质量的前提下，不会在求解器中引入额外的误差，同时计算量较小。目前存在多种网格形变方法，根据运动轨迹的特性可以分为运动轨迹受约束的网格形变技术（如运动带法、滑移边界法、Mortar 元法）和运动轨迹不被约束的网格形变技术 [如重叠网格法、径向基函数（Radial Basis Function，RBF）方法] 等。

5. 三维仿真与二维仿真

三维电机仿真的复杂度远高于二维仿真。考虑到三维仿真主要是为了更清晰地对端部效应进行分析，在对端部效应不敏感的问题中，采用二维问题分析即可。对于具有斜槽的情况，电磁分析可以通过分层的二维建模，再通过插值获得三维的近似结果。

6. 多物理场耦合

多物理场协同建模仿真是实现电磁装备综合性能设计和分析的关键手段。根据物理场之间的相互关联程度，可采用不同的耦合模式进行求解。多物理场耦合仿真中的一个主要难点是多空间、多时间尺度物理场的处理问题。

汽车相关的多物理场主要涉及电、磁、热、力、流体和声场等。图 7-22 描述了多物理场分析中主要考虑的物理场和各物理量之间的耦合关系，在不同的物理场方程之间通过激励源、材料属性或者几何结构变化产生耦合关联。其中，由电磁场导致的力的作用包括洛伦兹力、材料的磁化受力、磁致伸缩等，电磁损耗包括磁滞损耗和焦耳损耗等，传热包括流体换热、共轭传热以及辐射传热。

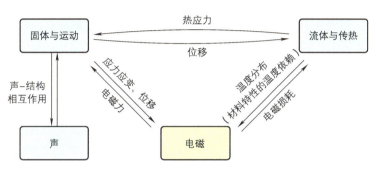

图 7-22　主要考虑的物理场及各物理量的耦合关系

电磁－热、电磁－力耦合计算的精度很大程度上取决于热源（即电磁损耗）和电磁力的计算精度。对于热源来说，导体里的焦耳损耗（含涡流损耗）计算公式相对简单，但其精度取决于电流的计算精度，特别是涡流场趋肤效应较大的时候与网格密度和插值函数阶数紧密相关，而磁性材料的磁滞损耗则取决于材料的磁滞建模。

（1）电磁力的计算

电磁力的计算有各种不同的计算方法。根据电磁材料或结构是否变形需要计算局部分布力或全局力。对于电磁与机械耦合系统，如果只关心物体的刚体运动，则只需计算作用在物体上的全局电磁力。如果需要计算物体的机械变形，则需要计算物体上或材料中的分布电磁力。

尽管不同的电磁力计算公式在理论上等效，但因为其表达式中同时含有磁场强度的切向分量和磁感应强度的法向分量，因此其计算精度同时取决于这两个场分量的计算精度。在有限元法等数值分析中，根据不同的方程式，我们仅能较精确地获取其中一个分量而另一个分量只能通过弱形式获取，因而会导致计算精度上相当大的差异。为了获得更具鲁棒性的电磁力计算方法，将基于能量守恒的虚位移方法应用于有限元网格节点上的局部虚位移方法，用于分布电磁力和全局电磁力的计算。由于磁场能量为磁感应强度和位移变量的函数，磁共能为磁场强度和位移变量的函数，根据不同的有限元方程式，可通过磁能或磁共能对节点位移变量求导，使得计算精度仅取决于磁感应强度的法向分量的精度或磁场强度的切向分量的精度，从而大大改进了电磁力计算的鲁棒性。

（2）耦合方法

多物理场耦合模型可通过不同耦合模式分析方法实现，通常包括直接耦合（或同步耦合）分析和迭代耦合（或异步耦合、交错耦合）分析。直接耦合分析将描述不同物理过程的物理方程联立求解，将不同物理场量之间的依赖关系进行显式离散，对不同物理问题在同一种离散方法和同一个网格下实现，以建立同一个离散方程。直接耦合能够精确描述不同物理过程之间的依赖关系，特别是在压电、磁致伸缩等具有强非线性多物理场问题的仿真计算中具有独特优势，但其离散代数系统未知数多矩阵大从而使计算复杂度增加，另外耦合代数系统通常在对称性、正定性、条件数等方面性能较差，不利于数值求解的收敛。迭代耦合分析将一个物理过程对另一个物理过程的影响通过网格数据传递的方式转化为另一个物理方程的材料、边界或激励的变化，进而迭代求解多个物理场方程。迭代耦合分析可以方便地复用现有的物理场求解器，可以分别对每个求解器单独采用合适的离散和求解算法，因而也是目前商业软件中支持的主流耦合模式。根据物理场耦合的密切程度，迭代耦合分析从耦合策略上分为单向耦合和双向耦合，单向耦合在每个耦合步骤中只交换一次场量，也称全局显式耦合，双向耦合则发生多次交换直至获得整体稳定解，再进入下一个耦合步骤，也称隐式迭代耦合。界面耦合是迭代耦合的一个特例，是指不同物理场的空间求解区域不同，在空间交界面上实现交互，界面耦合多发生于流体相关仿真分析中。

（3）不同网格间变量映射处理技术

目前，大多数商业软件都是基于同一套网格进行多物理场耦合。不同物理场的分析可以共享同一套网格模型，在耦合交互过程之中，各种量值的映射与传递可通过直接的、自然的方式提供。为了更有效地对物理现象实施建模，不同物理场问题需要与之适应的网格（包括网格单元形状和大小，单元阶数）和插值函数（有限元插值函数类型和阶数），甚至采用不同的自适应网格策略。例如求解电磁装置中的电磁场、流场和温度场的耦合问题时，电磁场计算得到的损耗传递到温度场作为载荷，结合流体散热进行热分析，而电磁场和热－流场在求解时对网格离散要求差别很大，使用同一套网格会导致或者单元数过大影响计算效率，或者单元过少影响计算精度。采用不同的网格模型，无需同时兼顾各物理场对网格形状及剖分的要求，使得建模更为灵活，保证精度的同时提高计算速度。但是，这就造成不同物理场的网格异构，需要在网格空间上进行物理量映射（投影），同时也引入了映射误差。因此，在不同网格和离散之间建立物理量的映射关系并保证误差收敛性是多物理协同仿真必须解决的关键问题。网格映射首先要进行不同网格的匹配，然后在匹配的网格之间选择合适的插值函数或投影方法。映射可以发生在区域内部（体映射），也可以发生在区域界面处（面映射）。根据插值物理量性质的不同，插值数据分为非守恒量（如位移、速度、温度等耦合界面所传递的数据量总和不相等）以及守恒量（流量等耦合界面传递的数据量总和必须相等）。伽辽金法为解决这一问题提供了一种较为完善的理论方法。

（4）不同时间离散下变量映射处理技术

许多情况下，由于不同物理场的时间常数不同因而对激励的时间响应差异很大。如果不同场求解器设置相同的时步，耦合可以直接进行，然而，时间步长的设置将直接影响到计算效率或计算精度。如果按时间常数小的物理场设定步长，可以保证精度但计算量将大幅增加。如果按时间常数大的物理场设置则无法保证计算精度。因而需要采用不同的时间离散（迭代时步）或自适应时步策略。这就造成不同物理场的时间异步，需要对物理量在恰当时间点上进行插值或映射（投影）。

理论上，时间映射就是通过定义时间误差范数，使用伽辽金法等将其最小化。当多种物理场的时间尺度相差很大时（如瞬态场与似稳态场耦合），并且要在较大时长范围进行分析，需要精心地对其耦合过程进行设计。例如齿轮感应淬火过程分析，其感应电源频率为 kHz 量级，加热时间为秒级，若对电磁场每个电磁周期进行时间离散，并和热场采用同一时步会导致计算效率低下。针对此类问题，可利用电磁问题在频域计算，将一个电磁周期内的涡流等效发热耦合至热场，按热问题的时间常数设计时间步长进行时域计算，并考虑温度变化对材料参数的影响，从而在保证精度的前提下实现快速耦合仿真。

目前支持的耦合分析还比较有限。无论是从理论角度，还是从工程角度，异构网格下时-空场量的保值映射仍是一个难点问题，映射实现方法、求解效率和可靠性仍有很大的提升空间。

7.5.3 高频电磁软件技术

高频电磁场在汽车中的主要应用场景有电磁兼容分析（如线束供电及传输信号、电磁阀动作、新能源汽车充电与电机运行、人体电磁辐射比吸收率 SAR 分析）、天线和射频前端设计、功率模块电磁分析等。

高频电磁场仿真分析的任务是研究电磁波传播特性和谐振效应，设计和验证高频器件与系统的综合性能和特征等。高频电磁场要考虑全部电磁效应，涉及空间的离散以及时间离散，计算往往较为复杂。高频电磁场具有辐射特征，通常是一个开域问题，对于有限元法等基于空间体离散的方法，需要强调其边界处理。对于天线等器件与系统，它们通常被设计来工作在特定频率区间用来进行信号的传输，电磁波呈时谐特征，可以通过频域方法求解，所关系的对象也是信号传输前后的特征。

1. 控制方程

高频计算可以采用时域或频域方法进行计算。

对于时域计算，根据麦克斯韦方程组，可以获得关于电场或磁场的两个矢量波动方程。

$$\varepsilon\mu\frac{\partial^2 \boldsymbol{E}}{\partial t^2}+\mu\sigma\frac{\partial \boldsymbol{E}}{\partial t}+\nabla\times\nabla\times\boldsymbol{E}=0 \tag{7-35}$$

$$\varepsilon\mu\frac{\partial^2 \boldsymbol{H}}{\partial t^2}+\mu\sigma\frac{\partial \boldsymbol{H}}{\partial t}+\nabla\times\nabla\times\boldsymbol{H}=0 \tag{7-36}$$

该方程包含二阶时间项，其中，μ、ε 和 σ 分别为磁导率、介电常数和电导率，电场强度 $\boldsymbol{E}$ 和磁场强度 $\boldsymbol{H}$ 均是空间 r 和时间 t 的函数，是 $\boldsymbol{E}(r,t)$ 和 $\boldsymbol{H}(r,t)$ 的简写。

为了保证解的唯一性，在边界 Γ 上施加边界条件，常见的混合边界条件如：

$$\boldsymbol{e}_n\times\left(\frac{1}{\mu}\nabla\times\boldsymbol{E}\right)+\gamma\frac{\partial(\boldsymbol{e}_n\times\boldsymbol{e}_n\times\boldsymbol{E})}{\partial t}=\boldsymbol{U} \tag{7-37}$$

式中，γ、$\boldsymbol{e}_n$ 和 $\boldsymbol{U}$ 分别是表面上的波导纳、外法向单位矢量和相关已知量。

频域计算一般用于时谐问题，设 ω 为角频率，上述方程对应的形式为

$$-\omega^2\varepsilon\mu\boldsymbol{E}+j\omega\mu\sigma\boldsymbol{E}+\nabla\times\nabla\times\boldsymbol{E}=0 \tag{7-38}$$

$$-\omega^2\varepsilon\mu\boldsymbol{H}+j\omega\mu\sigma\boldsymbol{H}+\nabla\times\nabla\times\boldsymbol{H}=0 \tag{7-39}$$

2. 时间离散

一阶时域问题一般可表达成如下常微分方程的形式：

$$M\frac{\mathrm{d}\boldsymbol{x}}{\mathrm{d}t}+K\boldsymbol{x}+\boldsymbol{f}=0 \tag{7-40}$$

式中，x 和 f 分别是解向量和已知向量，M 和 K 是对应的系数矩阵。采用加权余量法建立两点差分格式，可得到通用形式：

$$\left(\frac{M}{\Delta t} + K\theta\right)x_{n+1} + \left(-\frac{M}{\Delta t} + K(1-\theta)\right)x_n + f_n(1-\theta) + f_{n+1}\theta = 0 \qquad (7\text{-}41)$$

式中，下标 n 和 $n+1$ 表示对应时刻；θ 表示归一化的权重，不同的 θ 值与不同的权函数相对应；矩阵 M 和 K 在在时间段内假定为常数矩阵。当 θ 分别取 1、1/2 和 0 时，其时间离散格式分别对应欧拉法后向差分（Backward Difference）格式、中心差分（Central Difference）格式（也称 Crank-Nicholson 格式）、前向差分（Forward Difference）格式。前两者是隐式差分格式，后者如式（7-42）所示，为显式格式，在前一个时刻的解向量已知的情况下不需要解方程组就可以得到下一时刻的解向量。

$$x_{n+1} = x_n - \Delta t M^{-1}(Kx_n + f_n) \qquad (7\text{-}42)$$

解的稳定性。采用时步法求解常微分方程时，解的稳定性和精度是必须考虑的问题。稳定性问题是指误差积累是否能由算法本身控制，计算过程中的误差有离散误差（由时间离散和空间离散，即时步和网格决定）以及舍入误差（由计算机字长和计算量值，以及底层数值处理算法决定），若误差积累对这些误差不敏感，则对应的算法是稳定的。

对显式方法，整个时间推进方程的稳定性将和时间步长有关，即时间步长必须足够小，才能从数学上保证任一点处的场的收敛性。对隐式方法，时间推进方程的稳定性和时间步长无关，即无条件稳定。后向差分格式具有无条件稳定特征，时间步长较大时也不会发生数值振荡，但精度较低。中心差分格式也是无条件稳定的，精度较高，但时间步长较大时可能发生振荡。前向差分格式是条件稳定的，其显著优点是计算简单，但精度相对较低，在时间步长不大时就可能产生振荡。对于时域有限元法，采用显示格式时，时间步长和网格大小需要满足一定条件，如果加密网格则必须减小时步，因此高精度意味着高的计算代价。

上述方法计算格式只包含两个时间步的解，称为单步法。为了提高计算精度，还可以采用变步长法。此外，常用差分方法还有高阶差分法、多步差分法等。需要根据实际问题的特点选择合适的差分方法，以获得更准确可靠的数值解。

3. 计算方法

高频电磁场计算的常见数值算法有 FEM、FDTD、BEM、FIT 等，计算可以在时域或频域展开。时域计算在分析瞬态电磁问题上具有明显优势。频域则往往用于时谐场，根据对频率的扫描可以计算目标的谐振频率、散射参数（S 参数）、Q 系数以及天线特征等。

（1）时域有限元法（FETD）

对于时域有限元，一般基于二阶矢量波动方程开展，其求解步骤一般是：首先获得待求边值问题的弱解形式，其次通过基函数和时间差分方程离散所得到的方程，最后对时间推进方程进行计算。不失一般性，对控制方程：

$$\nabla \times \left(\frac{1}{\mu}\nabla \times E\right) + \varepsilon\frac{\partial^2 E}{\partial t^2} + \sigma\frac{\partial E}{\partial t} = -\frac{\partial J}{\partial t} \qquad (7\text{-}43)$$

式中，J 为外加电流。

在边界上施加边界条件，如：

$$e_n \times \left(\frac{1}{\mu} \nabla \times E \right) + \gamma \frac{\partial (e_n \times e_n \times E)}{\partial t} = U \tag{7-44}$$

基于有限元法，离散可得到：

$$\iiint_V \left\{ \frac{1}{\mu} (\nabla \times N_i)(\nabla \times E) + \varepsilon N_i \frac{\partial^2 E}{\partial t^2} + \sigma N_i \frac{\partial E}{\partial t} + \sigma N_i \frac{\partial J}{\partial t} \right\} dV +$$
$$\iint_S \left\{ \gamma (e_n \times N_i) \frac{\partial}{\partial t} (e_n \times E) + N_i U \right\} dS = 0 \tag{7-45}$$

式中，$E = \sum_i u_i(t) N_i(r)$；N_i 是仅与空间坐标有关的矢量基函数；$u = [u_1, u_2, \cdots, u_N]^T$ 是解向量，则可得到时间常微分方程：

$$T \frac{d^2\{u\}}{dt^2} + (R + Q) \frac{d\{u\}}{dt} + [S]\{u\} + \{f\} = 0 \tag{7-46}$$

式中，$T = \iiint_V \varepsilon N_i \cdot N_j dV$，$R = \iiint_V \sigma N_i \cdot N_j dV$，$Q = \iint_S \gamma (e_n \times N_i)(e_n \times N_j) dS$，$S = \iiint_V \frac{1}{\mu} (\nabla \times N_i)$
$(\nabla \times N_j) dV$，$f = \iiint_V N_i \frac{\partial J}{\partial t} dV + \iint_S N_i \cdot U dS$。

记 $u = \{u\}$ 和 $f = \{f\}$。对该方程，若采用中心差分格式（二阶精度），即：

$$\frac{du}{dt} \approx \frac{u^{n+1} - u^{n-1}}{2\Delta t} \tag{7-47}$$

$$\frac{d^2 u}{dt^2} \approx \frac{u^{n+1} - 2u^n + u^{n-1}}{(\Delta t)^2} \tag{7-48}$$

则有：

$$\left\{ \frac{1}{(\Delta t)^2} T + \frac{1}{2\Delta t} (R + Q) \right\} u^{n+1}$$
$$= \left\{ \frac{2}{(\Delta t)^2} T - S \right\} u^n - \left\{ \frac{1}{(\Delta t)^2} T - \frac{1}{2\Delta t} (R + Q) \right\} u^{n-1} - f^n \tag{7-49}$$

对前向差分格式（一阶精度）：

$$\left\{ \frac{1}{(\Delta t)^2} T + \frac{1}{2\Delta t} (R + Q) \right\} u^{n+1}$$
$$= \left\{ \frac{2}{(\Delta t)^2} T \right\} u^n - \left\{ \frac{1}{(\Delta t)^2} T - \frac{1}{2\Delta t} (R + Q) + S \right\} u^{n-1} - f^{n-1} \tag{7-50}$$

对后向差分格式（一阶精度）：

$$\left\{\frac{1}{(\Delta t)^2}\boldsymbol{T}+\frac{1}{2\Delta t}(\boldsymbol{R}+\boldsymbol{Q})+\boldsymbol{S}\right\}\boldsymbol{u}^{n+1}$$
$$=\left\{\frac{2}{(\Delta t)^2}\boldsymbol{T}\right\}\boldsymbol{u}^n-\left\{\frac{1}{(\Delta t)^2}\boldsymbol{T}-\frac{1}{2\Delta t}(\boldsymbol{R}+\boldsymbol{Q})\right\}\boldsymbol{u}^{n-1}-\boldsymbol{f}^{n+1}$$

（7-51）

对 Newmark-β 格式（二阶精度）：

$$\left\{\frac{1}{(\Delta t)^2}\boldsymbol{T}+\frac{1}{2\Delta t}(\boldsymbol{R}+\boldsymbol{Q})+\beta\boldsymbol{S}\right\}\boldsymbol{u}^{n+1}=\left\{\frac{2}{(\Delta t)^2}\boldsymbol{T}-(1-2\beta)\boldsymbol{S}\right\}\boldsymbol{u}^n-$$
$$\left\{\frac{1}{(\Delta t)^2}\boldsymbol{T}-\frac{1}{2\Delta t}(\boldsymbol{R}+\boldsymbol{Q})+\beta\boldsymbol{S}\right\}\boldsymbol{u}^{n-1}-\left\{\beta\boldsymbol{f}^{n+1}+(1-2\beta)+\beta\boldsymbol{f}^{n-1}\right\}$$

（7-52）

对于无耗系统的中心差分时间推进方程的稳定性条件可推导为

$$\Delta t\leqslant\frac{2}{\sqrt{\rho(\boldsymbol{T}^{-1}\boldsymbol{S})}}$$

（7-53）

式中，$\rho(\boldsymbol{T}^{-1}\boldsymbol{S})$是矩阵$\boldsymbol{T}^{-1}\boldsymbol{S}$的谱半径，即最大的非零特征值。谱半径反映了网格尺寸与最高谐振频率之间的量化关系，实际计算时，网格尺寸一般根据入射波最小波长确定。

（2）频域有限元法（FEFD）

时域分析需要在时间域进行离散，并沿着时间推进获得在每个时刻的电磁场分布。如果物理场是时谐场，并且只关心信号频谱特征或者系统的传输特性，那么可以将时域问题转化到频域上进行分析。

如对于控制方程有

$$\nabla\times\left(-\frac{1}{\mu}\nabla\times\boldsymbol{E}\right)=\frac{\partial\boldsymbol{J}}{\partial t}+\frac{\partial}{\partial t}\frac{\partial\varepsilon\boldsymbol{E}}{\partial t}$$

（7-54）

其频域控制方程为

$$\nabla\times\left(-\frac{1}{\mu}\nabla\times\boldsymbol{E}\right)-\omega^2\varepsilon\boldsymbol{E}=-j\omega\boldsymbol{J}$$

（7-55）

若电场强度的有限元近似展开为$\boldsymbol{E}=\sum_i\boldsymbol{u}_i\boldsymbol{N}_i$，$\boldsymbol{N}_i$为矢量基函数，$\boldsymbol{u}_i$是基函数的系数，即待求未知量，则其线性代数表达式为

$$\{\boldsymbol{S}-\omega^2\boldsymbol{T}\}\{\boldsymbol{u}\}=\{\boldsymbol{b}\}$$

（7-56）

式中，$\boldsymbol{S}$、$\boldsymbol{T}$和$\boldsymbol{b}$的元素分别是$S_{ij}=\int_V\frac{1}{\mu}(\nabla\times\boldsymbol{N}_i)\cdot(\nabla\times\boldsymbol{N}_j)\mathrm{d}V$，$T_{ij}=\varepsilon\int_V\boldsymbol{N}_i\cdot\boldsymbol{N}_j\mathrm{d}V$，$b_i=-j\omega\int_V\boldsymbol{N}_i\cdot\boldsymbol{J}\mathrm{d}V$。与时域问题中的线性方程组相比，该方程为复矩阵，计算时，只需要考虑方程两端的实部、虚部对应相等即可。

频域分析对非时谐场问题、非线性问题较难处理。非时谐场的频带一般较宽,例如瞬态波形、梯形波、三角波有大量谐波分量,其具有无穷的傅里叶展开项。由于非线性特征是与实际时空的系统状态(即时的场量值)有关,频域则是一种有效值概念,无法表征某一个时刻的特征。非线性特征包括非线性材料特性(如磁性材料的 BH 曲线)以及多物理场耦合。对于低频问题,谐波平衡法、有效 BH 曲线等是可行的应对方法。

(3)时域有限差分法(FDTD)

K. S. Yee 在 1966 年首次提出麦克斯韦方程组的差分离散方式;随后 Britt、Yee 等人发展出时域近 – 远场外推方法,获得远场结果;Mur 提出计算区域截断边界处的吸收边界条件(Absorbing Boundary Condition,ABC);Berenger 提出将麦克斯韦方程扩展为场分量分裂形式,并构成完全匹配层(Perfectly Matched Layer,PML)。由此,FDTD 的基本框架确立。

图 7-23 为 Yee 基本空间单元上的场分量,i、j、k 分别表示计算空间沿 x、y、z 坐标方向的步数,E、H 场分量节点在空间和时间上采取交替排布,每一个 E(或 H)场分量周围有四个 H(或 E)场分量环绕,进而麦克斯韦方程中的两个旋度方程转化为一组差分方程,并在时间轴上逐步推进地求解;由电磁问题的初始值及边界条件逐步推进地求得以后各时刻空间电磁场分布。

以直角坐标系上的推导为例,旋度方程 $\nabla \times \boldsymbol{H} = \dfrac{\partial \boldsymbol{D}}{\partial t} + \boldsymbol{J}$ 和 $\nabla \times \boldsymbol{E} = -\dfrac{\partial \boldsymbol{B}}{\partial t} - \boldsymbol{J}_m$ 分别可得到电场和磁场的 x 分量 $\boldsymbol{E}_x$ 和 $\boldsymbol{H}_x$:

$$\frac{\partial \boldsymbol{H}_z}{\partial y} - \frac{\partial \boldsymbol{H}_y}{\partial z} = \varepsilon \frac{\partial \boldsymbol{E}_x}{\partial t} + \sigma \boldsymbol{E}_x \quad (7\text{-}57)$$

$$\frac{\partial \boldsymbol{E}_z}{\partial y} - \frac{\partial \boldsymbol{E}_y}{\partial z} = -\mu \frac{\partial \boldsymbol{H}_x}{\partial t} - \sigma_m \boldsymbol{H}_x \quad (7\text{-}58)$$

其中,对于无源无耗的问题,项 $\sigma \boldsymbol{E}_x$ 和 $\sigma_m \boldsymbol{H}_x$ 均可去掉。对上述式中的时间导数项进行离散之后,可以得到电场和磁场的时间推进计算公式。在时域进行交叉半步逐步推进计算流程,即首先给出时刻 $t_1 = t_0 = n\Delta t$ 空间各处的初始 $\boldsymbol{E}$ 值,进而循环计算时刻 $t_{n+1} = t_n + \Delta t/2$ 空间各处的 $\boldsymbol{H}$ 值、时刻空间 $t_{n+2} = t_{n+1} + \Delta t/2$ 各处的 $\boldsymbol{E}$ 值。

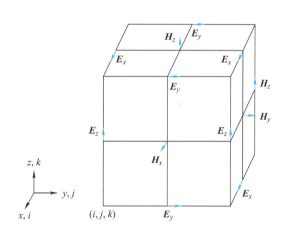

图 7-23　Yee 格式的基本空间单元(元胞)上的场分量

FDTD 优势在于:随时间推进计算,不需要对矩阵求逆,节点上的电磁场当前值只与前一时刻节点值相关,因而只需存储当前时间步电磁场值;电磁场节点只与相邻节点相关,便于并行计算,通过空间节点给介质参数赋值,便于处理复杂目标;推进计算程序可以用典型目标检验,可以分析开域(引入吸收边界)和闭域多种电磁问题。

FDTD 也有诸多待改进的地方。FDTD 一般使用正则网格,在处理复杂模型时会产生规模巨大的网格,需要采用非均匀网格和自适应剖分算法,也可以引入非正则网格减少网格数量和适应复杂目标形貌,二者都需要修订差分离散公式。为了保证计算精度,降低色散,通常要使得空间差分 Δs 小于激励源波长的 1/10。为了保证计算稳定性,时间差分 Δt 不大于 CFL(Courant-Friedrichs-Lewy)条件对步长的约束。如此,复杂电磁问题会导致大规模存储要求。为了加速计算和提高收敛性，ADI-FDTD、CN-FDTD、LOD-FDTD 等隐式算法被引入，隐式算法不必满足 CFL 条件约束，使得 Δs 和 Δt 相互较为独立，可以灵活选择，但对提高计算速度的同时也可能增大误差，使得应用普适性较低。

4. 常见计算问题

时域有限元法每一个时步都需要求解全局矩阵，即隐式计算，其复杂度很高。鉴于 FDTD 方法的解耦特性，研究者提出了基于 Yee 格式的有限元法以及时域有限元法与有限体积法结合的时域不连续伽辽金法 DGTD，实现时域显式计算。DGTD 采用非结构化网格从而能够适应复杂形状目标，基于高阶插值可以减少数值色散，并方便并行化计算，不过计算精度和收敛性取决于网格质量。

截断边界条件。基于体离散的方法只能计算有限区域的问题，对开域问题只能截取有限区域作为计算区域。截断边界处一般采用吸收边界，以保证电磁波进入吸收边界时不发生反射，并很快衰减。常见的截断边界条件有吸收边界条件 ABC、完全匹配层 PML 等。

时域有限元 – 时域积分方程的混合方法也是处理截断边界的有效手段，在区域内部采用有限元离散，在边界上采用边界元或积分方程法离散。但积分类方法构建出来的是稠密阵，将破坏有限元法系数矩阵的稀疏性，提高了计算复杂度。

7.5.4 常用软件

常用电磁场分析软件可大致按照低频与高频进行划分。

主流低频电磁场软件有：ANSYS Maxwell（主要采用 FEM）、Altair Flux（采用 FEM）、JMAG（采用 FEM）、Infolytica 等。

主流高频电磁场软件有：ANSYS HFSS（业界公认的三维电磁场设计和分析工业软件，主要采用 FEM，引入积分方程方法）、Dassault CST（采用 FIT）、Keysight ADS（Advanced Design System）（采用矩量法 MoM）、Remcom XFDTD（采用 FDTD）。高频软件还有专门针对微波电路、通信系统等领域的设计仿真软件，如 AWR Microwave Office、ANSYS Designer、FEKO、Zeland IE3D、ANSYS EMA3D（EMC 建模和仿真软件）等。

此外，COMSOL 作为通用的多物理场仿真软件，其 AC/DC 模块、RF 模块分别适用于低频和高频电磁仿真，但主要面向科研领域。

国内自主软件有一定的发展，低频电磁场分析软件有中国科学院电工研究所的 EMPbridge、云道智造开发的 Simdroid 仿真平台、英特仿真开发的 INTESIM-MultiSim 仿真平台等。

针对电机应用场景，ANSYS MotorCAD 是专用软件。

7.6 NVH

NVH，即噪声、振动与声振粗糙度（Noise、Vibration、Harshness）。这是衡量汽车制造质量的一个综合性问题，它给汽车用户的感受是最直接和最表面的。车辆的 NVH 问题是国际汽车业各大整车制造企业和零部件企业关注的问题之一。有统计资料显示，整车约有 1/3 的故障问题是和车辆的 NVH 问题有关系，而各大公司有近 20% 的研发费用消耗在解决车辆的 NVH 问题上。

对于汽车而言，NVH 问题是处处存在的，根据问题产生的来源又可分为发动机 NVH、车身 NVH 和底盘 NVH 三大部分，进一步还可细分为空气动力 NVH、空调系统 NVH、道路行驶 NVH、制动系统 NVH 等。声振粗糙度又可称为不平顺性或冲击特性，与振动和噪声的瞬态性质有关，描述了人体对振动和噪声的主观感受，不能直接用客观测量方法来度量。乘员在汽车中的舒适性感受以及由于振动引起的汽车零部件强度和寿命问题都属于 NVH 的研究范畴。从 NVH 的观点来看，汽车是一个由激励源（动力系统、变速器、路面等）、振动传递通道（悬架系统、连接件以及车身系统组成）以及感知系统（人的耳朵、手、脚以及座位上身体）组成的系统。汽车 NVH 特性的研究应该以整车作为研究对象，但由于汽车系统极为复杂，因此，经常将它分解成多个子系统进行研究，如动力总成子系统（包括动力传动系统）、底盘子系统（主要包括悬架系统）、车身子系统等。

7.6.1　技术流程与技术

NVH 性能作为汽车最重要的性能指标之一，直接决定着用户感知质量。提高产品的舒适性可以保证优良的市场竞争性，汽车企业在 NVH 性能研发方向投入了大量的人力、物力，组建专门的 NVH 团队进行 NVH 性能开发，解决产品 NVH 问题。一项汽车新产品从立项开始，经过概念设计、对标分析、正向工程设计、试验验证等环节，每一个环节都与 NVH 性能相关，整车 NVH 开发流程如图 7-24 所示。

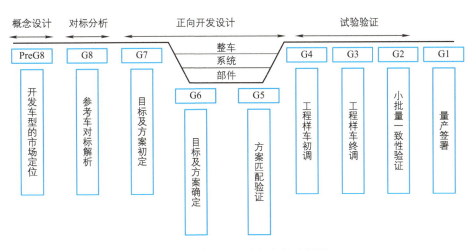

图 7-24　整车 NVH 开发流程示意图

1. 概念设计阶段

汽车 NVH 研发人员应在产品概念设计阶段就要参与进来，参与制定整车 NVH 性能指标，协调与其他性能之间的关系。通过对竞品车、标杆车及同类车型的 NVH 性能对标与解析，建立符合待开发车型的整车级、系统级、部件级的 NVH 性能目标。整车 NVH 级目标通常包括怠速振动噪声、缓加速噪声、急加速噪声、路面噪声等。系统级 NVH 目标一般包括进排气噪声、轮胎噪声、动力总成噪声、座椅振动等。

2. 对标分析阶段

汽车对标的目的是详细掌握竞争产品的 NVH 性能，通常要进行主观评价和客观测试。

NVH 主观评价通常依据主观评价表进行，主观评价表要详细记录评价工况、路面、环境条件、评价人员，以及评价车辆状态等关键信息，主观评价通常都在整车状态下进行，也可对零部件（如玻璃升降器、刮水器等）工作时的性能和 NVH 性能进行一定的评价。主观评价一般采用十分制评分法，针对车型特点对不同的工况还可以进行分值加权处理。主观评价内容除了声压级、声品质，通常还需要关注异响情况，异响通常发生在内饰件上，如仪表板、车门内饰板等处。

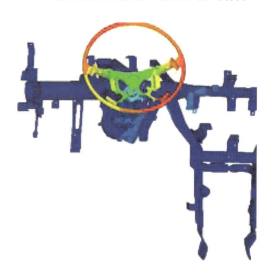

由于主观评价不能获得标杆车性能指标客观数值，无法指导产品设计，因此需要开展客观测试，客观测试包括静态测试和动态测试。静态测试是指车身模态仿真、传递函数仿真（NTF）、动刚度测试等。动态测试是车辆在行驶状态下进行的，如加速噪声、路面噪声、风噪等。

3. 正向开发设计阶段

正向开发设计阶段主要是依据性能目标进行详细的结构设计，此阶段需要大量的 CAE 仿真工作介入，以便优化提升零部件及整车的 NVH 性能，常规的性能管控项有模态仿真（图 7-25）、动刚度、NTF（图 7-26）、VTF 和整车路噪仿真等。

图 7-25　转向系统模态仿真

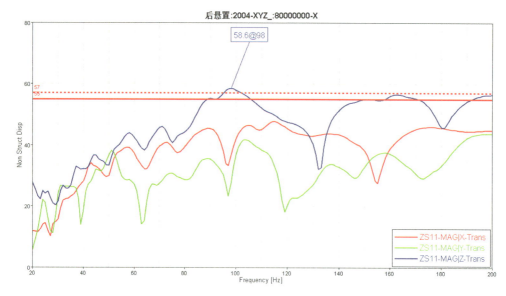

图 7-26　噪声传递函数仿真（NTF）

4. 试验验证阶段

在正向工程设计阶段，所有的分析项目完成，大部分性能满足目标要求，没有满足目标要求的风险项都在可控范围内，并且有合理的解决预案，此时就可以进入下一个阶段，开始进行样车试制与试验验证。

针对各性能目标进行测试，整体评估开发车型的 NVH 性能（图 7-27、图 7-28），对于不达标项则需要进行原因分析并提出具有可行性的解决方法。

图 7-27　整车模态仿真

图 7-28　整车进排气 NVH 性能测试

7.6.2　常用方法及软件

研究汽车的 NVH 特性首先必须利用 CAE 技术建立汽车动力学模型，已经有几种比较成熟的理论和方法。

1. 多体动力学方法

将系统内各部件抽象为刚体或弹性体，研究它们在大范围空间运动时的动力学特性。在汽车 NVH 特性的研究中，多体系统动力学方法主要应用于底盘悬架系统、转向传动系统低频范围的建模与分析。目前汽车行业的主流多体动力学仿真软件采用 ADAMS 进行，该软件不仅可以进行刚体动力学仿真，也可以进行刚柔混合仿真。

2. 有限元方法

是把连续的弹性体划分成有限个单元，通过在计算机上划分网格建立有限元模型，计算系统的变形和应力以及动力学特性。由于有限元方法的日益完善以及相应分析软件的成熟，使它成为研究汽车 NVH 特性的重要方法。一方面，它适用于车身结构振动、车室内部空腔噪声的建模分析；另一方面，与多体系统动力学方法相结合来分析汽车底盘系统的动力学特性，其准确度也大大提高。目前，行业主要采用 HyperWorks 和 ANSA 等软件进行前后处理，这几款软件具有良好的人机交互界面和自适应网格划分功能。而求解器广泛采用 Nastran 和 Optistruct 等，其计算效率和精度都较高。

3. 边界元方法（BEM）

与有限元方法相比，本方法降低了求解问题的维数，能方便地处理无界区域问题，并且在计算机上也可以轻松地生成高效率的网格，但计算速度较慢。对于汽车车身结构和车室内部空腔的声固耦合系统也可以采用边界元法进行分析，由于边界元法在处理车室内吸声材料建模方面具有独特的优点，因此正在得到广泛的应用。边界元仿真软件主要采用 Virtual.Lab 和 VA ONE 等声学仿真软件，其具有良好的人机交互界面，提高工程师的工作效率。

4. 统计能量分析（SEA）方法

以空间声学和统计力学为基础，是将系统分解为多个子系统，研究它们之间能量流动和模态响应的统计特性。它适用于结构、声学等系统的动力学分析。对于中高频（300Hz）的汽车

NVH特性预测，如果采用FEM或BEM建立模型，将大大增加工作量而且其结果准确度并不高，因此这时采用统计能量分析方法是合理的。有人利用SEAM软件对某皮卡车建立了SEA模型，分析了它在250Hz以上的NVH特性并研究了模型参数对它的影响，得到令人满意的结果。目前，行业主流SEA仿真软件为VA ONE。

7.7 轻量化及整车性能软件技术

轻量化方向包括多学科优化、全参数设计等；整车性能仿真分析包括能耗及驾驶性能、动力性经济性、动力系统性能以及整车性能仿真等。

轻量化软件是汽车轻量化技术的重要工具。在"双碳"政策和新能源续驶里程提升的迫切需求下，轻量化软件的开发和应用逐渐成为轻量化目标达成的重要保障。轻量化软件是为了使得汽车"材料–零件–整车"结构重量最轻，在刚强度、NVH和碰撞等性能满足目标要求的前提下，而采用的仿真分析计算软件。通过轻量化软件可以大幅减少人工或正交多变量计算的巨大耗时，有效地提高设计产品的可靠性，显著提高产品设计的科学性，减少盲目性，缩短产品开发周期，促进轻量化设计目标有效达成，降低开发成本。目前，根据汽车开发阶段，主要有产品设计初期的全参数化设计，以及过程开发涉及的多学科优化等计算机分析软件。

7.7.1 技术流程与技术

轻量化软件在概念设计阶段目标是从总体上把握轻量化结构设计形式和各项性能指标，忽略部分细节。在分析过程中采用参数化建模，修改方便，且最终确定合理的结构参数用时大幅缩短。Nishigaki Hidekazu、Amago Tatsuyuki等人提出了FOA（First Order Analysis）技术，基本思路包含以下3个方面：应用Microsoft/Excel建立产品分析导向的图形交互界面；基于材料力学的知识向设计人员提供有用的数据；针对梁单元进行拓扑优化。Naesung Lyu、Byungwoo Lee和Kazuhiro Saitou提出了应用车身结构组件快速建立简化车身模型的方法，并基于一系列成品车型建立了组件库。Maria Andersson提出了一种应用梁结构建立车身模型的方法，能够准确地建立可直接应用的车身简化模型。国内的一些学者和研发机构对于车身简化模型在概念设计阶段的应用研究也越来越重视。胡平、侯文彬等人对概念设计阶段的车身结构分析及优化、概念车身材料的应用以及车身薄壁梁结构和接头对车身概念模型的影响都做了大量的研究，并设计了用于车身结构概念设计的工具VCD-ICAE。吉林大学的徐涛教授及其团队与一汽技术中心合作开发了一系列用于身概念设计的专用软件，包括试验设计与数据处理软件、常用截面梁截面特与优化软件和概念车身结构分析与优化系统等。通过对比可以发现，国内CAE技术在车身概念设计阶段也已经进行了不同程度的研究，取得了良好的效果，并开发了相关CAE分析软件。但在实际车型开发应用方面，国内开发水平相对于国外来说还有一定的差距，为国内汽车自主品牌车型概念设计阶段开发提供了重要方向，对于提高我国自主品牌汽车概念设计水平具有重要意义。

以某轿车白车身轻量化分析为例，建立白车身全参数化三维实体模型和有限元模型，综合考虑车身低阶固有频率、刚度和正面碰撞安全性等性能，同时兼顾效率和准确性，把整个轻量化优化过程分为车身非安全件轻量化优化设计和正面碰撞相关安全件轻量化优化设计两个步骤，并分别进行了多目标结构优化设计，两个过程是先后串联的过程，进行完两个优化过程最终得到优化设计结果。该研究包含轿车白车身全参数化建模、参数化车身结构性能分析、白车身性能对各零件厚度的灵敏度分析、白车身多学科多目标轻量化优化设计四个关键技术。具体流程如图 7-29 所示。

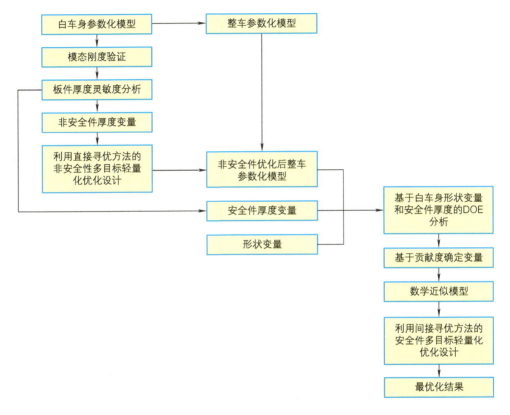

图 7-29　轻量化仿真流程

全新架构的一体化设计方案，从材料本构出发，对多材料本构与数据库进行研究，将"合适的材料用于合适的地方"的轻量化理念应用于开发初期，综合考虑多种工况下静态刚度、强度以及频率动态特性，将碰撞安全性、NVH、耐久性作为设计中考虑的约束与目标，进行多学科多目标优化，材料配置与结构整体和部件拓扑，形成轻量化结构"性能－材料－结构"一体化、参数化、模块化设计，如图 7-30 所示。

7.7.2　常用软件

目前，用于汽车轻量化仿真分析的软件主要有 Nastran、ANSYS、Marc、ABAQUS 等。但在优化方面，这些软件还存在一些不足，如 Nastran 只提供了 3 种算法，即改进的可行方向、序列线性规划法和序列二次规划，由于其方法的固有局限性，只能对一些简单边界结构进行优化。目前，应用最广的结构优化商业有限元软件主要是 Hyperworks 软件、Isight 软件、SFE concept 软件、Optimus 软件、Modefontier 软件等。

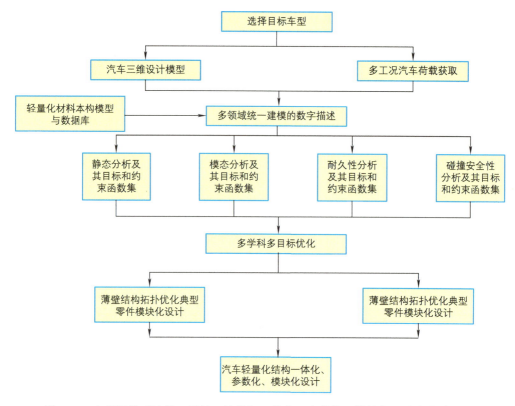

图 7-30　全新架构"性能 – 材料 – 结构"一体化、参数化、模块化设计方案路线图

7.8 共性基础技术与软件

工程中还有大量其他典型共性技术与软件，用来支撑局部基础功能、数据交互、软件事务交互或者系统级建模仿真等，例如通用前后处理。随着计算技术以及人工智能技术的快速发展，以及 CAE 技术自身的日趋成熟，新的算法不断引入 CAE，并提供更加完善、稳定和高效的功能，适应汽车设计行业的需求。

7.8.1 共性技术与软件

CAE 软件包括处理共性数学问题的数学算法软件或软件库，如 MATLAB 等。CAE 软件大多依赖于空间离散方法，有专门的前处理工具，尤其是网格剖分工具，如 Altair Hypermesh 等。当 CAE 软件不能独立完成某个目标的仿真流程，此时需要借助耦合工具将不同软件关联起来，例如 ANSYS Workbench、第三方工具耦合环境 MpCCI、preCICE 等。对于一个复杂的系统，包括不同的物理系统，而每个物理系统相对独立但相互关联，并协同完成同一工作，呈现出系统级的耦合性，需要借助系统级建模工具，如 MATLAB/Simulink、Modelica、苏州同元等工具。此外，专门的后处理和数据管理工具也有广泛应用。

1. 几何建模技术与工具

几何模型是进行 CAE 分析的基础，涉及多个学科多个领域的研究和技术进步，在现代工业中扮演着不可或缺的角色。早期关于几何模型的研究主要集中在计算机图形学方面，科研人员研究如何使用计算机生成和显示简单的几何形状，如点、线、多边形等。随着计算机性能的提升，科研人员开始探索更为复杂的几何形状表示方式，向量图形和多边形成为常见的几何表示方式，这使得计算机能够呈现更加复杂的图像和图形。

CAD 技术起步于 20 世纪五六十年代，科研人员利用 CAD 技术可以摆脱烦琐且低精度的手工绘图。CAD 技术刚起步时只是极为简单的线框模型。线框模型由空间直线、圆弧和点等基本元素构成，只能描述产品的外形轮廓。20 世纪六七十年代开始，汽车和飞机工业进入迅猛发展的阶段，在汽车及飞机制造过程中遇到了大量自由曲面问题，世界各国的科研人员都提出了许多应用于曲面的算法，如 Pierre Bézier 提出了贝塞尔曲面，IgorBoim 提出的 B 样条曲面，J. L. Moire 和 R. E. Barnhill 提出了有限元曲面等。实体模型的提出给 CAD 带来了革命性的发展。实体模型用立方体、球体、圆柱体等几何作为基本元素，通过拓扑运算生成所需的几何模型，也可以利用扫描的方法进行实体建模。20 世纪 80 年代中期，参数化建模的概念首次被提出，参数化建模可以通过修改局部参数从而修改几何模型，这一点很好地解决了实体模型不适应动态设计的缺点。

常见的 CAD 软件有达索 CATIA（CGM 内核）、PTC Pro/e（Granite 内核）、达索 SolidWorks（parasolid 内核）、Matra DatavisionFreeCAD（基于 OpenCASCADE 的开源 CAD/CAE 软件）。近些年来，在二维、三维 CAD 层面都推出了许多国产 CAD 产品，比如中望软件、华天软件、新迪数字等，这些产品基本可以实现 CAD 的国产化替代，但在一些高端专业三维 CAD 层面仍无能为力，国产 CAD 技术仍需继续发展。

为了提高 CAD 文件的互操作性和共享性，若干 CAD 文件格式的标准被制定出来，如 IGES（Initial Graphics Exchange Specification）和 STEP（Standard for the Exchange of Product model data）等。IGES 由美国国家标准局提出，但是在 CAE 应用上通常会出现"漏水"现象；STEP 由国际标准化组织提出，更加灵活地描述产品的结构和属性。STL 文件由三角面片组成，在转换过程中可以较好地保持几何特征，但仅有网格形式，缺少层次结构信息。

2. 网格划分技术与工具

网格划分是 CAE 的核心组成部分，其把复杂的物理结构或流场分割为离散的单元，以便计算机对其进行数值求解。网格的质量直接决定了数值模拟结果的质量，同时网格划分也是进行数值模拟过程中最耗时的工作，高质量的网格更容易收敛且收敛速度更快。网格是对物理问题的"离散化"，理论上来说网格数量越多即离散程度越精密，所对应的仿真结果也应该越准确，但是在真实的 CAE 工程中，求解器的计算速度是十分重要的，因此要采用尽量少的网格准确捕捉物理量的变化，提高计算速度。

常见的网格类型有结构化网格、非结构化网格、混合网格等。随着计算机技术和算法的进步，出现了自动网格生成技术，可以根据给定的几何形状自动生成网格。这种方法大大提高了网格生成的效率和精度，使得 CAE 技术得到了更广泛的应用。

（1）网格类型

结构化网格是指网格区域内所有的内部点都具有相同的毗邻单元的网格类型，二维上是四边形、三维上是六面体，在拓扑结构上矩形区域内的均匀网格，其节点定义在每一层的网格线上，且每一层上节点数都相等，但这样复杂外形的贴体网格生产比较困难。在结构化网格中，每一个节点及控制容积的几何信息被存储，但由于结构化网格特性，该节点附近的邻点关系可以依据编号规则自动得出，因此不必存储这些信息。结构化网格具有以下特点：生成速度快、网格质量高、数据结构简单等。结构化网格如图 7-31 所示。

非结构化网格是指网格区域内所有的内部点不具有相同的毗邻单元的网格类型，即与网格剖分区域内的不同内点相连的网格数目不同，二维上有三角形、四边形，三维上有四面体、六面体、三棱柱和金字塔等形状。非结构化网格很好地弥补了结构化网格在应用上的不足，即可以很好地应用在任意形状和任意连通区域，理论上任何几何结构都可以生成非结构化网格，但结构化网格则只能在符合条件的几何上使用。非结构化网格没有规则的拓扑结构，网格节点分布是随意的，因此占用较大内存，计算效率低。常用的算法有：Delaunay 三角形算法、波前法（Advancing front method）、映射（Mapping）方法、分治法、四叉树 / 八叉树。非结构化网格如图 7-32 所示。

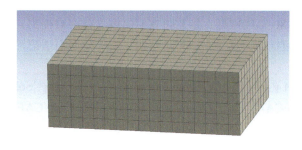

图 7-31　结构化网格

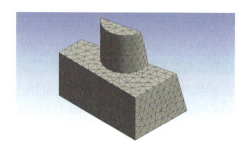

图 7-32　非结构化网格

根据网格点之间的连接关系把网格分为结构化网格与非结构化网格，具体的选择要根据几何的形状、流动特性多方面考虑。如果是结构化网格必须是六面体网格或者四边形网格，但六面体网格与四边形网格不一定是结构化网格。结构化网格可以转化为非结构化网格，但非结构化网格一般不可以转化为结构网格，在实际应用中往往会采用结构化网格与非结构化网格相结合的策略。混合网格就是将结构化网格与非结构化网格混合在一起设置，在几何结构规则的地方使用结构化网格，在一些结构和流动情况比较复杂的地方使用非结构化网格。混合网格可以较好地应用在复杂的几何表面，且可以较为准确地反映真实的物理情况。混合网格如图 7-33 所示。

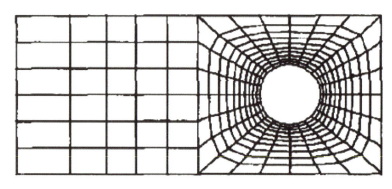

图 7-33　混合网格

结构化网格与非结构化网格都是先表面后空间的网格生成顺序，属于贴体类网格。与之不同，笛卡儿网格是先空间后表面的网格生成顺序，是结构、非结构并列的一类，属于非贴体网格。笛卡儿网格最大的优势在于网格生成过程简单、速度快、自动化程度高，且笛卡儿网格易于细分的特点结合叉树数据结构很容易实现网格自适应，从而可以更好地捕捉流场结构。但笛卡儿网格也存在不足，即是在物体表面网格处需做特殊处理，并且黏性流动数值模拟困难。笛卡儿网格如图 7-34 所示。

（2）网格评价标准

CAE 的计算结果是否准确主要取决于网格的质量，常用的评价指标如下。

1）角度（Angle）：指网格边之间的夹角，范围是 0～90°。0° 表示网格质量差，90° 表示网格质量完美。

2）纵横比（Aspect Ratio）：主要用于评估六面体网格的网格质量。纵横比指的是单元的最大边长度与最小边长度的比值。如果纵横比为 1，那么这个网格就比较完美，相当于所有的六面体网格都是均匀的正方体。

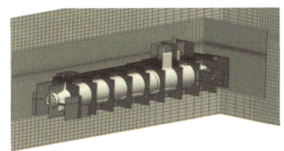

图 7-34　笛卡儿网格

3）行列式（Determinant）：最大的雅可比矩阵行列式与最小的雅可比矩阵行列式的比值。正常网格的取值范围为 0～1。值为 1 表示完美网格，比值越小表示网格的质量越差。负值表示存在负体积网格，求解的时候会报错。

4）最小角（Min Angle）：计算每一个网格单元的最小内角，值越大表示网格质量越好。

网格质量对 CAE 仿真极为重要，高质量的网格不仅可以提高计算速度也可以提高计算结果的准确性，在网格软件中一般可以直接查看。

（3）网格剖分软件

ANSYS Meshing 是 Workbench 的一个网格划分软件，支持划分许多类型的网格，包括结构化网格、非结构化网格和混合网格，同时也支持输入二维模型和三维模型即可以生成二维和三维的网格。它可以匹配不同的求解器，包括 CFD、机械、非线性机械、电磁、流体动力学等。

HyperMesh 是 Altair 公司开发的一款专业的有限元前处理软件。它是 HyperWorks 套件的一部分，用于进行有限元分析前处理。HyperMesh 具有很高的有限元网格划分和处理效率，可以大大提高 CAE 的效率。HyperMesh 具有工业界主要的 CAD 数据格式接口，可以直接把已经生成的三维实体模型导入其中，而且一般导入的模型的质量都很高，基本上不太需要对模型进行修复。

网格剖分也称网格离散。物理场分析依赖于空间上的离散，网格剖分是提供离散空间的关键技术。根据有限元法、有限体积法、边界元法等算法不同，对应的网格剖分可分为体离散、面离散等。不同的物理场计算有不同的计算误差估计公式，如结构场、温度场、电磁场等往往重点关注全局能量的最小化，而流体场则极其强调界面上物质迁移的平衡，因而网格对物理场带来的准确性和收敛性的影响也存在很大差异。一般来说，存在流速项、物质迁移相关项的物理问题对网格剖分质量有更高的要求。

为了保证计算的严密性，从而最大限度地保证计算正确性和收敛性，网格的协调性（相容性）是需要尽可能去保证的，但也不排除大量采用非协调网格。

网格单元类型。几何模型的元素分四类：体（实体）、面（面片或面壳）、线和点。对于网格单元类型，则主要有体单元、面单元、线单元和点单元。根据形状，体单元有四面体、六面体、长方体、三棱柱体、金字塔体等，面单元有三角形、四边形、矩形等，线单元的形状为线段（线条），点单元的形状为点。其中矩形单元、长方体单元为正交网格。在一些结构计算等应用场合，多边形、多面体网格也得以应用。根据方程在网格单元上的展开式，单元还分为一阶（线性）单元，二阶单元等高阶单元。除了几何元素的角点，高阶单元的边线或体内存在节点。通常高阶单元会达到更高的精度，但其自由度数量大幅增加，公式变得复杂不利于实现，因而一阶和二阶单元最为常用，COMSOL 等软件之中默认采用二阶单元。在有限元分析之中，为了描述具体的物理问题，还会引入特定的单元类型，例如弹簧阻尼单元、接触单元、表面效应单元等，它们根据问题本质附着在相对应的几何结构上。

网格剖分方法。网格剖分分为结构化、非结构化方法，结构化方法主要适应形状规则的目标，一般产生正交的矩形或长方体网格。常见的非结构化方法有德劳内三角化（Delaunay Triangulation，DT）剖分法、波前技术（Advancing Front Technique，AFT）。一般地，离散过程首先会产生一个粗网格，根据既定的剖分策略进行不断加密（Refinement），其中也会伴随着各类优化过程，直至达到既定要求。

自适应网格剖分。物理场和其能量在空间一般不是均匀分布，在能量分布疏密程度不同的地方可以划分不同尺寸的网格，如能量较小之处，网格可以离散地稀疏一些，而不至于影响误差。自适应网格剖分能够显著减少网格单元数量，从而提高计算效率，但需要网格剖分与求解器配合，对于一些曲面区域，与 CAD 建模的交互也是必需的。

网格质量评价。在物理问题方程和求解算法确定之后，网格质量是计算精度和收敛性的决定性因素。网格质量评价没有统一的标准，但常有若干评价的依据。

除了上述几点之外，还有大量为工程应用而提出的离散技巧。如针对绕线、弹簧等具有扫掠生成特征的接合结构，可以采用扫掠网格处理。如针对曲面结构，可以采用曲面单元或贴体网格。如针对复杂结构体，可能存在装配过程中的几何约束误差，或者网格自身就不相容，常需要在计算之前进行几何修复和网格修复。

网格剖分工具。物理场分析软件之中往往都内置有网格剖分算法实现或工具，例如 ANSYS meshing 等，其先天优点就是与分析软件高度集成，易用性好，但往往存在功能上的缺陷，给出的网格控制设置选项较少，网格剖分结果往往只对自身关联的分析软件友好，难以完全满足分析仿真需求。有独立的、专门的网格工具，例如 Altair Hypermesh、BETA CAE Systems ANSA（Automatic Net-generation for Structural Analysis）等，其功能十分强大，对各类软件适应性好，但操作相对复杂，需要较多的学习成本，并且需要与分析软件进行适配。这两种软件在汽车领域应用十分广泛。此外，网格剖分领域也存在为数不少、举足轻重的开源工具，如 Gmsh、Netgen、Tetgen 和 Triangle 等。国内从事网格剖分并有相应工具发布的单位有大连理工大学、北京航空航天大学、中国科学技术大学、北京大学等。

3. 多物理场耦合技术与工具

多学科、多物理的耦合根据实现形式有强耦合和交错耦合。

实现多学科、多物理的耦合，有如下几种形式：其一，如 COMSOL，在软件内部即完成多物理场的计算；其二，如 ANSYS Workbench，将 ANSYS 旗下的若干场分析工具进行关联，利用公共的接口形式进行交互，完成各种物理量的映射和传递；其三，依靠专门的耦合工具，将各类场分析工具进行关联，如 MpCCI、preCICE 等。

MpCCI（Mesh-based parallel Code Coupling Interface）是由德国 Fraunhofer SCAI（算法与科学计算研究所）开发出来的多学科仿真的接口程序（图 7-35 和图 7-36），是国际公认的优秀耦合工具，起源于欧盟资助的基础科学项目。

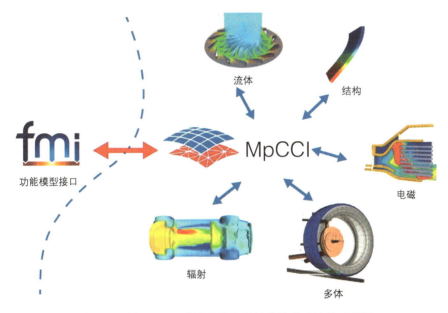

图 7-35　图 MpCCI 连接多种物理场软件或系统的示意图

preCICE 则是一款开源的耦合库（图 7-37），用于分区多物理场仿真，为瞬态方程耦合、通信和数据映射提供了高灵活性的便捷途径，包括但不限于流固耦合和共轭传热仿真。

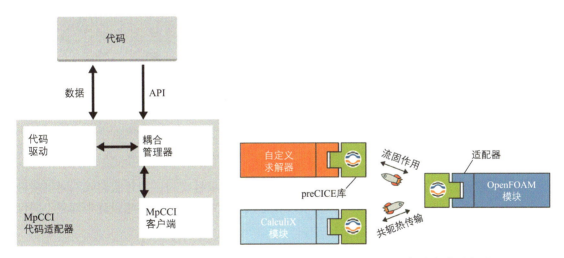

图 7-36　图 MpCCI 程序接口　　　　图 7-37　preCICE 的耦合方式示意图

4. 系统级建模分析技术与工具

相关软件有 ANSYS Twin Builder、MATLAB/Simulink、Altair Activate、苏州同元、Modelica。

例如车用电机变工况的多物理场动态仿真，在分析电机温度场和电磁场的基础上，分解多物理场耦合的数学模型，采用等效电流抽取方法对车用电机有限元模型进行降阶建立了 ECE 模型，并建立了 Maxwell-Simplorer-Simulink 多软件联合仿真模型（图 7-38）。利用 Maxwell 仿真分析 ECE 模型的电磁 – 温度场，获得了随温度变化的电磁参数；采用 Simplorer 作为中介，将有限元模型的计算参数与结果传递到 Simulink 模型中；通过 Simulink 的电机集中参数模型对电机的性能进行动态仿真，得到的逆变器开关控制参数用于实现对电机外电路模型的电流进行控制。采用该联合仿真模型实现了不同软件模型之间的实时数据交互传递、电磁 – 热场多场耦合及电机在不同工况下的动态仿真。

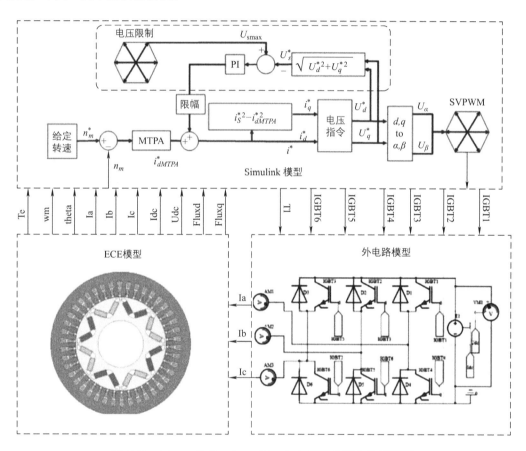

图 7-38　Maxwell-Simplorer-Simulink 多软件联合仿真模型

Altair 基于模型的开发解决方案可利用仿真模型加速设计交付，并且能够就不同复杂程度的机电系统提供支持。可以根据车辆开发阶段在电机、控制器和控制策略设计中部署不同保真度的模型（从 0D 到 3D）。

5. 材料数据库

物理场建模仿真需要材料属性作为输入条件，材料数据的准确性对仿真有直接的影响。此外，选型设计、成本优化等均需要充分的材料数据。

材料数据库除了物理属性之外，还包括相关的数据（如厂商提供的测试数据、实验数据、技术论文），并通过表格、图形，甚至部分模型公式组成。

当前，与 CAE 关联紧密的材料库主要有 ANSYS Granta Materials Data for Simulation、瑞士 Key to Metals AG 公司的 Total Materia、Altair Material Data Center 等。

7.8.2　前沿技术发展与应用

随着计算技术、智能算法、传感技术等持续演进，越来越多的新型前沿技术得以发展与应用。

1. 基于物理模型降阶或数据驱动的多保真度模型

CAE 技术通常依赖于基础物理数学模型（ODE、PDE），通过有限元法等数值计算方法进行数值逼近，其过程比较烦琐，尤其是涉及大量求解的问题类型（图 7-39）。

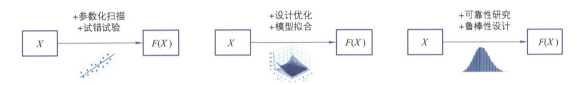

图 7-39　需要大量求解的问题类型

1）优化问题：此类问题包括目标的设计，也包括最优控制策略寻找。在大量参数或者几何拓扑结构中，不断改变参数或者拓扑，产生相应的设计空间，而每一个设计空间均需要一次物理场分析，以寻找获得不同优化目标上的最优设计。对于参数设计，当参数逐渐增多时，设计空间将呈现指数级别增长，常规的方法无法应对高维参数空间的计算。对于拓扑优化，几何形貌变化，同样也需要大量反复计算循环，有很多算法用来节省计算时间，如采用敏感度方法、径向基函数方法从物理模型角度寻找优化方向，采用粒子群方法、遗传算法从数据关联角度寻找优化方向，采用水平集方法（level set method, LSM）、On/Off 方法等表示轮廓，采用样条方法（如 T 样条）将外形空间加上数学表达上的约束并进而转化为样条参数描述。

2）随机因素影响问题：包括不确定性传播分析、工艺波动影响分析。

3）逆问题：例如无损探测、逆向工程等，主要用于故障诊断，而不是设计阶段。

解决上述问题，需要显著地提高计算速度。

另一种需要计算效率提升的应用场景是数字孪生。数字孪生要求在参数（设计数据、制造参数，工况参数等）发生变化的情况下，实时展现产品新的状态，需要实时仿真解决方案。

数值计算离不开精度与速度之间的权衡，快速计算意味着牺牲精度换效率。由此，K.Willcox 团队提出了多保真度模型（MFM，Multi-Fidelity Model）、高保真度模型（HFM，High-Fidelity Model）、低保真度模型（LFM，Low-Fidelity Model）系列概念。高保真度模型具有优良的误差，但成本很高，低保真度模型则刚好相反，如图 7-40 所示。

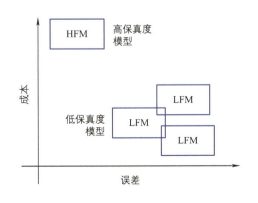

图 7-40　不同保真度模型的误差和成本

低保真度模型构建及多保真度方法模型管理策略如图 7-41 所示。

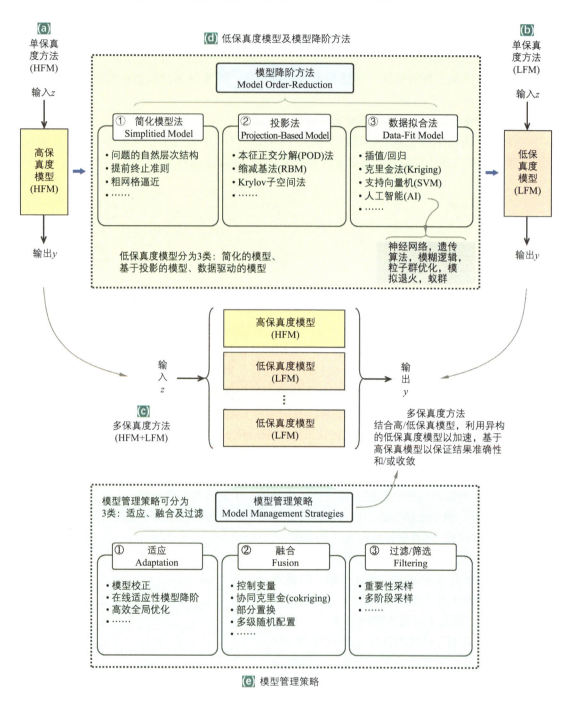

图 7-41　低保真度模型构建及多保真度方法模型管理策略图

有限元全模型（Full-Order Model，FOM）和降阶模型（Reduced-Order Model，ROM）可分别视作 HFM 及 LFM。在设计优化、不确定性传播分析、逆问题、控制策略、灵敏度分析等问题中，可以采用异构的 HFM、LFM 降低计算资源需求并保持合理的精度。从 HFM 到 LFM

的过程即模型降阶（MOR），包括简化模型法（如采用稀疏网格计算、在迭代求解器中采取更粗放允许公差、忽略非线性项等）、基于投影的简化模型、数据拟合插值和回归模型和基于机器学习的模型。本征正交分解（Proper Orthogonal Decomposition，POD）是一种基于奇异值分解（SVD）的方法，应用广泛，也是基于投影的简化模型方法，适用于时间相关和非线性问题。模型管理策略定义了如何使用不同的模型以及如何组合不同模型的输出，从而保证效率、精度以及收敛性。模型管理策略可分为适应（Adaptation）（如在优化过程中的每次迭代中调整克里金模型）、融合（Fusion）（如协同克里金法从多个信息源导出模型）和过滤（Filtering）（如在 LMF 不够准确时采用 HMF）三类。

构建高效的低保真度模型方法众多，对于保持较高精度的新兴方法主要有保留物理模型特征的模型降阶技术、基于数据驱动的 AI 技术和二者相融合的技术。

2. 基于物理模型的模型降阶技术

基于投影的降阶模型方法是最常见的实现方法。

投影法一般选取适当的基（Basis）进行截断后形成低阶子空间，将原问题投影到子空间实现降阶。基于投影的模型降阶是基于全模型结果推导而来，独立于上述等效方法之外。模型降阶技术的应用场景如图 7-42 所示。目前已经在电机等具有非线性特征、时间相关的问题中大量使用，能够提供实时的计算，并精度较高且可调节。本征正交分解（POD）及其相近似的方法 [如动态模态分解（DMD）] 是当前的研究热点。其中，POD 方法应用最为广泛，在各种基于物理场分析的软件之中基本有相应的实现。

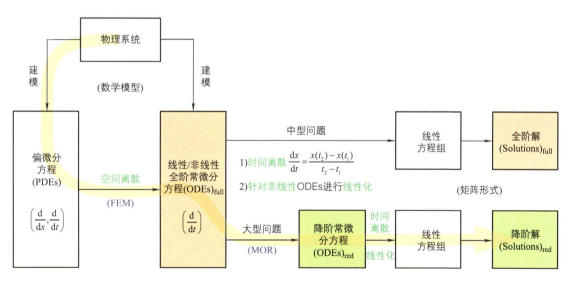

图 7-42　模型降阶技术（MOR）的应用场景示意图

模型降阶技术可采用如图 7-43 所示的流程来构建目标的行为模型，POD 保留了物理特征，对于包含物理场分析的问题来说，可以用来重构物理场。图 7-44 说明了模型降阶技术用于永磁同步电机负载突变过程暂态仿真的过程，首先基于有限元等方法建立电机的全模型，然后选择合适的快照解矩阵构建降阶模型。该模型伴随有一定程度上的精度损失，但损失是可控的，并在计算速度上将全模型计算提高至更低的计算维度，在对其进行验证之后，即可用于相关的暂态仿真。

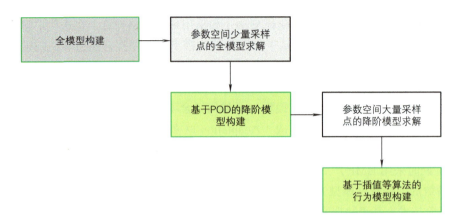

图 7-43　行为模型的构建流程

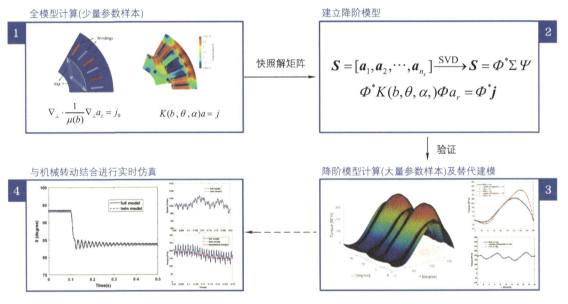

图 7-44　模型降阶技术用于永磁同步电机负载突变过程暂态仿真示意图

广义特征分解法（PGD）是另一种基于变量分解的降阶方法。相比 POD，PGD 实现过程较为复杂，并且效率较低，但随着参数维度增长，POD 计算效率下降趋势较大，PGD 则较为稳健。

3. 基于数据驱动的技术

数据驱动方法已经在科学与工程之中取得大量理论及应用成果，它基于数据输入构建出一个非线性的、经验性的预测函数或者预测网络。各类插值和拟合方法，包括响应面方法等，都属于其实现形式。

人工智能方法通过建立神经网络实现预测（图 7-45），本质也是在构建一种复杂的多代理的强非线性映射模型。目前，数据驱动技术的最大问题是没有充分引入物理机制、缺少可解释性，因而，一方面需要大量的训练样本作为支持，另一方面因为缺乏对物理特征的覆盖可能会导致模型失效，获得不合实际的结果。

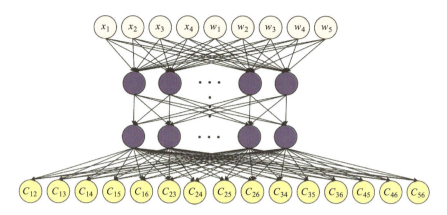

图 7-45　DNN 网络结构原理图

4. 基于物理模型与数据模型融合的技术

无论是基于降阶模型（ROM）的物理模型，还是基于人工智能（AI）技术、机器学习（ML）技术的数据驱动模型，都是建立替代模型的方法，替代模型能够极大地提升仿真速度。

图 7-46 给出了物理模型和数据模型融合的思想，其中：根据所分析的数据多少、精度和计算时间要求，采用多种求解器和算法来预测相应函数 Y_n，并可以反复进行试验。

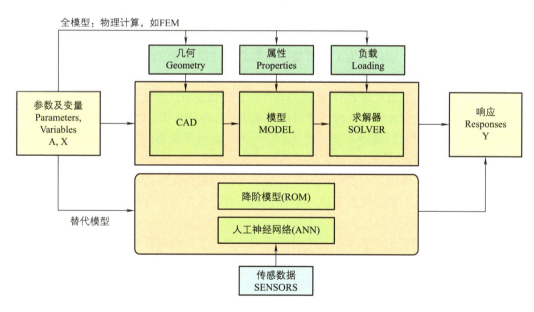

图 7-46　利用全模型和替代模型进行融合

所选择的求解器有：POD，FFT，聚类（Clustering），克里金（Kriging），径向基函数（Radial Basis Function，RBF），ARBF（Aadaptive RBF），InvD（Inverse Distance），回归（Regression），支持向量机（Support Vector Machine，SVM），多层感知器（Multilayer Perceptron，MLP）。插值方式有：RBF、ARBF、克里金、InvD。

从原理上，其流程大致可分为三个步骤：

1）分解或分类：采用 SVD、FFT、Wavelets、Clustering、SVM、NN（Deep Learning）、

Convolution（CNN），建立代理模型。

2）插值或预测：采用 Kriging、RBF、Polynomial、Regression 等建立其预测机制。

3）降维与融合：根据求解器，快速给出一定的学习样本，然后利用传感器获得的数据放入同一学习网络，进行网络更新。目前，该过程仍处于研发过程中，实现较高自动化程度的软件尚待时日。

该方向是当前业界发展的重要方向，多个巨头纷纷布局，包括美国 ANSYS、德国西门子、美国 Altair、瑞典 Hexagon（2017 年收购 MSC Software，后者是 CAE 领域碰撞软件 ADAMS 等的开发者；2021 年收购法国 CADLM，后者有智能仿真软件 ODYSSEE，通过收购 CADLM，Hexagon 强化了自主化智能制造和数字孪生能力）等。

5. 典型软件

1）ODYSSEE（Optimal Decision Support System for Engineering and Expertise）。ODYSSEE 是瑞典 Hexagon 公司旗下的一款跨学科、跨领域、跨专业的软件产品，定位在工业级智能实时仿真工具，它基于机器学习模型，能够实现秒级实时的 CAE 静态、动态仿真、图像识别、智能预测等，显著缩短计算分析周期，提高生产效率。

2）ANSYS Twin Builder。ANSYS Twin Builder 建立了系统级模型建立的问题，并与云计算、边缘计算结合起来，可以更方便地进行部署。当前，主要基于降维模型进行工作，正在逐步引入智能化的功能。

3）Altair DesignAI。Altair 数字孪生基于仿真技术，采用 AI 方法降阶，为用户提供全面、互联的数字孪生解决方案，可广泛应用于产品开发、制造业、销售及市场。Altair 通过物联网、大数据、机器学习、高性能计算为工业智能制造赋能，并通过先进的数字化仿真软件，为工业应用构建了一整套数字孪生应用平台。

通过本章的讲解，不难发现 CAE 算法与软件的计算精度和速度始终是一对矛盾体，使二者齐头并进一直是领域从业者所追求的终极目标。从历史和现状来看，CAE 软件和技术的发展与工业需求和计算基础设施的发展是密切相关的。一方面是行业驱动，一方面是技术驱动，新算法、新技术、新软件不断涌现，所适配的计算环境也不断发生变革。CAE 软件的发展始终建立在既有算法基础之上，不断深度挖掘既有算法的能力，不断深化多物理、多学科协同设计，不断进行流程化、平台化、链条化的集成与整合，还不断进入各个细分领域，发力构建各类应用生态。

当前，在面向智能制造及数字孪生等前沿需求的驱动下，新型智能算法和计算硬件不断发展与融合，正在促进 CAE 软件的代际更迭。新一代工业 CAE 软件发展呈现如下几个趋势：人工智能赋能；细分领域或专门应用的定制化；云化；CAD/CAE/CAM 等 CAx 的一体化；产品全生命周期管理更加深化。

汽车相关 CAE 技术的发展，是伴随着汽车的发展而不断完善与改进的。随着汽车"新四化"潮流、"智能化""科技化"及"软件定义汽车"等发展趋势，汽车 CAE 软件需持续开发和升级，为汽车行业的发展提供有力支撑。

近年来，国产 CAE 软件取得了一定的进步，但相对于实际工程来说仍然存在各种不足。期望软件研发方和用户方之间加强合作，共同制定汽车行业软件统一的标准，提升各个工具的互通能力和扩展能力，建立 CAE 软件方面的产学研用渠道，为提升汽车行业整体水平和抗风险水平提供切实路径。

CHAPTER 8

第 8 章
电控系统设计与仿真软件关键技术

8.1 需求定义和分析技术

8.1.1 基于模型的需求分析技术

需求的产生开始于利益相关者的意图（也可以表达为需要、宏观目标或具体目标），在变成有效的利益相关者需求之前，需要进行相关的分析活动以给出更加正式的需求表述。在利益相关者需求达到规定的成熟度后，就可以将利益相关者需求转换为从技术解决方案视角描述系统的系统需求。上述利益相关者需求以及系统需求的定义过程中都需要进行需求分析。

需求分析在实际产品研制过程中也被称为需求论证或需求开发。在进行需求分析的过程中，不仅需要丰富的领域知识和经验，也需要有效的沟通与协作机制。传统的基于文档和自然语言的需求分析方式在分析内容的准确性表达和参与方对内容一致性理解方面存在不足，而基于模型的方式可以对分析过程的内容进行形式化的表达，降低内容表示的歧义，提高各个参与方对内容理解的一致性，进而提升需求分析的效率与质量。在 ISO/IEC/IEEE 15288 系统工程标准中，根据系统研制的过程定义了利益相关者需要和需求以及系统需求，同时也定义了这些需求之间的转换关系，包括从利益相关者需要到利益相关者需求的关系，以及从利益相关者需求到系统需求的关系。基于一般的系统工程过程、汽车系统自身的特点和行业标准（例如 ISO 26262 等）以及基于模型的方式，本书提出了汽车系统基于模型的利益相关者需求分析和基于模型的系统需求分析。

1. 基于模型的利益相关者需求分析

利益相关者需求分析的主要目的是将利益相关者需要转换成利益相关者需求。对于一般的系统来讲，典型的利益相关者主要包括客户、用户、监管机构等。汽车作为一种耐用消费品，市场竞争者也是重要的一类利益相关者。不同类型的利益相关者会从各自的角度对系统提出有关的要求，这些要求在没有开展利益相关者需求分析之前，可能存在一些问题，典型的问题有需求冲突、需求不一致、需求指标可实现性等。因此，首先需要对利益相关者需求进行分析。在分析的过程中，主要是将系统看作黑盒，从业务运行的角度对系统进行分析，通常称为运行分析。运行分析内容包括定义系统的背景环境，定义背景环境下的运行场景，定义系统的效能指标等。系统的背景环境以系统为边界，定义了特定运行状态或阶段中系统边界之外与系统存在关联的外部系统，同时从业务层面定义了系统与外部系统之间的接口信息。通常参考系统的生命周期阶段来定义系统的不同背景环境。系统背景环境的定义可以采用 SysML 的结构建模能力，例如用块定义图或内部块图来表示系统以及系统与外部系统之间的关系。在确定了系统的背景环境之后，定义每个背景环境下的各种运行场景，系统的运行场景可以使用 SysML 的用例模型、交互模型或者活动图模型来表示。通过对系统运行场景的分析，可以从运行的角度对不同利益相关者的需要进行表达，从而有效促进各个利益相关者对需求的理解和沟通。除了通过运行场景对需求进行分析之外，还应该对需求中定量的指标要求进行分析和定义，可以采用 SysML 中的结构模型来定义系统的效能指标，同时可以通过参数模型定义效能指标之间的关系。通过执行以上基于模型的利益相关者需求分析活动，为最终形成利益相关者满意的系统奠定基础。

2. 基于模型的系统需求分析

系统需求与利益相关者需求之间最明显的区别就是，利益相关者需求是从利益相关者的角度出发提出的要求，而系统需求是从系统如何满足利益相关者需求的方案角度来对系统提出要求，系统需求分析就是从利益相关者需求到系统需求进行转换的过程。通常可以将系统需求分为功能需求和非功能需求，不同类型的系统往往具有不同种类的非功能需求。汽车系统典型的非功能需求包括成本、外观与内饰、乘坐舒适性、信息化 / 智能化水平、操作响应敏捷性、安全性、防盗性、可靠性、可维护性等。

在进行系统需求分析的过程中，主要包括定义系统的功能、系统的状态模式、系统的接口、系统参数指标等内容。系统的功能是实现系统运行的基础能力，也是系统需求定义的基础，通过建立系统功能模型，可以规范地定义系统的功能以及功能之间的关系，同时借助模型的仿真能对系统的功能进行确认，通常使用 SysML 的行为模型，例如通过用例图、活动图来定义系统的功能及功能之间的关系。任何系统在整个生命周期内都具有状态特征，通过定义系统的状态模型可以从状态或模式的角度对系统的行为进行描述，通常使用 SysML 的状态图模型来定义系统状态或模式，同时借助状态模型的仿真对系统的状态模式信息进行确认。在明确了系统的功能之后，开始定义实现功能的系统方案，在系统方案中可以定义系统的接口信息。在定义系统功能的同时，也要对表示系统功能执行程度的性能参数信息进行定义。基于系统方案中的系统及系统元素，定义系统或系统元素的属性信息来表示系统的性能参数，同时定义系统性能参数之间的关系。系统参数信息可以通过 SysML 的块定义图和参数图来进行定义。通过对系统需求所表达的系统功能以及系统参数等信息使用正规化的模型进行表示，可以提高需求分析的有效性，同时能够使潜在的问题和风险在系统研制的早期阶段暴露，降低了系统研制的风险和成本。基于模型的需求分析技术，作为一种重要的方法论，正在逐渐成为汽车行业理解和满足用户需求的关键。

需求（Requirement）规定了某种必须（或应该）满足的功能或条件，某个系统必须执行的功能，或者某个系统必须达到的性能条件。需求来自多个源头。有时需求由出资的个人或组织（如雇用了一个承包商建造房屋的客户）直接提出。在其他情况下，需求由正在开发此系统的组织（如汽车制造商）提出，必须确定消费者对其产品的偏好。需求的源头通常反映了多个利益相关者。就汽车制造商而言，需求除了直接满足用户偏好外，还包括满足政府对排放控制和安全的规定。

无论来源是什么，将系统、要素或部件的相似需求分组放入某个规范（Specification）中是很常见的做法。单独的需求应该表达清晰、无歧义，足以让开发组织实现满足利益相关者需要的系统。典型的系统工程挑战是保证这些需求的一致性（无矛盾）、可行性（解决方案在可实现范围内）和充分性，这些需求经过确认满足利益相关者的需要，并经过验证确保系统设计及它的实现满足了这些需求。

需求管理工具广泛用于管理需求和需求之间的关系。需求通常被保存在数据库中。SysML 具备需求建模能力，以建立基于文本的需求和系统模型之间的桥梁，前者可以保存在一个需求管理工具中。集成需求管理过程和配置管理过程的自动化工具组合用于同步需求管理工具和模型之间的需求。通过在基于文本的需求和代表系统设计、分析、实现及测试用例的模型元素之间建立严格的可追溯性，可以显著地改善系统生命周期中的需求管理。

单独的或成组的文本需求可以从需求管理工具或文本规范中引入系统，需求也可以在系统建模工具中直接创建。在模型中规范通常被组织起来，形成对应于规范树的层级包结构。每个规范包含多个需求，例如系统规范包括诸多系统需求，部件规范包含每个部件需求。包含在每个规范中的需求经常以树状结构建模，这种树状结构对应于基于文本的规范组织结构。层级中单独的或集合的需求可链接到其他规范中的其他需求，也可被链接到代表系统设计、分析、实现和测试用例的模型元素。

SysML 包含派生、满足验证、精化和追溯需求关系，这些关系支持将一个需求与其他需求或模型元素相关联的强大能力。除了捕获需求及其关系外，SysML 还包含捕获特殊决定的依据和基础的能力，以及将这些依据与模型元素相关联的能力。这包括将依据与需求链接，或者将依据与需求和其他模型元素间的关系链接起来。此外还提供了复制关系，以适应需求文本的合理重用。

每个单独的文本需求可以作为 SysML 需求在模型中捕获。需求的结构包括名称、文本字符串、标识编号，也包括其他用户定义的属性，如风险。

SysML 提供多种渠道捕获需求及其之间的关系，方式有图形和表格标记。需求图可以用于表示这些关系。另外，紧凑图形标记适用于在任何其他 SysML 图中描绘需求关系。SysML 也支持以表格形式表达需求及其之间的关系。通常情况下，实现工具提供的需求浏览器也提供一个重要的机制来对需求及其之间的关系进行可视化。

在许多使用 UML 和 SysML 的基于模型的方法中，用例用于支持需求分析。不同的基于模型的方法都可以选择将用例与 SysML 需求相结合来应用。用例在捕获功能需求方面是有效的，但不适合捕获其他类型的需求，如物理需求（重量、大小、振动条件等）、可用性需求以及其他非功能需求。将基于文本的需求纳入 SysML 可以有效地容纳广泛的需求。

（1）需求图

SysML 中捕获的需求可以在需求图（Requirement Diagram）中描述，这对于以图形方式描绘需求或规范的层级特别有用。由于这种图可以描绘大量单个需求之间的关系，因此它可满足单个需求的追踪性，方便检查需求如何被满足、验证和精化，检查它与其他需求的派生关系。需求图标题描述如下：

req[model element kind]model element name [digram name]

需求图可以表示一个包或一个需求，由方括号中的"model element kind"（模型元素种类）指定，"model element name"（模型元素名称）是包或需求的名称，这个包或需求设置了图的情境，"diagram name"（图名称）是用户定义的，通常用来描述图的目的。需求图示例如图 8-1 所示。

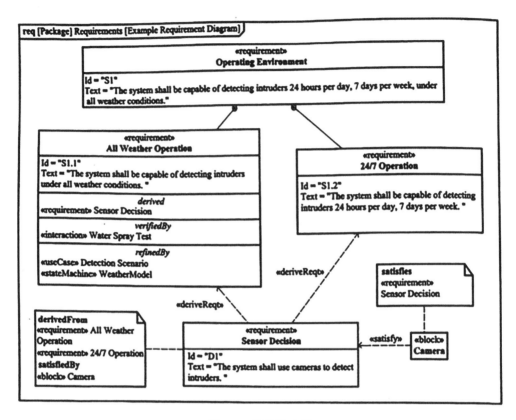

图 8-1　需求图示例

这个例子突出了多个不同的需求关系和可选标记。例如，Camera（摄像头）满足了名为 SensorDecision（传感器探测）的需求。除了 satisfy（满足）关系，此图也包括 deriveReqt（派生需求）和 verify（验证）关系。图中使用一个包括直接标记、分区标记和标注标记的组合来描绘这些关系。

（2）需求分析方法

传统的需求分析方法，一般是从用户调查问卷开始，然后由需求工程师根据问卷利用专业知识与用户进行沟通，从而得到需求规格说明书。这种方法的核心是对需求的描述。传统的描述方法还是用自然语言来描述，一些形式化的方法一般是对软件的需求进行描述，而且这些形式化的方法缺乏通用性。基于 SysML 的需求分析方法则是通过数字化模型完成任务分析、需求定义、需求分解与分配、需求验证、需求追溯和需求覆盖分析。

（3）任务分析

从问题解决的角度看，任务是人们解决问题的过程。任务分析（Task Analysis）的目的是要根据领域、目标、意图和任务相关内容的分析和理解支持用户通过交互系统找出问题空间（Problem Space），为用户提供解决问题并达成目标状态的方式。任务包含了目标与需求特点，也可以反映用户的行为特征。

通过与用户的交流、对现有系统的观察及对任务进行分析，从而开发、捕获和修订用户的需求。任务分析是需求分析的出发点，是系统设计的顶层要求，设计得到的系统功能，最终要完全覆盖任务的要求，才能满足用户的需求，完成系统设计。

任务分析中的任务具有以下特征。

1）任务是指一系列行为或者是一个更为复杂的高层任务中的一部分，并可以被进一步分解。

2）任务可以被分解为不同数量的子任务或行为。

3）任务中的行为与心理活动紧密相关，交互产品不仅支持用户行为，同时也支持用户认知及感知。

4）对于任务知识，不同的理论和框架的分析存在差异性。

（4）需求定义

根据任务分析结果为最终用户所看到的系统建立一个概念模型，作为对需求的抽象描述，并尽可能多地捕获现实世界的语义；生成需求模型精确的形式化描述，作为指导设计师设计的顶层指标要求。

不同的方法论，其需求定义的流程和方法也不同，常用的 MBSE 方法论有 Harmony-SE、OOSEM、MagicGrid 等。

1）Harmony-SE 方法论。需求分析阶段的主要目标是对系统的输入需求进行分析。作为需求工程的一部分，需求分析是一个非常大的范围，其内包含的诸多活动、方法，在此不做详细论述。

① 输入。

涉众需求：是从用户的角度描述系统的需求，包含用户对系统的功能需求和性能需求的期望。该层级的需求一般是比较零散的、不规范的。

② 输出。

涉众需求规范：是对涉众需求的规范化描述。基于客户输入的涉众需求，以及工程师所遵循的需求分析准则对涉众需求进行重新定义和整理，并生成理解一致的、清晰的、正确的、可验证的需求。

系统需求规范：是对涉众需求的工程化语言描述的转换，将从用户角度出发描述的需求转化为工程师角度的需求。

用例模型：是 MBSE 的主要交付物形式，用例模型是 Harmony SE 需求分析阶段的关键交付物。同时，Harmony SE 要求对系统用例进行分组和优先级划分。

另外，输出物还包含了元素关联关系，即系统需求和涉众需求间的关联，用例模型和系统需求间的关联。

Harmony SE 需求定义主要流程如图 8-2 所示。

2）OOSEM 方法论。OOSEM 方法论中，需求定义部分对应分析利益相关者需要。本活动捕获"现状"系统和复杂组织体模型、它们的接线以及潜在的改进区域。"现状"分析结果被用于开发"目标"复杂组织体模型和诸多相关任务需求。根据任务 / 复杂组织体目标、效能指标和顶层用例来详细规定任务需求。通过用例和场景捕获复杂组织体功能性需求。

① 输入。

利益相关者需求：收集到的未处理的用户需求。

② 输出。

任务需求：利益相关者需求经过分析得到的与具体任务相关的需求。

OOSEM 需求定义主要流程如图 8-3 所示。

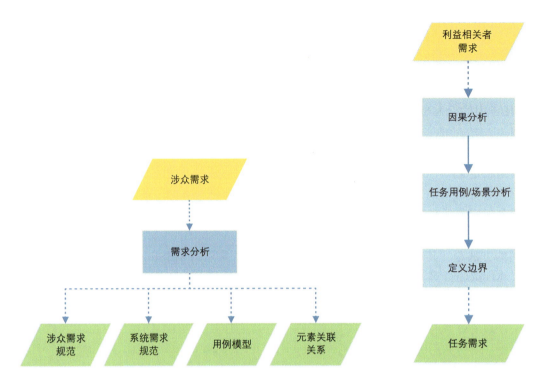

图 8-2　Harmony SE 需求定义主要流程　　　图 8-3　OOSEM 需求定义主要流程

3）MagicGrid 方法论。MagicGrid 方法论的需求分析首先确定目标系统利益相关者的需要，定义环境、设计约束、效能指标，整理形成条目化的需求，包括功能需求、非功能需求、约束和接口要求等，以系统顶层需求为输入按照系统层级分解，并整理形成规范的需求规格说明书。

MagicGrid 方法论的需求分为三种：利益相关者需求、系统需求和组件需求。利益相关者需求通过收集或者其他方式获取，而系统需求、组件需求则是通过上层分析获得。除了利益相关者需求外，其他层次的需求都是由上层需求经过分析后得到的。

①输入：利益相关者需求（图 8-4）。

②输出：用户需求，系统 / 组件需求。

（5）需求分解与分配（图 8-5）

根据需求定义结果，按照业务的要求进行分类。按照用户对系统的初步认识，将需求按照系统的层级关系进行分解得到子需求，形成需求条目架构。在分解子需求的过程中，需要再选择合适的方法，将生成需求模型的精确形式化描述，作为指导设计师设计分系统的要求。

需求分配是将源需求映射到其他派生需求的一种行为，是指在需求分解之后，设计师根据用户对系统功能或者系统结构的认识，将需求与相关的系统功能和系统进行关联。需求分配之后会将需求模型中的指标参数与其他模型中属性参数进行映射，用于当前环节的验证和追溯。

（6）需求验证（图 8-6）

根据需求分解和分配得到的需求模型与功能模型、结构模型参数之间的映射关系，通过系统架构设计软件中的验证计算模块计算得到当前环节各参数是否满足系统 – 子系统指标和总体指标。一般流程为建立验证模型，将需求指标、设计指标作为输入，通过分析计算得出设计指标是否满足需求。

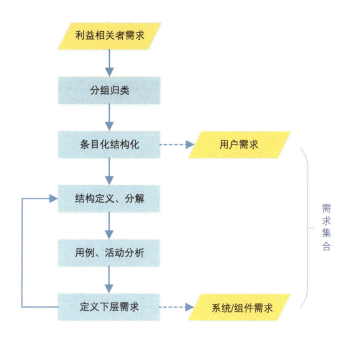

图 8-4　MagicGrid 利益相关者需求分析流程

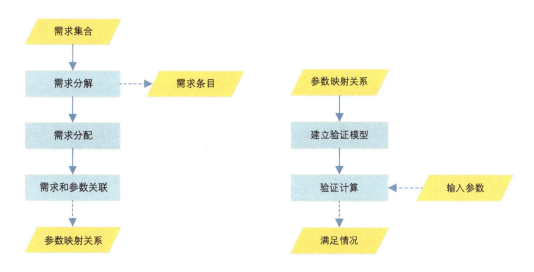

图 8-5　需求分解与分配　　　　　　　　　　图 8-6　需求验证

（7）需求追溯（图 8-7）

需求追溯是指在设计过程对相关需求在设计全生命周期中的使用情况进行描述，包括建立每个需求同系统其他模型元素之间的关联关系。这些元素包括其他类型的需求、系统结构、系统功能等。

传统的基于文档的需求追溯是个要求手工操作且劳动强度很大的任务，对文档的管理提出了很高的要求。随着 MBSE 的发展，工程中将需求文档模型化，

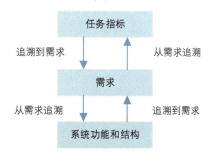

图 8-7　需求追溯

更便于设计师和用户在设计的全生命周期对需求指标进行监控和追溯。工程中会使用需求追溯表或需求追溯矩阵来进行管理。

（8）需求覆盖分析（图 8-8）

根据需求追溯得到需求追溯表或需求矩阵，设计师和用户可以通过可视化表单，快速地查看当前环节系统 – 子系统需求的覆盖情况，再通过从需求回溯任务指标的方法来查看总体指标需求是否被覆盖。

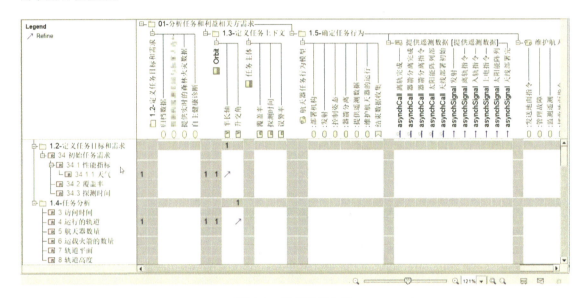

图 8-8　需求覆盖分析

（9）基于 SysML 的需求分析过程

书写良好的用户需求文档是最基本的，对整个系统生命周期的各个阶段都有很大的帮助。文档中应用模型驱动的需求工程方法，该方法使用了 SysML 需求图和用例图（图 8-9）。

图 8-9　SysML 需求图和用例图

首先，针对每个原子需求提出一种分类，防止混淆。其次，采用 SysML 需求图来图形化地表示每个用户需求及其关系。思想是用户需求在用自然语言书写之后被建模。SysML 需求图规定了已定义的语义，需求根据其语义可能会合并，便于跟踪，当有关的需求发生变化或者删除时，可以增加可追踪性。最后，使用 SysML 用例图来表示相关的行为角色及其用例，给出描述系统的环境图。另外，用例与 SysML 需求相关，具有前面介绍的需求关系。

使用 SysML 需求图和用例图来结构化和图形化地表示用户需求之后，用户需求可能非常详细，需要使用其他模型来说明，例如使用其他的 UML/SysML 图或者形式化方法。

8.1.2　需求协同开发技术

随着汽车行业的快速发展和用户需求的不断变化，传统的汽车开发模式已经无法满足市场的需求。汽车行业面临着快速变化的市场需求和技术创新，需要更灵活、更开放的开发模式来应对挑战。需求协同开发技术的引入可以促进不同领域和利益相关者之间的协作，加速创新和产品迭代，提高汽车产品的竞争力和用户满意度。然而，汽车行业的复杂性和多样性也带来了挑战。不同利益相关者之间的沟通和协作需要解决文化差异、知识壁垒、信息共享等问题。同时，汽车产品的复杂性和安全性要求对需求的管理和跟踪更加严格和精确。

系统研制过程中产生的模型数量众多，需要对模型进行统一管理；模型版本变更多，需要进行模型版本管理与不同模型对比；模型建设、模型管理、模型使用人员多，而且涉及模型知识产权的保护问题，需要对人员的角色和权限进行管理。需要建设模型管理与协同建模模块，为系统模型、数据及相关工件提供协同管理解决方案，改变传统面向文件的协同为面向模型的协同，为工程师屏蔽通用版本管理工具复杂的配置和操作，提供图形化、面向对象的协同建模和模型管理。

因此，需求的协同开发技术通常包括需求的权限管理、需求分发管理、需求的协同编辑、需求的在线评审、需求的变更管理和需求基线管理等。

1）需求的权限管理。需求开发与管理工具能够对需求进行灵活的组织形式定义，支持多层级、多粒度的需求信息定义与管理，同时能够实现多层级、多粒度的权限管理，实现需求的分配，并能够实现权限继承。

2）需求分发管理。需求分发管理主要是根据工作规划，实现需求向不同的需求责任部门进行分配，通过需求的权限设置，可以保持需求开发工作的一致性和需求内容的安全性。

3）需求的协同编辑。需求开发与管理工具能够支持多人同时编辑，多人协同编辑时可看到其他人所编辑内容的状态。编辑保存后，其他的编辑界面会实时更新当前的数据。

4）需求的在线评审。需求开发与管理工具能够支持需求的在线评审，支持选择既定版本的需求内容作为评审对象，支持多种评审角色的管理、评审意见的管理、评审状态的管理。

5）需求的变更管理。需求开发与管理工具能够支持需求的版本管理、基线管理，支持需求变更过程的控制。

6）需求基线管理。需求基线是配置管理中的重要内容，是需求集合的某个稳定状态的一种定义，可以有效地支持需求变更管理和分支管理等活动。

基于 Modelica 系统仿真模型的层级化、组件化组成结构，实现系统模型架构的解析、存储与管理，能够实现任务的分配、协同与提交，可以提供类似 SCM 源代码管理系统（SVN 或 Git）的模型管理工具，为 Modelica 模型创建类工具添加多人协同开发支持。这既可规范 Modelica 模型开发流程，保证开发质量，也可实现并行协同开发，提升开发效率。

模型管理与协同建模如图 8-10 所示。

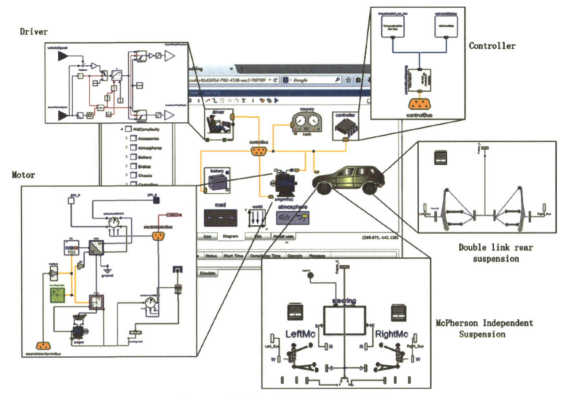

图 8-10　模型管理与协同建模技术示意图

1. 模型管理

采用对象化、层次化的方式集中管理系统模型以及相关数据。系统模型与数据以领域或机构等方式进行分类与可视化。系统模型与数据可被直观查找与检索。

1）分类管理：根据型号、专业来划分为不同的类别，实现对仓库的归类管理。

2）仓库管理：提供创建仓库、以卡片视图和列表视图两种方式查看仓库列表、模型在线查看、管理协作者的功能。

2. 模型比对合并

针对 Modelica 模型结构化特点，模型比较工具提供不同层次、不同类别的视图（文本视图、组件视图、模型视图、包视图），全面展示不同版本模型间的差异。

1）模型对比：用户直接对比本地两个模型，直接用 Beyond Compare 等文本比对工具，直接打开两个文件进行对比。

2）模型合并：涉及版本管理工具调用，如 Syslink，在用户拉取更新、推送更新时，用户查看本地工作版本相对服务器版本的修改和解决冲突。

3. 仿真管理

指基于 Web 的仿真文件、参数、配置管理，以及模型与仿真的谱系管理。仿真结果在线可视化。

1）修改组件参数值：设置当前选中的组件中内置类型参数值。

2）提交仿真配置：可以修改一个特定的仿真设置。

3）查看仿真结果：曲线窗口的主要目的是对仿真结果进行绘制。

4）查看仿真动画：三维动画窗口用于观察模型三维动画效果。

4. 系统管理

基于角色定义用户对系统模型与数据的访问权限。基于角色定义用户对系统功能菜单的操作权限控制。权限控制与协同工作流完全融合，模型检入与检出、新版本验证与上传、模型与数据的同步更新等完全受控。

1）组织管理：根据职能和责权划分对系统内的部门组织架构进行统一管理。通过新建、删除、修改部门来形成一棵组织架构树。

2）用户管理：通过创建、编辑和删除用户来管理部门内的用户，并且通过分配角色、分配权限和目录控制来约束用户对模型、数据和目录的访问。

3）角色管理：在基于角色的权限控制系统中，通过赋予角色一定的权限来定义用户对系统内的模型、数据和目录享有哪些操作权利，极大地简化了系统对用户的权限管理。

4）权限管理：定义了系统角色对公有仓库分类目录的控制权限，权限包括可读、读 / 写和管理。

5）日志管理：以日志形式记录所有数据变更和重要操作，确保可追溯性。

6）模板管理：管理人员可预先在后台配置审签流程模板，定义模型流转的先后顺序以及各流程节点的人员安排。可配置多套流程，以适应不同型号技术状态管理的需求。常见的流程有发起、校对、审核、批准。

7）维护、备份和安全：所有数据变更和重要操作，均采用日志形式进行记录，确保可追溯性。数据库服务器采用双机热备份，保证数据安全。

8）流程审批：系统支持用户将私有仓库发布至公有仓库，以实现仓库中模型的共享。发布至公有仓库时，会根据默认审签模板进入审批流程，审批通过后，其他用户均可对该仓库进行访问。

8.1.3　需求管理工具的互操作性技术

系统需求贯穿系统验证的整个过程，因此，需求与系统研制过程中的多个活动或活动的输出物之间有所关联。为了更好地支持需求在系统研制过程中的传递和使用，需求管理工具应该具有良好的互操作性。

1）需求的导入、导出：需求管理工具应该能够支持常见格式（Word、Excel、CSV 等格式）的需求数据的导入，同时能够根据需求使用方的要求导出常见格式（需求开发与管理工具）的需求数据。

2）需求文档的生成：需求管理工具应该能够根据用户自定义的模板生成特定的需求文档。

3）互操作性标准的支持：需求管理工具应该能够支持常见的需求互操作性标准，如 Req-IF、OSLC 等。

已实现与需求管理软件和系统设计软件（MagicDraw、Rhapsody、Enterprise Architecture、Sysbuilder）的接口。在 DOORS 里需求模型以报告条目化数据存在，可以建立需求之间的关联关系，DOORS 提供了丰富的连接功能，其中 external link 功能用于 DOORS 软件与外部应用软件的关联。关联之后，可以在具体的需求条目下看到相应的 URL，便于用户使用和查看需求相对应的设计仿真结果，支撑用户对需求的验证（图 8-11）。

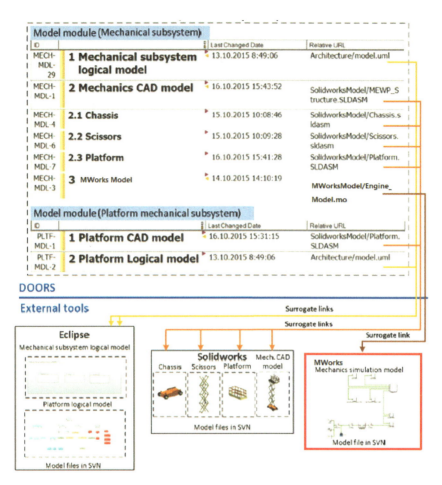

图 8-11　需求管理软件集成方案

系统设计软件均采用 SysML 作为建模语言，因此系统设计软件接口可统一为 SysML 模型和 Modelica 模型的转换问题。该转换可分为代码转化和 FMI 接口两种方式，分别适用于不同的集成场景（图 8-12）。

图 8-12　系统设计软件集成方案

代码转化：提取 SysML 架构模型中仿真所需的所有信息，包括类型、组成、参数和约束，之后基于 SysML 和 Modelica 基本类型的映射，生成 Modelica 仿真模型框架，基于此仿真模型框架开展后续系统建模仿真（过程如图 8-13 所示）。此接口通过在 MWORKS.Sysplorer 中开发 SysML 导入接口来实现。

图 8-13　基于代码转化的系统设计软件接口集成

FMI 接口：利用系统设计软件中的 FMI 导出接口，将 SysML 中的场景定义模型或控制类模型输出为 FMU，导入 MWORKS.Sysplorer 中组成完整系统模型，开展系统仿真（图 8-14）。

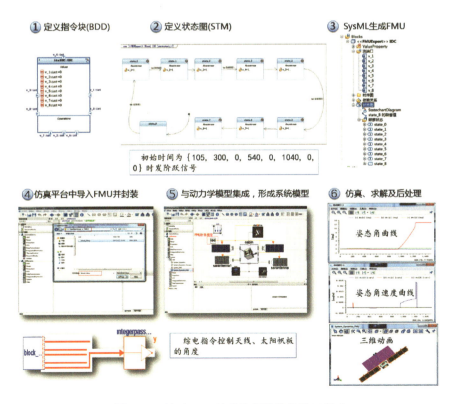

图 8-14　基于 FMI 的系统设计软件接口集成

8.2 系统功能 / 逻辑架构定义和分析

8.2.1 系统功能 / 逻辑架构定义与建模技术

功能是系统最核心的特征，是最终向系统用户提供价值的方式。系统研制的过程就是功能逐渐实现的过程，因此将功能显性化非常重要，功能架构是对功能进行显性化的有效形式。功能是一种抽象的概念，最终需要物理对象的实现。对于复杂系统而言，从功能到物理的过程中通常可以定义逻辑架构。逻辑架构是系统的一种表示形式，它定义了系统要素方案的技术概念，但是没有定义系统要素实现的具体技术。逻辑架构有利于在早期对系统方案的技术实现进行更充分的论证。基于模型的功能 / 逻辑架构设计是数字化时代复杂装备研发设计过程中的重要活动和必然趋势。

功能架构定义了系统的功能与功能之间的关系、功能与外部环境之间的关系。支持功能架构的模型定义的建模语言从总体上可以分为两类：标准建模语言和自定义的建模语言。标准建模语言是由标准化组织公开发布的建模语言，如 IDEF0、SysML 等，而自定义的建模语言包括一些工具提供的特定的建模语言，如 Arcadia 语言等。在基于模型的系统工程实践中，通常采用标准系统建模语言 SysML 进行系统架构的定义和建模。

基于模型的功能架构定义与建模过程通常包括如下活动：

定义系统顶层功能。系统的顶层功能通常可以根据前期定义的系统用例来定义，顶层功能承接了系统运行所需要的能力，可以使用 SysML 中的模块来表示功能。

系统功能分解。在确定了顶层功能之后，需要对功能进行进一步分解。分解所得出的功能能够被内部下一层级组织实现或可以直接采购时停止分解。分解产生的功能和上层功能之间可以通过 SysML 模型中模型之间的关系进行表示，形成功能层级结构。

定义功能接口。在确定了功能之后，需要定义功能之间的交互关系及交互的内容，即功能接口。功能接口所传递的内容从总体上分为信息、物质和能量。功能接口可以通过 SysML 模型中的端口以及端口之间的项目流来定义。

基于模型的逻辑架构定义与建模过程通常包括如下活动：

定义系统逻辑组件。系统逻辑组件是对实现系统功能的技术概念或领域知识概念的一种表示，并不限制具体的技术实现方式，例如动力系统。逻辑组件可以使用 SysML 的模块表示，模型中同时可以将系统的性能指标要求表示为模块中的属性。

定义系统逻辑组件接口。逻辑接口定义了系统逻辑组件之间的关系，逻辑组件是对系统功能的实现，因此逻辑接口的定义受到功能接口的影响，需要根据逻辑接口承载的功能接口内容定义逻辑接口的内容。逻辑接口可以使用 SysML 的端口和项目流来定义接口及接口中传递的内容。

MBSE 的核心思想是充分利用模型，使模型在系统论证分析、设计、实现中发挥核心作用，在"基于模型的"或"模型驱动的"环境下，通过模型实现系统需求和功能逻辑的"验证"和"确认"，并驱动设计仿真、产品设计、实现、测试、综合、验证和确认环节。MBSE 以知识模型化、过程数字化、协同网络化、设计制造智能化为目标，从流程、方法、平台等不同维度指导产品全生命周期的研制，对现有系统工程方法的研制模式提出了变革理念。

MWORKS（图 8-15）采用基于模型的方法全面支撑系统设计，通过不同层次、不同类型的仿真来验证系统设计，形成〈设计 – 验证〉对偶，构建系统数字化设计与验证闭环。围绕系统设计过程，MWORKS 重点提供小回路和大回路两个设计验证闭环。

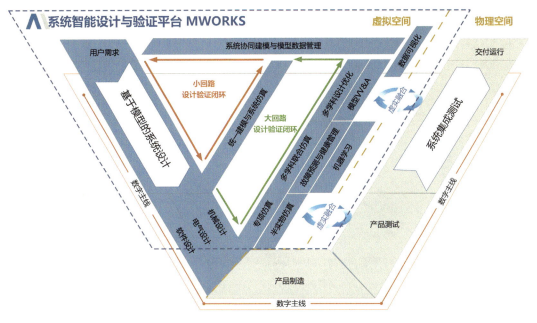

图 8-15　MWORKS

1. 小回路设计验证闭环总体流程

小回路设计验证闭环以用户需求为输入，支撑基于模型的系统设计过程（需求 – 功能 – 逻辑 – 物理），快速构建系统初步方案，在设计的早期就实现多领域系统综合仿真验证。

小回路设计验证闭环是基于系统架构软件实现的系统架构设计与验证功能，结合 RFLP 分析方法，建立矩阵式的分析方法，纵向为"需求 – 功能 – 结构 – 参数"，横向为"问题域 – 对象域 – 方案域"。

"问题域"描述了 MBSE 自顶而下的正向设计流程，设计师先站在顶层的角度将系统作为黑盒，关注系统与外部对象的交互关系，然后将黑盒系统打开，分析系统是如何运行的。以下是分析流程（图 8-16）。

利益相关者分析：从需求分析出发，向系统的利益相关者收集总体系统的需求指标，形成指标条目。

系统上下文分析：根据利益相关者分析得到的外部对象，建立系统的上下文结构关系，使设计师对系统内外的交互对象有一个初步的认识。

用例活动分析：根据系统上下文关系和需求指标，对系统进行用例分析，站在顶层的角度将系统当成黑盒去观察系统，考虑系统应该提供的功能场景，构建用例。

功能活动分析：根据系统的用例场景，对系统进行功能分析，从用例出发，通过对系统活动、状态和时序的描述来构建系统的功能活动。对功能活动可以进一步使用活动图去细化或分解，得到子功能。根据父功能指标，建立子功能指标，并与父功能指标关联。在分析出所有功能、子功能后，对功能进行选择、合并、归类、规范化等，形成功能架构。

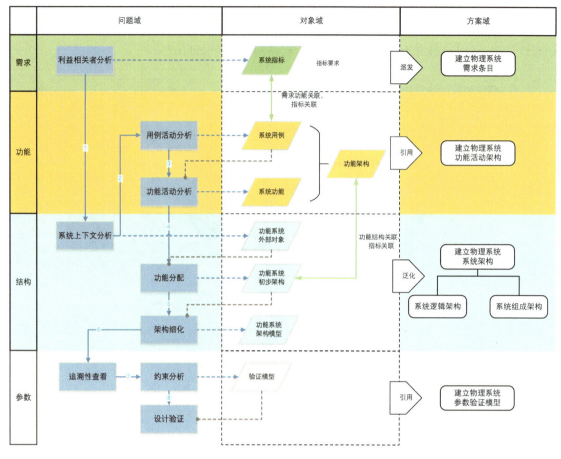

图 8-16　矩阵式的分析流程

功能分配：根据系统 – 子系统的活动，选择模型库中的通用设备结构模型与对应活动标签的活动进行关联，完成功能分配，形成初步的系统 – 子系统架构。

架构细化：根据系统 – 子系统上下文之间的逻辑关系和初步的系统架构，对系统结构进行细化，定义系统与子系统的接口，得到系统与子系统、子系统与子系统之间的对象流传递关系。

追溯性查看：用于查看系统需求、功能的覆盖率以及追溯情况。可全局查看需求是否被功能覆盖、被哪些功能覆盖，功能是否被系统 / 分系统 / 设备满足、被哪些系统 / 分系统 / 设备满足。同时可查看需求指标、功能指标、系统 / 分系统 / 设备指标的分解、传递关系。

约束分析、设计验证：用于分析系统设计指标是否满足需求指标。支持建立验证模型，将需求指标、设计指标作为输入，通过分析计算得出设计指标是否满足需求。

"对象域"包含了"问题域"正向设计流程得到的输出物，是初步认识系统功能后得到的需求、功能、结构和参数模型。对象域的模型与问题域的流程一一对应，同时对象模型也能作为下阶段分析流程的参考。对象域由以下对象模型组成。

系统指标：由利益相关者分析得到，用 SysML 需求图表达，描述了从利益相关者处收集到的系统总体要求，用于指导系统各环节验证工作，是最顶层的约束。

系统用例：由用例图活动分析得到，用 SysML 用例图表达，根据参与者和用例关联关系、用例和用例之间包含、扩展等关系去描述外部对象希望黑盒系统场实现的功能场景。

系统功能：由功能活动分析得到，用 SysML 活动图表达，通过流程化的方式描述系统用例，进一步对子功能进行功能分析后，得到初步的功能集合。

功能架构：由系统用例和系统功能集合组成，功能架构是系统的连续行为，描述了系统事件、能量或数据的流动。

功能系统外部对象：由系统上下文分析得到，用 SysML 模块定义图和内部模块图表达，给出了功能系统结构外部交互对象的初步定义，并且描述了功能系统与外部对象之间的逻辑关系。

功能系统初步架构：由功能分配后得到，用 SysML 模块定义图和内部模块图表达，根据功能分配的泳道图得到功能系统内部的系统结构组成。

功能系统架构模型：由架构细化得到，用 SysML 模块定义图和内部模块图表达，根据功能系统初步架构和对应子活动的功能架构。细化功能系统架构后，经过设计综合，合并或去除冗余设备系统得到完整的功能系统架构。

验证模型：由约束分析得到，根据各阶段参数映射关系，建立数学表达式或者 Modelica 仿真模型，用于验证问题域的指标是否满足要求。

"方案域"包含了通过派发、引用、泛化等手段得到实际物理系统相关的需求、功能、结构和参数模型，实际物理系统与功能系统的组织架构不同，但其内部承载功能的最小结构单元相同。"方案域"包括以下内容。

建立物理系统需求条目：根据系统指标要求建立，按层级进行分类，分一级系统、二级系统等以此类推，从上层向物理系统派发要求，建立系统指标和需求条目的约束关系。

建立物理系统功能活动架构：应用功能系统活动模型，根据一级系统、二级系统和物理设备的层级关系通过对功能系统功能分配结果，在已有的功能活动基础上，建立描述各层级物理系统的活动场景，得到物理系统功能活动架构。

建立物理系统结构：根据物理系统功能活动架构和功能系统结构，建立物理系统结构与功能系统结构的继承关系，泛化的对象会继承父类的所有特性。

建立物理系统参数验证模型：根据功能系统的验证模型，应用算法原理，建立物理系统的验证模型。

2. 功能定义

用例分析：设计师根据利益相关者分析和系统上下文分析获得的参与者、外部对象，站在顶层的角度去分析系统需要去实现的功能和场景，使用用例和用例场景进行细化。用例分析阶段可以为设计师提供帮助建立系统初步价值的功能性用例，也可以描述功能系统如何与参与者或其他系统交互的用例场景。有了用例场景以后可以继续去迭代系统上下文分析得到的系统与其外部对象的交互行为。

活动分析：根据系统的用例场景，对系统进行功能分析，从用例出发，通过对系统活动、状态和时序的描述，来构建系统的功能活动。对功能活动可以进一步使用活动图去细化或分解，得到子功能。根据父功能指标，建立子功能指标，并与父功能指标关联。在分析出所有功能、子功能后，对功能进行选择、合并、归类、规范化等，形成功能架构。

功能分配：是在系统上下文分析得到的系统结构和外部对象的基础上，在 Sysml 活动图中将活动分析得到的活动分配至各个结构和对象，形成的泳道分区、可以承载系统的行为。

3. 架构定义

系统上下文分析：系统上下文或运行环境决定了系统的外部视图，引入了不属于当前功能系统但与该系统交互的外部对象。系统上下文分析在初期阶段是为了输出系统外部对象的定义，以及系统上下文的参与者，比如系统假定用户、其他系统等。在此环节产生的参与者可以在用例分析中去使用，产生的系统结构则可以在 SysML 活动图中作为泳道分区。

系统架构定义：是在功能分配之后，根据活动–子活动的功能分配，得到了系统–子系统的系统组成，通过 SysML 模块定义图和内部模块图去描述系统–子系统的组成属性、引用属性、约束属性等信息，得到系统的层级关系、组织架构。

接口定义：是在功能分配之后，与系统架构定义同时进行的设计活动，目的是定义结构与结构之间的接口信息，描述系统的逻辑关系，通过连接器和连线的方式表达结构间能量、信息或对象的流转。

设计综合：是在结构定义之后，为了将层层折叠的系统结构展开为平面原理图而进行的设计活动。根据业务的需求，可以把串联的、冗余的结构进行合并，通过重新布局和连线的方式，建立简洁的系统原理图。

8.2.2　多源异构架构模型协同设计技术

在建立了功能架构模型之后，可以建立系统的逻辑架构模型。逻辑架构模型通常不是一种模型，而是根据系统涉及的专业特点定义出多种视角的逻辑架构模型。这些模型可能由不同的团队使用不同建模语言或建模工具所定义，例如 Modelica、Simulink 等，我们将其称之为多源异构架构模型。由于不同类型的模型之间存在差异，但同时又存在联系，为了更好地协调和管理这些多源异构模型，需要进行协同设计。典型的多源异构模型协同设计技术如下。

1）模型转换技术。模型转换是将一种模型转换为另一种目标模型，为了支持更通用的模型转换方式，OMG 发布了模型转换的相关标准，例如 QVT、SysPhS 等；除了标准的转换方式外，一些工具也具有自定义的模型转换功能。

2）模型追踪技术。多源异构模型不仅具有不同的建模语言，而且模型的存储方式也存在不同，如何更好地实现多源异构模型的一致性管理和变更影响分析，需要使用模型追踪技术，建立多源异构模型之间的关联关系，可以采用数字线索的方式实现模型之间的关联，目前一些协同研发平台支持特定的数字线索的实现。

车辆系统各专业研制单位采用的建模工具不同，导致各专业的模型格式不统一，总体研制单位为了开展全系统的集成验证，需要将不同工具软件构建的功能模型采用软件进行封装，形成格式统一、接口标准统一的仿真单元。FMI 是 Modelica 协会提出的功能样机接口标准，通过将多源异构模型封装成 FMU 格式文件，实现仿真软件在不同平台工具之间的传递与转换集成，解决总体研制单位开展方案集成验证的问题，通过对各专业模型的仿真调度与数据交互，实现异构系统的联合仿真。

通过基于 FMI 的黑盒、灰盒和白盒协同仿真工具，实现系统建模仿真软件与外部软件、工具、模型的协同应用（图 8-17）。

提供异构模型（C/C++/Fortran 模型、MATLAB/Simulink 模型、FMU 模型）的集成与联合仿真，支撑模型、工具的扩展集成与导入导出。将不同建模语言、不同工具软件构建的异构模型按照代码的可见性划分为白盒、灰盒、黑盒三类，采用不同的封装方式统一为 FMI 接口规范的模型组件，之后混联形成异构集成模型，从而支持系统多领域模型到外部工具的导出，作为通用接口的补充，通过多工具、多源异构模型的联合仿真计算，实现对更多仿真工具、仿真模型的扩展。

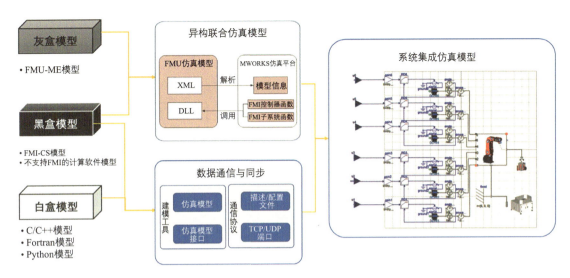

图 8-17　多学科联合仿真模块运行过程

FMI 规范包括基于 C 语言的标准函数接口和模型变量属性描述文件两个部分；建模工具根据 FMI 标准生成模型时，必须生成相应的模型文件（可以为源码或库的形式）及与模型文件对应的模型描述文件。FMI 规范分模型交换（Model-Exchange）和协同仿真（Co-Simulation）两种：前者用来实现一个建模工具以输入 / 输出块的形式生成一个动态系统模型的 C 代码，供其他建模工具使用；后者用于耦合多个建模工具构建协同仿真环境。

1）FMI 模型集成与联合仿真模块的开发重点是要全面支持 FMI 规范 1.0 和 2.0.1 支持两个版本的模型导入、导出，支持两个版本的模型交换与联合仿真应用模式。

2）对于 C/C++/Fortran/Python 等模型，系统建模仿真平台通过 DLL 等形式进行封装，并可在协同仿真模型中通过封装接口进行调用。

3）对于 FMU-ME 格式的模型，系统建模仿真平台通过对 FMI 1.0 和 2.0.1 标准的支持，可以实现模型的快速导入。

4）对于 FMI-CS 格式的模型，系统建模仿真平台通过标准支持，实现与其他仿真软件的 Co-Simulation。

对于其他不支持上述标准的计算软件模型，系统建模仿真平台通过 API 调用等形式，实现模型集成。

1. FMU 导出 / 生成

FMI 模型标准包括以 C 语言为标准模型接口函数以及模型描述文件两个部分。模型描述文件为 XML 格式，主要用于描述模型属性，包括模型名称输入输出参数等。仿真程序代码为 DLL 文件，主要是用 C、C++ 或是 MATLAB 编写的源程序。DLL 文件内部要求按照标准接口函数编写，仿真软件将上述 DLL 模型实例化后生成仿真单元 FMU。

实现从 Modelica 模型到 FMU 模型的转换，具体流程如图 8-18 所示。

（1）模型描述文件 XML 生成

模型描述文件是 FMI 标准的重要组成部分，它对 FMU 下模型文件的信息进行了具体的属性描述，仿真软件通过读取模型描述信息，可以准确地掌握模型的属性及实现的功能，用于实现仿真执行之前的基本配置工作。

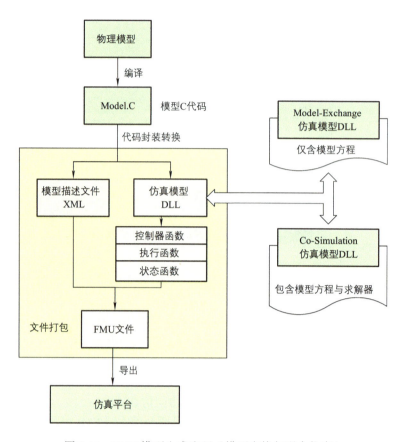

图 8-18　FMU 模型生成流程（模型交换与联合仿真）

基于 Modelica 模型信息，参照 FMI 标准，生成描述文件为 XML 格式（ModelDescription.xml），内容如图 8-19 所示。

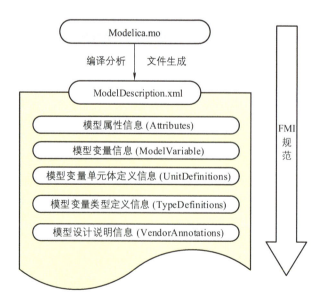

图 8-19　模型描述文件 XML 生成

FMI 模型描述文件包含模型属性信息、模型变量信息、模型变量单元体定义信息、模型变量类型定义信息及模型设计说明信息。其中，模型属性信息、模型变量信息、模型仿真执行信息是必不可少的部分，具体描述了模型的应用和执行信息。

（2）动态链接库 DLL 封装

FMI 接口标准不但规定了数据传递的方式，同时也对控制器的控制方式进行了标准化处理，系统通过获得功能函数的状态信息，可以自动判断和处理联合仿真过程中出现的问题，实现多学科复杂系统的仿真控制。

FMI 标准化接口包括两个部分：联合仿真函数和状态信息。联合仿真函数大致分为三类：控制器函数、子系统执行函数、子系统状态函数。联合仿真状态共有三类：控制器执行信息、子系统执行信息、子系统状态信息。控制器函数包括实例化函数、初始化函数、终止函数、重置系统函数、释放实例函数；子系统执行函数包括仿真执行函数、仿真中断函数、输入参数设置函数、输出参数获取函数。

每类函数的返回状态均有所不同，控制器函数返回六种状态信息：运行顺利、警告、丢弃、错误、文件损坏、待定。子系统执行函数返回四种状态信息：运行顺利、丢弃、错误、待定。子系统状态函数返回三种状态信息：执行状态、计算状态和仿真成功时间。

动态链接库封装流程如图 8-20 所示。

（3）FMU 文件发布

FMU 发布时存储在 ZIP 压缩文件中，包含模型描述的 XML 文件、模型接口的实现等，模型接口的实现可以是源文件形式或二进制文件形式。FMU 在 zip 文件中的结构如下：

modelDescription.xml // 描述模型（必须）

model.png // 模型图标（可选）

documentation // 包含模型文档的文件夹（可选）

_main.html // 文档入口

〈其他文件〉

sources // 包含 C 源代码的接口实现文件夹（可选）

// 编译和连接模型所需的 C 源代码和 C 头文件

// 不包括 fmiModelTypes.h 和 fmiModelFunctions.h

binaries // 包含二进制文件的接口实现文件夹（可选）

win32 // 32 位 Windows 平台二进制文件（可选）

<modelIdentifier>.dll // 模型接口实现的 DLL 文件

// 特定编译器所需的库文件（可选）

VisualStudio8 // Microsoft Visual Studio 8（2005）

<modelIdentifier>.lib // 库文件

gcc3.1 // gcc 3.1.

...

win64 // 64 位 Windows 平台二进制文件（可选）

...

linux32 // 32 位 Linux 平台二进制文件（可选）

...

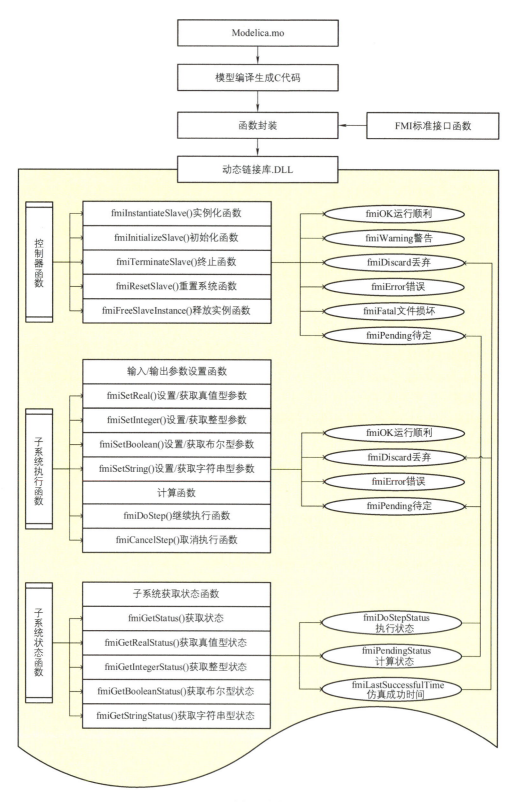

图 8-20　动态链接库封装流程

linux64 // 64 位 Linux 平台二进制文件（可选）

...

resources // 模型所需的资源（可选）

〈模型初始化时需读取的数据文件〉

FMI API 定义存取联合仿真从属软件的输入输出数据和状态信息的 C 语言接口函数，用于 FMU 实例的创建、销毁，模型的初始化，模型数据的交换和状态信息的获取等。FMI 模型描述 XML 保存模型的变量属性（如变量名、单位）等静态数据。

2. FMU 导入 / 仿真

实现 MWorks 对于 FMU 模型的导入，即在 MWorks 仿真软件中实现对 FMU 模型的调用求解，其主要包括两个方面：模型描述文件 XML 文件解析及模型动态链接库 DLL 调用。

具体方式如图 8-21 所示。

（1）模型描述文件 XML 文件解析

在 MWORKS 中加载 FMU 模型文件，由仿真软件平台负责对模型描述文件的解析，读取 FMU 模型的配置信息、仿真时间、求解步长、状态量个数、事件个数及相关输入、输出变量信息。

（2）模型动态链接库 DLL 调用

读取完模型描述文件的基本属性之后，由 MWORKS 调用 DLL 执行仿真求解任务，具体到仿真流程，其包括了如下三个阶段：准备阶段、仿真阶段、结束阶段。

准备阶段：MWORKS 开始执行创建 FMU 模型对象、实例化 FMU 模型、加载模型函数接口。

仿真阶段：将仿真环境中的输出值给 FMU 模型的输入（Input）变量用以控制模型的实时准确运行，将 FMU 模型的输出（Output）变量作为仿真环境的输入值或监控值，继而根据仿真步长调用函数单步执行仿真模型，若未结束模型，则进行事件触发检测即时间处理，以此反复。

结束阶段：若检测到结束仿真状态信息，则进行终止仿真，析构对象并释放内存空间。

FMU 函数调用仿真流程如图 8-22 所示。

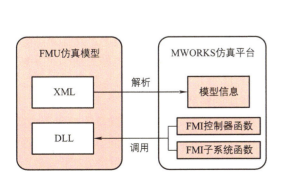

图 8-21　FMU 文件解析及调用仿真流程

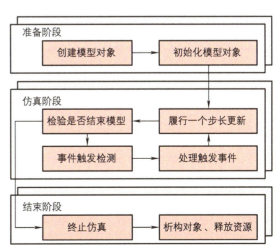

图 8-22　FMU 函数调用仿真流程

8.3 系统物理架构定义和分析

8.3.1 异构模型集成技术

对汽车等复杂系统进行多维度分析时需要把不同类型的模型进行集成和仿真，支持对复杂系统及其子系统进行全面的性能分析。

异构模型集成技术，引入了组件的概念。组件是异构模型集成技术的重要基础。从复杂系统设计者的角度来看，组件是"黑盒"，即设计者看不到也无需关注黑盒的内部组成与结构关系。在组件内部，能够集成一种或多种不同专业领域的异构模型，以及异构模型之间的接口，组件的各个接口部分可供外部环境进行调用。组件作为容器，最关键的用途是集成各种异构模型。

组件作为集成过程的最小原子单位，显性化系统/部件的外部接口与属性，领域模型以黑盒形式封装在组件中。领域模型在多个抽象和保真度级别上封装为组件的结构、性能、行为等特性，有效解决系统/部件设计知识的重用问题。支持系统部件输入输出参数抽象化为组合接口，通过组件接口的连接形式，可以构建复杂系统。

组件支持多种不同领域的异构模型：覆盖物理－热、机械、电气、流体等专业，支持运用计算软件、计算平台，需要多个模型在多个抽象层次上合理地表示行为、几何和接口。对于组件模型中表示的异构类型领域，都支持具体的领域模型，该模型支持对领域模型的关键特性进行定义。

举例来说，复杂系统设计过程中，可能需要对构造图模型、CAD 模型、Modelica 模型等异构模型进行集成，集成的模型中通常还会包含许多属性、连接器和其他基本部分。组件支持对异构模型特征的记录，包括几何形状（三维 CAD 模型）、动态行为（无因果关系的功率流和传递函数）和其数值属性（如重量等特征）。组件的使用过程中还定义了连接器，能够允许不同组件之间进行集成和连接。

8.3.2 方案空间构建技术

在复杂系统的传统方案设计与权衡过程中，由于多种技术限制，可进行权衡和比选的设计方案数量非常有限，导致潜在技术或设计方案空间不足，造成最终方案可能并非当前设计条件以及约束条件下所能得到的最优方案。

方案空间构建技术，本质上是设计方案数量的扩大和增加过程，主要用于扩充复杂系统在设计阶段进行权衡和比较的不同"设计方案"。基于异构模型集成，实现以组件为基础的方案空间定义，方案空间将囊括设计方案的全部选项组合。海量的方案空间尽管可以扩展所考虑的设计范围，但也给复杂系统设计过程中的管理工作带来相应的挑战。

使用复杂系统的关键设计参数和关键组件，通过选取不同的参数取值以及关键组件内容，遍历并组合为大量不同内容的设计方案配置项，进一步在不同组件之间添加约束关系，在搜索算法的支持下，能够形成拥有庞大构型数量的复杂系统方案空间。方案空间中包含了大量不同的设计方案，其中包含了最优、次优、可行以及不可行等方案。方案空间构建技术支持生成海量方案,并能够对每个方案进行唯一性标识,在后续的复杂系统设计方案比选和权衡过程中,支持实现对方案的全过程管理,以便在技术条件发生改变时,能够更加容易地对部分方案进行重新分析,以应对方案数量在大量增加后对于模型数据管理带来的挑战。

方案空间支持使用不同的组件模型进行表示。海量方案空间是通过参数和组件的枚举产生的,不同的设计方案能够按照树状结构分层组织进行探索和浏览,以实现对不同方案的权衡、探索、比选以及其他操作。

8.3.3 多目标决策技术

对于以汽车为代表的复杂系统的设计方案比选、权衡以及决策过程,以关键设计指标响应的准则作为评估依据,其不同指标的取值往往是互相冲突的,往往很难采取选择满足单一准则的同时,而降低其他准则的决策方式。

对于大多数的决策问题,往往会有多个彼此冲突的目标,需要综合多种因素进行分析,然后给出方案;偏好不同的目标会得到不同的决策,同时也可能因此忽视其他目标。虽然能给出的方案远不止一个,但通常都不是"万全之策",因而对这些方案还需要结合实际情况进一步衡量利弊,之后才能做出最终决定。不同于单目标决策,在进行多目标决策时,很难有可使所有的目标函数都达到最优的解。通常情况下,只能找出问题的一组"不坏"的解,这些解构成的集合称为 Pareto 最优解集。从数学的角度来看,Pareto 最优解集都是可以接受的,但最终的选取还要考虑复杂系统的约束和需求的情况。对于复杂系统的设计过程而言,设计人员更关心的是多目标优化问题的搜索阶段,即如何找到能够满足多目标优化问题的 Pareto 最优解集。

在对复杂系统的设计方案进行决策时,不仅要考虑车辆整体的性能、研发制造成本、后期使用及维护成本等,还需考虑包括通用质量特性在内的多方面的目标,需要用多种标准进行评价方案和优选方案。多目标决策(MOD)技术,是对需要同时决策两个及以上的多目标,并且需用多种标准来权衡、评价和比选方案的决策。在系统设计决策的最后阶段,需要运用帕累托优化方法,对经过权衡和比选所获得的设计方案中,达到如果不缩减或牺牲某一项设计参数的性能,无法再继续优化其他参数带来的总体质量特性的状态。

运用多目标决策技术,以生成的最优设计变量或设计参数的集合作为输入,获取复杂系统不同的通用质量特性算法,基于算法开展帕累托优化活动,使该集合对应的通用质量特性结果达到帕拉托最优。因此,多目标决策技术是在处理两个及以上的决策目标时,使用多种综合标准来评价和优选方案的决策方法。决策过程中通过灵敏度分析确定关键设计参数,引入蒙特卡罗等算法模型应对不确定性问题。在以汽车为代表的复杂系统设计方案权衡与决策的最终阶段,需要赋予关键指标的浮动权重,在不缩减或牺牲某一项设计参数性能的前提下,支撑设计团队能够权衡并决策出整体最优的属于帕累托最优解的设计方案。

8.3.4 海量数据可视化技术

数据可视化技术,主要旨在借助于图形化手段,清晰有效地传达与沟通信息。该技术的本质是分析逻辑用图形化的语言表达复杂系统设计与权衡过程产生的数据与模型结果。

在系统物理架构定义和分析的前期,通过集成不同类型的异构模型,构建了海量的复杂系统方案空间,并开展了面向多目标的决策,生成并获得了海量的系统设计方案。这些方案的数据与模型体量大、内容多、容易呈无序状，需要采用有利于设计人员查看、探索和分析的方式进行管理，按照应用背景、展示内容、应用层级、应用方式、应用对象和应用时间多个层级进行组织，才能支持设计团队开展基于大型数据集的处理分析，因此需要以直观便捷的方式展示给设计团队，开展后续的权衡和优化等分析与设计工作。

对海量的数据或模型进行可视化，即使用各种可视化的展示方式，包括直方图、二维（2D）和三维（3D）散点图、互信息（MI）图、平行坐标图等，将获得的海量系统设计方案按照其数据或模型的特点进行展示，支持设计团队更加轻松地对海量系统方案空间进行分析和探索，同时能够支持处理多维度的设计空间。海量数据可视化技术支持使用自定义 R 脚本渲染可视化效果。脚本可以帮助检测属性之间存在的线性和非线性关系，支撑设计人员找到更加可行的方案空间集合，并有助于决策最佳方案空间。海量数据可视化技术提供了增强的计算能力和可视化能力，以支持决策过程。

8.4 几何结构定义

几何结构定义作为专业学科设计的核心，向上承接架构定义的结果，向下传递设计结果用于制造，具有模型数量多、关联关系复杂、专业学科强耦合等特点。为了实现几何结构定义模型演变关系追溯和专业学科知识复用，需要从如下两个关键技术方向展开研究。

8.4.1 基于模型数据驱动的协同设计技术

随着产品的发展呈现小型化、集成化和多专业融合等趋势，技术要求与难度越来越高，同时要求的研发周期越来越短，竞争形势也越来越激烈，使得产品具有系统集成度高、系统复杂度强以及系统构型多等特征，表现出从功能性松耦合向高度综合发展，系统间的关联从离散向高度网络化互联发展，失效模式分析困难，系统功能间交互耦合度高等特点。基于模型数据驱动的协同设计技术通过借助相关理论方法为不同的领域知识构造其抽象描述，即建立领域模型，基于这些代表领域概念和知识的模型来刻画整个系统，再以半自动化的协同方式完成从系统设计到实现的层层转换，最终完成系统开发。

1. 模型数据

模型是对实际数据对象（如参数数据、文档、报告等）的一种描述，通过对数据结构的属性特征、动态定义，数据对象父子关系约束、数据映射以及数据展示形式的自定义等方式构建统一模型数据。通过模型数据实现对数据对象的数据组成、数据展现、数据之间的关系、数据的操作规则等的统一管理。

为了解决数据协同的问题，建立不同数据间的交互接口是目前最为普遍的做法，但随着数据应用系统的增加，这种点对点的数据接口必然会呈爆炸式的增长，到一定规模就很难更新与管理。因此，为了提高协作效率，需要建立一种新的数据协同方式，对产品设计结果数据、过程数据可以统一有效地建模与管理，保证协同设计过程中的数据的交换、同步和反馈，实现数据的跟踪与追溯。基于此，提出了基于统一数据模型的数据协同技术。统一数据模型是对数据对象统一化、标准化的一种描述，表达了数据对象的组成与数据结构关系的信息。

在协同设计过程中会产生大量的设计、分析和仿真的模型数据，这些数据一般都存储于相应的专业学科工具或系统中，为了保证数据的一致性和完整性，首先需要构建一个虚拟数据系统，作为数据映射和交互的基础。虚拟数据系统存储虚拟数据对象，虚拟数据对象与存储于专业学科工具或系统中的实体数据对象具有对应关系，是实体数据对象在虚拟数据系统中的映射。虚拟数据系统是协同设计过程中所有数据的统一逻辑视图，其对应的实体数据分布在各专业学科工具或系统中。虚拟数据系统中基于统一数据模型建立虚拟数据对象，主要过程如下。

（1）对象映射

建立实体数据对象与虚拟数据对象之间的关联关系。每个实体数据对象都拥有唯一的编号与访问路径，对象映射即读取实体数据对象的编号与访问路径，然后将其赋予建立的虚拟数据对象，形成虚拟数据对象与实体数据对象之间的一一对应关系。其中，所获得的编号存储到虚拟数据对象的标识层中，所获取的访问路径存储到虚拟数据对象的地址层中。

（2）对象定义

对象定义是按照前述统一数据模型的标准格式定义虚拟数据对象的属性层与结构层数据。这里要注意，不同的数据类型，其属性层数据内容不同。

（3）关系定义

关系定义是对虚拟数据对象间存在的数据映射关系进行定义。映射关系是指一个虚拟数据对象与另一个虚拟数据对象的属性值映射关系。例如，虚拟数据对象 A 属性层中数值的值需要传递给另一个虚拟数据对象 B 属性层中的数值，那么虚拟数据对象 A 与 B 之间的数据关系就是属性值映射关系。当然，若所新建的虚拟数据对象和已存在的虚拟数据对象间不存在映射关系，则可以跳过该过程。

（4）版本定义

版本定义是对虚拟数据对象的版本变更依据进行定义。在设计迭代的过程中，我们希望看到数据的迭代过程，即需要保存过程数据对象。如果数据对象的属性值或结构关系发生变化，且修改后的数据对象直接存储到虚拟数据系统中，则修改后的数据对象就会覆盖原数据对象，原数据对象就不会再存储，导致数据对象的丢失。但数据对象的属性有很多，只有当一些重要的属性值与结构关系发生改变时，才认为该数据对象发生了改变，并赋予该数据对象一个新的版本号，否则认为数据对象未发生改变，该数据对象的版本不变。版本定义即是对这些重要的属性值与结构关系进行定义。这样就可以依据版本号从虚拟数据系统中调取不同版本的数据对象，实现过程数据对象的存储与追溯。

通过对象映射、对象定义、关系定义、版本定义，就完成了基于统一数据模型的虚拟数据对象的构建。

2. 协同设计

协同设计过程包括业务的协同和数据的协同。业务协同过程按照设计角色及其权限进行过程控制，利用流程执行引擎严格按照指定上下游关系进行任务驱动。伴随着任务的执行和提交，任务状态实时更新，数据也同步进行流转，在多次执行任务时可进行数据版本控制和下游数据更新。过程描述如图 8-23 所示。

（1）设计任务的协同

协同设计过程大都由相互耦合的子任务（如需求分析、方案设计、结构设计等）组合而成，子任务间关联关系复杂，所以需要对设计任务进行规划，减少设计迭代，优化设计流程。

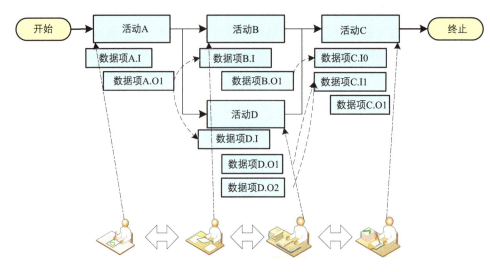

图 8-23　协同设计

（2）设计数据的协同

协同设计是数据交互、同步、反馈的过程。针对不同的需求，不同的设计人员或设计任务对产品数据模型的表达方式也有区别，数据的使用方式也有差异。因此，设计过程中需要进行设计数据的统一与协调。

（3）协同设计环境的支撑

协同设计过程中，一方面要将时空分布的多学科团队以及全生命周期内的协同关系进行调度与管理，另一方面要将产品设计所需的人员、数据、工具等进行集成，这都需要一个集网络通信、产品设计与数据处理于一体的可以实现数字化协同设计的技术与管理平台。

8.4.2　基于知识组件的快速原型设计技术

几何结构定义过程是一个创造性的过程，不仅需要面向需求满足功能、结构、性能等方面的要求，还需要考虑来自制造、维护等过程的要求和限制。因此，不断提高几何结构定义的水平是保证质量、提升创新以及快速响应需求的重要手段和突破口。

几何结构定义作为一个复杂的知识密集型过程，其中蕴含着大量设计知识。在工程设计领域，大约 70% 的设计工作为自适应设计和变型设计，新设计大约 60% 以上的工作都是基于以往经验展开的。因此基于知识的或者知识驱动的设计技术成为提升设计能力的重要方法。

知识重用的研究包含三个方面的内容：知识获取，研究如何有效、全面地获取设计过程中包含的各类设计知识；知识表示，研究如何将获取的设计知识以结构化或非结构化的方式存储和表示；知识利用，研究如何使设计知识有效地服务设计过程，提高设计效率和设计质量。

知识获取方面，常用的方法有基于规则、创新算法、知识挖掘、人工神经网络、设计过程模型、知识建模和知识映射等；知识表示方面，有诸如产生式规则、语义网络、Petri 网模型、贝叶斯网络、神经网络等方法；知识利用方面，作为知识重用的最终目的，有基于规则、基于案例的知识推理等方法。

通过将计算机技术和知识有机结合形成知识组件，将设计知识与设计过程紧密结合，使知识服务于设计过程，减少设计人员在设计过程中收集经验知识的时间，降低时间成本、减少错误、提高设计效率和设计质量。

知识组件是将计算机软件中的组件技术与知识重用相结合的产物，可以将其视为具有一定功能的知识单元。在设计领域，知识组件可将设计过程中积累的多种不同类型知识（数据、规则、模板、标准、实例、流程等）以结构化的方式进行封装，在驱动程序控制下以自动化或半自动化的方式接受参数、执行动作并返回结果。

1. 基于知识组件的知识重用模式

根据知识重用对设计人员的辅助方式，将设计知识重用模式归纳为 4 种：参考知识重用模式、导引知识重用模式、自动知识重用模式和协助知识重用模式。

参考知识重用模式，是指设计知识在设计过程中为设计人员提供检索、浏览的作用，使设计人员能够快速获取与当前设计任务相关的设计知识，通常采用主动推送和被动检索的方式，为设计人员进行决策提供更好的知识支持。

导引知识重用模式，是指引导设计人员进行设计的知识重用方式。该模式下的设计知识以设计流程为主。

自动知识重用模式，是指设计人员可以直接使用已有的设计模型、设计算法，将设计人员从烦琐的重复工作中解放出来，减轻工作负担。

协助知识重用模式，是指知识库中无法包含所有的设计知识，有些设计知识过于复杂，不适于在知识库中存储，当设计人员遇到无法解决的问题时，提供能够解决该问题的领域专家的信息。

2. 知识组件的执行过程

在设计时，设计任务通过半自动方式访问知识组件控制接口，激活知识组件，而后设计人员通过人机交互界面进行知识组件的参数输入，知识组件接受用户输入后运行知识组件核心，执行功能同时调用接口访问第三方软件、知识库或其他知识组件，输出运行结果，在反馈执行结果的前提下，把输出参数返回给人机交互界面或者通过控制接口访问输出数据。

3. 基于知识组件的设计系统

将设计知识以结构化的形式封装成知识组件，设计系统调用知识组件，进行设计。界面层是设计系统与设计人员交互的窗口，系统接收设计人员的设计输入，驱动业务层的知识组件进行输入验证，验证不成功则将结果返回到界面层，提醒设计人员修改设计输入，验证成功则继续执行功能并生成结果，生成的设计结果也作为输出返回到界面层；知识组件在执行功能的过程中需要频繁地访问知识层获取设计知识，并将设计结果写入知识库中。

4. 知识组件构建原则

（1）知识组件的封装性

组件开发人员可以在知识组件中定义自己的事件，知识组件使用者对复杂的内部细节无需知晓，只需提供输入，就可以得到输出。

（2）知识组件的颗粒度

在功能与实现机制分析权衡的基础上，将设计流程分析设计为适合粒度的知识组件，保持知识组件功能与结构的独立性，从而既可有效地避免知识组件的臃肿，也能提高知识组件的执行效率，并降低其实现的复杂度。

（3）知识组件的重用性

系统开发者在进行系统设计开发前，可以先从已开发的领域知识组件库中选择满足功能的知识组件来组装应用系统，从而加速系统的开发进度、提高系统开发效率，新开发的知识组件也可以在后续新的设计中继续使用。

5. 知识组件的结构

知识组件结构可抽象表示为：组件核心、数据接口、用户交互接口、访问接口和控制接口五部分（图8-24）。

（1）组件核心

组件核心表示知识内容或封装的知识求解器，是完成用户设计请求的核心工具，根据用户交互接口的启动指令而被启动，通过对知识单元的梳理，将相关的控制规则和经验值与输入数据接口进行关联，并智能地判断输入参数的范围和输入参数之

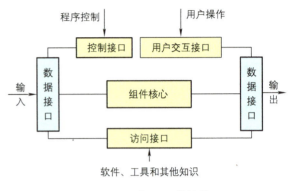

图8-24　知识组件结构

间的相互约束关系，将自身执行信息反馈给用户交互接口，还用于将求解出的结果文件提供给输出数据接口。

（2）数据接口

数据接口包括输入数据接口和输出数据接口：输入数据接口获得数据，传递给组件核心进行数据处理；输出数据接口获得组件核心处理数据，然后返回到用户交互接口。

（3）用户交互接口

用户交互接口是用户对知识组件进行设置、操作以及描述相关属性信息的人机交互界面。用户交互接口与核心相连接，用于向核心发送启动指令。

（4）访问接口

访问接口用于知识组件调用或访问第三方软件、工具和其他知识组件。

（5）控制接口

控制接口外部系统通过它来调用知识组件，驱动知识组件运行。通过知识组件的封装，实现了分析和设计知识过程的形式化，从而使这些知识分析设计过程得以积累、共享和重用。

8.5　嵌入式系统定义与分析

8.5.1　基于AADL的嵌入式系统架构设计与分析方法

众所周知，复杂嵌入式系统目前广泛应用于航空电子、航天器、汽车控制等诸多领域，这类系统具有资源受限、实时响应、容错、专用硬件等特点，对系统的非功能属性（如实时性、可靠性、安全性等）有较高的要求。这类系统变得越来越复杂，相应的开发周期和开发成本也大幅度提高。传统的嵌入式系统开发已经不能满足当前的需求，为此，引入了模型驱动体系结

构（Model Driven Architecture，MDA），使软件开发过程从传统的以代码为核心提升到以模型为核心。用户可以在模型级就对系统的非功能属性进行分析和验证，这样可以大幅缩短系统的开发周期，节约开发成本。

基于上述的背景概述，通过前面的系统架构建模，具体就是通过科学的方法论将系统的具体组成描述清楚。针对系统中的嵌入式系统组成，基于我们提出的嵌入式系统设计和分析流程，通过体系结构分析设计语言（Architecture Analysis and Design Language，AADL）进行嵌入式系统架构设计与分析建模。

1. 静态模型

AADL 是一种基于 MDA 的体系结构建模语言。AADL 不关心具体的功能实现，描述的仅仅是系统框架，从而在架构层对系统的非功能属性进行规约，这样系统设计者可以使用各种分析工具对系统的实时性、可调度性、可靠性、安全性等进行分析。通过分析可以评估系统架构的平衡和变化，将 AADL 转换为针对特定应用的实际语言框架代码，再与实现具体功能的源文本相集成，就可以形成符合性能关键属性的可执行代码。

AADL 中的组件是通过类型（Type）和实现（Implementation）来定义的。组件类型规定了组件的功能接口。组件实现规定了组件的内部结构。AADL 中有 3 类组件：执行平台组件、软件平台组件和复合集成组件。软件平台组件包括线程（Thread）、进程（Process）、数据（Data）、子程序（Subprogram）等。执行平台组件包括处理器（Processor）、内存（Memory）、外设（Device）、总线（Bus）等。复合集成组件包含系统（System）、系统对软件组件和执行平台组件进行结构化建模。

（1）执行平台建模

处理器建模分为主处理器和分区处理器，为目前系统建立主处理器模型，其他模块建立分区处理器模型，为每个对应的模型完成相应的属性设置。类似地，对存储器完成存储器建模，分为主存储器和分区存储器，为目标系统建立主存储器模型，其他模块建立分区存储器模型，为每个对应的模型完成相应的属性设置。

（2）软件架构建模

1）数据类型建模。定义在软件开发中需要的数据类型，根据定义的数据类型定义相应的具体应用场景的使用变量，具体完成对进程、线程端口数据或功能函数参数进行数据类型的设置，根据实际的使用规则对场景变量设置属性。

2）模块内功能函数建模。根据实际中每个模块的不同功能，在软件开发中不同模块根据实现不同的功能需要调用不同的功能函数，通过建模方式为每个模块建立其需要的功能函数。

3）模块进程建模。对模块建模以进程来表示，一个进程表示一个模块。

4）模块内线程建模。为每个模块建立进程后，模块内根据执行的不同的任务需要建立不同的线程，不同的线程完成对定义的相应功能函数调用。

5）系统集成建模。完成各个相关部分的建模后，开始进行目标系统集成建模，包括各个模块进程间数据端口通信关系。

6）功能函数实现。对于涉及复杂公式和算法功能函数体的实现，可以通过编写一些成熟的算法库供编写函数体时调用，或者通过嵌入式软件详细设计工具将复杂的算法描述清楚，转换为相应的代码源文本文件，与 AADL 模型产生的代码进行混合编译，产生最终描述系统模型代码。

2. 动态模型

通过前面章节对 AADL 的介绍及 AADL 静态建模，AADL 语言定义了硬件组件、软件组件，以及用于描述软件组件功能的行为附件（Behavior annex）部分。硬件组件用于底层硬件建模；软件组件用于嵌入式系统软件部分建模，它主要包括系统组件、进程组件、线程组件、子程序组件、数据组件；行为附件部分用于软件功能建模。

AADL 行为附件属于 AADL 语言，是 AADL 语言重要组成部分。在一个嵌入式软件系统中，线程组件作为系统调度执行单位，子程序则代表了特殊功能模块，线程子程序功能体现了整个系统功能。AADL 行为附件通过对线程、子程序功能分析、建模来达到对整个系统的功能建模。因此，行为附件中的行为可以理解为功能。线程、子程序的行为是具有一定序列的 AADL 行为附件代码指令的集合。

AADL 行为附件主要包括五部分：状态变量（State Variables）、初始化（Initial）、状态（States）、转换（Transitions）、关联（Connections）。

状态变量用于定义一个具体的数据变量，类似于 C 语言中变量，由数据变量名，数据类型唯一确定，在行为附件中作为可操作的数据变量。

初始化完成状态变量赋值，默认情况下，状态变量值为 0。状态变量定义各种不同状态符号，包括 Initial、return、complete 三种状态，可以通过这些状态符号来描述线程、子程序执行过程中状态变化。

转换是行为附件最核心部分，表示原状态当满足某一特定条件后，转换到目的状态，并在目的状态下执行一系列操作。一个转换包括原状态、转换守护、目的状态、行为。原状态描述转换执行前的状态；目的状态描述一个转换执行后的状态；转换守护是转换发生的充分条件，只有满足这个守护才能够完成转换；转换行为定义了该转换结束后将完成的功能，比如加减乘除、for 循环、if-else 条件运算，以及与事件触发相关的运算等。

关联定义了线程与子程序之间的调用关系，用于线程与子程序之间数据交换。通常 AADL 对嵌入式系统建模时采取自上而下的建模方式，即首先将系统组件细化为硬件组件、进程组件，以及各组件之间的数据交换；其次将进程组件细化为线程组件，以及各线程组件之间的数据交换和线程与进程之间的数据交换；然后将线程细化为子程序与线程行为附件，以及子程序与线程之间的数据交换；最后将子程序细化为行为附件。

8.5.2　基于 AADL 的嵌入式系统架构多准则量化评估方法

随着通信和微电子等技术的发展，嵌入式系统越来越多地应用在汽车电子、工业控制、航空航天等任务关键和实时的领域，并且系统可靠性问题随着系统规模、复杂度以及性能需求不断提升而愈显突出。据美国国防部和美国国家航空航天局统计，目前航空航天领域中软件可靠性比硬件系统低约一个量级，国内外因软件故障而造成的重大事故也不乏其例。可靠性软件工具和集成环境技术在航空航天控制软件生产过程中的可信评估、应用和演化研究正是围绕提升航天领域软件可信质量的目标而开展的。

AADL 是针对软件体系结构可信性验证的关键技术。AADL 由美国汽车工程师学会（Society of Automotive Engineers，SAE）于 2004 年提出，能够对嵌入式软件的功能和非功能属性（实时性、可调度性、可靠性、安全性等）进行建模与分析，在开发早期对系统进行分析与验证，是控制系统复杂性和保证其可靠性的重要手段。AADL 提供可扩充机制，可以划分为核心和扩充语言。为评估模型的可靠性，SAE 扩充核心语言，创建了错误模型附件（Error model annex，EMA），用于描述系统模型运行时的可靠性信息。利用 AADL 和 EMA，设计人员可以对系统的结构进行可靠度与功耗、重量、成本的权衡，从而验证并优化系统模型的结构设计。因此，基于 AADL 的非功能分析可以为系统模型结构的设计和验证提供理论依据。

1. 实时性分析

随着信息技术与网络技术的高速发展，嵌入式系统越来越受到人们的重视，它被广泛地应用于科学研究、工程设计、军事技术、消费电子等方方面面。作为嵌入式计算机系统最重要的软件核心，嵌入式实时操作系统是该领域最重要的研究方向。

嵌入式实时操作系统是嵌入式应用软件的开发基础和平台，为应用软件的开发人员提供了统一的用户接口，大大简化了应用软件的开发难度和代码工程化管理的难度。与传统的操作系统不同的是，嵌入式实时操作系统要求具有更好的实时性能，能对外部事件做出准确、实时的响应。

实时性操作系统内核模块化设计及内核的高度可裁减性使其在嵌入式实时操作系统研究领域备受重视。但面向通用多任务分时系统的设计思想，我们必须进行有效的实时改进与扩展，以符合嵌入式系统对操作系统实时性能的要求。

对于基于 AADL 的嵌入式系统，为了支持系统的实时性，需要在系统设计阶段对实时系统进行实时性分析，并结合实际运行平台进行验证。

2. 安全性分析

ARP 4754 是由美国汽车工程师学会在美国联邦航空管理局（FAA）的要求下编写的，用于证明高度综合与复杂航电系统对适航规章的适应性。

ARP 4754 在考虑整个飞机操纵环境和功能的情况下，讨论了飞机系统研制过程，并提供了用于表明适航条例符合性的实践方法。ARP 4754 系统整理和归纳了飞机和系统研制过程，对飞机和系统研制的双"V"过程进行了更详细的描述和解释，区别了功能研制保证等级（FDAL）和硬件研制保证等级（IDAL），对飞机研制过程中的各项活动间的关系描述更合理和清晰，增加了飞机级安全性工作初步飞机安全性评估（PASA）和飞机安全性评估（ASA）等内容。ARP 4754 将安全性过程作为完整研制过程的一部分，确定了飞机和系统的研制流程，以确保实现飞机的安全性需求。飞机设计公司使用安全性评估过程来表明对适航要求的符合性，并满足公司内部的安全标准。

安全性评估过程包括在系统研制期间实施和更新的详细评估，也覆盖该系统与其他系统研制过程的接口。重要的安全性评估的详细描述可参考 ARP 4761。对于实现复杂和交互功能的高度综合系统，关注之一是其安全性评估技术的有效性和范围，尤其是对于使用电子技术和基于软件技术的系统，如飞行控制系统。使用过程保证和双 V（确认和验证）体系组合的验证保证。同时，使用定量和定性的方法，指定安全性需求和确定对于这些需求的符合性。

安全性评估过程本身构成一个完整的双 V 过程，功能危险性评估（FHA）、PASA、系统功能危险性评估（SFHA）和初步系统安全性评估（PSSA）构成安全性需求的确认过程，系统安全性评估（SSA）和 ASA 构成飞机和系统架构满足安全性需求的验证过程。系统安全性计划对这些安全性活动、完成相应活动的组织、相关的安全性评估过程、使用的工具环境、研制阶段的转阶段判据等不同阶段进行了定义和描述。可根据飞行试验、试验室试验、报告或工程证明、用文件说明确认飞机或系统的研制满足安全性需求。对设计满足安全性需求的确认，可使用故障树分析进行验证。

基于 AADL 的系统模型是安全性分析的出发点和基础，通过 AADL 技术构建了系统模型，定义了系统的软硬件体系结构，描述了系统非功能性系统需求，如可靠性、可用性、及时性、响应性、流量、安全性和机密性。错误附件是 AADL 模型的一种标准扩展，主要用于建模和描述系统及组件的安全性。错误附件采用行为状态机描述可能由内部错误事件或者外部错误传播触发的系统随机故障。AADL 错误附件的主要特点包括：

1）层次化的错误类型定义：可自定义错误类型，并且可定义已有错误类型的子类型，形成层次化的错误本体库。不同分支的错误类型相互独立，可能同时发生。

2）组件之间的错误传播机制：可指定允许组件输入和输出的错误类型，并基于错误流描述错误在多个组件之间传播路径，以及建模平台资源故障对组件影响。

3）组件内部行为错误描述：可指定组件的工作状态、错误事件、修复事件、组件故障、发生概率、危害级别、故障传播影响以及故障如何检测与处理等。

4）组件错误行为组合机制：可描述组件错误是如何由其内部组件错误引发，即将组件错误状态映射为其内部组件错误状态集，支持不同级别的软件体系结构故障分析。

AADL 错误附件能够描述其故障行为组合，即将系统状态定义为其内部组件状态的组合。因此，系统安全性分析也可基于其内部组件安全性分析计算。在 AADL 错误附件中，其组件状态组合逻辑操作包括：or，and，ormore，orless。其含义分别为：or 表示只要其中任意一个内部组件状态符合；and 表示所有内部组件状态全部符合；ormore 表示至少 n 个内部组件状态符合；orless 表示至多 n 个内部组件状态符合。因此，可根据各个组件状态概率，按照其逻辑组合关系，计算系统在各个状态概率。然后将相同危害级别状态概率相加，即可分别计算系统处于不同危害级别状态的概率。

通过状态组合，能够直接计算系统状态概率，而避免由于将系统内部各个组件状态直接映射为系统状态所导致的系统状态爆炸问题，从而提高安全性分析计算效率。然后根据其错误状态组合实现关系，计算整个目标系统软件分别处于正常、轻微、较重、严重、灾难等各个危害级别状态概率，从而定量分析组件软件安全性，能够帮助用户有效地减少设计与实现的缺陷。

3. 可调度性分析

对于嵌入式实时系统，基于高性能平台的系统软件任务调度不当，轻则影响产品性能，重则会带来灾难性后果。如何在系统设计阶段就能对系统的实时性、安全性、可调度性等关键性能进行分析和验证，并有效控制开发时间和成本，是学术界和工业界共同面临的难题。

AADL 是一种专门用于设计与分析复杂嵌入式实时系统的软、硬件体系结构的建模语言，这个语言支持在设计阶段对系统性能关键特性（如实时性、安全性及可调度性等）进行分析与验证，能及时发现体系结构潜在问题，确保最终的产品达到预期要求。目前，已广泛用于航空电子、机器人、汽车电子等领域。

可调度性是指系统中的各个任务都能在其截止时限内完成，任务调度是实时系统内核的关键部分。由于嵌入式实时系统中的任务大都被建模为周期任务，故本部分主要论述周期性任务的实时调度算法理论。例如嵌入式系统设备中大都是周期设备，假设设备中有任务集合 TS，如果每个任务的每个死线在一个调度 S 下都能得到满足，则称调度 S 对于这个实时系统 TS 为有效调度。对于一个 TS，如果存在一个有效调度，则称该 TS 为可行的。如果一个调度算法能够产生一个有效调度，则称该 TS 在该调度算法下是可调度的。如果在一个调度算法下，每一个可行系统都可调度，则称该调度算法最优。

目前，主要有三种比较成熟的调度算法可用于实时系统的调度：时钟驱动（Clock-Driven）、处理器共享（Processor-Sharing）、优先级驱动（Priority-Driven）。其中优先级驱动调度算法的应用远远超过其他两种调度算法，该算法分为两种：动态优先级（Dynamic-Priority）和固定优先级（Fixed-Priority）。虽然动态优先级调度比固定优先级调度更有效，但是由于间接开销（Overhead）而在实际应用中很少使用。

对于动态优先级调度算法，有名的要数最早死线优先算法（Earliest Deadline First，EDF），该算法将死线最接近当前时间的任务设置为最高优先级。对于单处理器系统，EDF 算法是最优算法，但对于双或多处理器，EDF 并不是最优算法。另外，对于这样的系统，目前还没有最优算法。对于固定优先级调度算法，最有名的要数速率单调（Rate Monotonic，RM）和死线单调（Deadline Monotonic，DM）算法。RM 算法将最小周期的任务赋予最高优先级，DM 算法将最小相对死线的任务赋予最高优先级。当 TS 系统中所有任务的周期等于相对死线时，DM 和 RM 等价。对于单处理系统，DM 算法为最优算法。当某些任务的死线不等于周期时，RM 算法不是最优算法。

4. 资源利用率分析

嵌入式系统是指以应用为中心、以计算机为基础，软件硬件可裁剪，适应应用系统对功能、可靠性、成本、体积和功耗严格要求的专用计算机系统。嵌入式系统由硬件和软件两大部分组成：从硬件方面来讲，嵌入式系统的核心部件是各种类型的嵌入式微处理器；从软件方面来讲，嵌入式系统的软件一般由嵌入式操作系统和应用软件组成，而嵌入式系统的功能软件则集成于硬件系统之中，系统的应用软件与硬件一体化。其中嵌入式系统的处理器的选择是最重要的，通常它将限制操作系统的选择，而操作系统的选择又会限制开发工具的选择。

基于模型的硬件运行平台的资源利用率分析有助于及时发现系统潜在问题，如处理器的实现、处理器工作频率，处理器内存的存储情况，处理器选型是否妥当等。如果分析结果超过设计要求很多，应重新设计系统的软、硬件体系结构。针对系统特点选择一种合适的算法是实时系统重要问题，如系统建模时将两个不同子系统中的任务静态地分配并绑定到不同的处理器上，不存在一个任务被抢占后在另一个处理器上执行情况，因此系统是单处理实时调度。

当系统中有几个线程，基于工具根据算法或者公式可以计算相应的 CPU 资源利用率。所有在 AADL 中可调度性分析不仅与调度算法有关且与线程构件中的线程处理时间、周期、截止时间和处理器构件中的处理器主频高低等属性有关，借助分析工具的线程绑定与调度分析插件可对实例化后的系统模型进行验证分析，得到不同绑定的资源利用率之间对应表，通过分析资源利用率、主频等性能指标，可以指导我们选择合适的处理器。

利用分析工具及添加插件对模型进行资源利用率分析。通过分析可以有效地对系统的资源进行早期预测，使设计人员在设计初期就能对产品性能进行分析与验证，及时发现设计中潜在的问题，以便重新调整设计方案，以满足系统设计要求，这对降低系统开发成本和缩短系统开发周期具有积极的意义。

8.6 高精度模型的建立与表示

高精度模型的建立与表示有助于深入理解复杂系统的内在机制和交互关系，更准确地描述实际系统的行为和特性，增强模型仿真结果的可信度和准确性，可帮助用户在设计开发和系统优化中及时进行修改，或者准确预测与决策、优化资源的分配和利用。高精度模型的建立与表示主要包含以下7项关键技术。

8.6.1 建模语言选择和适应性

不同建模语言具有不同的特点和适用领域，针对特定系统类型应选择最适合的语言，如UML、SysML语言适用于需求分析和架构设计，因果建模（C/Simulink）适用控制系统的设计和仿真，非因果建模（Modelica语言）适用于物理系统建模等，以确保模型能够准确地表示系统的特性。

典型的建模语言包括UML（Unified Modeling Language）和SysML（Systems Modeling Language）。

UML提供了一种通用的建模语言，适用于各种系统，具有强大的生态系统和工具支持。而SysML是其面向系统工程的扩展，支持更详细的系统建模，专注于系统的结构、行为和性能建模。UML适用于嵌入式系统相对简单、需要通用建模语言的场景。对于复杂的嵌入式系统，特别是在系统工程领域，SysML能够更好地满足需求管理和系统结构建模的要求。

在嵌入式系统建模中，需要考虑硬件和软件之间的交互，以及系统与外部环境的接口。建模过程中要关注系统的结构、组件、端口和通信。UML和SysML提供了通用性，但在处理嵌入式系统的复杂性和实时性方面可能存在一些挑战。需要权衡使用这些通用建模语言的优势和局限性。

面向嵌入式系统的特定领域建模技术适用于嵌入式软硬件协同设计，如汽车电子系统、嵌入式控制系统等。

建模语言的设计是建立系统模型的基础，涉及语法、语义和语境的定义。语言的应用包括系统建模、分析和验证。建模语言的设计需要考虑语法的清晰性、语义的精确性和语境的适应性。其中语法的清晰性是指建模语言的语法应当简洁清晰，使工程师能够轻松理解和使用；语义的精确性是指语言的语义定义应当准确无歧义，以确保模型的一致性和正确性；语境的适应性是指考虑语言在不同领域和应用场景中的适用性，支持多种建模需求。

建模语言定义了一系列模型元素，包括类、对象、关系等。通过这些元素，工程师能够抽象和表达系统的结构和行为；还提供了关系的定义和表示机制，如UML中的关联、继承等。通过这些关系，工程师能够描述系统中元素之间的联系。

建模语言的标准化是确保语言在不同工具和环境中具有一致性和互操作性的关键步骤。OMG作为建模语言标准化的主要组织，在此方面发挥着关键作用。OMG负责制定和维护一系列建模语言标准，如UML。其标准化过程经历提案、制定、审查等多个阶段。标准化确保建模语言能够被不同工具和系统广泛支持，提高了工程师的灵活性和选择性。通过标准化，建模语言具备了更广泛的应用前景，有助于不同工具之间兼容，促进整体建模生态的发展。

UML（Unified Modeling Language）是一种通用的软件建模语言，用于描述、设计和分析软件系统的结构、行为和交互。它提供了一套图形符号和标记，用于表示系统的各个方面，包括类、对象、关系、行为、状态、过程等。通过使用 UML，软件工程师能够以一种标准化的方式描述和沟通系统的设计和功能。UML 于 1994—1995 年由 Rational Software 开发，1997 年被 OMG 采用为标准，并一直由该组织管理。2005 年，UML 被国际标准化组织（ISO）发布为认可的 ISO 标准。

UML 具有多个视图和图形表示方式，使得系统的建模和描述更加直观和可视化。其中最常用的视图包括结构视图、行为视图和交互视图。结构视图通过类图、对象图、组件图等展示系统的静态结构，描述系统的组成和关系。行为视图通过活动图、状态图、时序图等展示系统的动态行为，描述系统的活动和状态变化。交互视图通过时序图和通信图描述系统中不同对象之间的交互和通信。

1）统一性：UML 整合了多种建模方法和技术，提供了一种统一的建模语言，提供了一致的符号和标记，使得系统的描述和理解更加统一。

2）可视化：UML 采用图形表示的方式，不同类型的图形能够清晰地展示系统的不同方面和行为。

3）扩展性：UML 提供了扩展机制，通过定义和使用 UML 扩展，可以适应不同领域和问题域的建模需求。

4）UML 作为一种国际标准，提供了标准的语法和语义，使得不同团队和组织之间能够共享和理解建模文档，促进了软件开发的协作和交流。

MARTE（Modeling and Analysis of Real-Time and Embedded）是一种 UML 的扩展，通过扩展 UML 的概念和语法来支持实时系统建模。它提供了一组用于描述时间约束、资源分配、性能分析等方面的模型元素和规范，引入了特定的建模元素和图形符号，用于表示实时系统中的时间触发事件、时钟同步、任务调度策略、资源分配和并发通信等，用于描述实时和嵌入式系统的建模和分析。特点如下。

1）MARTE 专注于实时嵌入式系统的建模和分析技术，具有丰富的时间建模机制，支持精确描述时间约束和系统行为。

2）MARTE 提供资源建模，可以描述处理器、存储器和通信通道等系统资源，以支持资源分配和分析。

3）MARTE 支持并发建模，描述并发任务、同步和通信机制。

4）MARTE 支持错误检测、容错机制和故障恢复的建模。

SysML（Systems Modeling Language）由国际系统工程委员会（INCOSE）模型驱动系统设计工作组于 2001 年 1 月提出，2006 年进入 OMG 组织，2019 年发布 OMG SysML1.6 版本规范。SysML 由国际标准化组织（ISO）于 2017 年国际标准（IS）发布，即 ISO/IEC19514 : 2017。

SysML 是一种基于 UML（Unified Modeling Language）的系统建模语言，专门用于描述和分析复杂系统。SysML 扩展了 UML，添加了系统工程的概念和构造，使得它更适用于系统级建模和系统工程的实践。

SysML 包括 9 种类型的图表：活动图、块定义图、内部框图、封装图、参数图、需求图、时序图、状态机图和用例图，用于表示系统的结构、行为、功能和约束。SysML 还引入了一些专用的概念和机制，如引入了 Block、Port 和 Interface 的概念，用于表示系统的组件和接口。

它还支持模型的分层和继承，以便更好地组织和管理大型系统模型。

1）系统级建模：SysML 专注于系统级建模，强调整体性和交互作用。它提供了丰富的符号和图表，用于描述系统的结构、行为和功能。

2）扩展性：SysML 扩展了 UML 的元素和语义，以支持系统工程的实践，提供了专用的概念和机制。

3）需求管理：SysML 提供了专门的需求建模和管理机制。它支持需求的捕捉、跟踪和验证。

4）可定制性：SysML 允许用户根据特定领域或项目的需求进行扩展和定制。

5）与工程流程的集成：SysML 可以与系统工程的需求管理工具、系统验证工具和仿真工具等进行交互，从而支持整个系统工程过程的连续性。

AADL（Architecture Analysis and Design Language，体系结构分析与设计语言）源于霍尼韦尔先进技术中心开发的架构描述语言 MetaH，2001 年基于 MetaH 进行标准化设计。AADL 的 SAE 标准 AS-5506 于 2004 年发布，2022 年 4 月发布最新版标准 AS-5506D。

AADL 是一种用于描述实时和嵌入式系统体系结构的建模语言，提供了软件体系结构、运行时环境以及硬件体系结构的建模概念。通过数据（Data）、子程序（Subprogram）、线程（Thread）、进程（Process）、线程组（Thread group）等构件以及连接（Connection）来描述系统的软件体系结构；通过总线（Bus）、虚拟总线（Virtual bus）、处理器（Processor）、虚拟处理器（Virtual processor）、外设（Device）、存储器（Memory）等构件以及连接（Connection）来描述系统的硬件体系结构；通过通信协议（Communication）、模式变换协议（Mode Change）、调度策略（Scheduling）、分发协议（Dispatch）以及分区机制（Partition）等属性来描述系统的运行时环境；最后，通过系统（System）构件进行组合，层次化地建立系统的体系结构模型。

AUTOSAR 于 2003 年 7 月由宝马、博世、大陆集团、戴姆勒、西门子 VDO 和大众汽车成立。AUTOSAR 是一个面向汽车领域的开放和标准化软件架构。它提供了一个用于汽车电子控制器软件开发的通用平台，实现了软件组件和硬件的解耦。AUTOSAR 通过定义一组通用的建模元素和交换格式，支持从需求分析到设计、实现和测试的整个系统工程过程。

由于 AUTOSAR 具有标准化、分层架构、组件化、可配置性、通信机制和遗留系统集成等特点，使得 AUTOSAR 成为汽车电子系统开发的一种主要框架，提升了系统的互操作性、可扩展性和可重用性。

基于 MODELICA 语言的多领域仿真建模软件有 Dymola、SimulationX、AMESim 和 Simulink 的 Simscape 等。MATLAB/Simulink 系列工具中 Simulink、Stateflow 属于因果建模，用于控制系统仿真和信号处理，Simscape 属于非因果建模，用于仿真被控系统物理对象，二者语法语义存在较大区别，对比情况如表 8-1 所示。

表 8-1　因果建模与非因果建模特点对比

序号	对比内容	因果建模	非因果建模	说　明
1	适用应用场景	控制算法建模、信号处理算法，嵌入式软件代码生成及测试	物理系统建模与仿真	
2	仿真求解器的主要算法	状态机，离散，局部积分	连续系统的代数微分方程，包括事件管理	Modelica 的方程组，需通过连续求解器积分，例如 DASSL。这种方式基于迭代计算，运行时间无法确定，鲁棒性差，不适合机载软件

（续）

序号	对比内容	因果建模	非因果建模	说　明
3	模型描述和语义	离散系统	连续的物理系统	机载软件需要离散系统
4	运行时是否迭代	不迭代	通常需要迭代	迭代会造成运行时间无法确定，鲁棒性差，不能满足机载设备要求
5	定点化和整数计算	支持整数计算和定点化	通常采用浮点计算，Modelica 语义没有定点化概念	大部分机载软件需要定点化和整数运算，才能满足安全性和验证要求。此外，数据总线的变量都是定点化的
6	静态分析和形式化验证	生成的代码简洁，适合静态分析和形式化验证	仿真代码基于微分方程，不适合静态分析和形式化验证	Modelica 生成的代码无法通过安全认证
7	生成代码的代码规范	满足 MISRA 及类似代码安全规范	无法满足相关代码规范	
8	语义	Simulink 语义不清晰，但 SCADE 提供清晰的语义	主要用于物理建模，没有控制软件的语义	Modelica 语义不适合控制软件设计
9	测试和验证工具	Simulink 提供丰富的测试工具（Simulink Test），模型检查工具（Simulink Advisor）和验证工具（Polyspace）	不提供软件的测试，检查和验证工具	Modelica 工具不满足 1000 以上测试用例和测试需求

综合上述对比结果，基于 Modelica 的多领域物理建模与因果建模的关键技术差别较大。Modelica 作为描述物理系统的专用语言，在多领域物理建模方面能够方便地建立模型，而因果建模适用于嵌入式系统设计。

8.6.2　形式化建模和非形式化建模

形式化建模是指使用形式化语言、数学符号和逻辑规则来描述系统，提供了精确、可验证的系统描述，可消除模型的歧义和模糊性，以便于对系统行为进行分析仿真和验证。常见的形式化建模方式有以下四种。

1）差分方程和微分方程：使用差分方程和微分方程来描述系统的动态行为，可以基于物理原理或者系统动力学来模拟系统的变化过程。

2）状态空间建模：将系统描述为状态、输入和输出之间的关系，状态空间模型使用矩阵和向量表示系统的状态变化和动态方程，常用于控制系统和动态系统建模等。

3）离散事件建模：使用离散事件建模方法描述系统中离散事件的发生和状态变化，多用于交通系统、物流系统等，可用于研究和优化系统的性能、评估策略的有效性以及预测系统行为，帮助分析系统中的关键因素和决策。常见的软件有 SimEvents、AnyLogic 等。

4）Agent-based 建模：使用代理（Agents）来建立系统模型，每个代理具有自己的行为规则和交互方式，可用于研究复杂系统中的个体行为与整体行为之间的关系。

非形式化建模不依赖于数学或形式化语言的方法，通常使用自然语言、图形、图表或描述性工具来描述系统、流程或概念。这些方法更灵活、易于理解和使用，多用于快速原型设计或概念验证，但缺乏严谨性和精确性。常见的非形式化建模方法有流程图、时序图等。

8.6.3　数据驱动建模

利用观测数据（包括结构化 / 非结构化 / 时间序列数据等）来描述和预测系统的行为、性能和特征，可更好地利用数据模式、关联性和趋势。若观测数据样本足够多，该建模方法泛化能力强，能适用于不同领域的复杂系统建模。数据驱动建模涉及的关键技术主要有以下五种。

1）数据采集与预处理：收集和整理数据，清洗、去噪、填补缺失值等预处理步骤，确保数据质量和可用性。

2）特征工程：选择和构建能够有效表征系统特性的特征，并对原始数据进行转换、组合或降维，以提高模型性能和泛化能力，但随着深度学习技术尤其是大模型的发展，特征工程重要性日益降低。

3）模型选择与构建：选择适当的数据驱动模型，如神经网络、决策树、支持向量机等，并进行模型构建、训练和优化，以最大程度地拟合数据并达到预测目标。

4）超参数调优：调整模型中的超参数（如学习率、正则化参数等），以优化模型的性能和泛化能力。

5）交叉验证（Cross-Validation）与模型评估：采用交叉验证方法对模型进行评估和验证，保证模型在新数据上的泛化性能。

8.6.4　模型迭代优化和升级技术

模型应具备持续学习与更新能力：一方面可以基于实时数据和模型预测结果，利用参数估计和识别技术动态地更新模型参数，提升模型的准确性；另一方面需要利用增量式学习或其他方法，让模型能够根据新学习到的数据升级系统模型的泛化能力。

8.6.5　自动化模型构建技术

基于模板、规则、专家库或生成式 AI 等技术，从需求文档、规范或设计说明中进行自动建模。

8.6.6　模型库构建技术

模型库规范构建技术致力于创建具有良好组织结构和高可维护性的模型库。这包括定义模型库的组织结构、明确定义模型元素，以及对模型元素进行分类。模型库构建技术需要考虑以下关键因素。

1）组织结构：设计模型库的层次结构，考虑到模型的分类、子系统的定义和模型元素的组织。这有助于工程师更容易找到和重用模型元素。

2）模型元素的定义：确定模型元素的标准定义，包括名称、属性和行为。这提高了模型的一致性和可理解性。

3）一致性和可重用性：强调模型元素的一致性，确保它们在模型库中的使用方式相似；提高可重用性，使得相似的模型元素可以在不同系统中重复使用。

8.6.7　汽车协同设计技术

汽车分系统模型开发技术关注于构建和开发汽车各个子系统的模型，如动力总成、底盘、车身等。子系统模型的建立使用合适的建模语言和工具，如 Simulink。构建每个汽车子系统的模型，包括定义子系统的结构、行为和性能。耦合和协同设计在子系统模型开发过程中，需要考虑不同子系统之间的耦合和协同设计，以确保整体系统的一致性和优化。

整车模型构建与仿真分析技术关注于建立包含各个子系统的整车模型，并进行仿真分析以评估整车性能。整车模型的构建是将各个子系统的模型集成到一个整体模型中，考虑到不同子系统之间的相互影响和耦合。仿真分析使用仿真工具对整车模型进行各种测试和分析，包括性能、燃油效率、安全性等方面的评估。

通过这些技术实现了系统工程的全面集成和协同设计，为复杂系统的开发和优化提供了有效的方法。

8.7 系统仿真求解和分析技术

系统仿真多指利用微分方程、差分方程或积分方程等数学模型对系统进行描述，因此系统仿真模型中的求解和分析是将模型转化为计算机能够处理的数值计算的过程，是系统仿真的核心技术之一。

求解器是模型仿真的关键组成部分。求解器的工作原理基于数值计算，将连续的物理问题离散化为计算机可处理的形式，它直接影响仿真精度和效率。求解器可分为常微分方程求解器、偏微分方程求解器、非线性优化求解器等。

1）常微分方程求解器通常采用数值积分方法，常用的数值方法包括欧拉法、Runge-Kutta法、ADAMS-Bashforth 法等。

2）偏微分方程求解器常使用有限元法、有限差分法或有限体积法等。

3）非线性优化求解器使用迭代法，如梯度下降法，用于寻找系统中的最优解，常见的有Jacobi 迭代法、Gauss-Seidel 迭代法、SOR 迭代法等。

4）求解器的性能评估包括求解收敛性、求解效率和求解精度等。

① 求解收敛性是指求解器能够收敛到问题的最优解或局部最优解的能力，如果当步长 h 趋近 0 时数值解接近精确解，则称数值方法是收敛的。可通过设置迭代误差、迭代收敛速度或其他收敛准则来保证求解器的收敛性，在实时性较高的场合需要设置最大迭代次数限制。

② 求解的稳定性：对于某些微分方程，应用标准方法 [例如欧拉方法、显式龙格 – 库塔方法或多步方法（如 ADAMS-Bashforth 方法] 会导致解不稳定，但其他方法可能会产生稳定的解，被描述为求解的不稳定，通常是由于问题存在不同时间尺度引起的。

③ 求解步长选择：求解时间步长是求解器在每次迭代中所使用的步长。时间步长过小会导致计算量过大，过大会导致计算精度下降，求解器需要根据系统仿真模型的特性来选择合适的时间步长。

④ 求解效率主要用于衡量仿真求解的速度，常用的求解效率评价方法包括单位时间内求解的步数 / 资源消耗、单位时间内求解的状态数 / 资源消耗等衡量。

⑤ 求解精度是系统仿真求解的关键指标，主要用于衡量仿真结果的准确性，可通过将数值解与真实数据或实验数据进行对比，常用的求解精度评价方法包括相对误差、绝对误差等。

因不同类型的系统仿真模型可能涉及不同的方程类型、数学结构以及计算复杂度，因此在进行系统仿真时，需要根据仿真模型的特性、系统的复杂度、对精度速度要求以及计算资源的限制等选择合适的求解器。有以下因素影响到求解器的选择。

1）模型的线性程度：系统仿真模型可以分为线性模型和非线性模型。对于线性模型，可以使用欧拉法、龙格 – 库塔法等简单的数值方法。而非线性系统通常需要更复杂的求解器，可能需要使用迭代方法或者更高级的数值积分技术来处理，如 Runge-Kutta-Fehlberg 法、ADAMS-Bashforth 法等；对部分复杂的非线性模型，选择合适的数值积分方法对于保持仿真的精度和稳定性至关重要。

2）模型变量的维度：系统仿真模型的维度越高，求解的难度越大，对于高维模型，需要使用特殊的求解器，例如并行求解器、迭代求解器等。

3）模型的耦合性：涉及多个物理领域的模型可能会耦合不同类型的方程和模型。针对这种复杂性，需要选择能够有效处理多物理场耦合的求解器，例如多体动力学求解器或多物理场求解器。

4）模型的变量类型：系统仿真模型中的变量可以分为连续变量和离散变量。对于连续变量，可以使用常规的求解器。对于离散变量，需要使用特殊的求解器，例如离散事件求解器等。

5）模型的仿真精度和仿真实时性要求：针对实时仿真，需要快速、高效的求解器，在有限的时间内产生结果；有些模型对精度要求非常高，需要选择能够提供高精度数值结果的求解器，如利用更高阶的数值积分方法或者更严格的误差控制机制等。

6）符号计算：在某些情况下，使用符号计算方法可以提供更精确的解析解或者有效的近似解。符号计算可以处理变量、符号和方程，有助于理解系统的行为和性质。

7）稀疏矩阵快速求解：某些系统模型可能涉及稀疏矩阵结构，对于大规模系统，需要选择能够高效处理稀疏性的求解器提高求解效率。

在选择求解器时，需要根据系统仿真模型的特性来综合考虑，同时考虑仿真的精度、实时性、稳定性和收敛性等，选择最合适的求解器。

8.8 仿真调度与同步技术

在分布式环境中进行大规模、复杂系统的仿真，可极大提升测试效率。分布式系统仿真的调度定义了多个模型之间的依赖关系和执行顺序（包括模型初始化、模型求解和模型状态更新等步骤），以及分配计算资源和调度任务的方式。在执行和求解过程中，需要考虑模型之间的依赖关系和数据传输，以保证模型的计算顺序和数据一致性。

分布式并行仿真时需要确保模型的仿真结果在时间上保持一致，同步可以通过时间同步或事件触发机制来实现。为了实现同步求解，需要解决以下几个关键问题。

1）时间同步：在分布式环境中时间进程可能不同步，因此需要通过时间同步机制确保各个模型的仿真时间是一致的。常用的时间同步方法包括基于物理时钟的同步和基于逻辑时钟的同步。前者通过网络时间协议（NTP）或精确时间协议（PTP）等来内同步物理时钟，或者通过 GPS 授时等实现绝对时间同步；后者通过逻辑时钟算法（如 Lamport 时钟或向量时钟）来同步仿真进程的逻辑时钟。

2）求解器同步：分布式异构仿真平台中，不同仿真工具可能使用不同的求解器进行模型的求解，为保持求解结果的一致性，需要确保各个仿真工具的求解器同步；求解器同步可以通过控制仿真步长和时间步长来实现，在每个仿真步长之后，需要进行求解器状态的同步和更新。

3）数据同步的通信和协调：在分布式环境中，不同仿真工具之间需要共享数据和交换信息，需要确保数据在不同仿真工具之间的传输和同步，包括输入数据传递、输出数据收集和模型状态同步等。数据同步和通信可通过消息传递机制、共享内存、远程过程调用（RPC）等技术进行通信和协调，也可使用中间件或消息总线来管理和调度仿真任务。

8.9　模型优化技术

优化算法在系统仿真中主要用于调整系统参数，可自动地搜索参数空间，找到最优的参数组合，以使系统达到最佳性能，或者用于优化控制策略以实现更好的系统响应、稳定性和鲁棒性等。系统仿真中常用的优化算法主要有以下几种。

1）基于数学理论的优化方法，具有较强的理论基础和鲁棒性。常见的数学优化方法包括：最小二乘法（用于解决最小化目标函数的线性或非线性优化问题）、动态规划法（用于解决具有状态转移的优化问题）、模糊控制等（用于解决具有不确定性的优化问题等）。

2）基于启发式思想的优化方法，具有较强的探索能力和适应性，常见的启发式优化方法包括遗传算法、粒子群算法和模拟退火算法等。

3）梯度下降法：是一种基于目标函数梯度的迭代算法，用于最小化或最大化目标函数。

4）差分进化算法：一种基于群体搜索的优化算法，通过对个体进行组合和变异，寻找全局最优解。

5）贝叶斯优化算法：使用贝叶斯推断建模目标函数，并在未知区域中搜索最优解。

8.10　数据后处理和可视化

数据可视化主要通过图表、图形、动画和虚拟现实等手段，将仿真结果以直观的方式呈现，帮助工程师更好地理解系统行为、进行系统调试等。常用的数据可视化工具包括 Matplotlib、Plotly、Paraview 等，能够绘制二维和三维图形，展示仿真结果的空间和时间变化。

数据后处理指在仿真后对仿真数据进行挖掘分析，旨在从原始数据中提取有用的信息，以支持决策、发现趋势、评估性能等目标。常见的数据后处理技术包括数据清理（如处理缺失值 / 异常值 / 重复值等）、数据转换（如对数转换 / 归一化等）、统计分析（如计算方差或均值 / 相关性分析等）。此外还包括利用数据挖掘等技术进行后处理，常见的有特征工程（如特征聚合 / 降维等）、聚类分析、异常检测等，以及利用深度学习进行分析的技术。

数据后处理和可视化的主要价值在于帮助工程师深入理解仿真结果，发现潜在问题并做出优化决策。

8.11 模型验证和评估

8.11.1 模型验证技术

系统复杂性的增加和数字工程对模型精度的高要求导致了模型复杂性的增加，探索客观、实用和低成本的复杂模型可信度评价方法是数字工程研究重点。而模型验证是确保仿真模型与实际系统行为一致的关键步骤。模型验证主要涉及以下关键技术。

1）模型一致性检查：对系统模型进行一致性检查，确保模型中各个组件之间的逻辑和信息流是一致的，可通过使用形式化方法（如模型检验、定理证明）、模型检查工具或者手动检查模型结构来实现，确保模型满足特定的性质、规则或约束条件。

2）模型静态分析技术：检测模型中的潜在问题，如死锁、竞争条件、不变性、代数环、溢出检查等，提高模型的可靠性。

3）模型动态分析：运行模型，对模型运行结果和中间过程数据进行分析，确保模型满足功能、性能、交互性等。按照建模规范和指定标准进行检查，确保模型的结构和行为满足特定的标准要求。

8.11.2 模型评估方法

模型评估旨在对系统仿真模型进行全面的评估，包括模型的准确性、性能、预测能力以及对系统行为的真实反映，确保仿真模型在实际应用中具有可信度和可靠性涉及以下方法。

1）准确性评估是指评估模型输出与实际观测结果或理论计算结果之间的一致性，主要通过比较仿真结果与真实数据的残差分析、误差统计等方法来实现。

2）稳定性分析包括瞬时和稳态的稳定性。

① 瞬时稳定性验证是系统仿真中用于确保系统在瞬时负载或外部扰动下的响应能够保持平稳的一种验证方法，目标是评估系统在瞬时过程中的动态行为，以确保系统不会产生不稳定、过度振荡或其他不良的瞬时响应，验证方法主要包括负载变化模拟、振荡分析和频域分析。

② 稳态稳定性验证是系统仿真中用于确保系统在长时间运行后能够保持稳定的一种验证方法，目标是评估系统在稳态条件下的性能和输出，以确保系统在长时间运行后不会出现不稳定或异常的行为，验证方法包括长时间模拟、性能评估和状态空间分析等。

③ 鲁棒性分析：在模型的输入变量发生扰动的情况下进行仿真，观察模型的输出结果是否保持稳定。

3）故障注入和分析技术：在模型中注入故障观察系统模型对故障的响应。验证系统在异常情况下的行为是否符合功能预期。

4）验证用例设计：设计一系列验证用例，包括正常应用场景、边界条件和异常情况等。通过执行验证用例，评估模型的性能和可靠性测试。

5）不确定性分析是指考虑模型输入参数的不确定性，并通过概率分布等方法评估模型输出结果的不确定性和可靠性。

8.12 模型与产品的一致性

模型与产品的一致性是指模型所描述的系统或产品与实际产品之间的相似程度。模型与产品的行为一致性是指模型是否能够准确地模拟实际产品的特性、行为、性能和响应，确保产品的设计是合理和可靠的。例如在控制系统设计中，模型必须能够准确地预测系统的响应和稳定性，以确保控制系统能够按照预期进行操作。

系统设计和仿真中，首先构建模型来描述系统或产品的行为和特性。构建模型时需要考虑实际产品的各种特征和属性，模型参数需要根据实际产品的特性进行校准和调整。校准和调整模型参数的方法包括实验测试、专家知识和历史数据等，通过优化模型参数，可以提高模型与产品的一致性。

模型与产品的一致性评估结果可以为产品改进提供指导，其中通过模型评估方法中的"敏感性分析"可以评估模型输出结果对输入参数的敏感程度，确定对模型输出影响最大的参数，进一步优化模型的准确性和一致性。通过"不确定性分析"评估模型输出结果的不确定性范围，更加全面地评估模型与产品的一致性。

此外，针对控制系统开发 MBD 流程中的模型代码生成技术，产品即是由模型自动生成的产品级代码。模型与代码的一致性测试主要通过以下途径实施（图 8-25）。

1）模型生成代码技术研究：研究从模型自动生成可执行的代码，确保模型的行为在实际产品中得到准确实现。

2）代码生成工具开发：研究自动化的代码生成工具，将模型转化为可执行代码，保持模型与生成的代码之间的一致性。

3）模型检查和验证：使用模型检查方法验证模型是否满足特定的属性和规约，并确保这些属性在最终产品中得到满足。

4）代码与模型关联技术：研究代码与模型之间的映射关系。

5）模型变更管理：研究模型的管理变更，确保模型变更能够正确反映在生成的代码中。

6）持续集成和交付：研究模型与代码的生成、测试和验证纳入持续集成和交付的流程，确保每次变更都保持一致性。

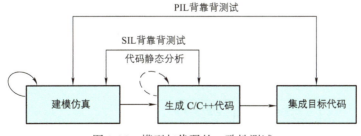

图 8-25　模型与代码的一致性测试

在 SIL（Software In-the-Loop）测试中，用自动生成的可执行目标代码替换了 MIL 测试中的模型。SIL 背靠背测试中，系统编译运行模拟环境的基础主机 PC 的源代码，并自动生成 SIL 测试所需的代码，使用与 MIL 测试相同的测试用例输入，并记录测试输出的值，最后比较输出是否与 MIL 测试输出一致。MIL 使用浮点算术执行这些基础计算，SIL 测试使用实际代码在定点执行计算。这种方法可以检测出由于可变数据大小的设计选择不当而引起的任何可能的溢出和被零除故障。

SIL 测试是验证代码和模型的一致性，代码运行在 Windows 平台上，某种程度上说，这并不能保证代码到目标处理器上的运行结果也能够和模型保持一致。所以，就有了 PIL 测试。PIL 测试和 SIL 测试的不同之处在于，SIL 将生成的代码通过 dll 可执行文件的方式运行在 Windows 平台上，而 PIL 测试是将生成的代码运行到目标处理器上。两种模式使用的编译器也是不同的，SIL 使用的是 Windows 下的编译器，比如 Visual Studio C++ 或者 LCC 编译器，而 PIL 使用的是目标编译器。从整个流程上增加等效性测试，以便检查出代码生成工具的潜在错误，防止代码生成过程出错。

综上所述，模型与产品的一致性是评估模型准确性和可靠性的重要指标。其中，模型与产品的一致性评估需要考虑模型的适用性和适用范围，根据具体情况进行评估和验证。

8.13 多领域建模

1. 模型库规范构建技术

现代汽车产品开发迭代速度加快，研发周期短、产品性能要求高，产品开发商迫切需要接口统一、模块组件可参数化、组件层级系列化的产品模型库，以适应汽车平台化高效开发的需要。根据行业规范以及 Modelica 的建模要求，基于统一的模型架构及基本物理元件、基本算法库，配置面向行业的复杂接口函数，从而构建汽车行业的专用模型库。模型库规范构建技术基于 Modelica 的系统建模一般流程，如图 8-26 所示。

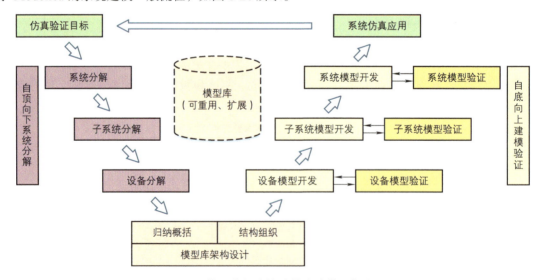

图 8-26 模型库规范构建技术建模一般流程

主要包括以下步骤。

1) 自顶向下系统分解。分析仿真验证目标，首先将目标系统分解为若干分系统，然后将每个分系统分解为若干单机，得到需要建立的所有单机列表。

2）模型库架构设计。对所有的单机进行归纳概括和结构组织，进行模型库的架构设计。

3）自底向上模型验证。依据模型库架构，针对其中的每一个单机逐一建模，然后调用单机模型构建分系统模型，最后调用分系统模型构建全系统模型，进行系统仿真应用。

4）模型测试与验证。在模型自底向上的构建过程中，必须在每一个层次，分别对单机模型、分系统模型和系统模型进行模型测试与验证。

综上所述，模型库规范构建首先针对整车模型中各个子系统进行基于 MBSE 的正向设计将系统分解，通过对分解结果的综合设计模型库的架构，进而进行元件模型库的实现，再通过自底向上的元件集成形成部件、子系统乃至系统模型。

2. 多领域统一建模技术

多领域统一建模技术基于多领域统一建模标准规范 Modelica3.3 及以上语义，支持可视化建模和文本建模 2 种方式，具备对系统建模能力，适用于多专业耦合和连续离散混合的复杂工程系统建模，提供文本、图标、组件、说明、引用等视图，支持不同形式的 Modelica 建模手段。

（1）多领域耦合建模（图 8-27）

采用代数微分方程描述各专业的原理，包括机械、电气、液压、控制、热等专业，由于各专业方程的变量存在耦合交互，因此对模型方程组进行统一仿真求解时可充分考虑到各专业之间的相互动态影响。

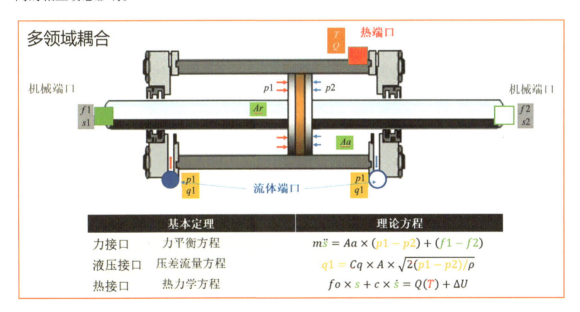

图 8-27　多领域耦合建模

（2）基于能量流的变量传递（图 8-28）

Modelica 语言具有多领域统一建模的能力，支持跨领域复杂系统的统一建模和仿真。Modelica 语言将任意领域元件的行为统一采用数学方程描述，将元件与外界的通信接口统一定义为连接器。连接器通常由匹配的势变量与流变量组成，如表 8-2 所示。

基于广义基尔霍夫定律（端口所有势变量相等、端口所有流变量和零），可实现模型之间不同专业变量的传递，由之前基于数据流的单向传递转变为基于能量流的双向传递。变量传递方向在求解过程中自动推导，无需人为约束变量传递方向。

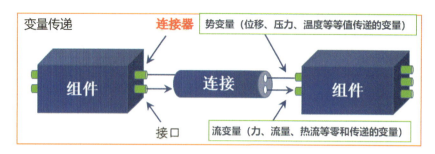

图 8-28　基于能量流的变量传递

表 8-2　常见物理领域势变量与流变量

领域	势变量		流变量	
电子	V	电压	I	电流
机械平动	s	位移	f	力
机械转动	ϕ	角度	τ	转矩
流体液压	p	压强	$\dot{v}$	流速
热力学	T	温度	$\dot{Q}$	热流量
化学	μ	化学势	$\dot{N}$	质点流

（3）基于物理拓扑结构建模（图 8-29）

由算法建模方式转变为物理建模方式，模型的接口与物理接口对应，模型的连接与物理拓扑一致。

一方面，当工况和边界条件发生变化时，模型组件和模型连接关系不会发生变化；另一方面，可以做到组件级和系统级的模型重用。

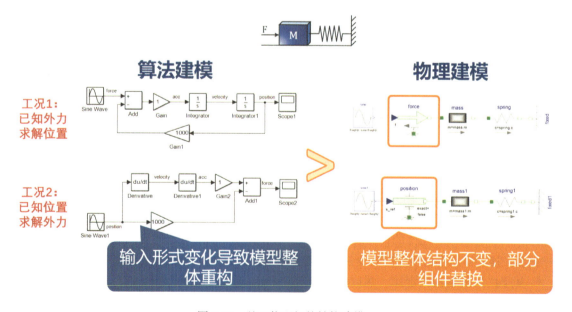

图 8-29　基于物理拓扑结构建模

（4）基于方程的原理建模（图 8-30）

模型的代码与物理原理方程一致，模型代码左右两边都可以是表达式。一方面，模型具备更强的可读性，由模型代码可以直观反映出模型原理；另一方面，工程师在建模过程无需关心模型求解算法设计，提升建模效率，降低建模门槛。

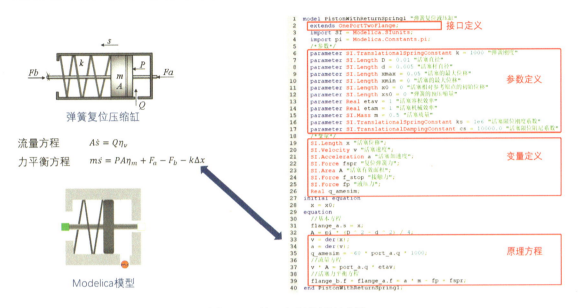

流量方程　　$A\dot{s} = Q\eta_v$

力平衡方程　$m\dot{s} = PA\eta_m + F_a - F_b - k\Delta x$

图 8-30　基于方程的原理建模

（5）离散连续混合建模（图 8-31）

模型在某些事件点会发生状态变化，采用 Modelica 语言可在模型中同时描述连续变化和离散事件，无需针对多个状态切换的场景分开建模，实现连续离散统一建模。

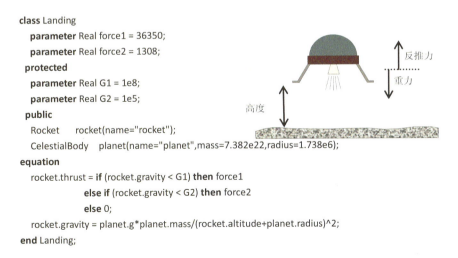

图 8-31　离散连续混合建模

（6）基础学科元件构建技术

基础学科元件的构建基于三项规范和四个步骤实现，如图 8-32 所示。

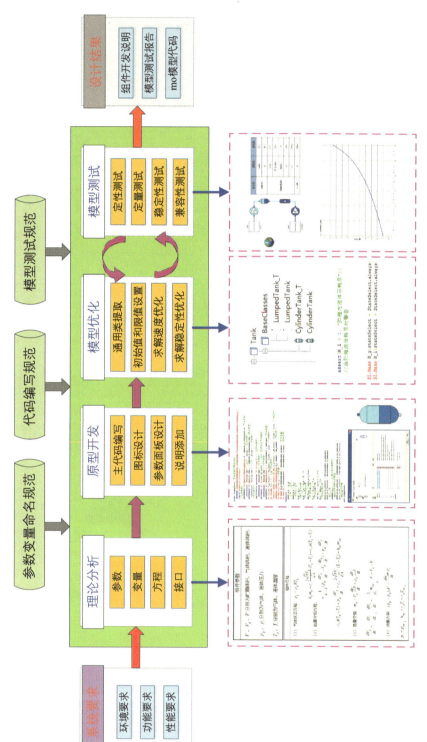

图 8-32 基础学科元件构建技术

下面以永磁同步电机模型（图 8-33）为例，介绍组件模型的建模方法。

1）模型原理：

假设前提：忽略铁心饱和；永磁材料的电导率为零；不计涡流和磁滞损耗，认为磁路是线性的；定子相绕组的感应电动势波为正弦型，定子绕组的电流在气隙中只产生正弦分布的磁势，忽略磁场的高次谐波。

2）物理原理：

基于电机物理模型和数学公式，通过电机特性参数进行建模。

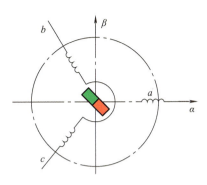

图 8-33　永磁同步电机模型

3）电压方程：

$$\begin{cases} U_d = p\psi_d - \psi_q\omega + R_s i_d \\ U_q = p\psi_q + \psi_d\omega + R_s i_q \end{cases} \qquad // \text{通过等效电路换算来实现}$$

4）定子磁链方程：

$$\begin{cases} \psi_d = L_d i_d + \psi_r \\ \psi_q = L_q i_q \end{cases} \qquad // \text{通过等效电路换算来实现}$$

5）电磁转矩方程：

$$T_e = p(i_q\psi_d - i_d\psi_q) \qquad // \text{通过气隙模型 airgap 来实现}$$

6）机械运动方程：

$$\frac{J}{P}\frac{d\omega}{dt} = T_e - T_L \qquad // \text{通过转动惯量 inertia 来实现}$$

式中，U_d、U_q 为定子电压 d、q 轴分量；i_d、i_q 为定子电流 d、q 轴分量；ψ_d、ψ_q 为定子磁链 d、q 轴分量；L_q、L_d 为定子绕组 d、q 轴电感；R_s 为定子电阻；ψ_r 为转子永磁体产生的磁链；T_e 为电机电磁转矩；T_L 为负载转矩；J 为转动惯量；P 为电机转子极对数；ω 为转子电角速度。

等效电路图如图 8-34 所示。

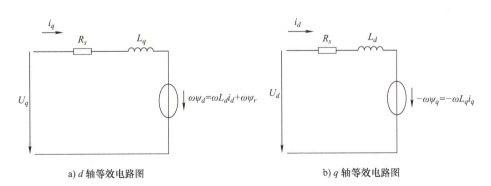

a) d 轴等效电路图　　　　　　　　b) q 轴等效电路图

图 8-34　等效电路图

转子永磁体会在定子线圈上产生正弦的感应电流，对此三相正弦感应电流进行坐标变换，转换成 d、q 轴旋转坐标系时，其中 q 轴电流值为 0，d 轴电流值最大，因此，永磁体可以用一个恒定电流源等效代替，电流源电流值为反电动势有效值除以感抗，即 $I_e = \dfrac{\sqrt{2} V_0}{2\pi f L_d}$，$V_0$ 为空载反电动势幅值；f 为反电动势频率；L_d 为 d 轴电感值。

7）模型组成：

电机模型库由接口库、元件库、定子模型、转子模型和气隙模型几部分组成，下面分别详细介绍。

建模过程中采用层级式建模原理，首先建立电磁学基本元器件模型库（如磁阻、磁源、电磁转换器等）、然后建立电机基本部件（如转子磁动势、定子绕组、坐标变换模型等）、最后搭建电机整机模型。本模型为定子单相电阻，Lssigma 为定子单相漏感，本项目中不考虑电磁损失，故取 0。

气隙模型通过空间变换矩阵，将定子电矢量与转子电矢量转换到同一个坐标系中，根据不同的需求对这个坐标系中的电矢量进行叠加，并计算出相应的电磁转矩。将定子多相电矢量转化为两相直角坐标系表示，转子同样通过励磁电流的两相直角坐标系表示。定子与转子之间的夹角 θ 为电机转矩角。

旋转坐标变换矩阵（转子坐标系变换到定子坐标系）为

$$\text{RotationMatrix} = \begin{bmatrix} \cos\theta & \sin\theta \\ -\sin\theta & \cos\theta \end{bmatrix} \tag{8-1}$$

电压计算公式：

$$U_s = \frac{\mathrm{d}\boldsymbol{\varphi}_s}{\mathrm{d}t} \tag{8-2}$$

$$U_r = \frac{\mathrm{d}\boldsymbol{\varphi}_r}{\mathrm{d}t} \tag{8-3}$$

电流计算公式：

定子坐标系中定子电流 $\boldsymbol{i}_{ss}$ 和转子电流 $\boldsymbol{i}_{rs}$ 与转子坐标系中的定子电流 $\boldsymbol{i}_{sr}$ 和转子电流 $\boldsymbol{i}_{rr}$ 的关系如下：

$$\boldsymbol{i}_{ss} = \text{RotationMatrix} \times \boldsymbol{i}_{sr} \tag{8-4}$$

$$\boldsymbol{i}_{rs} = \text{RotationMatrix} \times \boldsymbol{i}_{rr} \tag{8-5}$$

转子坐标系中的总电流为

$$\boldsymbol{i}_r = \boldsymbol{i}_{sr} + \boldsymbol{i}_{rr} \tag{8-6}$$

磁通计算公式：

转子磁通为

$$\boldsymbol{\varphi}_r = \boldsymbol{L} \times \boldsymbol{i}_r \tag{8-7}$$

定子磁通为

$$\boldsymbol{\varphi}_s = \text{RotationMatrix} \times \boldsymbol{\varphi}_r \tag{8-8}$$

电磁转矩：

$$\boldsymbol{T}_e = \frac{mp}{2}\boldsymbol{\varphi}_s \times \boldsymbol{i}_{ss} \tag{8-9}$$

式中，$\boldsymbol{\varphi}_s$、$\boldsymbol{\varphi}_r$、$\boldsymbol{i}_{ss}$、$\boldsymbol{i}_{sr}$、$\boldsymbol{i}_{rs}$、$\boldsymbol{i}_{rr}$、$\boldsymbol{i}_r$ 均为二维矢量；L 为 2×2 对角矩阵；m 为相数；一般取 3，p 为磁极对数。

8）模型实现：

永磁同步电机图标视图（图 8-35）

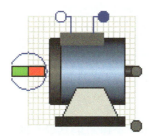

图 8-35　永磁同步电机图标视图

永磁同步电机组件视图（图 8-36）

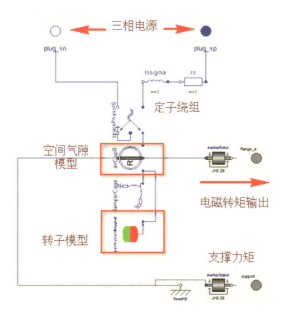

图 8-36　永磁同步电机组件视图

永磁同步电机文本视图如图 8-37 所示。

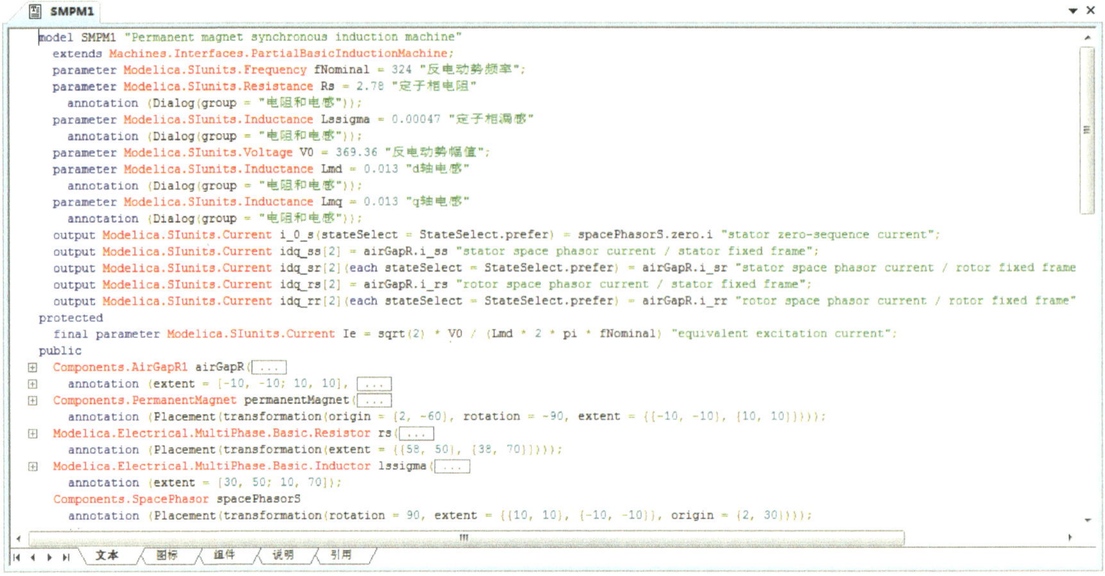

SMPM1
model SMPM1 "Permanent magnet synchronous induction machine"
extends Machines.Interfaces.PartialBasicInductionMachine;
parameter Modelica.SIunits.Frequency fNominal = 324 "反电动势频率";
parameter Modelica.SIunits.Resistance Rs = 2.78 "定子相电阻"
annotation (Dialog(group = "电阻和电感"));
parameter Modelica.SIunits.Inductance Lssigma = 0.00047 "定子相漏感"
annotation (Dialog(group = "电阻和电感"));
parameter Modelica.SIunits.Voltage V0 = 369.36 "反电动势幅值";
parameter Modelica.SIunits.Inductance Lmd = 0.013 "d轴电感"
annotation (Dialog(group = "电阻和电感"));
parameter Modelica.SIunits.Inductance Lmq = 0.013 "q轴电感"
annotation (Dialog(group = "电阻和电感"));
output Modelica.SIunits.Current i_0_s(stateSelect = StateSelect.prefer) = spacePhasorS.zero.i "stator zero-sequence current";
output Modelica.SIunits.Current idq_ss[2] = airGapR.i_ss "stator space phasor current / stator fixed frame";
output Modelica.SIunits.Current idq_sr[2](each stateSelect = StateSelect.prefer) = airGapR.i_sr "stator space phasor current / rotor fixed frame
output Modelica.SIunits.Current idq_rs[2] = airGapR.i_rs "rotor space phasor current / stator fixed frame";
output Modelica.SIunits.Current idq_rr[2](each stateSelect = StateSelect.prefer) = airGapR.i_rr "rotor space phasor current / rotor fixed frame"
protected
final parameter Modelica.SIunits.Current Ie = sqrt(2) * V0 / (Lmd * 2 * pi * fNominal) "equivalent excitation current";
public
Components.AirGapR1 airGapR(...
annotation (extent = [-10, -10; 10, 10], ...
Components.PermanentMagnet permanentMagnet(...
annotation (Placement(transformation(origin = {2, -60}, rotation = -90, extent = {{-10, -10}, {10, 10}})));
Modelica.Electrical.MultiPhase.Basic.Resistor rs(...
annotation (Placement(transformation(extent = {{58, 50}, {38, 70}})));
Modelica.Electrical.MultiPhase.Basic.Inductor lssigma(...
annotation (extent = [30, 50; 10, 70]);
Components.SpacePhasor spacePhasorS
annotation (Placement(transformation(rotation = 90, extent = {{10, 10}, {-10, -10}}, origin = {2, 30})));
文本
图标
组件
说明
引用

图 8-37　永磁同步电机文本视图

9）模型扩展（图 8-38）：

由建立一种电机的过程，积累了一套电机的基础组件库，如转子模型、定子绕组模型、电磁力矩模型等。

基于以上的电机基础组件库，可扩展构建其他类型的电机模型。

将不同的电机进行分类和组织，可形成电机模型库。

Components
PartialAirGap
AirGapS
AirGapR
Inductor
SquirrelCage
DamperCage
ElectricalExcitation
PermanentMagnet
InductorDC
PartialAirGapDC
AirGapDC
CompoundDCExcitation
PartialCore
IdealCore
BasicTransformer
模型扩展
AsynchronousInductionMachines
AIM_SquirrelCage
AIM_SlipRing
SynchronousInductionMachines
SM_PermanentMagnet
SM_ElectricalExcited
SM_ReluctanceRotor
DCMachines
DC_PermanentMagnet
DC_ElectricalExcited
DC_SeriesExcited
QuasiStationaryDCMachines
DC_PermanentMagnet
DC_ElectricalExcited
DC_SeriesExcited

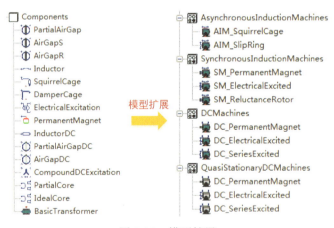

图 8-38　模型扩展

（7）汽车分系统模型开发技术

随着汽车工业的发展，汽车分系统模型开发技术在汽车设计和性能优化中扮演着越来越重要的角色。这些模型库涵盖了各种汽车子系统（图 8-39），包括车辆物理模型、车辆动力学模型、车辆热管理系统模型、车辆动力性经济性模型、车辆发动机模型、车辆电子模型以及车辆电池模型。通过这些模型的开发和使用，汽车制造商能够更好地理解和优化车辆性能，同时满足不断提高的环保和节能要求。

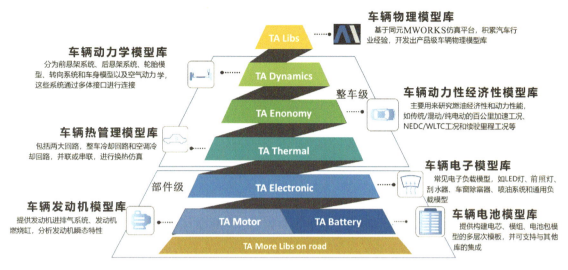

图 8-39　车辆分系统模型库

1）车辆物理模型库。车辆物理模型库是汽车分系统模型中的基础，它描述了汽车的结构、形状、重量分布等物理特性。这些模型对于预测车辆在不同条件下的运动学行为以及碰撞安全性能至关重要。通过基于车辆物理模型的仿真，可以提前评估车辆设计的安全性和稳定性，从而降低实际测试的成本和风险。

2）车辆动力学模型库。车辆动力学模型库涵盖了车辆在不同路况和驾驶条件下的动力学特性。这些模型可以预测车辆的加速、制动、转弯等行为，并帮助优化车辆的悬架系统、轮胎选型等关键部件，以提高车辆的操控性和舒适性。

3）车辆热管理模型库。随着汽车电气化和智能化的发展，车辆热管理变得越来越复杂和重要。车辆热管理模型库包括了对车辆冷却系统、加热系统以及电池热管理系统等的建模与仿真。这些模型可以帮助优化车辆的能源利用效率，延长关键部件的使用寿命，并确保车辆在极端温度条件下的可靠性和安全性。

4）车辆动力性经济性模型库。随着对环保和能源消耗的关注不断增加，车辆动力性经济性成为汽车设计和购买的重要考量因素之一。车辆动力性经济性模型库可以对车辆的燃油经济性、电池续驶里程等关键性能进行预测和优化，帮助汽车制造商设计出更加节能环保的车型。

5）车辆发动机模型库。发动机是汽车动力系统的核心部件之一。发动机模型库主要用于对发动机燃烧过程、排放特性以及燃油消耗等进行建模和仿真。这些模型可以帮助优化发动机的设计参数、提高燃烧效率、降低排放，并满足不断更新的排放法规标准。

6）车辆电子模型库。现代汽车中内置各种电子系统，包括发动机控制单元、车辆稳定控制系统、智能驾驶辅助系统等。车辆电子模型库涵盖了这些电子系统的建模与仿真，可以帮助优化电子系统的控制算法，提高车辆的安全性和驾驶舒适性。

7）车辆电池模型库。随着电动汽车的普及，车辆电池模型库变得越来越重要。这些模型可以对电池的充放电特性、温度特性以及寿命进行建模和仿真，帮助优化电动汽车的电池管理系统，提高续驶里程和充电效率，延长电池的使用寿命。

第 9 章
测试验证与标定软件关键技术

随着汽车行业的快速发展，特别是新能源汽车和智能驾驶技术的兴起，汽车测试软件在汽车研发、生产、质量控制和市场准入等环节中扮演着越来越重要的角色。

9.1 系统虚拟集成与验证

现代汽车是一个复杂的机电系统集合，其舒适性、安全性和性能在很大程度上取决于其中电子控制单元的数量以及车身部件的数量。整个汽车供应链，包括汽车制造商、电子子系统供应商和零部件供应商，难以应对在数量惊人的零部件上实现的不断增加的功能。车辆设计必须满足严格的成本（由于市场竞争力）、性能和安全限制。尽管有人试图减少部署在汽车中的协议数量，但事实上，每个应用类别都规定了非常不同的实时性和安全性要求，因此使用设计方案。同时，汽车部件还包括一个大型分布式实时嵌入式系统。汽车及其电子产品的设计流程包括传统上由汽车制造商执行的系统规范阶段、传统上由子系统提供商与软件和硬件组件提供商一起执行的子系统实施阶段以及传统上由车辆制造商执行的集成阶段。

以应对上述情况，需要从目前的设计实践中进行重大转变。集成应在虚拟平台上进行，该平台由硬件和软件组件的模型组成，这些模型构成了分布式功能和体系结构的整体模型的构建块。这相当于在包含虚拟集成阶段的 V 模型中添加了一个新分支，如图 9-1 所示。在实现和集成真正的硬件之前，这样的早期研究可以大大提高对设计错误的检测。

虚拟集成平台需要支持以下核心功能，以实现高效的系统集成、仿真和验证。

1）多领域建模与仿真集成：支持多种建模语言和工具（如 SysML、Simulink、Modelica、Dymola、ADAMS、ANSYS 等），用于构建动力系统、电子电气架构、控制算法等多领域模型。

2）软硬件联合仿真与测试：支持模型在环（MIL）、软件在环（SIL）、硬件在环（HIL）仿真，覆盖不同开发阶段的测试需求。实时仿真与数据展示。

3）系统架构设计与优化：多方案优化与权衡分析，基于设计约束（如功耗、性能、成本、安全性等）进行方案评估与优化。

4）数据分析与可视化：实时可视化仿真结果，支持 3D 动画、热力图、时序曲线等数据展示方式。

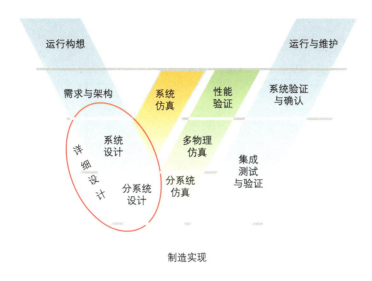

图 9-1　V 模型

　　虚拟集成方案是提高开发效率、优化系统性能和降低测试成本的重要手段。虚拟集成通过构建数字化车辆模型，在早期设计阶段对整车及其子系统的功能、性能和互操作性进行仿真和验证，从而减少物理样机的依赖，加快产品迭代周期。这一方案依托于系统级建模、联合仿真和模型驱动的开发（MBSE）方法，将动力系统、电子电气架构（E/E）、ADAS（高级驾驶辅助系统）等多个子系统进行虚拟集成。在架构设计阶段，工程师可以基于仿真模型进行跨域交互分析，优化软硬件资源分配，评估控制策略，并识别潜在的系统冲突。

　　随着汽车市场的增长、产品快速迭代、新材料和新技术的应用加快，以及法规要求的日益严格，行业竞争变得更加激烈，现代汽车的研发复杂性持续上升。汽车及其各组成系统的开发需要高昂的投资，这迫使整车厂和系统供应商尽早做出关键设计决策，尤其是在安全性和法规约束下的性能与成本权衡。由于这些决策通常在设计早期确定，它们对产品的开发周期和运营成本有着深远影响。

　　在这样的设计需求下，基于模型的设计和多学科优化仿真在汽车工业中的作用越来越突出，不仅有助于降低成本，还能提升产品竞争力。考虑到汽车开发的高度分散和多学科协作的需求，关键在于如何在供应链各方之间，通过 Dymola、ANSYS、ADAMS 等多种建模工具和语言，构建精确的稳态模型。在这一背景下，功能实体模型接口标准（FMI）受到越来越多的关注。作为一种模型交换与联合仿真标准协议，FMI 为基于模型的设计方法在设计决策中的广泛应用提供了支持。FMI 经过实践验证，已成为一种行之有效的模拟和协同仿真方案，并在不断升级优化。

　　FMI 集成方案如图 9-2 所示。

　　FMI 是一个独立于工具的标准，用于交换动态模型和协同仿真模拟。如今，FMI 是由 Modelica 协会赞助的标准规范。FMI 的主要目标是支持厂商、供应商和原始设备制造商之间的模拟模型交换，尤其是在使用各种不同工具且没有模型交换或联合模拟机制的情况下。FMI 是在模拟工具供应商和研究机构之间的密切合作下开发的。

◆基于FMI的虚拟集成方案

基于FMI协议以FMU封装或分布式方式进行集成

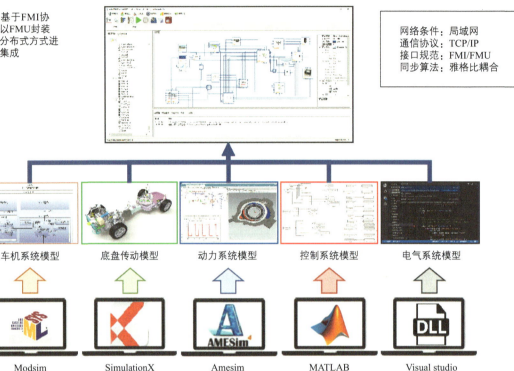

网络条件：局域网
通信协议：TCP/IP
接口规范：FMI/FMU
同步算法：雅格比耦合

车机系统模型　　底盘传动模型　　动力系统模型　　控制系统模型　　电气系统模型

Modsim　　　SimulationX　　　Amesim　　　MATLAB　　　Visual studio

- 支持分布式仿真和异构模型封装两种集成方式
- 有丰富的商业软件FMI协议支持基础
- 支持丰富的软件接口

图 9-2　FMI 集成方案

支持通过 FMI 进行模型交换和联合模拟的工具有很多，而且不断增加。随着技术的发展，系统及其交互变得越来越复杂（网络和物理元素的混合），市场格局也变得越来越具有竞争力。使用模型模拟系统的网络物理行为及其与周围系统的相互作用的能力对于通过以下方式降低质量成本和工程成本至关重要。

1）早期评估产品和产品系列的体系结构备选方案。

2）早期预测系统性能并优化其设计，以增加竞争优势。

3）早期验证是否符合系统要求。

4）在实际实施之前获得认证。

上述基于模型的设计方法是科学界设想的系统 / 设备工程方法，需要多个工程小组开发不同学科 / 领域的模型，并将其集成到系统级模型中。在当前的工业实践中，这是一项具有挑战性的活动，因为所涉及的工具不同，特定学科模型的性质和保真度也不同。此外，不同的小组要求通过在组织内部和组织之间交换受保护的模型，在不损失知识产权的情况下共享建模工作。

FMI 标准是实现上述目标的关键因素，能够集成和共同模拟使用不同商业工具创建的不同组织的模型，同时保护知识产权。

系统集成商提供了一组模型（以及一组文件），这些模型代表了供应商签订合同交付系统所依据的规范。供应商将此类模型与系统模型相结合，通过两个模型的模拟集成来验证合规性。供应商建立系统的衍生模型以交付给客户，该模型可以共同模拟交付的系统模型，以验证其在完全集成系统的背景下的运行。

上述方案可以进行早期的需求确认和集成验证使系统设计满足客户预期，显示足够的竞争优势：在不发布重要专有信息的情况下交换模型的能力，例如构成商业秘密并需要与模型一起使用以确保准确模拟的技术数据；能够共同模拟由不同供应商开发的多物理系统的复杂模型，可能使用不同的建模和仿真软件（如 Simulink、Dymola、ANSYS、Scade 等）。

如今，FMI 是唯一一种能够解决上述场景和挑战的相对成熟的非专有模型交换和联合模拟格式。FMI 规范类型如图 9-3 所示。

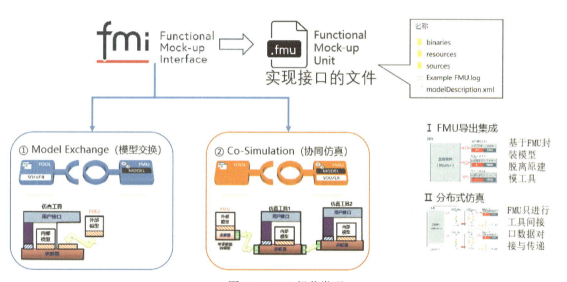

图 9-3　FMI 规范类型

FMI 标准包含了两种不同集成类型的规范：用于模型交换的 FMI（FMI-ME）和用于协同仿真的 FMI（FMI-CS）。在 FMI 中，一个组件被称为 FMU（功能性实体单元），由可通过标准化应用程序编程接口（API）访问的方程组成。在 FMI-ME 中，FMU 只声明一组变量、方程和可选数据，如参数或用户界面特征。FMI-ME 为不同仿真工具之间的组件交换提供了一种通用格式。因此，用于模型交换的 FMU 是一个"被动"组件。主机环境负责求解 FMU 通过 FMI API 访问它们提供的方程。另外，在 FMI-CS 中，FMU 是一个自包含的对象。它不仅包括模型方程，还包括创建它的设计环境提供的模拟引擎。

在任一模式中，FMU 集合的执行被指定为根据主算法（MA）进行编排。在联合仿真中，主算法只需要协调互连 FMU 和提前时间之间的数据交换，而在模型交换中，主算法还必须求解每个 FMU 提供的方程。FMU 由一个名为"modelDescriptionSchema"的 XML 文件和一个 C 代码实现（作为源代码或编译为 DLL/ 共享库）来描述。主机环境（实现 MA）使用存储在 modelDescriptionSchema 中的信息来收集 FMU 模型的属性。

综上所述，FMI 标准正在不同的行业领域迅速推广。在航空航天、汽车等行业，FMI 能够在不同的工具和不同的组织中重复使用封装后的模型，特别是在组件和系统级别部署基于模型的方法，从而降低质量成本并提高工程效率。

9.2 模型 / 代码测试软件关键技术

模型 / 代码测试用于评估和验证模型代码，其关键是在软件开发过程中确保模型代码的正确性、可靠性和稳定性，以满足软件系统的需求和质量标准，主要涉及以下关键技术。

1）静态分析技术：指在不执行代码的情况下对其进行分析，以发现潜在的错误和问题，可用于检查代码的规范性、一致性和可读性，以及发现潜在的死代码、未初始化变量等问题。常用的静态分析技术包括语法分析、数据流分析和符号执行等。

2）动态测试技术：是指通过执行代码并观察其行为来评估代码的正确性和性能，可用于验证代码的输出是否符合预期、检测运行时错误和异常，并评估代码的性能。常用的动态测试技术包括单元测试、集成测试、回归测试和性能测试等。

3）模糊测试技术：是一种通过生成随机或半随机的输入来评估代码的健壮性和安全性的技术，可用于发现输入值范围外的错误、边界条件错误和安全漏洞。常用的模糊测试技术包括随机生成测试用例、变异测试和符号执行等。

4）覆盖率分析技术：是评估测试用例对代码的覆盖程度，以确定测试的完整性和有效性，可帮助发现测试用例未覆盖到的代码路径和边界条件，以及评估测试的质量。常用的覆盖率分析技术包括语句覆盖率、分支覆盖率和路径覆盖率等。

9.3 仿真测试验证与标定软件关键技术

仿真测试验证是用于评估和验证仿真模型，以保证模型的准确性和可靠性，并产生正确的仿真结果，主要涉及以下关键技术。

1）验证测试技术：指通过对仿真模型进行系列测试以验证其是否满足特定的需求和规范。验证测试技术可以通过比较仿真结果与实际观测结果、历史数据或其他模型的结果来评估仿真模型的准确性。常用的验证测试技术包括对比分析、实验数据验证和模型对比等。

2）敏感性分析技术：是通过改变模型的输入参数或初始条件，评估其对仿真结果的影响程度，可帮助确定哪些参数对仿真结果具有重要影响，进而优化参数设置和模型调整。常用的敏感性分析技术包括单参数敏感性分析、多参数敏感性分析和全局敏感性分析等。

3）测试验证与需求的追踪与管理：是软件开发和系统工程中的关键活动，旨在分析、跟踪和满足系统的需求。

4）自动化工作流程与集成：将不同工具集成在一起形成验证测试套件，确保无缝的数据和信息交流，对于评估仿真模型的准确性和可靠性至关重要。验证测试套件应覆盖各类的仿真场景和复杂性级别，并包含充分的边界约束条件和异常情况处理、故障注入等。

5）自动化测试技术：是指使用自动化工具和脚本来执行测试，提高测试效率和准确性。自动化测试可快速执行大规模测试用例，减少人工错误和测试时间。

在系统 V 开发流程中，涉及的仿真测试验证包括模型在环、快速控制原型、软件在环、硬件在环等（图 9-4）。

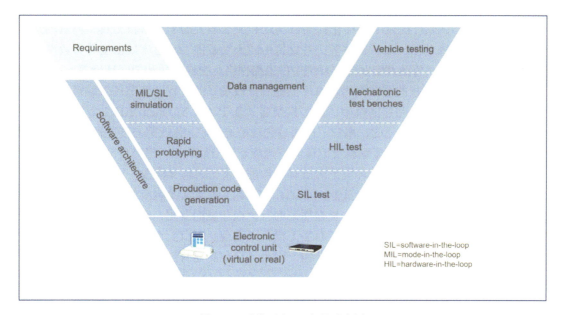

图 9-4　系统开发 V 流程示意图

9.4　模型 / 算法测试软件关键技术

模型 / 算法测试软件典型应用于自动驾驶模拟仿真测试，是计算机仿真技术在汽车领域的应用，它以数学建模的方式将自动驾驶的应用场景进行了数字化还原，建立尽可能接近真实世界的系统模型，以达到对自动驾驶系统模型 / 算法进行测试验证的目的。基于场景的模型 / 算法在环测试软件，能够支持企业进行模拟仿真测试场景的灵活配置，助力自动驾驶车辆模型 / 算法开展自动化测试、云端大规模并行等多种方式的加速测试，为自动驾驶车辆的测试评价节省了大量人力和物力，提高汽车研发效率和质量，保障汽车安全和市场准入。从方便用户测试角度，模型 / 算法测试软件的关键技术包括仿真引擎、场景编辑、仿真模型、场景生成等。

（1）仿真引擎

仿真引擎是模拟仿真测试软件的核心技术之一。作为模型 / 算法测试软件运行的关键模块，提供了自动驾驶仿真虚拟环境，实现仿真引擎和自动驾驶模型 / 算法的状态 / 控制、车辆控制等指令的交互，以及与自动化测试的仿真控制指令和数据的交互。仿真引擎包括物理引擎、图像渲染引擎等。其中，物理引擎能够模拟现实世界中物体运动的物理规律，如力学、碰撞检测、刚体动力学等，能够准确地计算物体在各种物理力作用下的运动轨迹，实现高度真实的模拟效果。图像渲染引擎用于创建高质量、逼真的图像，呈现高度逼真的三维场景和物体。基于真实世界的物理规律，如光的反射、折射、阴影等，通过模拟这些过程，以生成具有高度真实感的图像。同时，还支持多种渲染技术，如全局光照、体积光、镜面反射等。全局光照模拟光在场景中的间接传播和反射，使场景中的阴影和光照更加真实。仿真引擎可以与其他软件和技术集成，如3D建模软件、动画软件等，共同支持自动驾驶车辆模型/算法测试。

（2）场景编辑

模型/算法测试软件提供了多样化的测试场景和灵活强大的场景编辑工具。测试场景主要包括城市道路、高速公路、乡村道路等，并支持不同天气条件、交通流量密度等参数设置；编辑工具允许用户创建、修改和定制虚拟环境中的道路网络、交通流量和天气环境等元素。

静态场景编辑通常指的是在编辑环境下创建和修改场景的过程。静态场景编辑器可以帮助用户创建、编辑和测试道路路网模型，这些模型通常基于ASAM OpenDRIVE等标准格式进行创建。其中，编辑器是可视化的，用户可以通过它轻松地创建和修改静态的路网元素，如道路、交通标志、建筑物等。静态场景编辑可以提高搭建静态路网的效率，提高自动驾驶的测试效率。

动态场景生成则是指在运行环境下对已有场景进行实时编辑和修改。这种技术基于ASAM Open SCENARIO等标准格式进行创建，通常用于需要实时交互或响应的场景，如交通行为交互和天气环境等。动态场景生成可以根据用户的行为或环境的变化，动态地创建和修改场景中的元素。这种技术可以通过脚本或运行时手工操作来实现，可以大大提高场景的灵活性和实时性。动态场景生成还可以帮助减小系统开销，因为它只在需要时创建和修改场景元素，而不是在编辑环境下预先生成所有的元素。

总之，静/动态场景编辑是实现高度逼真三维场景和物体的关键，结合仿真引擎，通过不断优化和改进测试软件和工具，以满足不同用户对自动驾驶场景的搭建真实感和视觉效果的需求。

（3）仿真模型

在模型/算法测试软件中，通常会嵌入各种仿真模型，方便用户使用，部分软件也支持导入/加载第三方模型。仿真模型是通过物理建模或数学建模的方法，近似地模拟各系统的特性和输入－输出关系。仿真模型可以根据其所描述的对象和功能进行分类，不同模型可以相互融合和交叉，以适应复杂多变的自动驾驶交通场景。一个完整的在环模型/算法测试软件中仿真模型通常包括车辆动力学模型、传感器模型、驾驶员模型、交通流模型等。

（4）场景生成

自动驾驶场景生成是在模型/算法测试软件中，基于计算机仿真和虚拟现实技术，可以将实际路采数据生成各种复杂的道路和交通场景，以便对自动驾驶模型/算法进行验证和优化。

自动驾驶场景生成技术的主要包括以下步骤。

1）场景定义：需要定义要生成的场景类型，例如城市道路、高速公路、山区道路、雨雪天气等。

2）场景提取：采用适当的技术和方法，如模式识别、自然语言处理、机器学习等，在特定实际路采环境提取关键信息或元素。

3）场景建模：根据定义的场景类型和提取的关键元素，使用计算机图形学技术建立三维场景模型，包括道路、交通标志、车辆、行人、建筑物等元素的建模。

4）场景仿真：将建立的场景模型导入到仿真软件中，通过模拟车辆行驶和交通流来生成场景。仿真软件可以模拟车辆的动力学特性、传感器数据、交通规则和交通流等因素，以生成逼真的场景。

5）场景验证：生成的场景需要经过验证，以确保其符合实际道路和交通情况。验证可以通过人工检查、自动化测试和对比实际道路数据等方式进行。

6）场景优化：根据验证结果，对场景进行调整和优化，以提高场景的逼真度和测试效果。

自动驾驶场景生成技术可以加速自动驾驶模型/算法的开发、测试和优化，也可以用于自动驾驶车辆的测试和评估。通过生成各种复杂的场景，可以模拟各种道路和交通情况，从而全面评估自动驾驶模型/算法的性能和安全性。

此外，随着 AI 的快速发展，将 AI 技术引入在环仿真测试也是一种发展趋势。首先，AI 技术可以自动生成测试场景和测试用例，减少人工编写测试用例的时间和成本。其次，AI 技术可以通过学习历史测试数据，预测潜在的问题和故障，从而提前进行故障排查和修复。再次，AI 技术还可以对测试结果进行智能分析和处理，提供更为精准和深入的测试结果评估和建议。最后，随着技术的不断进步和应用场景的不断拓展，AI 技术将在在环仿真测试中发挥越来越重要的作用，为提升测试效率和质量提供有力支持，将会一步步变成模型/算法测试软件最核心的关键技术。

9.5 仿真模型测试关键技术

9.5.1 交通流模型

1. 模型概述

（1）交通流理论

交通流理论是研究交通系统中车辆、行人或其他交通参与者的运动规律、交通流量分布、拥堵现象和交通运输设施的设计、管理和优化等方面的理论。它基于物理学和工程学原理，通过建立数学模型和仿真方法，分析交通系统中的运动、排队和流量分布等现象，以优化交通网络的效率、安全性和可持续性。交通流理论的研究对象涵盖了公路、铁路、水路等各种交通方式，是城市规划、交通工程和交通管理等领域的重要理论基础。在本书中，交通流一般是连续行驶的车流。

（2）交通流模型分类

交通流建模是研究交通系统中车辆、行人或其他交通参与者的运动规律、交通流量分布、拥堵现象和交通运输设施的设计、管理和优化等方面的过程。以下是一些常见的交通流建模方法。

1）微观级模型。微观级模型关注个体交通参与者的行为和交互，通常采用基于代理的方法来模拟每辆车辆或行人的运动。微观级模型可以更准确地描述交通流的细节和特征，例如车辆间的交互、车辆加速减速等。常见的微观级模型包括 Cellular Automaton 模型和 Agent-Based 模型。

2）宏观级模型。宏观级模型关注整体交通流的运动规律和流量分布，通常采用连续介质假设来描述交通流的行为。宏观级模型通常采用偏微分方程或差分方程来描述交通流的演化过程，例如 Lighthill-Whitham-Richards（LWR）模型。宏观级模型适用于大范围的交通网络和长时间跨度的仿真。

3）混合级模型。混合级模型将微观级模型和宏观级模型相结合，以克服各自模型的局限性。通常采用多尺度建模方法来实现不同级别模型之间的耦合和协调，例如通过将微观级模型嵌入到宏观级模型中进行仿真。

（3）交通流模型研究内容

交通流模型的研究旨在针对车流通行的各个方面进行分析和优化，主要包括以下几个方面。

1）车辆密度和流量分布。研究车辆在道路上的密度分布以及流量的变化规律，包括高峰时段和非高峰时段的变化。

2）速度与密度关系。分析车辆密度和车速之间的关系，通过密度－速度曲线描述车流的运行状态，包括自由流状态和拥堵状态。

3）拥堵与延误。研究交通拥堵的成因和演化过程，包括瓶颈效应、交叉口信号控制、事故和道路施工等造成的延误情况。

4）交通信号优化。优化交通信号控制策略，减少交叉口的延误和拥堵，提高道路通行效率。

5）交通仿真模拟。建立交通仿真模型，模拟车流在不同道路网络下的运行情况，评估交通改建方案的效果。

6）交通容量分析。计算道路或路段的最大通行能力，评估交通系统的瓶颈和瓶颈的位置。

7）交通管制与调控。研究交通管理和调控手段，包括交通管制措施、拥堵缓解策略以及交通信息系统的应用等。

8）路网设计与规划。基于交通流理论，设计合理的路网布局和交通设施，以满足不同交通需求，并优化城市交通结构。

（4）仿真工具

交通流仿真软件经历了约半个世纪的发展，现已有众多成熟的交通流仿真系统。这里选择市场占有率较高，在规划院所、交警以及高校科研用户中较常使用的 3 款微观交通流仿真软件 SUMO、VISSIM、PanoSim 进行简要的功能比较和分析。

1）SUMO（Simulation of Urban MObility）。SUMO 是一款由德国宇航中心（DLR）研发的开源微观级交通流仿真软件（图 9-5），用于模拟和分析车辆在城市和道路网络中的行驶行为，发展始于 2000 年。

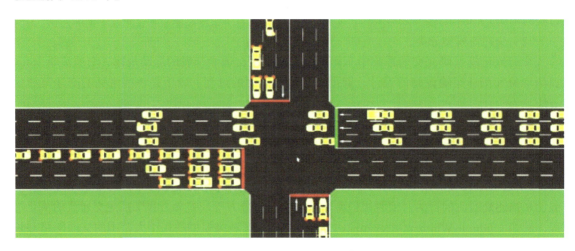

图 9-5　SUMO 交通流仿真

① 优点：

- 开源免费：SUMO 是开源软件，可以免费获取和使用，使得其在学术界和研究领域广泛应用。
- 灵活性：SUMO 提供了丰富的功能和可配置选项，可以灵活地模拟不同的交通场景和交通管理策略。
- 模块化设计：SUMO 采用模块化设计，允许用户根据需要选择和集成不同的功能模块，使得其适用于各种规模和复杂度的仿真项目。用的模块包括路网编辑器、仿真控制器、车辆生成器等。
- 车辆行为模型：SUMO 提供了多种车辆行为模型，包括基于规则的模型、基于加速度的模型、基于驾驶人行为的模型等，用于描述车辆在道路上的行驶行为和交互方式。
- 跨平台支持：SUMO 可以在多种操作系统上运行，包括 Windows、Linux 和 macOS 等，具有较好的跨平台兼容性。
- 社区支持：SUMO 拥有活跃的社区支持和开发团队，提供了丰富的文档、教程和示例，用户可以获得及时的技术支持和帮助。

② 缺点：

- 学习曲线较陡：对于新手用户来说，SUMO 的学习曲线较陡，需要花费一定时间来学习其使用方法和参数设置。
- 性能限制：对于大规模的交通网络和复杂的仿真场景，SUMO 的性能可能受到限制，需要考虑计算资源和运行时间。
- 可视化功能有限：SUMO 的可视化功能相对较简单，用户可能需要借助其他软件或工具来进行更复杂的数据分析和可视化展示。
- 部分功能不完善：尽管 SUMO 提供了丰富的功能和模型，但在某些方面仍然存在功能不完善或需要改进的地方，例如对于多模态交通和智能交通系统的支持还有待加强。

2）VISSIM。VISSIM 由德国 PTV 集团开发的一款微观交通流仿真软件工具（图 9-6），集道路交通、公共交通、行人仿真于一体。VISSIM 主要提供 Windows 版本，提供 GUI 编辑界面，可以模拟构建出复杂的交通场景以支持自动驾驶领域的研究测试。

图 9-6　VISSIM 交通流仿真

① 优点：

• 准确性高：VISSIM 采用微观级的模拟方法，能够精确地模拟车辆在道路网络中的行驶行为，对交通流的特征和交通管理措施的影响进行准确评估。

• 丰富的模型库：VISSIM 内置了丰富的车辆行为模型、交通信号控制模型和路网元素，用户可以根据需要灵活选择和配置，满足不同的仿真需求。

• 用户友好的界面：VISSIM 具有直观的用户界面和易用的操作流程，使得用户可以快速上手并进行仿真模型的建立和调整。

• 可视化效果好：VISSIM 提供了丰富的可视化工具和图表，可以直观地展示交通流的运行情况和仿真结果，便于用户进行分析和理解。

• 支持多种交通场景：VISSIM 支持模拟各种交通场景，包括城市道路、高速公路、交叉口、公交车道等，适用范围广泛。

② 缺点：

• 商业软件收费：VISSIM 是商业软件，需要购买许可证才能使用，相比开源软件和免费软件，成本较高。

• 计算资源要求较高：对于大规模的仿真项目和复杂的交通网络，VISSIM 需要较高的计算资源和运行时间，可能需要使用高性能计算机或集群进行仿真计算。

• 定制化程度不高：VISSIM 虽然提供了丰富的模型库和功能模块，但在一些特定的仿真需求和定制化要求方面可能存在局限性，无法满足所有用户的需求。

• 学习曲线较陡：对于新手用户来说，VISSIM 的学习曲线较陡，需要一定时间来熟悉其操作方法和参数设置，特别是对于复杂的仿真项目更为挑战。

• 技术支持相对有限：虽然 VISSIM 提供了一定程度的技术支持和文档资料，但相比开源社区或大型软件公司的支持体系而言，其技术支持相对有限，可能存在问题解决和功能咨询方面的困难。

3）PanoSim。PanoSim 是新一代智能汽车仿真软件（图 9-7），具有完整的交通流模型、驾驶员模型、高精度车辆模型、传感器模型、天气模型，可方便地进行场景构建和算法搭建，可用于智能驾驶算法的快速开发和验证。在交通流建模方面，其主要具有以下优缺点。

① 优点：

• 多模态交通模拟：PanoSim 支持多种交通模式的仿真，包括汽车、公共交通、自行车和行人等，能够模拟多种交通模式的交互作用和影响。

• 高度可定制化：PanoSim 提供了丰富的模型库和功能模块，支持用户根据具体需求进行定制化设置和模型开发，满足各种复杂仿真项目的需求。

• 并行计算能力：PanoSim 具有强大的并行计算能力，能够有效利用多核处理器和分布式计算环境，提高仿真计算的效率和速度。

• 实时交通仿真：PanoSim 支持实时交通仿真功能，可以实时监测和模拟交通系统的运行情况，支持实时交通管理和决策。

• 高精度模拟：PanoSim 能够精确地模拟车辆在道路网络中的行驶行为和交通流的特征，对交通管理措施的影响进行准确评估。

② 缺点：

• 商业软件收费：PanoSim 是商业软件，需要购买许可证才能使用。

图 9-7　PanoSim 交通流仿真

- 计算资源要求高：对于大规模的仿真项目和复杂的交通网络，PanoSim 需要较高的计算资源和运行时间，可能需要使用高性能计算机或集群进行仿真计算。

2. 建模方法

国内外学者对交通流多源数据的分析和建模进行了大量研究。随着大数据技术和人工智能的发展，研究方法不断更新，为交通流多源数据的处理建模研究提供了有价值的参考，综合来看，对于交通流的建模方法主要包含以下几大类。

（1）模型驱动法

传统交通流模型通常运用动力学方法研究车辆运动状态变化对周围车辆运动状态的影响，通过定量分析车道上各个车辆的动态特性认识交通流运行特征，揭示交通拥堵、交通振荡等交通现象的形成与演化机理。在以往的研究中，研究者大多借助车辆动力学、驾驶人心理学以及数理统计和微积分等传统数学、物理方法构建具有实际物理意义的交通流模型，这类交通流模型被称作模型驱动跟驰模型。以跟驰模型为例，典型的有 Gazis-Herman-Rothery 模型，其建模原理如下：

$$x''_{n+1}(t+T) = \frac{a x^m_{n+1}(t+T)}{x^t_n - x^t_{n+1}}(x'_n(t) - x'_{n+1}(t))$$

式中，$\dfrac{a x^m_{n+1}(t+T)}{x^t_n - x^t_{n+1}}$ 为灵敏度；m 为常数。

由非线性跟车模型可以看出，灵敏度与交通流的临界车速成正比，与 t 时刻两车间的距离成反比。这是符合实际情况的，因为车队的速度愈快，跟随车辆驾驶员的灵敏度也应愈高，否则车速高，制动距离长，易发生尾撞事故；而两车间的距离愈大，留给跟车驾驶反应、采取行动的时间愈长，即使驾驶员的灵敏率低些、反应时间长一点，也不会发生尾撞事故。

（2）数据驱动法

统计方法在交通流预测中简单高效，但限制了其对交通流数据与外部因素（如天气、道路条件和事件）之间复杂非线性关系的捕捉能力。因此，学者们开始借助机器学习技术来提高预测准确性。机器学习技术能够从大量数据中学习复杂的非线性关系，因此在交通流建模中备受关注。机器学习模型能够捕获交通流数据与外部因素之间的交互作用，提供准确、及时的预测。支持向量回归（SVR）模型是最早用于交通流预测的机器学习模型之一。该模型是一种常用的机器学习数据驱动模型，通过调整网络权重来学习交通流数据与外部因素之间的非线性关系。SVR 模型是一种基于核的模型，通过映射数据来捕捉交通流数据与外部因素之间的非线性关系。以交通流跟驰模型为例，其主要结构如图 9-8 所示。

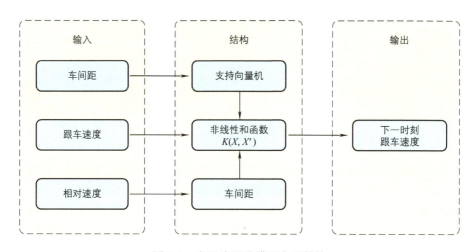

图 9-8　交通流跟驰模型主要结构

图 9-8 中，$K(\cdot)$ 为核函数，X 和 X' 为样本。该模型微观层面讨论走停波的时滞现象，并在宏观层面再现了不同的拥堵、传播模式。

（3）人工智能法

近年来，深度学习方法在交通流预测领域广泛应用，因为它们在捕捉非线性和复杂模式方面具有优势。然而，传统的深度学习方法，如深度置信网络等，存在一些限制。这些方法通常独立处理每个时间点的交通流信息，未能直接建模时间序列中交通流的依赖性。为了解决这一问题，一些研究人员开始采用基于序列预测的递归神经网络（RNNS）来进行交通流建模。然而，由于递归神经网络在反向传播过程中存在梯度消失的问题，导致其短时记忆能力有限。为了克服这一挑战，研究人员转向了长短期记忆网络（LSTMs）和门控循环单元（GRUs）。这些模型设计了特殊的门控机制，有助于提取交通流数据中的时间依赖性，并解决了递归神经网络中的短时记忆问题。以跟驰换道模型为例，长短期记忆网络建立的跟驰模型，重点捕获驾驶人在控制车辆加速与减速过程中所表现出来的非对称性特征，研究与非对称驾驶行为密切相关的时滞现象和驾驶人的不完美驾驶行为等，说明了长记忆效应的重要性，图 9-9 为基于长短期记忆网络的跟驰模型结构。

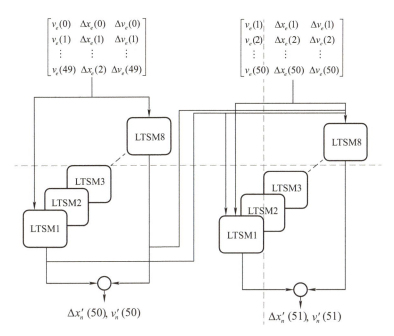

$$\begin{bmatrix} v_e(0) & \Delta x_e(0) & \Delta v_e(0) \\ v_e(1) & \Delta x_e(1) & \Delta v_e(1) \\ \vdots & \vdots & \vdots \\ v_e(49) & \Delta x_e(2) & \Delta v_e(49) \end{bmatrix}$$

$$\begin{bmatrix} v_e(1) & \Delta x_e(1) & \Delta v_e(1) \\ v_e(2) & \Delta x_e(2) & \Delta v_e(2) \\ \vdots & \vdots & \vdots \\ v_e(50) & \Delta x_e(50) & \Delta v_e(50) \end{bmatrix}$$

$\Delta x_n'(50), v_n'(50)$　　　$\Delta x_n'(51), v_n'(51)$

图 9-9　基于长短期记忆网络的跟驰模型结构

图 9-9 中，v 为速度；Δx 为车间距；Δv 为速度差；$\Delta x_n'$ 和 v_n' 为输出。

9.5.2　传感器模型

传感器模型又叫车载环境智能传感感知模型。车载环境智能传感器是自动驾驶车辆的"眼睛"，车辆通过布置在汽车各个部位的多种传感器获取周围环境的各种信息，车辆的控制单元则根据传感器获取到的信息对车辆发出各种控制指令。

随着自动驾驶技术不断地提升，车载传感器的性能也在发展，自动驾驶技术对传感器的要求主要有：对环境要有较强适应能力；对外界要有较强抗干扰能力；稳定性和可靠性要高；成本要尽可能低，能批量生产和使用。

目前自动驾驶主要使用的传感器类型有：相机、激光雷达和毫米波雷达等，而现阶段自动驾驶仿真测试平台中为了满足自动驾驶仿真的需求也都建立相机、激光雷达和毫米波雷达的仿真模型。

1. 相机仿真模型

相机是自动驾驶中的重要传感器之一，在驾驶过程中为车辆提供周围行车环境的图像信息，按照布置位置可以分为前视相机、侧视相机、后视相机和环视相机等。布置在前视、侧视和后视的相机主要为单目、双目和多目相机，安装在车辆一周的环视相机主要为鱼眼相机。

常见的车载相机主要由以下几个目标组成（图 9-10）。

1）光学镜头：负责聚焦光线，将视野中的物体投射到成像介质表面，根据成像效果的要求不同，可能要求多组光学镜片。滤光片可以将人眼看不到的光波段进行滤除，只留下人眼视野范围内实际景物的可见光波段。

2）图像传感器：可以利用光电器件的光电转换功能将感光面上的光像转换为与光像成相应比例关系的电信号，主要分为 CCD 和 CMOS 两种。

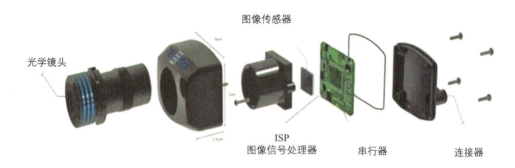

图 9-10 常见的车载相机示意图

3）ISP 图像信号处理器：主要使用硬件结构完成图像传感器输入的图像视频源 RAW 格式数据的前处理，可以转换为 YCbCr 等格式，还可以完成图像缩放、自动曝光、自动白平衡、自动聚焦等多种工作。

4）串行器：将处理后的图像数据进行传输，可用于传输 RGB、YUV 等多种图像数据种类。

5）连接器：用于连接和固定摄像头。

相机仿真有以下流程。

1）设置相机模型的外参参数，如安装位置和姿态角。

2）设置相机模型的内参参数，如工作频率、分辨率、视野范围、焦距 Fx、焦距 Fy。

3）支持白平衡、色彩还原、动态范围、信噪比、清晰度、伽马等物理参数仿真。

4）支持摄像头缺陷参数仿真，包括眩光、泛光、晕影、色相差、畸变、噪点等。

相机仿真模型每一帧的原始数据包括 RGB 图、场景深度图、2D/3D 包围盒、语义分割图、实例分割图和光流等仿真数据。相机输出的图像可以支持 2D 包围盒、语义分割、实例分割、光流等仿真结果示例，可用于深度学习算法的训练和测试。

车载相机的仿真模型需要基于环境物体的几何空间信息构建对象的三维模型，并根据物体的真实材质与纹理，通过计算机图形学对三维模型添加颜色与光学属性等。现阶段主要的相机仿真模型包括单目相机、双目相机和鱼眼相机模型等。

（1）单目相机

单目相机由小孔成像仿真模型（带有镜头畸变）和缺陷仿真模型（后处理成像特效）组成。单目相机的工作原理：小孔成像仿真模型存在世界坐标系、摄像机坐标系、图像物理坐标系和图像像素坐标系，通过坐标系转换的方法，将三维空间中的点通过透视关系变换为图像上的点。图 9-11 展示了三维空间中的一点 P 从世界坐标系转换到相机模型物理成像平面的示意图。

相机坐标转换的原理是小孔成像仿真模型：当光在同一均匀介质中传播时，在不受引力作用干扰的情况下沿直线传播，所以相机外一点 P 表面反射的光线仅有穿过光心 O 处的小孔才能到达相机的物理成像平面 $x'Oy'$，即在相机外的一点 P 对应相机的物理成像平面上的一点 P'；由于光线沿直线传播，靠上方的 P 反射的光线在穿过小孔后到达了成像平面的下方，所以小孔成像的结果为倒立的实像。

单目相机为了获得清晰明亮的图形，在相机前方增加透镜。透镜会使得光线聚焦在一点即焦点处，而透镜的形状会令光线的传播产生畸变，由透镜引起的畸变称为径向畸变。相机组装过程中会出现透镜和成像面不能严格平行的情况，这种由相机安装引起的畸变称为切向畸变，相机模型需要模拟出这两种畸变。

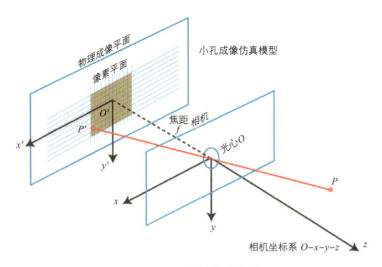

图 9-11　坐标转换示意图

　　单目相机的缺陷仿真模型（后处理）内容主要包括畸变、模糊、暗角、景深、色差、噪声、运动模糊、颜色转换和伽马等。图 9-12~ 图 9-14 为使用 PanoSim 单目相机模型进行仿真的效果图。

图 9-12　使用 PanoSim 单目相机模型仿真并添加畸变的效果

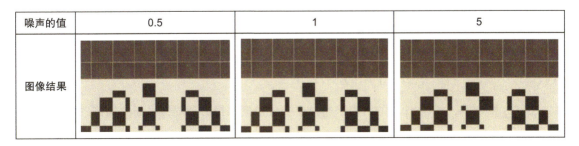

图 9-13　使用 PanoSim 单目相机模型仿真并添加噪声的效果

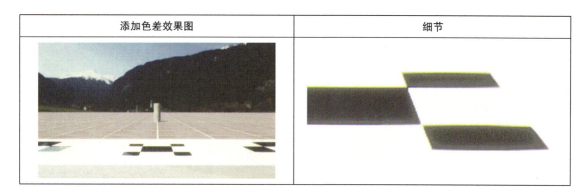

添加色差效果图	细节

图 9-14　使用 PanoSim 单目相机模型仿真并添加色差的效果

（2）鱼眼相机

鱼眼相机支持 KB 模型（Kannala-Brandt Camera Model）以及双球模型。KB 模型的成像过程可以分解成两步（图 9-15）。

1）三维空间点线性地投影到一个球面上，它是一个虚拟的单位球面，它的球心与相机坐标系的原点重合。

2）单位球面上的点投影到图像平面上，这个过程是非线性的。

为了将尽可能大的场景投影到有限的图像平面内，鱼眼相机会按照一定的投影函数来设计。根据投影函数的不同，鱼眼相机的设计模型大致能被分为四种：等距投影模型、等立体角投影模型、正交投影模型和体视投影模型。

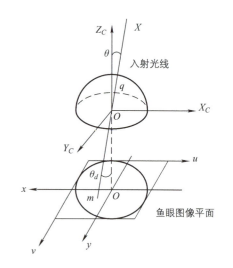

图 9-15　KB 模型成像过程

对于实际的鱼眼镜头来说，它们不可能精确地按照上述投影模型来设计，所以为了方便鱼眼相机的标定，Kannala 提出了一种鱼眼相机的一般多项式近似模型。通过前面的四个模型，可以发现 r_d 是 θ 的奇函数，而且将这些式子按泰勒级数展开，发现 r_d 可以用 θ 的奇次多项式表示，即：

$$r_d = k_0\theta + k_1\theta^3 + k_2\theta^5 + k_3\theta^7 + \cdots$$

Kannala 提出取式的前五项即取到的九次方，就给出了足够的自由度来很好地近似各种投影模型。

双球模型（Double-Sphere Model，简称 DS）是一种非常适用于大视场角镜头的模型，被广泛应用在鱼眼镜头的模拟中。DS 模型由两个圆球投影面组成，即真实世界中的点需要通过两次投影最终成像，投影方法如图 9-16 所示。

在 DS 模型中，$\dfrac{\alpha}{1-\alpha}$ 计算的值表示通过小孔成像模型投影到图像平面的偏移系数；ξ 是重心偏移量，表示两个投影球面中心点的垂直距离。图 9-17~ 图 9-19 为使用 PanoSim 鱼眼相机模型进行仿真的效果图。

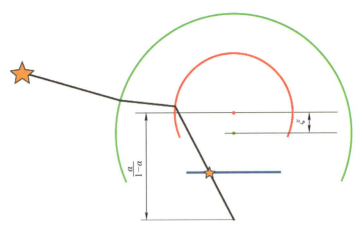

图 9-16　DS 模型投影方法

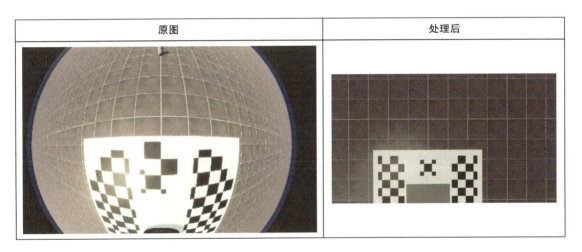

图 9-17　使用 PanoSim 鱼眼相机模型仿真并添加畸变的效果

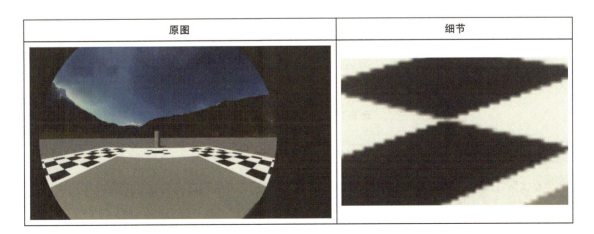

图 9-18　使用 PanoSim 鱼眼相机模型仿真并添加色差的效果

图 9-19　使用 PanoSim 鱼眼相机模型仿真并添加颜色转换的效果

2. 激光雷达模型

激光雷达（Lidar）是一种通过使用激光光束测量目标距离、速度和空间位置的传感器技术。它广泛应用于各种领域，包括自动驾驶汽车、机器人技术、地理信息系统（GIS）、环境监测、气象学等。由于激光雷达具有出色的成像能力，一直以来被当作自动驾驶的核心传感器。相较于摄像头的好处是它能得到准确的三维信息，而且自身是主动光源，能够不受光照的影响，白天和晚上都能照常工作；缺陷是受环境影响较大、雨雪雾等天气下工作性能有明显衰减。

激光雷达的核心结构可以分为三大部分：发射机、接收机与信号处理部分。

激光发射机一般由激光发射器、调制器、激光电源等组成。激光发射机是激光雷达的信号发射源。激光发射机的性能指标等参数应该根据激光雷达的功用来进行设计。通常来讲，激光发射机发射出的激光具有特定的波长和波形。

激光雷达探测距离的主要原理是发射机发射激光（脉冲或连续波），接收机捕获反射的能量。利用该激光器的行进时间（TOF）确定发射机与反射器之间的距离。

$$d = \frac{tc}{2}$$

式中，d 表示的是激光雷达到探测目标的距离；t 表示激光的行进时间；c 表示光速。

激光雷达在不同的降雨强度下对应的雨天衰减系数有所不同。在我国，气象部门一般使用表 9-1 的标准来表示不同的降雨强度。

表 9-1　降雨强度的分级表示

降雨状况	毛毛雨	小雨	中雨	大雨	暴雨
降雨率（mm/h）	<0.1	0.1~5	5~12.5	12.5~25	25~100

在实际工程应用中，一般使用经验总结公式与降雨率来估算雨滴对激光的衰减作用。

降雪同样会导致激光雷达的衰减。通常使用降雪量来衡量下雪的大小，降雪量是气象观察员在 12 小时或 24 小时内收集到标准容器中的积雪量，融化成水后以毫米为单位计量，与积雪厚度的概念不同。表 9-2 是我国对降雪量的界定的表示。

表 9-2　降雪量的界定的表示

天气预报中降雪名称	小雪	中雪	大雪	暴雪	大暴雪	特大暴雪
降雪一整天等效降水量 /mm	< 2.5	< 5	< 10	< 20	< 30	= 30
降雪率（mm/h）	< 0.10	< 0.21	< 0.42	< 0.83	< 1.25	= 1.25

雪花中的水含量和雪花粒直径是衡量对激光雷达衰减作用的主要参数。

衡量雾天的标准主要为能见度。根据能见度，将雾按照强度等级分为表 9-3 中的 5 个级别。

表 9-3　雾的强度等级分类

等级	天气状况	能见度	等级	天气状况	能见度
0	重雾	< 0.05km	3	轻雾	0.5~1km
1	浓雾	0.05~0.2km	4	薄雾	1km
2	大雾	0.2~0.5km			

与雨天情况类似，一般使用经验总结公式与能见度的值来估算雾天对激光的衰减作用。图 9-20 为 PanoSim 激光雷达模型产生的点云效果图。

图 9-20　PanoSim 激光雷达模型产生的点云效果图

3. 毫米波雷达模型

毫米波雷达（Millimeter Wave Radar）是一种常见的车载传感器，其中 Radar 是 Radio Detection and Ranging 的简称，这一部分指的是无线电检测与测距，所以毫米波雷达整体就代表了使用波长在毫米级的电磁波进行检测与测距。常见的毫米波雷达的电磁波信号一般工作在频率为 30~300GHz，对应的电磁波波长为 1~10mm。一般的车载毫米波雷达的工作频段为 24GHz 和 77GHz，对应的波长为 12mm 和 4mm。

毫米波雷达系统主要由发射和接收天线、射频前端组件、数字信号处理器和雷达控制电路等几部分组成。射频前端组件主要实现了电磁波信号的调制、发射和接收，并对接收的回波信号进行解调。发射天线的主要作用为将射频前端生成的电磁波信号发射到空间中，雷达接收天线的主要作用为接收空间中反射回来的信号。数字信号处理器中集成了雷达信号处理的主要算法，包括阵列天线波速形成和扫描算法、信号预调理、杂波处理算法、目标检测或测量的算法、目标分类与跟踪算法以及信息融合算法。控制电路的主要功能为按照数字信号处理器求得的目标信息，对探测范围内的目标进行分析，并及时向自动驾驶系统返回目标信息，令控制算法可以准确进行处理。

毫米波雷达的探测方式为雷达从发射天线发射电磁波，碰撞到物体后发生反射，接收天线接收到从物体上反射回来的信号，该反射信号被称为回波信号。雷达在发射天线发射的电磁波碰撞到目标后目标接收到的雷达发射信号的功率 P 可以表示为：

$$P = \frac{P_t G \sigma}{4\pi R^2} \tag{9-1}$$

式中，P_t 为雷达发射功率；G 为雷达天线的增益；R 为目标距离；σ 为目标反射截面积。其中根据天线理论雷达的天线增益的值可以表示为：

$$G = \frac{4\pi A}{\lambda^2} \tag{9-2}$$

式中，A 为接收端的有效面积；λ 为电磁波波长。目标接收到信号后反射到接收天线处，天线接收到的回波信号的功率 P_r 为：

$$P_r = \frac{P_t G^2 \lambda^2 \sigma}{(4\pi)^3 R^4} \tag{9-3}$$

在雷达的接收天线端能检测到的目标回波信号的最小功率为：

$$S_{\min} = \frac{P_t G^2 \lambda^2 \sigma}{(4\pi)^3 R_{\max}{}^4} \tag{9-4}$$

如果目标回波信号的功率小于接收天线端能检测到的目标回波信号的最小功率，那么该目标就不能被检测到。

若雷达可以接收到目标的回波信号，毫米波雷达对该目标的信息进行处理，计算出目标的径向距离、多普勒速度和方位角作为输出。

在许多自动驾驶仿真测试平台中建立有目标级毫米波雷达模型，该模型将毫米波雷达探测到的所有目标以列表形式返回。该雷达模型的测试和验证主要为在使用真实毫米波雷达在可控场景内采集大量目标数据，然后在自动驾驶仿真测试平台内按照可控场景的布置建立相同的仿真场景，采集仿真场景毫米波雷达模型的返回值，并将真实数据和仿真模型的返回值进行对比。图 9-21 展示了一个模型验证的例子，其中真实可控场景为一空旷道路，前方布置一辆交通车，在仿真场景复现了该场景，仿真场景中的蓝色部分表示毫米波雷达模型的探测范围。

现阶段毫米波雷达的一个发展方向为 4D 毫米波雷达，目前主要的车载毫米波雷达还是 3D 毫米波雷达，雷达探测目标的径向距离、多普勒速度和水平方位角，测量不到目标的高度信息。4D 毫米波雷达在 3D 毫米波雷达的基础上可以探测到目标的垂直方位角，进而测量到目标的高度信息。

由于可以探测到目标的高度信息，4D 毫米波雷达最主要的提升是将原本 3D 毫米波雷达稀疏的毫米波雷达点云提升为较为密集的 4D 毫米波雷达点云。更密集的点云有助于提升毫米波雷达识别目标的准确性，有效提高了毫米波雷达探测的精度，对行人、车辆、道路和建筑物的识别能力也得到了提高，这对自动驾驶的路径规划和决策制定非常重要。

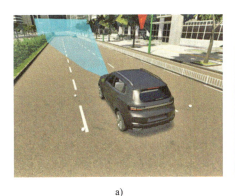

a)　　　　　　　　　　　　　　　　b)

图 9-21　仿真场景和真实场景示意图

4D 毫米波雷达的发展也遭遇着挑战，要获取到目标的高度信息一种方法是，在现有的毫米波雷达的天线布置方案中在垂直方向布置多个接收天线，这对雷达天线阵列的排布、多个芯片的集成排布、射频降噪以及抗干扰技术的要求都非常高，并且在布置这些组件后雷达本身的体积也会明显增大，这也会影响雷达在车上的排布。

另一种方法是不在垂直方向布置多个接收天线，而是通过虚拟孔径成像软件算法和天线设计模拟出大量的天线，以提升垂直方向的角分辨率，并获取到精确的目标高度信息。这种方法对软件和硬件要求都非常高，并且获得的高分辨率点云的置信度不高。

在自动驾驶仿真测试平台内也可以搭建 4D 毫米波雷达的模型，不过模型需要处理大量的数据，完成雷达信号处理、计算、传输和保存，并且还需要保持稳定的输出频率，这对 4D 毫米波雷达模型提出了非常高的要求。

9.5.3　驾驶员模型

1. 模型概述

驾驶员是一个有思维、能思考、善于总结经验且能通过学习不断提高的活人，虽然很难用一般机械运动的方法来建立模型，但是并不是无规律可循。一个合格的驾驶员发出操纵汽车的指令是有一定原则的，其主要目标是使得所驾驶车辆的运动状态尽可能与期望的状态一致。在此过程中必然存在一些制约，例如驾驶员的神经肌肉反应具有延迟特性，而且汽车的速度、加速度、转向盘转角等车辆状态也是受限的，当然也存在着扰动，例如路况、交通情况、天气等。在此原则下，就可以排除驾驶员千差万别的个性而建立符合驾驶行为共性的模型。

驾驶员模型是指通过模拟驾驶员操纵汽车的行为表征驾驶员的物理属性，并再现其驾驶过程的数学表达形式。驾驶员操纵车辆的行为主要指驾驶员通过对交通信息的感知、判断、综合、优化后，经神经肌肉将决策出的方向控制、制动控制和驱动控制作用在被控车辆上。物理属性主要指驾驶员具有预瞄、规划、补偿、预测、学习、自适应等方面的能力。驾驶员操纵车辆的行为具有较强的自适应性、随机性、学习性和时变性。

2. 驾驶员模型分类

（1）基于传递函数的驾驶员行为建模

从控制理论的角度来看，驾驶员的驾驶行为可以理解为驾驶员为消除与期望轨迹的偏差而采取的控制策略。采用经典控制理论方法对驾驶员行为进行建模，一般可分为补偿跟踪模型和预瞄跟随模型。

1982 年，我国著名学者郭孔辉院士针对驾驶员建模工作，提出了预瞄 – 跟随理论，该理论是包含预瞄环节在内的人 – 车闭环系统。通过调节预瞄模块 $P(s)$ 和跟随模块 $F(s)$ 中的参数，使得下式成立：

$$P(s)F(s) = 1$$

式中，$P(s) = P0 + P1s + P2s^2 + P3s^3 + \cdots$；$F(s) = a0P0 + a1P1s + a2P2s^2 + a3P3s^3 + \cdots$。这里的参数 $a0, a1, a2, \cdots$ 不仅依赖于车辆动力学模型，还可以用来反映驾驶员的生理特性。

此种建模方式不仅考虑了驾驶员预瞄、跟踪、延迟等驾驶员特性，还体现了驾驶员对所驾驶车辆动力学的认知与反应特性。因此，基于预瞄 – 跟随理论的建模方式推动了驾驶员建模领域的发展。在此基础上，2004 年，郭院士等人又建立了纵向和侧向相结合的驾驶员模型。通过仿真研究表明，该模型不仅能以较高的精度跟踪上期望路径，而且在自主驾驶车辆上具有潜在的应用价值。

PanoSim 的控制型驾驶员模型（图 9-22）就是以预瞄跟随模型作为基础所建立的，该模型包含横向控制和纵向控制模块，可以根据用户指定的速度和路径，实现速度跟随和路径跟踪功能。控制型驾驶员的建模方法是基于多点预瞄的控制原理，它通过提前在车辆当前位置的前方选择多个预瞄点，然后利用这些预瞄点计算车辆的控制指令，实现路径跟踪。与传统的单一预瞄点模型相比，多点预瞄模型能更好地适应车辆在高速行驶时的路况变化。同时，多点预瞄也是针对大曲率的路径下设计的模型，驾驶员会结合近点期望路径的曲率以及远视点的曲率，从而纠正转向盘转角，使车辆回到期望路径上。跟单点预瞄的区别是单点预瞄的反馈输入是预瞄路径期望路径的横坐标之差，而多点预瞄则是航向角的偏差。

图 9-22　PanoSim 的控制型驾驶员模型

（2）基于最优控制的驾驶员行为建模

最优控制理论是现代控制理论的核心，所研究的问题可以概括为：对一个受控的系统，在满足约束的条件下，寻求使得性能指标值达到最优的一种控制策略。因此，最优控制理论是鲁棒控制、预测控制和自适应控制等先进控制的理论基础，在驾驶员建模等领域得到了广泛的应用。

若将驾驶员的驾驶行为看成一个伺服性能最优的控制器，则在干扰和约束的作用下，其完成驾驶任务的过程就是使某种形式的目标函数达到最小或最大。

最早的最优预瞄控制模型早在 1980 年就被提出，该模型通过求解一个以最小化预测路径和参考路径偏差为目标的连续代价函数而获得，使得模型的路径跟踪精度得到了较大的提高，通过仿真实验与实车试验数据对比验证了该模型的有效性。其通过假设驾驶员可以精确获得车辆前方的路径和路况信息的基础上，优化包含侧向加速度、侧向轨迹跟踪误差和姿态角误差在内的二次目标函数，以达到模拟驾驶员抑制跟踪误差、提高驾驶舒适性的目的，如果假设不成立，即驾驶员不能精确获得车辆前方信息，那么该控制策略则不再是最优控制。

（3）基于数据的驾驶员行为建模

由于受到路况、交通信息、天气等因素的影响，交通流存在着相当大的随机性和波动性。驾驶员的驾驶行为不仅受到交通流随机性的影响，还受到自身的生理特性如视觉、听觉、感知意图等不确定性的影响，因此，驾驶员的驾驶行为会自然被描述为随机变量或随机过程。随着信息技术、数据通信、传输传感、控制和计算机等技术的不断发展，智能交通系统已日趋完善且不断影响和改变人类的生活。在智能交通系统运转过程中会产生海量反映交通以及驾驶情况的数据，有效地利用和挖掘这些数据，实现对智能交通系统的控制、决策、故障诊断和驾驶员建模，称为基于数据的驾驶员行为建模方法。其中比较著名的基于数据的驾驶员模型就是分层结构的驾驶行为模型。该分层结构为多级隐马尔可夫模型（Hidden Markov Model，简记 HMM）分类器，根据驾驶模拟器采集的不良操纵的数据，利用 Baum-Welch 算法对 HMM 进行辨识，并基于驾驶风险指数和向前一向后算法 HMM 进行评估。利用驾驶模拟器所获得的实验数据对所建立的模型进行验证，表明该方法可以达到交通环境中实际应用的要求。在此基础上提出的双层 HMM，可以辨识驾驶意图和预测驾驶行为，上层模型采用多维离散 HMM 模拟驾驶意图，下层模型采用多元高斯 HMM 并利用极大似然估计的方法预测驾驶行为。通过实时驾驶模拟测试的方法说明所建立的双层 HMM，可有效、准确地识别驾驶员意图和预测未来驾驶行为。

（4）基于模型预测控制的驾驶员行为建模

驾驶员在驾驶过程中的行为可以描述为：在当前时刻通过预瞄感知得到期望的状态，根据驾驶经验、车辆当前状态预测系统未来状态，通过优化使预测状态跟踪上期望状态，将优化得到的控制动作（转向、制动或驱动）作用在被控车辆上，当车辆在下一时刻到达新的状态时，驾驶员将重复上述行为，以实现对车辆操纵的目的。从这个角度来讲，驾驶员的驾驶行为与模型预测控制（Model Predictive Control，简记 MPC）的思想是一致的，因此采用 MPC 原理对驾驶行为进行建模是一种行之有效的方法。

福特公司曾基于 MPC 思想提出的非线性驾驶员转向模型，该驾驶员模型通过选取包括轮胎侧偏力的非线性车辆动力学模型作为内模来模拟驾驶员对车辆动态的认识，并以此来预测车辆未来的动态。通过将轮胎侧偏力在一系列轮胎侧偏角处分别进行线性化，得到了具有多个分段线性特性的非线性车辆动力学模型，反映了驾驶员的驾驶经验。

PanoSim 智能型驾驶员模型（图 9-23）也是基于模型预测控制为基础而建立的，该模型包括决策规划和控制模块，具备避让车辆行人、识别交通信号灯等功能，可以根据用户指定的驾驶任务，安全地从起点行驶到终点。智能型驾驶员模型还具备协作开发能力，用户可以将"决策规划""横向控制""纵向控制"中的任意模块切换为用户的算法，而不会影响其他模块的运行。

图 9-23　PanoSim 智能型驾驶员模型

智能型驾驶员模型支持 CarSim 动力学模型，包含感知、定位、决策、规划和控制模块，具备自适应巡航、避让行人、换道、识别交通信号灯和通过路口等功能。

3. 驾驶员在环测试

驾驶员在环是指驾驶员在环境仿真测试中被纳入测试系统，其中转向盘、加速踏板、制动踏板和人机交互模块为真实的物理硬件，而周围环境则通过虚拟屏幕或头戴式 VR 进行模拟。这种测试方法主要用于评估智能汽车测试过程中的人机交互系统或人机共驾系统。

相较于其他仿真测试方法，驾驶员在环境仿真测试中更加注重测试平台与驾驶员之间的交互关系。通过将"车 – 路 – 交通"等因素作为变量，可以反复测量"人"的相应。这种方法提供了更真实的驾驶体验，有助于评估驾驶员在不同情况下的反应能力和决策过程，进而改进智能汽车的设计和功能，基本架构如图 9-24 所示。

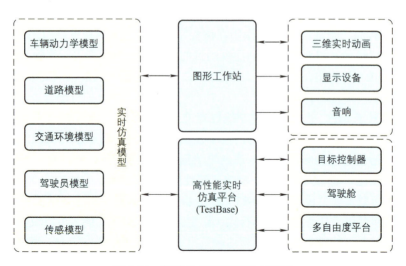

图 9-24　驾驶员在环测试基本架构

驾驶员在环仿真测试中，驾驶员疲劳检测、驾驶员状态分析以及驾驶员舒适性评价等方面发挥着重要作用。

4. 驾驶员模型典型应用

PanoSim 曾为上海某国内大型汽车央企提供先进驾驶安全辅助系统驾驶员在环评估系统（图 9-25），主要基于驾驶模拟器产品，设计开发用于车辆主动安全系统的摄像机在环测试、模拟场地测试和危险工况测试，实现驾驶员对主动安全系统的主观评价功能。

图 9-25　先进驾驶安全辅助系统驾驶员在环评估系统

如图 9-26 所示，系统主要包括实时仿真系统、场景模拟系统、静态虚拟驾驶舱和摄像头在环系统。采用定制 180° 大型环屏与 3 台高清投影机组成场景显示系统，提高虚拟驾驶的沉浸体验。驾驶舱由实车改制而来，保留座椅、踏板、档位、仪表、电气等除动力系统之外的绝大多数功能，最大限度还原驾驶员的乘驾环境。

图 9-26　上海某汽车企业集团基于驾驶员在环的 AEB 仿真验证

驾驶员在环评估系统台架的实时仿真系统，由实时仿真硬件和实时仿真模型组成，可以与驾驶员操纵系统、各个 ECU（可选连接）直接通信，具备对模型的快速计算能力，系统实时运算周期 ≤ 1ms，目前已被广泛应用于高级智能辅助驾驶系统开发之中。

第 10 章
辅助软件关键技术

10.1 元模型数据对象构建及扩展技术

元模型是描述模型的模型。元模型数据对象是基于元模型定义的实例对象,用于表示特定领域或应用程序中的数据,描述了模型元素的结构、属性和关系,以及约束和行为等。元模型定义可以使用形式化语言(如 UML 等)或自定义语言来表示,通常包括类、属性、关系、约束和操作等元素。

数据对象是元模型的实例,用于表示特定领域或应用程序中的数据。元模型数据对象扩展是在现有元模型基础上添加新的元素、属性或关系等的过程。

元模型数据对象构建及扩展完成后,可以用于数据存储、处理、分析和展示等。元模型数据对象的使用可以通过编程接口、查询语言或可视化工具来实现。这样可以根据具体的需求和场景来操作和利用数据对象。

元模型数据对象构建及扩展技术提供了一种灵活和可扩展的方式来创建和扩展元模型数据对象。它可以根据特定的需求和约束,定制和优化数据对象的表示能力,以满足领域或应用程序的具体要求。

10.1.1 模型管理技术

模型管理是指对软件系统中使用的各种模型进行有效的组织、版本控制、配置管理和共享的过程。模型管理涉及对模型的创建、修改、验证、发布和追溯等活动,旨在确保模型的一致性、可靠性和可重用性,更好地组织和维护软件系统中的各种模型,促进团队协作和知识共享。主要涉及以下关键技术。

1)模型版本控制可跟踪模型的变化历史、管理不同版本的模型和支持并行开发,可使用版本控制系统(如 Git、SVN)或其他工具来实现。

2)模型配置管理是对模型和相关资源进行配置管理的过程,它可管理模型的依赖关系、配置项等,常见工具如配置管理数据库、变更管理系统等。

3)模型共享与重用是促进模型的共享和重复使用的过程,它可帮助组织提高开发效率、降低成本和提高模型的质量,可通过建立模型库、发布模型库和制定共享政策等方式来实现。

4)模型追溯是跟踪模型之间的关系和影响的过程,它可通过建立模型之间的关联关系、跟踪模型元素的变化和分析模型之间的依赖关系等方式来实现。

10.1.2　模型的关联追溯构建技术

模型的关联追溯构建技术是一种用于建立不同源头、不同形式、不同抽象级别的模型之间的关联关系的方法，可帮助开发人员在不同的模型之间进行跟踪和追溯，以实现模型的一致性、可靠性和有效性，也认为是一种数字线索技术中的一类。主要涉及以下关键技术。

1）模型抽取：可通过导入、转换或解析等方式来实现，可以将源模型转换为统一的中间表示形式。

2）模型关联：对抽取的模型进行匹配和对齐，以建立模型之间的关联关系，其中模型匹配和对齐可以通过识别和比较模型的语义、结构和约束等来实现，这可以使用基于规则、基于特征或基于机器学习等方法来进行。

3）关联关系：可以是一对一、一对多或多对多的关系。关联关系的建立可以通过建立模型元素之间的链接、标记或属性等方式来实现。

4）关联追溯：指利用建立的关联关系来跟踪和追溯模型之间的变化和影响，可通过跟踪模型元素的变化、分析模型之间的依赖关系或预测模型之间的影响等方式来实现，并可在模型变化时进行相应的调整和更新。

模型之间的关联追溯一般需要现代的 API 技术支持，如 OSLC（Open Services for Lifecycle Collaboration），是由 IBM 提出的一套技术规范，用于集成在软件开发的不同阶段中使用的工具的新标准。它可以在软件的整个生命周期中建立不同数据工件之间的关系。OSLC 旨在提供生命周期管理工具的无缝集成，并使其能够在早期开发阶段的数据工件之间建立明确的关系。

OSLC 作为工具集成的新标准，为软件产品整个生命周期中的不同集成方案提供了一组规范。在基于 OSLC 的工具链中，只要这些工具符合并实现 OSLC 规范即可轻松进行修改。OSLC 通过建立开发工件之间的关系，从而提供这些工件和它们之间的关系的语义。因此，OSLC 将系统工程概念包含，引入并应用到工具集成解决方案中。

OSLC 的核心思想是 "Linked Data"，将事物都通过 HTTP URI 进行标识，用户通过请求能够获取通过标准形式表达的有用信息，并且允许事物间的链接，使得用户能够发现更多的信息。基于这一基础思想，OSLC 将软件研发生命周期的工件进行资源化。用户通过 HTTP 协议对这些资源进行访问。OSLC 中对资源的表述强制要求具备 RDF 的提供能力，同时也可以支持 JSON/HTML 等其他资源格式。

10.2　汽车研发模型数据库技术

汽车研发模型数据库技术是指将汽车研发过程中产生的各种数据进行采集、存储和管理的技术。

10.2.1　数据采集和存储

数据采集是指从不同的数据源中获取数据的过程，可包括以下几个方面。

1）传感器数据采集：通过车载传感器、测量设备和监控系统等采集车辆运行时产生的各种传感器数据,如车速、引擎温度、油耗等。

2)实验数据采集:通过实验室测试、试验车辆等手段,采集与汽车性能和行为相关的数据,如发动机输出、制动距离等。

3)外部数据采集:从外部数据源中获取与汽车研发相关的数据,如交通流量数据、天气数据等。

4)用户反馈数据采集:通过用户调查、反馈、评价等方式,收集用户对汽车性能、舒适性和安全性等方面的数据。

10.2.2　数据处理

模型数据通常来自不同的部门、系统和工具,需要进行数据预处理,以确保数据的一致性和准确性。数据预处理是对采集到的原始数据进行清洗、整合和转换的过程。在数据预处理阶段,包含以下关键技术。

1)数据清洗:去除异常值、处理缺失值和噪声等。

2)数据整合:将来自不同数据源的数据进行整合,消除冗余和重复。

3)数据转换:将数据转化为统一的格式和表示。

4)数据时空同步技术:在同一坐标系对数据进行转化,并且对不同来源的数据进行时间同步。

5)特征选择:选择对模型建立和分析有用的特征,减少数据维度和复杂度。

10.2.3　数据访问和查询

汽车研发模型数据库技术需要提供方便快捷的数据访问和查询功能。数据访问和查询可以通过结构化查询语言、图形化界面等方式进行,主要涉及以下关键技术。

1)查询语言:使用户能够以简洁的方式检索所需的数据。

2)索引和优化:通过建立索引,加速常用查询的执行速度,优化查询计划,确保数据库系统能够有效地利用索引和其他优化策略。

3)数据可视化工具:具备图表、图形等可视化方法,提供仪表板和报告生成功能。

4)实时查询与分析:在快速变化的实时数据流中进行决策的场景下,需要整合流处理框架,确保对实时数据的即时响应。

5)复杂查询和分析:包括多表联接、聚合查询、窗口函数等,以满足复杂分析需求,提供机器学习集成,以便进行高级的预测和数据挖掘分析。

6)图分析:如果数据具有图状结构(例如,汽车电子系统中的网络拓扑),支持图分析算法,帮助发现潜在的关联和模式,集成图数据库或图算法库,支持图数据的高效存储和分析。

7)自定义查询和脚本:允许用户使用自定义脚本或查询,以满足个性化的分析需求。

8)数据安全性和隐私保护:实施访问控制、身份验证和数据加密等手段,限制敏感数据的访问,确保数据的安全性和隐私得到有效的保护。

9)数据备份和恢复:定期进行数据备份,以防止数据丢失或损坏。

10)扩展性和性能调优:针对大规模数据集,提供扩展性和性能调优的解决方案,支持分布式查询和分析,以适应不断增长的数据量。

11)版本控制和审计:提供查询和分析的版本控制功能,追踪查询历史和变更,实施审计机制,记录用户对数据的查询和分析操作,以保证追溯性和合规性。

产 业 篇

　　汽车研发在全球已经形成庞大的产业生态。本篇分别介绍了国外和国内的汽车研发软件产业，包括汽车 CAD 软件产业、汽车 CAE 软件产业、电控系统设计与仿真软件产业、测试验证与标定软件产业。国外产业介绍主要涵盖产业概况、主要软件企业、在汽车领域的应用以及发展趋势，国内侧重于介绍汽车研发 CAD 汽车企业及产品、CAE 汽车企业及产品、电控系统设计与仿真汽车企业及产品、测试验证与标定软件企业及其产品。

CHAPTER 11

第 11 章
国外汽车研发软件产业

随着汽车行业的电气化、智能化和自动化趋势的推进，行业对汽车产品研发的迭代速度、成本、功能需求都有了更高的要求，汽车研发软件产业的重要性日益凸显。汽车研发软件可以大致分为五个主要类型：计算机辅助设计（CAD）、计算机辅助工程（CAE）、系统设计与仿真软件、测试验证软件。它们涵盖了从概念设计到最终生产制造的全过程。

从产业分布来看，北美洲和欧洲是汽车研发软件产业的主要分布地，拥有众多国际知名的软件开发商和服务提供商，这些公司不仅服务于当地市场，也向全球各大汽车制造商提供先进的解决方案和技术支持。从发展历程看，大部分汽车研发软件企业起步于计算机性能还不是特别强劲的 20 世纪 80 年代，它们的技术积累随着计算机软件技术、半导体技术、有限元理论等学科的发展逐步成熟，拥有着深厚的底蕴，比较有代表性的企业有法国的达索系统公司和美国的 MathWorks 公司。此类公司成立于 20 世纪 80 年代左右，它们的软件性能随着计算机软硬件的进步而进步，不断在对应软件领域做出开创性和标杆性功能，对行业产生了深远影响。

11.1 汽车 CAD 软件产业

11.1.1 CAD 软件产业概况

CAD 行业自 20 世纪 70 年代起步，前后经历了从 Unix 到 Windows、从 2D 到 3D 的多次发展浪潮，几乎每次浪潮之中都有明星公司的诞生。进入 21 世纪 10 年代，随着移动互联网的普及，加之云计算应用的深化，移动 CAD 与云 CAD 的新产品形态开始出现，并在数字化浪潮助推下得到进一步发展。纵观 CAD 软件产业，从使用终端的角度可将其分为 PC 端 CAD 和移动端 CAD，从部署模式的角度则可以分为本地部署 CAD 和云部署 CAD（图 11-1）。云 CAD 让用户能够基于云端的 SaaS 应用进行设计相关工作，赋能 PC、手机、平板电脑等多个终端，为设计师、工程师们提供安全高效的协同设计办公体验。云 CAD 颠覆了传统 CAD 的工作模式，促进了移动、远程类的非现场办公场景对移动 CAD 的应用，同时移动 CAD 的使用也在培育用户对云 CAD 的使用习惯，两者协同并进。

图 11-1　CAD 软件产业发展和产业划分

CAD 涉及数学、物理、计算机及工程四大学科的专业知识，具备较高的技术壁垒。从20 世纪七八十年代发展至今，CAD 从最初的机械制造逐渐拓展到建筑、电子、汽车、航天、轻工、影视、广告等诸多行业领域。根据 BIS Research 数据，2023 年全球 CAD 市场规模达到 112.2 亿美元，2028 年预计将达到 138.3 亿美元，预测期内复合年增长率为 7.9%。其中，2D CAD 是通用型产品，主要是用于平面图剖面图绘制（如 AutoCAD），2023 年规模达到28.3 亿美元；3D CAD 主要用于三维建模。实现设计里的实体、曲面造型（如 SoildWorks），2023 年规模达到 83.9 亿美元。研发设计类软件领域 AutoDesk、Dassault、PTC 等厂商凭借技术优势和长期的市场积累占据主导地位；生产控制软件领域，Siemens 保持行业龙头地位；信息管理类软件领域 SAP、Oracle 占据主导地位；全球 CAD 市场增长趋于稳定。CAD 软件作为工业软件的重要组成部分，历经多年发展，已从最初的机械制造逐渐拓展到建筑、电子、汽车、航天、轻工等诸多行业领域。

11.1.2　主要 CAD 软件企业

截至 2023 年，全球 CAD 市场规模的 65% 由法国达索系统公司（Dassault Systèmes，占33%）、美国欧特克公司（AutoDesk，占 22%）、德国西门子公司（Siemens，占 13%）和美国参数技术公司（PTC，占 9%）四家占领。

达索系统是一家法国软件公司，由达索集团于 1981 年成立。达索集团于 1977 年研发出新一代电脑辅助设计软件辅助飞机建造，称 CATIA。1981 年，达索集团为把软件外销成立新公司达索系统，后达索系统逐步把 CATIA 售往其他产业，包括汽车生产、船舶建造及其他消费品制造，而业务也成功拓展至美、日、德等国，CATIA 从此进入汽车行业，到了 21 世纪的今天，CATIA 在汽车领域占有绝对的市场领导地位。至 20 世纪 90 年代末，达索系统的 CAD/CAM 研发已开始到极限。到 2000 年左右，CAD/CAM 开始被 PLM（产品生命周期管理解决方案）所代替。各个 PLM 系列分别是：3DEXPERIENCE Platform，3D 体验平台，提供产品数字化运作架构，是一个商业的智能化平台；CATIA 3D，数位设计智能化平台，从 3D 概念草图绘制（SKETCH）、造型设计、初步设计、细部机构设计到建构出产品原型（Prototype），并提供模具、夹具、治具设计并进行机电整合的模拟与仿真，都可以在这个智能化三维设计平台上，进行产品开发与初步的验证，可以将各种设计规则智能化与参数化累积在平台内，作为下一代产品设计的基础，加速产品开发的时间与品质；DELMIA，主力支援生产制造；ENOVIA，支持内、外部协同合作；SIMULIA，用作分析和模拟；SolidWorks，用来创建 3D 模型；3DVIA，用来创建虚拟 3D。在 2007 年，伴随着新品牌 3DVIA 的发布，达索系统开始了互联网化的进程。PLM2.0（对应 Web2.0 的概念）发布，公司利用互联网的优势，来推广它的在线 PLM（包括 6 个变种平台）。

欧特克是一家美国软件公司，始建于 1982 年，现今是全球最大的二维和三维设计、工程与娱乐软件公司，为制造业、工程建设行业、基础设施业以及传媒娱乐业提供卓越的数字化设计、工程与娱乐软件服务和解决方案。自 1982 年 AutoCAD 正式推向市场，欧特克已针对最广泛的应用领域研发出多种设计、工程和娱乐软件解决方案，帮助用户在设计转化为成品前体验自己的创意。《财富》排行榜名列前 1000 位的公司普遍借助欧特克的软件解决方案进行设计、可视化和仿真分析，并对产品和项目在真实世界中的性能表现进行仿真分析，从而提高生产效率、有效地简化项目并实现利润最大化，把创意转变为竞争优势。

西门子公司于 2007 年收购 UGS，进军工业软件领域（UGS 是一家成立于 1969 年的老牌工业软件厂商，旗下产品包括 NX、Solid Edge、Teamcenter），将 UGS 更名为 Siemens PLM Software，搭建了从 CAD 到 PLM（产品生命周期管理解决方案）的研发软件平台。NX 是西门子公司的高端 CAD 软件，是一个交互式 CAD/CAM（计算机辅助设计与计算机辅助制造）系统，功能强大，可以轻松实现各种复杂实体及造型的建构。NX 在诞生之初主要运行在工作站服务器上，但随着电脑硬件的发展和个人用户的迅速增长，在个人电脑上的应用取得了迅猛的增长，已经成为模具行业三维设计的一个主流应用。NX 的开发始于 1990 年 7 月，基于 C 语言开发实现。NX 在二维和三维空间无结构网格上使用自适应多重网格方法开发，支持多种离散方案，因此软件可对许多不同的应用进行再利用。随着计算机技术的巨大进展，特别是大型并行计算机的开发为计算机辅助设计带来了许多新的可能。NX 的目标是用最新的数学技术，即自适应局部网格加密、多重网格和并行计算，为复杂应用问题的求解提供一个灵活的可再使用的软件基础。

参数技术公司创立于 1985 年，总部设立于美国马萨诸塞州波士顿市郊，于 1988 年率先开发参数固态电脑辅助设计模型软件（CAD），并在 1998 年推出有关产品生命周期管理（PLM）产品 Pro/ENGINEER。借助 Pro/ENGINEER，PTC 率先推出了参数化、基于关联特征的实体建模软件，它的主要特点是：基于特征、全尺寸约束、全数据相关、尺寸驱动设计修改。Pro/EN-GINEER 的诞生，引发了 CAD 技术的一次技术革命。在之后的 10 余年间，伴随着 Pro/E 的不断发展，PTC 获得了长足的成长，其成长的高峰在 1995—1999 年。1995 年，PTC 跻身《财富》世界 500 强；1996 年，Daratech 将 PTC 评为全球第一的 CAD/CAM/CAE 软件供应商；1997 年，PTC 入选 S&P 500 指数；1998 年，PTC 发布 Windchill，同年，仅机械 CAD 软件获得的收入就超过了 10 亿美元（年报数据显示当年 PTC 公司机械 CAD 收入为 10.046 亿美元），这个数字是所有机械 CAD 年收入的一个顶峰。1999 年，PTC 的年总收入达到 10.576 亿美元，是 PTC 发展的另一个高度。自从 PTC 的参数化设计技术风靡以后，这项技术逐渐被 CAD 厂商广泛采用，SDRC 公司更以参数化技术为蓝本，提出了变量化技术。到 2022 年，PTC 占领全球 CAD 市场规模的 8%。

11.1.3　CAD 软件在汽车领域的应用

美国福特汽车公司在 20 世纪 80 年代初就开始 CAD 系统的规划与实施，到了 1985 年有一半以上的产品设计工作在图形终端上实现，至 20 世纪 90 年代初，其产品开发全面采用 CAD。早期的 CAD 系统以自行开发的 PDGS 和 CAD 为主，后来逐步过渡到以 I-DEAS 为其核心主流软件。在 CAD 技术发展初期，美国通用汽车公司就自主研发以设计车身为目标的 DAC-1 系统，来分析和综合车身的三维曲线设计。到 20 世纪 90 年代初，美国通用汽车公司选中 UG 作为全公司的 CAD/CAE/CAM/CIM 主导系统。经过不断的发展，公司已 100% 采用 CAD 来进行设计制造，并取消了中间过程，使计算机与制造终端直接相连，最终实现了系统网络化。

模具是能生产出具有一定形状和尺寸要求的零件的一种生产工具，也就是通常人们所说的模子。模具生产具有高效、节材、成本低、保证质量等一系列优点。在 20 世纪 60 年代初期，国外一些汽车制造公司就开始了模具 CAD 的研究。例如 DIECOMP 公司研制成功的模具 CAD 系统，使整个生产准备周期由 18 周缩短为 6 周。目前我国已有许多企业采用模具 CAD 技术，取得了丰富的经验和技巧，使模具精度和生产率大为提高。但是由于多方面的原因，尽管有些企业已经实现了无图纸设计，其模具 CAD 工作大多局限于计算机辅助画图（Computer Aided Draft）和二维设计，只有个别企业的汽车模具设计和制造能力接近国际先进水平。此外，国内也出现了一些拥有自主版权的软件，如北京航空航天大学华正软件工程研究所开发的 CAD 系统 CAXA 等，解决了生产中的一些问题，但还没有得到很好的推广和使用。我国在对汽车新车型的开发上远远落后发达国家，其中一个重要原因就是覆盖件模具的设计效率低。国内传统的模具设计方法已不能适应汽车工业的发展需要，而引进国外的覆盖件模具产品花费过高，并且会严重阻碍汽车产品的更新换代。要解决上述问题，就必须研究开发我国自己的模具 CAD 技术，同时在国外先进的通用造型软件基础上进行二次开发无疑是一种必要而又有效的手段。模具结构设计一般可分为二维设计和三维设计两种，两种方法各有其优、缺点。计算机二维设计优点是设计速度快、占用计算机内存小、对计算机硬件配置要求不高，使用成本低廉；缺点是设计错误不易被发现，不能直接用于分析和加工。而三维设计可实现参数化、基于特征、安全相关等，使得产品在设计阶段易于修改，同时也使得并行工程成为可能。另外，三维设计形象、直观，设计结构是否合理使人一目了然，但三维设计会导致计算机运算速度低、软件占用硬盘和内存的空间大、设计速度慢等。国外汽车覆盖件模具 CAD 技术的发展已进入实质性的应用阶段，不仅全面提高了模具设计的质量，而且大幅缩短了模具的生产周期。近些年来，我国在汽车覆盖件模具 CAD 技术的应用方面也取得了显著的进步，但目前依然存在着一些问题，如设计效率低、标准化程度低、专用性差、开发手段落后、用户界面不能满足要求等。对此，模具 CAD 技术主要向参数化、智能化、集成化、专业化等方面发展。

车身是汽车的一个非常重要的总成，占汽车车身质量和造价的 40%~60%，其设计的好坏直接影响着汽车的使用性能。车身又决定了汽车外形的美观程度，而汽车外形是消费者在购车时首先考虑的因素，对影响消费者的决策起着关键性的作用。同时车身还必须有足够的强度和静刚度、良好的动力学性能指标，达到保证乘员安全和汽车寿命、抗振抗噪、节约能源等目标。车身 CAD 技术以三维造型为基础。在 CAD 普及之前的传统设计中，由于缺乏有效的辅助工具，开发人员常常以二维为基础进行构思，然后扩展到三维。CAD 技术在车身开发中的应用，使原来的旧模式有了彻底的改观。设计人员通过与 CAD 系统的交互，将自己脑中的概念模式转化为清晰的视觉模式——几何实体，易于优化和改进，提高了工作效率和设计质量。车身CAD技术面向制造和装配。能熟练使用CAD技术进行产品设计的开发人员，主要集中于产品的数学建模，缺乏对制造技术的了解，而未考虑设计产生的数据对后续加工的影响。为了精确加工产品，CAD系统提供的数据应该面向制造，保证其完整性和一致性，直接作为数控机床的输入数据。车身CAD技术基于PDM。在车身部件的开发中，可能会有多个车型设计要交替进行，产生多种数据版本，因此引入产品数据管理技术，建立统一的CAD工程数据库，消除车身开发中各部分内部信息和数据间的矛盾和数据冗余，从而保证开发过程顺利进行。基于PDM的车身CAD集成系统结构由用户层、应用层、系统层、PDM系统集成层、异构环境处理层组成。其中用户层由处在集成环境中各人员组成包括设计人员、工艺人员、制造人员等。应用层由CAX系统和用户界面组成。PDM系统集成层是整个系统的核心，由具有数据管理、数据操作的应用性软件组成。异构环境处理层提供了集成所需的网络平台、操作系统平台、网络间数据传输与操作等功能。

汽车总布置是汽车设计中重要的一环，对汽车产品质量起决定性的作用。总体布置采用模块化设计，模块之间互相联系，彼此间可以交换数据。在进行布置设计时，都是在三维空间内进行，因此必须确定零部件位置，这对建立整车坐标系及总成的坐标系很有必要。在已建立的坐标系中建立数学模型，用坐标点的方法完成总称装配。待设计完成后，要进行干涉检查，一般分为位置干涉检查和运动干涉检查。汽车动力性、操纵稳定性、制动性都是性能分析的重要工作。另外，汽车总布置CAD系统是以数据库、图形库为基础的，设计过程中产生的一系列数据对于今后的工作会有很大的帮助，节省工作量。总成图形库存储的是与整车总布置密切相关的零部件，其数据包含了对总成的特征结构和尺寸的描述。总布置数据库主要包含设计中一些中间参数和数学模型运行结果，具有动态性。

汽车减小自重，不仅可以改善汽车的各项性能，还可以降低油耗节省资源。有两种途径可实现汽车轻量化，一种是采用复合材料，另一种是减小汽车结构尺寸。但不是为了保证汽车具有较高的安全性，采用缩小尺寸的方式必有一个界度。尽管现如今复合材料已经广泛用于汽车上，但是从整体上来说，还没有完全达到节省资源的目的。一方面继续研究性能更为优越的轻量化材料，另一方面可以从设计方面入手。目前CAD系统只能表示实体的几何和拓扑信息，而不能表示材料信息。一个现代化的CAD系统应该能建立实体内部的材料信息，即在一个实体内有着不同的材料结构。许多结构部件要求材料性能在零件内部随位置变化而连续变化，这样做既能满足零件的性能要求，又能节省大量材料。比如气缸，其内部承受高温，因此可采用耐高温材料——陶瓷，外部要求具有良好的延展性，可采用金属，因此可以实现陶瓷材料和金属基体间的双向扩散，材料组成呈梯度变化。但是能够同时进行几何设计和材料设计的CAD技术，从理论走向实践仍存在一定困难，不过这将会成为今后CAD技术研究的新亮点。

11.1.4 CAD软件产业发展趋势

CAD技术从出现到现在大致经历了三个历史阶段。第一个阶段是二维绘图阶段，主要是在计算机上表达二维几何图素，并且图素之间缺乏联系，很难保持各阶段设计的一致性。因此，此时的CAD仅仅是手工绘图板的替代工具。另外，在硬件支持系统的价格昂贵，限制了CAD的应用。第二个阶段是二维造型基础上引入三维造型，但也只是极为简单的线框模型。这种初期的线框造型系统只能表达基本的几何信息，不具备表达几何数据间拓扑关系的能力，实体拓扑信息以及形体表面信息的缺失使得 CAM 及 CAE 功能受限，难以有效应用。第三个阶段是三维造型阶段，几何造型技术经历了三次技术革命。由于线框系统已经不能满足人们的实际需求，法国的达索飞机制造公司的开发者们，在二维绘图系统 CADAM 的基础上，开发出以表面模型为特点的自由曲面建模方法，推出了三维曲面造型系统 CATIA。它的出现为人类带来了第一次 CAD 技术革命。

实体造型技术能够准确表达零件的大部分属性（至少还不能表达零件的材料信息），从 CAD 系统获得的设计数据可以用于 CAM、CAE 等系统，给设计、分析、制造带来了极大的便利。可以说，实体造型技术的普及和应用是 CAD 发展史上的第二次技术革命。PTC 公司的 Pro/E 的参数化软件，第一次实现了尺寸驱动零件设计修改。到了 20 世纪 90 年代，参数化技术开始逐步走向成熟，充分体现出其在许多通用件、零部件设计上简便易行的优势。可以认为，参数化技术的应用主导了 CAD 发展史上的第三次技术革命。但是参数化技术并没有完全解决所有问题。例如，全尺寸约束这一硬性规定就干扰和制约着设计者创造力及想象力的发挥，而变量化技术既保持了参数化技术的原有的优点，同时又克服了它的许多不利之处。它的成功应用，为 CAD 技术的发展提供了更大的空间和机遇，驱动了 CAD 发展的第四次技术革命。总的来说，现如今的 CAD 系统采用了统一的数据结构和公用数据库，采用实体造型技术、参数化技术和特征造型技术，给设计人员带来了前所未有的便利。

随着人工智能、虚拟现实技术的发展，以及生态保护理念的深入人心，CAD 软件产业未来前景十分广阔。第一，随着大数据、人工智能和机器学习的发展，CAD 技术将越来越多地与数据分析和智能算法相结合，实现数据驱动的设计。设计师可以利用历史设计和制造数据，通过智能算法生成新的设计方案，并进行优化和验证，以满足特定的要求和约束条件。第二，CAD 技术更加注重环境友好型设计和可持续制造的要求，未来的 CAD 软件应具备可使设计师优化材料利用率、减少能源消耗和碳排放的功能，提高产品的节能性和环保性。第三，虚拟现实和增强现实已经在设计领域初露头角，并逐渐融入 CAD 技术。通过使用 VR 技术和 AR 技术，设计师可以与虚拟模型进行交互、观察和修改，更直观地评估设计方案和解决问题。第四，智能制造集成。智能制造涵盖了物联网、云计算、大数据分析和自动化等关键技术。CAD 技术与智能制造相结合，实现全程数字化和自动化生产。CAD 软件将成为生产线上的重要组成部分，与其他制造系统进行集成并实现信息共享和协同工作。第五，设计个性化和定制化产品。随着消费者需求的多样化和个性化趋势的增强，CAD 技术将越来越多地应用于个性化产品的设计和制造。通过 CAD 软件设计师可以根据客户需求和偏好进行定制化设计，并快速响应市场需求的变化。

11.2　汽车 CAE 软件产业

11.2.1　CAE 软件产业概况

美国是全球最早开始 CAE 软件开发的国家，美国航空航天局 NASA 于 1966 年提出发展世界第一套泛用型的有限元分析软件 Nastran，并在 1969 年推出第一个版本。20 世纪 70—80 年代，随着数值计算理论的不断成熟，CAE 技术也逐渐进入了蓬勃发展的时期，在市场中先后涌现了诸多专注于 CAE 软件研发的企业。同时，个人计算机的出现进一步推动了 CAD 和 CAE 技术的普及与发展。20 世纪 90 年代，由于制造企业越来越多地受到生产成本和产品"上市时间"压力的推动，开始利用更多的自动化技术进行研发，包括更多的仿真分析软件，仿真分析也从结构、流体领域发展到电磁、声学、光学等多个领域，CAE 市场得以强劲增长。同时，CAD 技术经过三十年的发展，经历了从线框技术到曲面技术，再到参数化技术、变量化技术，为 CAE 技术的推广应用打下了坚实的基础。

21 世纪以来，随着计算机技术，尤其是高性能计算的发展而快速发展，各类仿真算法涌现，软件的仿真精度、效率等大幅提升，商业化应用领域高速拓展。同时，CAE 领域行业集中度不断提升，大软件公司为提升分析技术、拓宽应用领域和市场范围，不断加强对中小 CAE 软件企业的并购，安西斯、达索、西门子、MSC 等 CAE 龙头企业通过市场并购和整合不断提升市场影响力。据统计，2023 年全球 CAE 软件市场规模达 92 亿美元。CAE 软件下游应用行业主要为汽车、国防及航空航天、电力、医学设备以及工业设备等，民用市场空间广阔。其中，汽车行业占据全球 CAE 市场的 30% 以上，是 CAE 软件应用最为广泛的市场。

11.2.2 主要 CAE 软件企业

在 CAE 软件领域，占主导地位的企业主要有美国安西斯（ANSYS）、法国达索系统（Dassault Systèmes）、美国阿泰尔（Altair Engineering）、美国 MSC 和德国西门子（Siemens）五家。

ANSYS 以 Workbench 闻名 CAE 软件领域，它以简单易用而著称，操作简单，耦合仿真功能强大。作为一套多物理场仿真软件，ANSYS 包括结构力学、流体力学、电磁场等多个领域。在结构方面，ANSYS 提供了一个综合的仿真平台，能够同时处理结构、热、流体等多个物理场。使得能够在一个统一的环境中进行多学科仿真，更全面地考虑不同物理场之间的相互作用。ANSYS 可以处理复杂的三维结构，其有限元分析功能用于模拟结构的静力学、动力学、非线性行为等，为工程师提供了全面的分析工具。在显式结构分析软件上，ANSYS 最强势的产品是 LS-DYNA（2019 年收购），疲劳仿真软件有 nCode，通用流体仿真分析软件有 Fluent（2006 年收购），电磁仿真软件有 Maxwell，这几款软件在各自领域内都几乎是最强的产品。

关于达索系统的发展史详见"2.1　CAD 软件发展历程"。在 CAE 软件领域，达索系统以 ABAQUS（2015 年收购）闻名，广泛适用于汽车、手机等行业。达索系统于 2016 年收购 PowerFLOW，该软件用于汽车外流场仿真，主机厂通常需要每年花数百万人民币用于该软件。此外，还有电磁场仿真软件 CST Studio Suite（2016 年收购）也广泛用于汽车、通信等行业。

澳汰尔或 Altair 在 1985 年成立于美国汽车之城底特律，以福特通用等企业为主要客户做咨询项目，后来逐渐涉足软件开发。其时有限元软件市场趋近成熟，澳汰尔通过前处理工具 HyperMesh、优化软件 OptiStruct 和按许可证点数销售的新模式得以在巨头林立的有限元仿真市场立足。当时业内专注于求解器的研发，而且计算性能较弱、模型普遍简单，因此网格划分工具没有得到足够的重视。澳汰尔于 1989 年发布的 HyperMesh 是第一版网格划分工具。结构优化软件 OptiStruct 于 1994 年发布，它使 CAE 工程师能进一步指导设计仿真，有限元仿真的作用进一步增强。澳汰尔基于许可证点数销售软件的新模式而不是按模块销售的策略，点数就像游戏币，不同软件模块就像不同的游戏，需要不同的点数，如果购买了需要较多点数的求解器，那么需要的点数小于求解器的前后处理工具可以直接使用，而不需要额外的费用，这种超前的消费模式深受厂商们的喜爱。澳汰尔目前最强势的产品是前处理工具 HyperMesh，结构优化软件 OptiStruct，离散元仿真工具 EDEM，以及高性能计算管理平台 PBS。

MSC Software Corporation 由 Richard H. MacNeal 博士和 Robert Schwendler 于 1963 年成立，当时名为 MacNeal-Schwendler Corporation（MSC）。该公司当时开发了第一款名为 SADSAM（模拟方法数字模拟结构分析）的结构分析软件，并深入参与了航空航天工业早期改进早期有限元分析技术的研发。1965 年，MSC 参与美国国家航空航天局（NASA）的通用结构分析程序研发，该程序最终成为 Nastran（NASA 结构分析）。该公司随后开创了许多技术，现在业界依赖这些技术来分析和预测应力和应变、振动和动力学、声学和热分析。1971 年，该公司发布了 Nastran 的商业版本，命名为 MSC/Nastran，被广泛用于建立复杂结构的有限元模型，通过Nastran，工程师可以将实际结构转换为数学模型，并进行静力学、动力学和热分析等有限元分析。Nastran 提供了高效的求解器，能够处理大型和复杂的结构模型。2009 年 7 月，MSC Software 被私募股权公司 Symphony Technology Group 收购。该公司总部位于加利福尼亚州纽波特比奇，在 20 个国家 / 地区拥有约 1400 名员工。该公司于 1970 年，开发 ADAMS 用于解决机械系统的运动学和动力学问题；20 世纪 80 年代初，ADAMS 逐渐引入计算机辅助建模，使得用户能够通过图形界面对多体系统进行直观的建模。这一阶段，软件逐步实现了对刚体动力学的全面仿真。随着有限元法的发展，ADAMS 引入了对柔性体的建模和仿真，使得软件能够更准确地模拟复杂系统中的柔性部分。这一时期，软件在航空航天和汽车工程领域得到广泛应用。进入 21 世纪，ADAMS 致力于多学科耦合和仿真优化。软件不仅能够模拟多体系统的运动，还能与其他 CAE 工具进行耦合，实现对复杂系统的多学科优化。ADAMS 在实时仿真和虚拟样机领域取得了显著进展。ADAMS 占据了绝大部分多体动力学仿真软件市场，广泛使用于机械、重工、航空航天等行业，尤其是汽车行业。在汽车工程领域，ADAMS 广泛应用于汽车悬架系统、车辆稳定性、碰撞测试等方面的动力学仿真，为汽车设计和性能评估提供支持。

西门子在 CAE 领域中最强势的产品是 2016 年收购的流体仿真软件 STAR-CCM+，广泛用于汽车外流场分析；2016 年收购的电子产品热分析软件 Flotherm 在 PCB 板行业广泛使用；再加上 CAD 软件 NX UG 的配合，使得西门子成为有限元仿真软件行业的领军力量。

11.2.3　CAE 软件在汽车领域的应用

在汽车研发中，CAE 计算机仿真技术有着重要意义。随着行业竞争的加剧，产品更新速度越来越快，CAE 在产品设计的质量、寿命、性能和成本等方面发挥着更加重要的作用。CAE 为汽车行业的高速发展提供了具有中心价值地位的技术保障，避免传统上的"设计—试制—测试—改进设计—再试制"的重复过程，为企业带来巨大经济效益。

刚度和强度分析是 CAE 软件最基本的功能，汽车拥有大量的构件，强度和刚度分析在整车随处可见。车架和车身是汽车结构中最为复杂的受力部件，其强度和刚度分析对整个汽车的承载能力和抗变形能力至关重要。此外，基于强度和刚度分析的车架和车身结构优化对整车的轻量化，从而提高经济性和动力性也有很大作用。齿轮是底盘总成的关键零件，通过 CAE 仿真对齿轮齿根弯曲应力和齿面接触应力进行分析，可以优化齿轮结构参数，提高齿轮的承载力和使用寿命。气缸、曲柄、曲轴等发动机零件在工作过程中受到气缸内气体的高压力和热应力，通过 CAE 有限元分析找出应力集中的危险部位加以改进可以预防事故发生。

噪声（Noise）、振动（Vibration）、平稳（Harshness）三项标准，通俗称为乘坐"舒适感"（NVH）。随着收入水平的提高，消费者越来越看重汽车产品的舒适性，NVH 分析主要包括动力系统 NVH、车身 NVH、底盘 NVH 三大部分。汽车 NVH 分析涉及汽车在各级频率的模态分析，不同路面工况激励下的汽车振型，以及风噪、发动机噪声、轮胎噪声等声学研究，这些都离不开 CAE 仿真分析。

安全是汽车研发设计中非常关键的一环，无论是燃油汽车还是其他新能源汽车都避不开安全这个话题。汽车安全包含的内容非常之广泛，通常可以概括为主动安全与被动安全两块，而无论是主动、被动安全领域都有 CAE 技术的身影。主动安全领域更多的是涉及电子和软件控制模块，对控制模型的建立和程序的测试；被动安全领域涉及汽车碰撞、约束系统的设计开发、车身的性能优化、材料性能研究等，这些方面均需要利用 CAE 技术进行仿真建模，不仅重要而且投入巨大。

冲压成型在汽车制造过程占比极大，冲压成型材料利用率高，产品质量稳定，易于实现自动化生产，降低成本。在传统的冲压生产过程中，无论是冲压工序的制定、工艺参数的选取，还是冲压模具的设计、制造，都要经过多次修改才能确定，导致生产成本高、生产周期难以保证。CAE 软件的冲压成型过程数值模拟技术通过对板材冲压过程数值模拟，在计算机上观察到模具结构、冲压工艺条件（如压边力、冲压方向、摩擦润滑等）和材料性能参数（如皱曲、破裂）的影响，提供最佳钣料形状、合理的压料面形状、最佳冲压方向，以及分析卸载和切边后的回弹量，并补偿模具尺寸以得到尺寸和形状精度良好的冲压件。该技术使试模时间大幅缩短，从而减少制模成本。

疲劳耐久性问题是任何机械产品都需要考虑的重要因素。常规设计定型样机疲劳试验需要几年甚至更多的时间来发现设计失误、修改设计，现代疲劳试验技术只需在计算机上用 CAE 仿真技术，用载荷谱模拟和加载，预测寿命和反馈优化。可把试验时间压缩到原来的 10% 甚至更少，大大降低了开发成本，缩短了开发周期。根据疲劳理论，疲劳破坏主要由循环载荷引起。从理论上说，如果汽车的输入载荷相同，那么所引起的疲劳破坏也应该一样。因此，可以在试车场上按一定的比例混合各种路面及各种事件重现这一载荷输入。这一载荷重现通常可能在较短的时间里完成，从而达到试验加速的目的。

汽车空气动力学的研究将影响整车的造型、风阻、经济性、风噪等，市面上很多车体造型酷炫、线条动感，各种空气动力学组件使用都是基于提升整车空气动力学性能。CAE 技术在这个方向的应用也是无处不在，如 CFD 仿真、空气动力学性能的优化等。除了外部空气动力学的研究，车内空调系统、冷却系统等诸多方面都会涉及 CAE 流体仿真。

11.2.4　CAE 软件产业发展趋势

在当前计算机性能提升、仿真技术不断进步以及行业内对产品研发的要求不断提高的背景下，CAE 软件目前的发展趋势涉及 CAD/CAE 软件一体化、多物理场耦合仿真、多尺度分析、云计算和平台便携化几个方面。

在真实工况下，各个物理参数往往会互相影响，原先 CAE 仿真软件受限于计算机性能和软件研发能力的限制，需在多个单一学科软件中进行多次往返计算，计算结果的精确性无法满足需求，多物理场耦合仿真将底层求解公式进行融合，计算结果更精确、仿真效率更高。此外，除多物理场耦合外，CAE 有望实现材料、化学、生物等多学科结合，如 2014 年达索收购

acclrys，现更名为 BIOVIA，BIOVIA 主要侧重生物科学。2020 年，西门子收购了计算化学公司 Culgi，Culgi 软件可以提供量子化学和分子模拟功能。

随着 CAE 的仿真计算能力不断提高，对于仿真平台硬件的要求也日趋提高。借助云平台可以进行 CAE 软件快速部署，并保证软件、数据的统一配置和管理；同时可利用云端高性能计算资源和海量存储空间，进行大规模模型的高效计算和数据文件管理；借助云平台，可高效开展异地协同设计仿真，提升装备研制效率。因此，CAE 软件在云平台部署是重点发展方向之一。在很多制造加工场景中，工程师往往需要随时查看仿真界面，此时大体积的服务器或者笔记本的便携性显然不如手机、平板等小体积设备，因此，随着便携式电子产品的性能不断提高以及云计算 CAE 技术的发展，在安卓、iOS 等便携式平台上的 CAE 软件支持也是未来发展趋势之一。

11.3　电控系统设计与仿真软件产业

11.3.1　电控系统设计与仿真软件产业概况

系统设计与仿真软件由系统建模和系统仿真两部分组成，工程师在系统设计软件上完成汽车电控软件开发，并在系统仿真软件上测试电控软件性能。系统设计软件的核心是模型驱动技术。在软件开发领域，"模型驱动工程"（Model-Driven Engineering，MDE）是近年在模型驱动架构（Model-Driven architecture，MDA）的背景上活跃起来的一个概念。MDE 具有更中性的立场和更广阔、全面的范围，MDA 被看作 MDE 的一个具体和部分的实现途径。MDE 并不是新出现的一种特定技术，而是软件开发领域各种围绕模型与建模的技术的一种自然的聚集或综合。它的目标不仅是为软件开发者带来短期效率，还应当降低软件产品对变化的敏感度、提升软件寿命，从而带来长期效率的提升。与面向对象领域对比，MDE 提出了"一切皆为模型"的基本原则。系统设计软件，通过拖拽、链接、配置等操作，可以实现复杂的控制逻辑和算法。汽车上运行的软件，通常有严格的标准和规范，如 MISRA C 编码标准和 AUTOSAR 软件架构。系统设计与仿真软件可以按照这些标准和规范生成符合要求的、高效、可移植、可维护的代码和配套说明文档，保证软件的安全性和可靠性。系统设计与仿真软件通过图形化的方式展示软件的结构、功能和流程，可以提高开发的可视化和可读性，可以方便地进行设计、分析、交流、修改和复用。现今，用于汽车领域的系统设计与仿真软件已经十分成熟，形成了完整的工具链，可以与其他工具集成，实现软件的仿真、测试、验证和调试。

Simulink、CarSim 系统仿真软件（图 11-2）是一类应用于汽车设计、开发和测试阶段的高级计算机辅助工具，它们通过数学模型和物理算法对车辆及其组件的行为进行精确模拟。这些软件旨在帮助工程师在虚拟环境中预测、分析和优化汽车在不同工况下的性能表现，从而降低实际试验的成本，缩短产品开发周期，并提升最终产品的安全性和可靠性。

系统仿真软件主要包括：动力学仿真，如 CarSim、ADAMS 等软件可以模拟车辆在不同驾驶条件（如加速、制动、转弯）下的动态响应，包括操纵稳定性、平顺性、轮胎力学以及悬架系统性能等；控制系统仿真，针对 ABS 防抱死系统、ESP 电子稳定程序、ACC 自适应巡航控制等高级驾驶辅助系统及自动驾驶系统的控制器设计和验证，使用 MATLAB/Simulink 或

dSPACE 等工具构建并测试控制逻辑；能量管理和效率仿真，用于评估混合动力和电动汽车的动力总成系统性能，例如电池管理、电动机效率、再生制动系统效能等；环境感知与传感器仿真，PreScan 等软件能够模拟复杂的交通场景，并集成多种传感器模型（雷达、激光雷达、摄像头等），以测试和优化智能网联汽车和自动驾驶汽车的环境感知能力；人机交互与内饰设计仿真，通过虚拟现实技术模拟驾驶员与车辆内部系统的互动，优化界面设计和人体工程学布局。

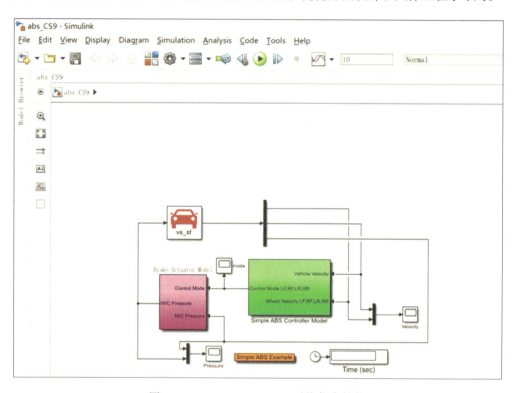

图 11-2　Simulink、CarSim 系统仿真软件

11.3.2　主要电控系统设计与仿真软件企业

（1）电控系统设计软件企业

在系统设计软件领域，主要有 Simulink（MathWorks 公司，美国）、LabVIEW（美国国家仪器公司，美国）、SystemModeler（Wolfram Research 公司，美国）三大软件。

Simulink 是由 MathWorks 公司开发的一款基于 MATLAB 的可视化建模和仿真软件，发布于 1983 年，最初是为了解决复杂的控制系统设计问题而开发的。随着时间的推移，Simulink 逐渐成为一种广泛应用于各种领域的工具，其中汽车行业是其中之一。在汽车行业中，Simulink 被广泛应用于汽车控制系统的设计、仿真和测试。Simulink 可以帮助汽车工程师们快速建立模型，对车辆和环境进行建模和仿真，并为汽车应用开发控制算法。Simulink 还提供了 Powertrain Blockset 和 Vehicle Dynamics Blockset 等扩展产品，以支持汽车动力总成和车辆动力学的建模和仿真。此外，Simulink 还提供了 Automated Driving Toolbox，以支持 ADAS 和自主驾驶系统的设计、仿真和测试。Simulink 可以帮助汽车工程师们设计和测试感知、规划和控制算法，以支持自动驾驶和高级驾驶辅助系统的开发。Simulink 还可以帮助汽车工程师们分析测试车队和生产车辆数据，以优化设计和提高性能。Simulink 还支持 AUTOSAR 和 ISO 26262 标准，以满足汽车行业的安全和可靠性要求。

LabVIEW 是一款图形化编程语言，由美国国家仪器公司于 1986 年推出。它的主要特点是使用图形化的界面和程序流程框架式编程方法。LabVIEW 的应用领域非常广泛，包括数据采集、控制、测试、仿真、监测等。在汽车行业中，LabVIEW 可以用于汽车电子控制单元的开发和测试，可以用于汽车的故障诊断和维护，也可以用于汽车的数据采集和分析等。随着时间的推移，LabVIEW 在汽车行业中的应用在不断增加：2009 年，LabVIEW 被用于开发汽车 CAN 总线的测试系统；2013 年，LabVIEW 被用于开发汽车的 HIL 测试系统；2015 年，LabVIEW 被用于开发汽车的自动驾驶系统。

SystemModeler 是一款由 Wolfram Research 开发的系统级建模和仿真软件，可以用于建立和分析各种系统，包括物理、控制、电气、生物、化学和金融系统。SystemModeler 的历史可以追溯到 20 世纪 90 年代，当时 Wolfram Research 的创始人 Stephen Wolfram 开始研究基于规则的建模方法。在 2000 年代初，Wolfram Research 开始开发 SystemModeler，并于 2009 年发布了第一个版本。SystemModeler 的主要特点是其具有强大的建模和仿真能力，以及其易于使用的界面，并且提供了许多预定义的组件和模型库，以帮助用户快速构建和分析系统。在汽车行业中，SystemModeler 可以用于建立和分析各种系统，例如发动机、传动系统、悬架系统和制动系统。SystemModeler 可以帮助工程师模拟这些系统的行为，并进行优化，以提高性能和效率，比如优化发动机的燃油效率，或者优化制动系统的响应时间。

（2）电控系统设计软件企业

系统仿真软件领域主要有三家公司 Mechanical Simulation（美国）、IPG Automotive（德国）、VI-grade（德国）。

Mechanical Simulation 是一家专注于车辆动力学仿真软件开发和分销的全球领先企业，成立于 1996 年。公司自成立以来，以其在多体动力学和实时模拟技术方面的深厚专业背景，在汽车、国防和其他相关领域赢得了显著声誉。Mechanical Simulation 擅长创建基于物理模型的高度精确且可定制化的虚拟测试环境，用于分析各种车辆（包括传统汽车、电动车、卡车、摩托车等）在不同道路条件下的动态性能和安全性。Mechanical Simulation Corporation 的主要软件产品有：CarSim 为专为乘用车和轻型车辆设计的动力学仿真软件，提供了详尽的车辆运动学模拟功能、GUI 界面和基于 MATLAB/Simulink 的编程接口，适用于评估制动、操控稳定性、转向响应、悬架系统性能以及 ADAS 系统的验证等工作。CarSim 可以帮助汽车设计师验证和改进车辆性能，降低开发成本和时间；可以帮助交通规划者评估不同道路设计的交通流量和安全性；可以帮助驾驶员培训机构提供更真实的驾驶体验和安全教育；其广泛应用于汽车设计、车辆安全、驾驶员培训和交通规划等领域。TruckSim，针对重型商用车辆如卡车和大巴进行动力学仿真的工具，能够模拟复杂载重条件下车辆的行为特征，帮助优化车辆设计及安全性能。BikeSim，特别为两轮车（尤其是摩托车）打造的动力学仿真解决方案，有助于制造商和研究机构深入研究并改进两轮车辆的行驶稳定性和操控性。SuspensionSim，独立的悬架系统仿真工具，用于详细分析和优化各类悬架组件和整体悬架结构的设计参数。通过这些软件产品，Mechanical Simulation Corporation 极大地推动了汽车行业研发阶段的数字化进程，减少了物理原型测试的需求，提高了产品研发效率和质量，同时也为自动驾驶技术的发展与验证提供了强有力的支持。

IPG Automotive 是一家专注于开发高级汽车仿真软件和解决方案的全球领先企业，公司成立于 1984 年，总部位于德国卡尔斯鲁厄。IPG Automotive 致力于推动汽车行业的创新与安全技术发展，通过先进的虚拟测试技术和方法来支持车辆系统的设计、研发以及验证过程。IPG Automotive 以其强大的多体动力学建模、实时仿真以及自动驾驶功能验证等核心技术而著称。其产品线涵盖了从基础的车辆动力学模拟到复杂 ADAS 和自动驾驶系统的全面仿真解决方案，包括环境感知传感器模型、电驱动系统模型及硬件在环测试平台集成。IPG Automotive 的主要产品包括：CarMaker，作为公司的旗舰产品，CarMaker 是一个高度灵活且可扩展的虚拟测试平台，用于进行车辆动力学、控制策略、驾驶员模型以及 ADAS 自动驾驶功能的开发和验证；Dyna4 Vehicle Dynamics，为用户提供精确的车辆动态性能分析工具，用于研究车辆操控、制动和稳定性的各个方面；SensorSimulator，专门设计用来模拟各类车载传感器数据输出，如雷达、激光雷达（LiDAR）、摄像头等，以支持高级驾驶辅助系统和自动驾驶系统的开发与测试；VeSyMA Suite，提供一系列模块化的车辆系统模型库，用户可以快速构建复杂的交通场景，并针对不同的道路条件和驾驶工况进行深入研究。IPG Automotive 凭借其专业的仿真软件和配套服务，在整个汽车工程生命周期中为制造商和供应商提供了高效、经济且符合行业标准的虚拟开发环境，极大地加快了新车型的研发速度并确保了产品的安全性与可靠性。

VI-grade 公司成立于 2005 年，是一家全球领先的汽车、摩托车、轨道车辆以及航空领域仿真解决方案提供商，总部位于德国马尔堡。自成立以来，该公司凭借其团队超过 20 年的系统级仿真经验和软件开发专长，在业界迅速建立了卓越的声誉。VI-grade 专注于提供先进的多体动力学仿真技术，帮助客户在设计阶段即能优化产品的性能、安全性及舒适性。VI-grade 公司的软件以其高度精确和实时仿真的能力著称，擅长模拟复杂的动态行为，并与实际驾驶条件进行无缝对接。其产品广泛应用于车辆动力学分析、控制系统设计、自动驾驶功能验证以及人机交互研究等方面。在汽车领域，VI-grade 的主要软件产品包括：VI-CarRealTime，用于实时车辆动力学仿真的软件工具，特别适合于研发高性能控制器时所需的硬件在环测试环境；VI-DriveSim，是一款专业驾驶模拟器平台，支持静态和动态驾驶模拟，可用于评估驾驶员行为、ADAS 系统、电动车性能以及驾驶体验等多方面内容；VI-MotorSport，对赛车运动市场，该软件提供了详细的赛道车辆动力学模型和高级分析工具，以助力车队在虚拟环境中对赛车性能进行深入调校；VI-Rail 和 VI-Aero 等其他产品线，分别面向轨道车辆动力学仿真和空气动力学分析，为相关行业客户提供定制化的仿真解决方案。

11.3.3　电控系统设计与仿真软件在汽车领域的应用

（1）系统设计软件的应用

在汽车开发过程中，提前验证需求是非常重要的。系统设计软件可以帮助工程师创建快速原型，这些原型可以模拟新的设计和技术，以便工程师可以在早期阶段就验证它们的性能和可行性。这可以大大减少开发时间和成本，因为它可以在投入大量资源进行全面开发之前，发现和解决潜在的问题。系统设计软件还可以为微控制器（MCU）、图形处理器（GPU）、系统级芯片（SoC）和现场可编程门阵列（FPGA）设备生成代码。这意味着工程师可以直接将他们在 MATLAB 和 Simulink 中开发的算法转化为可以在这些设备上运行的代码。这大大简化了从设计到实施的过程，使得工程师可以更快地将他们的创新转化为实际的产品。在汽车工程领域，为确保汽车电子和电气系统的质量、安全性和互操作性，程序开发必须遵守行业标准。系统设计和仿真软件可以帮助工程师在开发过程中使用图形化的模型来表示和分析系统的结构和行为，以及生成和测试代码。如 Simulink 支持导入和导出 AUTOSAR 的 XML 描述，以便与其他 AUTOSAR 创作工具（AAT）进行交互。在 Simulink 中还可以建模和仿真 AUTOSAR 软件组件的行为和接口，以及与其他组件的交互。

通过使用 Simulink 中的 Embedded Coder 可以生成符合 AUTOSAR 标准的 C 或 C++ 代码，以及运行时环境（RTE）层。Simulink 还可以使用 AUTOSAR Blockset 提供的模块，调用 AUTOSAR 基础软件（BSW）的服务，如 NVRAM Manager、Diagnostic Event Manager 等。

（2）系统仿真软件的应用

系统仿真软件功能强大，可以针对各种场景和功能运行仿真以评估权衡和优化设计。这些仿真可以模拟各种驾驶条件和环境，帮助工程师理解如何改进车辆性能和效率。比如模拟不同的气候条件、道路状况和驾驶行为，以了解这些因素如何影响车辆的燃油效率、安全性和驾驶舒适性。动力学仿真软件如 CarSim、ADAMS 或 VI-CarRealTime，通过精确建模车辆的机械结构和控制系统，模拟不同路况、车速及驾驶输入下车辆的动力响应、操控稳定性和行驶安全性，从而在设计阶段即能评估并改进发动机、传动系统、悬架系统以及整车的动态性能。系统仿真软件还可应用于驾驶场景仿真功能，该功能涵盖了从基础的道路环境、交通流模型到复杂的自动驾驶算法验证。此类仿真通过构建虚拟城市、设置多样的交通参与者行为，模拟真实世界中可能出现的各种复杂驾驶情境，有助于测试和优化高级驾驶辅助系统以及自动驾驶系统的功能与决策逻辑。驾驶模拟仿真不仅包括了物理层面的车辆动力学特性，还集成了驾驶员模型、视觉感知模型以及人机交互界面，形成高度逼真的驾驶体验环境。例如 VI-DriveSim 等驾驶模拟器，能够让工程师、设计师甚至驾驶员在实验室环境中预演各种实际道路情况下的驾驶行为和安全问题，极大地缩短了产品开发周期并提升了产品质量。此外还有悬架仿真方面的应用，此类功能聚焦于对车辆悬架系统的详细分析，包括弹簧、减震器、防倾杆以及其他相关组件的工作状态。通过对这些子系统的细致建模与仿真，能够准确预测和控制车辆行驶过程中的振动、舒适性、轮胎接触力分布等关键指标，确保最终产品的乘坐品质和操控性能达到最优设计要求。

11.3.4　电控系统设计与仿真软件产业发展趋势

随着大数据和人工智能技术的发展以及半导体行业的进步，系统设计与仿真软件产业开始向云端化、智能化、跨平台化发展。

云计算技术使得系统设计与仿真软件可以利用云端的计算资源和存储空间，实现更快速、更高效、更可靠的仿真和分析。同时，为适应行业内越来越高效的管理模式和更加复杂的团队协作需求，系统设计与仿真软件也将支持多人在线协作，实现模型和仿真设置的共享、编辑和评论，提高团队的协同效率和创新能力。

人工智能技术特别是深度学习技术，为系统设计与仿真软件提供了新的功能和应用，使其能够实现更智能、更自适应、更优化的系统设计和仿真实现。系统设计与仿真软件可以利用深度学习技术进行数据驱动的建模、故障检测和诊断、控制策略生成和代码优化等操作。

由于半导体行业硬件水平的提高，使得人们开始追求更舒适多样的办公场景。为了满足不同的开发和部署环境的需求，系统设计与仿真软件应可以支持多种平台和设备，如桌面、移动、嵌入式、云端等，实现模型设计和仿真设置在不同平台的无缝迁移和转换。

11.4 测试验证与标定软件产业

11.4.1 测试验证与标定软件产业概况

测试验证与标定软件对于汽车研发至关重要。汽车作为公共出行的最大载体，其安全性和合规性是研发过程中首要考虑的目标。此外，通过测试与标定验证软件进行测试验证，可以降低成本、提高效率、保证合规性。首先，虚拟测试手段，减少了物理原型车的制造和试验场地的使用，从而降低了研发成本。同时，早期发现问题有助于减少后期修复的成本。其次，相较于实车整车测试验证，使用测试验证软件可以实现快速汽车研发版本的快速迭代和调试，加速新车型和新技术的研发周期。另外，随着排放、安全和信息安全法规日益严格，测试验证软件能确保产品在设计阶段就符合各项标准，降低因不合规导致的产品召回风险以及可能的法律诉讼成本。汽车测试验证软件主要有 5 类，分别是通信协议验证软件、硬件在环与软件在环测试软件、ECU 标定与诊断软件、系统集成测试软件、安全性验证软件。

11.4.2 主要测试验证与标定软件企业

在测试验证与标定软件产业中，主要有五家企业占据主导地位：Vector（德国）、dSPACE（德国）、ETAS（德国）、Tracetronic（德国）、Softing（德国）。

Vector 是一家全球领先的汽车电子和嵌入式系统开发解决方案供应商，公司成立于 1988 年，总部位于德国斯图加特附近。Vector 为汽车行业的制造商和供应商提供汽车电子电气相关的软件工具和服务，主要集中在车载网络、ECU 软件开发、诊断服务、网络安全以及自动驾驶领域。Vector 在发展过程中不断壮大，不仅在欧洲建立了稳固的市场地位，还在全球范围内扩展了业务版图，包括设立 Vector 西班牙等子公司，以满足不同地区客户的需求。其核心技术特点体现在对多种通信协议（如 CAN、LIN、FlexRay、AUTOSAR、Ethernet 等）的深入理解和全面支持，以及高度专业化和实时性能卓越的测试与验证解决方案。Vector 的主要软件产品包括：CANoe，业界标准的多总线网络设计、仿真及测试平台，用于开发和验证基于各种车载通信协议的应用程序；CANalyzer，与 CANoe 配套使用，是一款强大的数据分析工具，能够捕获并分析实时网络数据，帮助工程师检测错误和优化网络性能；PREEvision，面向整车电气电子架构设计和网络管理的工具，支持从需求工程到系统设计、网络配置直至生产文档生成的全过程；vTESTstudio，集成测试环境，支持模型化测试方法，简化复杂系统的自动化测试流程设计和执行；VectorCAST，针对嵌入式软件的单元测试、集成测试和代码覆盖率分析工具套件；Car2x 应用开发工具链，涵盖 V2X 通信和安全相关的开发和测试工具，包括模拟交通场景和验证通信协议栈。这些软件产品共同构成了一个完整的工具链，涵盖了从概念设计、开发、集成、测试到生产的整个汽车电子开发周期，极大地提高了汽车电子系统的质量和开发效率。

dSPACE 是一家全球知名的高性能模拟和验证解决方案供应商，专门为汽车、航空航天和其他先进制造业提供基于模型的设计环境以及硬件在环测试系统。公司成立于 1988 年，总部位于德国的普法芬霍芬，自成立以来始终致力于为业内提供先进的工具和技术，以加速复杂嵌入式系统的开发过程，并确保其可靠性。dSPACE 的发展历程中，公司不断拓展产品线和技术服务，尤其在自动驾驶、电动汽车和数字化领域取得了显著成就。其技术特点体现在对 MAT-LAB/Simulink 等工业标准建模语言的高度兼容性，以及设计出能够精确模拟真实世界物理行为的高性能硬件平台。dSPACE 解决方案不仅简化了从概念设计到批量生产的整个工程流程，还支持快速原型制作、实时仿真及集成测试，有助于客户降低成本、缩短上市时间并提高产品质量。dSPACE 的主要软件产品包括但不限于：dSPACEControlDesk，一个综合的 HIL 测试系统操作与诊断环境，用于设置实验、执行测试序列、监控结果并进行实时调试；TargetLink，基于 MATLAB/Simulink 的自动代码生成工具，它将控制算法模型直接转换成优化的生产质量级 C 代码，可用于 ECU 实现；SimulationX，面向多学科系统模拟的软件，可应用于机械、电气、流体动力学等多种领域的系统建模与仿真；AUTOSAR Builder（原名 dSPACESystem-Desk），一套完整的工具链，用于创建和管理符合 AUTOSAR 标准的汽车电子架构和软件组件；RTI（Real-Time Interface）Suite，一系列软件组件，用于配置和运行与 dSPACE 实时目标机连接的模型，实现硬件在环仿真。此外，dSPACE 还提供了一系列配套的硬件模块、接口板卡以及定制化服务，与上述软件产品结合使用，共同构建了一个端到端的开发验证生态系统，满足了行业对于高效能、高精度仿真的严格要求。

ETAS 是一家专注于汽车软件开发、测试和嵌入式系统的全球领先供应商，成立于 1994 年，总部位于德国斯图加特市。作为罗伯特·博世集团的全资子公司，ETAS 自成立以来始终致力于为汽车行业提供高效、专业且先进的解决方案和服务，尤其在汽车电子技术的研发和应用方面表现突出。ETAS 的技术特点体现在其强大的集成工具链上，这些工具覆盖了从需求管理、设计、编码、测试到诊断与服务等汽车软件开发生命周期的各个环节。其产品不仅支持复杂的 ECU（电子控制单元）软件开发，还支持车载网络通信协议的配置与测试，并且在汽车信息安全领域也提供了全面的解决方案。在汽车领域，ETAS 的主要软件产品包括但不限于：INCA，一款高度灵活的测量和标定工具，用于发动机管理、动力系统、底盘控制系统和其他车辆电子模块的开发和调试；ESCRYPT，ETAS 旗下的一个品牌，专门从事汽车网络安全，提供一系列针对车载网络、ECU 以及联网汽车的安全分析、安全设计及安全实现工具和服务；ETAS ASCMO，一种基于模型的系统优化工具，帮助工程师在多个变量下优化复杂系统的性能；RTA-BTS，实时硬件在环仿真平台，用于 ECU 的开发验证、功能测试和故障注入模拟；ETAS ISOLAR-EVE，一个集成化的开发环境，用于 AUTOSAR 基础软件和应用程序的开发与配置；ETAS ESCRYPT TCU safeguard toolkit，专为满足 ISO 26262 功能安全标准而设计，用于确保变速器控制单元（TCU）的安全性。

Tracetronic 公司是一家德国的高科技工程服务和解决方案供应商，专注于汽车行业的电子系统开发、集成与验证。该公司成立于 1998 年，致力于提供全面的测试自动化解决方案和服务，帮助汽车制造商及其供应商应对日益增长的软件复杂性和严格的行业标准要求。Tracetronic 擅长车辆网络通信、功能安全、信息安全以及自动驾驶系统的测试。公司运用先进的工具链和灵活的方法论，支持从早期的概念设计阶段到生产就绪的整个软件开发生命周期管理。Tracetronic 的核心软件产品是 ECU-TEST，这是一款高度专业化的测试平台，主要用于汽车电子控制单元的功能测试和集成测试。ECU-TEST 提供了一个用户友好的环境，可以创建、执行和评估复杂的测试场景，并能够与各种硬件在环及软件在环测试系统无缝集成。此外，通过与大众汽车的合作，Tracetronic 还参与成立了合资企业 neocx，进一步强化了其在汽车软件开发和集成方面的实力，尤其是在机器学习、数据分析等前沿领域的应用以及基于云计算的虚拟测试环境建设等方面，为汽车行业提供了更为先进和高效的软件解决方案。

Softing 是一家源自德国的国际科技公司，成立于 1979 年，专注于工业自动化、汽车电子和 IT 网络三大核心业务领域。历经数十年的发展与创新，Softing 已成为全球工业通信技术、汽车诊断以及信息技术解决方案的重要供应商，并在多个国际市场设有分支机构。Softing 在复杂系统集成、标准化通信协议支持及高端测量技术等方面拥有显著优势。其产品和服务广泛应用于生产制造流程自动化、车辆电子系统的研发测试与维护，以及企业级网络架构的设计优化等多个层面。在汽车领域，Softing 的主要软件产品有：TestCASE，TestCASE 是一个用于从诊断测试到 HiL 的测试自动化，它包含了几乎所有标准的测试系统的集成，例如 INCA、CANoe、DTS、Ediabas、MATLAB/Simulink 等；TestCUBE2，应用在当 ECU 还没有存在，或者已经不再可用的情况下的 ECU 仿真；CanEasy，是一个基于窗口的自动配置的总线仿真、分析和测试环境，适用于所有情况下的 ECU 的工程和开发；D-PDU API 软件，能够方便将 Softing 公司的诊断接口和通信接口集成到诊断工具中；DTS（诊断工具集），该系列产品用于整个 ECU 生命周期中的诊断，是实现市场上诊断标准 OTX、ODX 、UDS、MCD-3D 的领先的工具集。

11.4.3 测试验证与标定软件在汽车领域的应用

在汽车研发过程中，测试验证与标定软件广泛应用于多个关键阶段，对确保车辆的安全性、性能表现和可靠性起着不可或缺的作用。在整个汽车研发流程中，测试验证与标定软件扮演了支撑设计、实现、验证和优化的角色，有力地保障了汽车产品的高质量产出和市场竞争力。

在系统设计与需求分析阶段，测试验证与标定软件可以帮助定义和管理系统的功能需求，并进行需求追溯和一致性检查，如 IBM DOORS 等工具用于需求工程管理和验证。在 ECU 软件开发阶段的模型在环测试中，验证软件模拟控制系统算法，通过 MATLAB/Simulink 等平台进行快速原型设计和初步仿真验证。在软件在环测试中，软件验证工具能够对控制软件逻辑进行详尽的测试，确认其满足预期功能且无逻辑错误。处理器在环测试则进一步将软件部署到目标硬件上，模拟实际运行环境，验证软件在目标处理器上的实时执行性能。在硬件开发与集成阶段，硬件在环测试利用测试验证软件结合专门的硬件设备，模拟真实车辆环境下各部件的工作状态，对 ECU 硬件及嵌入式软件进行全面的功能、性能和稳定性测试。通信网络验证，通信协议栈测试工具可以验证不同 ECU 之间 CAN/LIN/FlexRay/Ethernet 等通信网络的行为，例如 Vector CANoe、dSPACE Network Developer 等软件。诊断与标定，标定工具（如 INCA 等）支持 ECU 参数在线调整与优化，以及故障诊断策略的制定与验证，确保 ECU 在各种工况下都能正常工作并达到最优性能。在功能安全与网络安全测试阶段，符合 ISO 26262 标准的功能安全验证工具用于识别和评估潜在的危险情况，保证汽车电子系统满足 ASIL 等级要求。另外，网络安全测试软件用于检测和防御车载网络可能遭受的攻击，如 ESCRYPT 提供的解决方案针对车载网络进行渗透测试和漏洞扫描。整车集成与验证，集成测试工具（如 ECU-TEST）用来组织和实施复杂的真实或虚拟环境下的多 ECU 集成测试，包括交互功能测试、故障注入测试等。合规性测试验证软件还帮助车企满足各类国际和国家标准法规的要求，如排放测试、碰撞测试、ADAS 功能测试等。

11.4.4　测试验证与标定软件发展趋势

随着计算机软硬件技术水平的不断提高，汽车测试验证与标定软件趋向于自动化、容器化和云平台化、全栈可视化以及跨平台化。

近年来 AI 技术发展迅速，ChatGPT 一类的大模型引爆全球关注，而行业内专家更是从通用大模型上发现了专家大模型的非凡潜力。未来，测试验证与标定软件将依托测试专家大模型，实现更高程度的自动化，包括智能测试用例生成、自动化执行、自适应测试策略等。通过大模型计算和模式识别，软件可以自动分析潜在缺陷和故障模式。AI 驱动的预测性测试成为可能，能基于历史数据预测潜在问题并提前进行预防性测试。

在软件开发领域，容器的概念是近年来的热点。容器是一种轻量级的虚拟化技术，它为应用程序及其依赖环境提供了一个独立、可移植和自包含的运行时环境。容器化与云原生测试采用容器技术和云平台资源，测试环境可轻松复制、扩展和管理，提高测试效率和灵活性。测试验证工具将支持云端部署和分布式执行，以满足大规模并发测试需求。

流程和工作可视化可以大幅度提高工作效率。在未来，测试验证与标定软件将进一步加强端到端业务流程的测试能力，覆盖从前端用户界面到后端服务以及数据库层面的所有组件。同时，可视化测试结果有助于团队更快地定位问题并理解系统行为。

大数据和性能测试：针对大数据场景下的应用，测试验证软件需要具备处理大量数据的能力，并且要包含复杂的数据校验功能。此外，性能和负载测试的重要性日益凸显，软件必须支持模拟真实世界的海量并发用户访问。

兼容性与跨平台测试：在多设备、多操作系统环境下，测试验证软件需确保应用程序能在各种设备和平台上稳定运行。因此，跨平台兼容性和适配性测试工具将会更加成熟和完善。

敏捷与探索式测试：鼓励灵活和迭代的敏捷开发模式下，测试验证软件会更注重易用性和敏捷性，支持探索式测试方法论，允许测试人员根据实时情况调整测试策略。

综上，未来与标定测试验证软件将结合人工智能、云计算、大数据等前沿技术，朝着自动化、智能化、云原生、全生命周期整合的方向发展，为软件质量保证提供更为高效、全面的支持。

第 12 章

中国汽车研发软件产业

中国汽车研发软件产业近年来发展迅速，已成为全球汽车产业的重要组成部分。随着汽车技术的不断进步和智能化趋势的加速，汽车研发软件在汽车产业中的地位日益凸显，其市场规模也呈现出持续增长的趋势。

具体而言，嵌入式研发软件市场和仿真测试软件市场占据了中国汽车研发软件市场的主要部分，并且这一趋势预计将在未来几年内持续。随着汽车电动化、智能化趋势的进一步加速，汽车研发软件市场规模有望继续保持快速增长，为产业带来更为广阔的发展空间。

中国汽车研发软件产业的产业链结构完善，涵盖了硬件制造商、软件开发企业、系统集成商、汽车制造商等多个环节。在这个产业链中，软件开发企业扮演着关键角色，负责研发和提供汽车研发软件产品和服务，为产业的创新发展提供源源不断的动力。而系统集成商则负责将各种软硬件进行整合，为汽车制造商提供完整的解决方案，确保汽车产品的整体性能和品质。

展望未来几年，中国汽车研发软件产业将迎来更多的发展机遇和挑战。一方面，随着汽车技术的不断进步和智能化趋势的加速，汽车研发软件的需求将持续增长，这将进一步推动产业的发展和壮大。另一方面，随着国产自主品牌的崛起和国家对核心技术的扶持，国内汽车研发软件企业将有更多的机会参与国际市场竞争，展现中国汽车研发软件产业的实力和潜力。

为了更好地推动中国汽车研发软件产业的发展，中国汽车研发软件产业创新联盟应运而生。该联盟汇聚了众多优秀的软件企业，这些企业在汽车研发软件领域拥有深厚的技术积累和丰富的实践经验。通过联盟的合作与创新，这些企业将共同致力于推动中国汽车研发软件产业的自主安全可控和全面快速发展，为中国汽车产业的发展注入新的活力，并推动中国汽车研发软件产业在全球市场中的地位不断提升。

12.1 CAD 软件企业及产品

1. 公司发展历程

上海新迪数字技术有限公司（简称"新迪数字"）是一家具有二十多年三维 CAD 软件研发经验、拥有国际先进水平三维 CAD 核心技术的国产工业软件企业，致力于"让每个工程师使用中国 CAD"。公司以上海为中心，在杭州、武汉、深圳等设立 6 家分支机构、3 个研发中心和 5 个营销服务中心，服务网络覆盖全国。

公司以国产三维 CAD 软件"新迪天工 CAD"为主导产品，自主研发出新迪天工云 CAD、新迪云盘、新迪云库、新迪看图、3DSource 零件库、3D 轻量化引擎等多款 SaaS 工业云软件，为制造业提供以三维 CAD 为核心的研发设计协同一体化解决方案，广泛应用于装备制造、汽车及轨道交通、新能源、高科技电子等多个行业，累计服务几十万家企业和几百万个人用户。SaaS 软件下载量超过 1 亿次，比亚迪、中汽工程、中车股份、杭汽轮等一大批行业龙头和中小企业成为忠实客户。

公司在大型复杂工业软件系统架构设计、三维 CAD 几何建模、CAD 软件云化、大模型轻量化 4 项技术领域拥有国内领先的自主核心技术，近三年研发费用和人员占比均超 40%，研发团队核心成员具有深度参与 SolidWorks、MSC APEX 等大型工业软件研发经验，累计获得发明专利 22 项，软件著作权 76 项，参与国家标准和团体标准制定 9 项，承担国家和省部级科研技术攻关 5 项，具有强大的科技攻关和软件研发实力。

公司先后获评高新技术企业、工信部"制造业与互联网融合发展试点示范企业"、上海市专精特新中小企业、上海市工业互联网专业服务商等 20 余项国家和省部级资质荣誉。

2. 产品及功能简介

公司以"新迪天工"为核心品牌，围绕三维研发设计和设计数据在生产制造、市场营销、运维服务等多个环节的协同和共享，开发出一系列工业软件产品，主要有以下代表性产品。

（1）新迪天工 CAD

一款国产自主可控的三维 CAD 软件，产品成熟度和技术能力比肩国际先进水平，具备强大稳定的设计建模能力、独特的异构数据处理迁移能力、智能化的设计向导工具、开放的产品生态四大特点优势，可以显著提升产品设计质量和效率，助力企业实现工业软件正版化和国产替代。

（2）新迪天工云 CAD

一款"端＋云"融合架构三维 CAD 软件，面向制造业产品研发设计过程，满足三维设计、数据管理、协同共享等"端到端"应用需求，采用新颖的"端＋云"融合架构和统一的云端产品数据模型，所有数据在云端集中存储，设计数据安全可靠、应用场景一体集成、IT 管理规范灵活，帮助企业实现"云协同"环境下的高效设计与顺畅沟通，助力企业实现工业软件正版化、国产替代和制造业数字化转型。

（3）新迪天工看图

一款三维模型和二维图纸查看工具软件，集云端看图、分享图纸、批注图纸、沟通图纸、管理图纸、项目协作等多功能于一体，具有格式全面、功能强大、轻巧易用、安全可控功能特点，可应用于设计图纸评审、生产车间看图、对接外协外包、产品营销展示等多个环节，帮助企业将工业数字化的研发设计、项目管理、办公服务三个场景无缝衔接，以更低成本和高数据安全性实现产品设计数据的跨业务浏览交互。

（4）新迪天工云盘

一款二维图纸和三维模型数据云端统一管理软件，集产品数据管理、数据分享批注、协同评审、模型 / 图纸派发回收等功能于一体，具备数据管理有序、协同分享无界、应用轻巧便利三大功能特点，能帮助企业更经济、安全地实现跨部门在线协同分享和技术交流，实现产品数据云端管理，不依赖专业 CAD 软件或 PDM 系统。

（5）新迪天工云库

一款零部件三维模型数据标准化管理系统软件，具备自主搭建零部件分类目录、分析零部件采购和使用数据、自带超大标准件资源库、快速选型调用标准件、分层设置管理权限功能特点，可打通设计部门、标准化部门、采购部门以及 ERP、PDM、PLM 系统的数据壁垒，让企业拥有统一的零部件数据标准，让产品设计符合通用化、系列化、模块化等设计标准化的发展要求，帮助企业打造更加高效、更加安全的产品研发设计标准化体系。

（6）新迪 3DSource 零件库

一款零部件三维模型数据资源库软件，集产品展示搜索选型、三维模型下载、采购询盘、快速设计工具、一键打开/插入、BOM 自动写入等多种功能于一体，具备支持各大主流 CAD 软件、标准覆盖齐全、零部件种类丰富、用户规模庞大特点优势，提供超 2 亿种规格的标准件、通用件和厂商件三维 CAD 模型，可用于产品研发设计、生产制造、供应链管理等各环节，帮助企业快速进行非标件设计和三维模型下载，提高产品设计工作效率和设计标准化水平。

（7）新迪 3D 轻量化引擎

一款三维数据轻量化解决方案，采用先进的数据轻量化转换引擎和前沿的 Web 3D 显示与交互技术，无需安装任何插件或软件，即可实现基于 Web 浏览器对各种主流三维模型和二维图纸数据的快速处理浏览，支持所有主流 CAD 格式，可集成至各类平台、软件、系统，解决大型模型浏览和传输困难问题，为企业各业务环节的数据轻量化提供底层技术支持。

12.2 CAE 软件企业及产品

12.2.1 南京天洑软件有限公司

1. 公司发展历程

南京天洑软件有限公司（简称"天洑"）为中国智能工业软件研发领域的科技企业，专注于中国自主知识产权的智能设计、快速仿真、优化、运维类工业软件的研发。公司成立于 2011 年 5 月 20 日，总部位于南京，在北京、大连、宁波、上海、青岛、杭州设有分公司或子公司。

天洑自主研发的软件产品：各行业通用软件包括智能热流体仿真软件 AICFD、智能结构仿真软件 AIFEM、智能优化软件 AIPOD、智能数据建模软件 DTEmpower、智能流动传热拓扑优化设计软件 AITOPT；行业专用软件包括智能管道设计运维一体化平台 AIPIPE、智能化泵设计软件 AIPump、智能化风机设计软件 AIFan、智能化叶片设计软件 AIBlade、智能化风场布机软件 AIWind、环境仿真云计算软件 EnvCloud、智能监盘系统 AIICS、设备智能预警与故障诊断系统 AIPHM、工业 AI 底座 TFIIF。

天洑在提供软件产品的同时，亦为企业客户提供定制开发服务，包括 CAE 前后处理开发、专用求解器开发、工业设计平台搭建、人工智能平台开发、辅助工具开发等。

天洑拥有一支由多名清华大学博士构成的经验丰富的研发和技术团队，聚合了强大的软件研发背景、智能制造背景、智能设计背景、智能运维背景、工程仿真技术背景和各行业的工程应用背景。天洑自成立以来一直坚持代码自主可控的自研道路，坚持核心求解器自主研发。天洑在业内率先采用 AI 加速算法体系，克服了流体及结构仿真分析耗时过长的业界难题。经过十余年不断创新，天洑软件多款产品性能国际领先。公司长期坚持以"产、学、研"为一体，与清华大学、华中科技大学、上海交通大学等高校和科研院所建立了紧密的合作关系。

天洑多年来为国内外众多制造业企业、高校、科研院所提供了优质的设计及运维软件产品和解决方案，客户行业涵盖能源动力、船舶海事、车辆运载、航空航天、新能源汽车、动力电池、消费电子、石油石化等。企业先后获评瞪羚企业、培育独角兽企业。

2. 智能热流体仿真软件 AICFD

AICFD 是天洑软件自主研发的通用智能热流体仿真软件，主要用于流体流动及传热的快速智能仿真。其功能可分为模型导入、网格自动生成、加速求解、结果可视化和后处理、智能预测五大部分，涵盖几何模型、仿真结果以及智能预测优化的完整仿真分析流程，帮助企业建立设计、仿真和优化相结合的一体化流程，提高产品的研发效率。

（1）软件架构

AICFD 软件使用分层架构模式构建整个软件集成平台，共分为 5 层（展示层、命令层、功能层、持久层、数据层）。层与层之间通过接口通信。

（2）特色功能

1）操作简单便捷。AICFD 提供图形化和一体化的仿真流程，大幅简化用户输入，降低使用门槛，可方便、快速完成模型导入、网格生成、设置求解、后处理等仿真流程（图 12-1）。

图 12-1　AICFD 仿真流程

2）AI 求解提升计算效率（图 12-2）。AICFD 具有多种稳健的数值格式、边界条件以及常用的物理模型。支持的流动类型包括不可压缩流动、可压缩流动（支持亚音速、跨音速和超声速流动）、传热、多相流等，并且在求解过程中融入 AI 算法，使得求解效率较传统求解模式提升 3～5 倍。

	求解时间 /min	汽车阻力值 /N	汽车阻力系数 C_d	汽车升力值 /N	车升力力系数 C_l
AICFD	228	31.85	0.300	43.43	0.409
AICFD AISpeed	122	31.43	0.296	44.29	0.417
偏差	—	−1.32%	−1.32%	1.98%	1.98%

a)

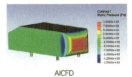

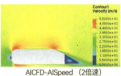

AICFD　　　AICFD-AISpeed（2倍速）　　　AICFD　　　AICFD-AISpeed（2倍速）

b)

图 12-2　AI 求解提升计算效率

3）智能预测提供实时仿真（图 12-3）。目前商用仿真软件的仿真时间较长，通常需要几小时、几天甚至几周的时间。AICFD 采用人工智能技术等方法加速仿真计算，可以实现秒级仿真，大大提高了仿真效率。对于特定模型的仿真，通过仿真技术和人工智能技术的深度结合实现实时仿真。快速智能仿真和实时仿真方法使得 AICFD 可作为设计人员日常使用的智能仿真工具。

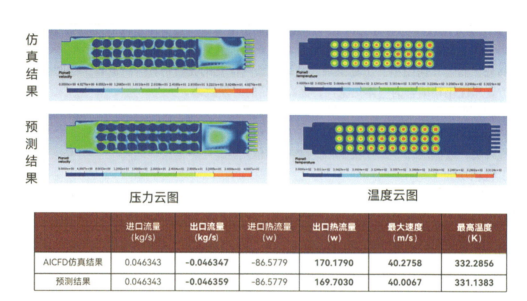

	进口流量 (kg/s)	出口流量 (kg/s)	进口热流量 (w)	出口热流量 (w)	最大速度 (m/s)	最高温度 (K)
AICFD仿真结果	0.046343	-0.046347	-86.5779	170.1790	40.2758	332.2856
预测结果	0.046343	-0.046359	-86.5779	169.7030	40.0067	331.1383

图 12-3　智能预测提供实时仿真

4）行业专用模块（图 12-4）。

图 12-4　行业专用模块

（3）典型应用

1）基础流场——汽车外气动仿真（图 12-5）。汽车外气动仿真在现代汽车设计中扮演着至关重要的角色。本案例展示了 AICFD 在乘用车，说明 AICFD 具有较高求解精度。

图 12-5　基础流场——汽车外气动仿真

2）电子散热——电子元件散热共轭热传导分析（图 12-6）。本案例为机箱电子元器件散热。内存芯片位于 CPU 单元旁。许多大小不同的电容器、芯片、接口等电子元件散布在主板上。散热器位于 CPU 上方，将 CPU 的热量传导至冷却空气中。采用层流进行共轭传热分析并与国外商业软件进行计算对比。

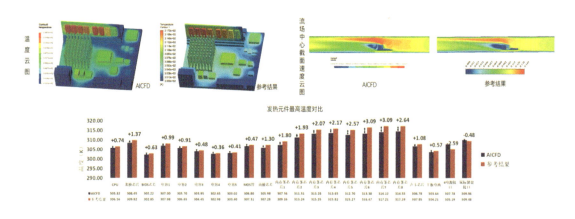

图 12-6　电子散热——电子元件散热共轭热传导分析

3）旋转机械——单通道轴流风扇效率仿真（图 12-7）。轴流风扇内部流场的研究为改善风机性能提供了可靠的依据。本案例分析的是某轴流风扇，模型包含出口导叶流道和转子流道两部分组成，模拟风扇在入口速度为 15.06m/s 的工况下，风扇流场流动分布及风扇效率。

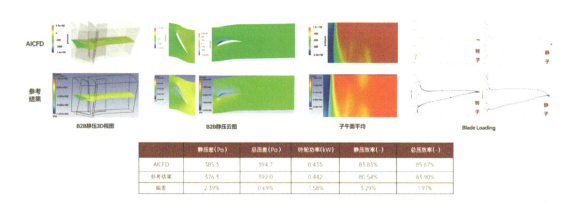

图 12-7　旋转机械——单通道轴流风扇效率仿真

3. 智能结构仿真软件 AIFEM

AIFEM 是天洑自主研发的一款通用的、智能的、新一代有限元分析（FEM）软件（图 12-8）。

AIFEM 集成结构静力学、动力学、热力学、拓扑优化等多个学科的求解功能，冲破学科之间的数据束缚，提升复杂场景的仿真效率和精度。

AIFEM 支持工程师快速创建设计、仿真和优化相结合的一体化流程，大幅提高企业的产品研发效率。

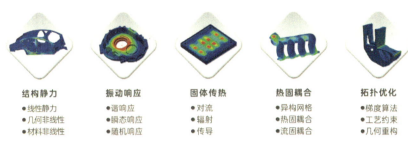

图 12-8　AIFEM 软件

（1）软件架构

AIFEM 产品架构充分考虑了先进性、可扩展性、集成性、安全性，实现软件的模块化和组件化。软件应用架构采用分层架构，共分为展示层、命令层、功能层、持久层、数据层。

（2）特色功能

1）高效的前后处理功能。智能化实现几何修复、网格划分、网格装配连接、材料赋予、工况复用、收敛控制、报告生成等功能，大幅提升使用者效率，降低仿真使用门槛。

2）高精度有限元求解器。将仿真结果与工程试验结果、标准测试案例、第三方成熟商软仿真结果进行充分标定、优化参数算法，最终将计算偏差率控制在很小范围内。

（3）典型应用

1）新能源汽车行业。AIFEM 具有快速的网格划分、仿真装配、工况创建功能，满足电池、电机及混动发动机等汽车动力部件的高效有限元建模需求，具备多物理场的耦合求解功能，协助用户快速得到复杂场景的仿真结果。应用示例如图 12-9 所示。

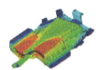

图 12-9　AIFEM 在新能源汽车行业的应用

2）电子电路行业。电子电路板级产品体积小、热流密度大，易出现磁性器件绝缘性能下降、电容寿命下降、焊接脱落开裂等诸多问题，AIFEM 能够快速设置芯片与 PCB 以及附件之间的热传递路径，模拟出电子设备温度分布和应力分布，为预判电子设备设计的合理性提供依据。应用示例如图 12-10 所示。

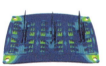

图 12-10　AIFEM 在电子电路行业的应用

3）船舶行业。AIFEM 能够快速生成面、梁、弹簧、RBE2 等单元，用于模拟船架龙骨、肋骨、船梁和舱壁结构的连接。AIFEM 也兼容主流的仿真数据格式，例如 bdf、inp、cdb 文件，充分保证客户的仿真数据连贯性。应用示例如图 12-11 所示。

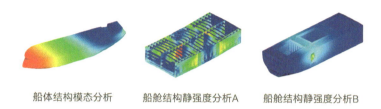

船体结构模态分析　　船舱结构静强度分析A　　船舱结构静强度分析B

图 12-11　AIFEM 在船舶行业的应用

4）机械装备行业。AIFEM 面向机械装备行业常见的铸造件、成型钢等对象，生成高质量的网格，能够自动模拟螺栓、焊接、铆接等工程连接方式，可以高效地评估机械结构的刚度强度问题。应用示例如图 12-12 所示。

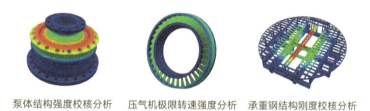

泵体结构强度校核分析　　压气机极限转速强度分析　　承重钢结构刚度校核分析

图 12-12　AIFEM 在机械装备行业的应用

4. 智能优化软件 AIPOD

AIPOD 是由天洑自主研发的一款通用的智能优化设计软件，致力于解决能耗更少、成本更低、重量更轻、散热更好、速度更快等目标的工程设计寻优问题。针对工业设计领域的自动化程度低、数值模拟计算成本高等痛点，基于人工智能技术、自研先进的智能代理学习、智能优化策略。软件使用门槛低，优化效果好，可以让设计团队专注于产品设计本身，而非数值模拟仿真过程，从而帮助设计团队快速地寻找到更好的产品或流程设计方案。

（1）软件架构

AIPOD 是易用友好的智能优化设计软件平台，包括单机版和网络版，兼容 B/S、C/S 架构，安装非常容易。应用系统内部总体划分如图 12-13 所示。

图 12-13　应用系统内部总体划分

（2）特色功能

1）大幅提升设计优化效率。AIPOD 由天洑自主研发。市面大多基于仿真手段的设计优化工作深受工程师经验限制，当前只能通过工程师手动调整模型进行改进。AIPOD 可以帮助快速准确地得到满足要求的设计方案。

2）快速响应市场动向。随着技术发展和市场需求提升，要求技术部门对市场动向有高效且准确的响应。低门槛、高效率的优化过程保障设计团队快速上手并形成实际战斗力。

3）一站式优化设计平台。囊括了优化设计阶段的全部内容，结合人工智能技术、智能代理学习、智能优化策略等手段，输出设计方案可直接用于原型试验和最终设计。

4）丰富的 CAE 软件接口。支持以接口调用的形式，将多种 CAD 软件、网格生成器、CAE 求解器等快速耦合为仿真流程。

5）智能优化功能。搭载自研面向工业设计场景的智能优化算法，可自适应优化场景、零使用门槛，少计算、提升性能。

6）零编码计算流程建模。提供图形化计算流程定义功能，可建立复杂的计算流程，实现计算流程自动化，供优化引擎调用。

7）多种交互方式跨平台支持。提供单机版 / 服务器版跨平台发行版本，充分利用服务器硬件资源，通过浏览器随时随地的接入。

（3）典型应用

1）船型优化案例。该案例的设计变量为 6 个，目标变量为阻力系数最小，有 2 个约束，CFD 调用次数限定为 64 次。64 次优化 AIPOD 实现 5.01% 的性能提升，竞品算法性能提升为3.36%（图 12-14）。

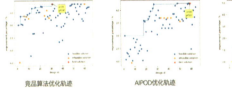

母型阻力系数 优化算法		0.00363 优化性能	性能提升
	优化次数		
竞品软件	31	0.003508	3.36%
	64	0.003508	3.36%
AIPOD	24	0.003491	3.83%
	64	0.003448	5.01%

竞品算法优化轨迹　　AIPOD优化轨迹　　AIPOD对标竞品算法　　AIPOD和竞品算法的优化过程关键节点信息

图 12-14　船型优化案例

开启 AIPOD 特有的 bound-break 智能探索功能进行优化（图 12-15）。表 12-1 表明，若设计参数范围设置不恰当，市面上现有的优化引擎不会在被忽略的高效可行空间内探索，而 SilverBullet 优化算法即便在 64 次小计算规模下，仍可快速突破。

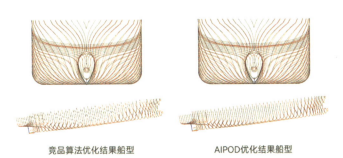

竞品算法优化结果船型　　　　　AIPOD优化结果船型

图 12-15　采用 AIPOD 优化前后对比

表 12-1　不同参数设置带来的结果不同

	Var1	Var2	Var3	Var4	Var5	Var6
范围	−0.5 ~ 1	−5 ~ 20	−0.01 ~ 0.01	−0.005 ~ 0.005	−0.3 ~ 0.3	−0.4 ~ 0.4
竞品软件	0.7	−5.0	−0.01	0.004	0.3	−0.4
AIPOD	1.01	10.41	−0.0097	0.0037	0.589	−0.95

2）斜流风扇轮毂造型优化案例。该案例的设计变量为 14 个，目标变量为进出口压差最大，有 1 个约束，CFD 调用次数限定为 150 次。最终的优化过程如图 12-16 所示，150 次优化 AIPOD 实现 52.32% 的性能提升，竞品算法实现 49.36% 的性能提升，AIPOD 对于竞品算法的优势体现明显。

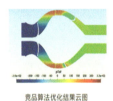
竞品算法优化结果云图

AIPOD优化结果云图

初始设计进出口压差/Pa	203		
优化算法	优化次数	优化性能	性能提升
竞品软件	133	303.2	49.36%
	150	303.2	49.36%
AIPOD	116	303.2	49.36%
	132	309.2	52.32%

AIPOD和竞品算法各自"最优"设计方案对于工程初期设定的参数边界"突破"情况

图 12-16　斜流风扇轮毂造型优化案例

AIPOD 与竞品算法的对比如图 12-17 所示，优化过程中开启 AIPOD 特有的 boundbreak 智能探索功能，下表表明虽然竞品算法已经捕捉到几个设计变量的高效设计区域，但由于参数设计范围限制，其参数值仅能设定为约束值，无法实现优化效果进一步的提升。

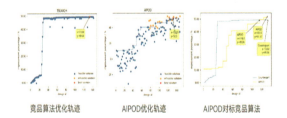
竞品算法优化轨迹　　AIPOD优化轨迹　　AIPOD对标竞品算法

	Var1	Var2	Var6	Var8	Var12
范围	−0.15~0.15	−0.15~0.15	10~70	0.25~0.5	0.25~0.5
竞品软件	0.15	−0.15	10	0.4949	0.5
AIPOD	0.1887	−0.1791	3.9192	0.6200	0.6832

AIPOD和竞品算法各自"最优"设计方案对于工程初期设定的参数边界"突破"情况

图 12-17　AIPOD 与竞品算法的对比（斜流风扇轮毂造型优化）

3）进气道几何优化案例。该案例的设计变量为 5 个，目标变量为出口总压不均匀度和出口速度不均匀度加权最小，CFD 调用次数限定为 60 次。最终的优化过程如图 12-18 所示，60 次优化 AIPOD 实现 54.89% 的性能提升，竞品算法实现 52.34% 的性能提升，AIPOD 对于竞品算法的优势体现明显。

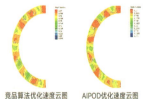
竞品算法优化速度云图　AIPOD优化速度云图　竞品算法优化压力云图　AIPOD优化压力云图

母型不均匀度加权值	0.0462032		
优化算法	优化次数	优化性能	性能提升
竞品算法	60	0.0220179	52.34%
AIPOD	60	0.0208391	54.89%

AIPOD和竞品算法的优化过程关键节点信息

图 12-18　进气道几何优化过程

开启 AIPOD 特有的 Bound-break 智能探索功能进行优化，图 12-19 表明，若设计参数的范围设置不恰当，市面上现有的优化引擎也不会在这些被忽略的高效可行空间内进行探索，而开启 Bound-break 功能的 SilverBullet 智能优化算法能够突破因为工程师范围设置不恰当而人为引入的"优化壁垒"。

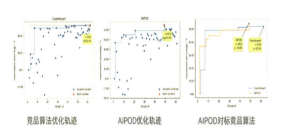

	竞品算法优化轨迹	AIPOD优化轨迹	AIPOD对标竞品算法

	Var1	Var2	Var3	Var4	Var5
范围	0.4~0.9	0.5~2	0~100	0.9~1.1	1.75~35
竞品软件	0.7892	0.9952	59.4104	1.0858	3.25796
AIPOD	0.5739	1.3448	45.5482	3.2944	1.0237

AIPOD和竞品算法各自"最优"设计方案对于工程初期设定的参数边界"突破"情况

图 12-19　AIPOD 与竞品算法的对比（进气道几何优化）

AIPOD 与竞品算法的对比如图 12-19 所示，在整个优化进程中，竞品算法仅在优化前期部分阶段领先 AIPOD 且很快陷入局部极值，后期优化效率提升有限，而 AIPOD 在较高优化效率的前提下始终保持一定的优化潜力。

5. 智能数据建模软件 DTEmpower

DTEmpower 是由天洑自主研发的一款通用的智能数据建模软件，致力于帮助工程师及工科专业学生，利用工业领域中的仿真、试验、测量等各类数据进行挖掘分析，建立高质量的数据模型，实现快速设计评估、实时仿真预测、系统参数预警、设备状态监测等工程应用。软件内置图形化、零编码的数据分析建模环境，围绕数据清理、特征生成、敏感性分析和模型训练等环节提供丰富的 AI 算法，提供从模型搭建到模型管理应用的一站式解决方案，学习门槛低、模型质量高，零基础用户也能快速挖掘得到优秀的数据模型。

（1）软件架构

DTEmpower 是易用友好的一站式分析软件和建模工具组，包括单机版和网络版，兼容 B/S、C/S 架构，安装非常简易。应用系统内部总体划分为展示层、业务流程层、任务调度器、数据计算单元。

（2）特色功能

1）丰富的算法控件：数据建模工具箱提供 100 余种算法控件，全面覆盖数据建模的各个环节。

2）自研 AI 智能算法：自研面向典型工业应用的智能数据清理与模型训练算法，提升模型精度和稳定性。

3）零编码数据建模：图形化／向导式数据建模，无需具备编程或算法经验即可快速上手搭建复杂建模流程。

4）广泛的应用场景：快速评估、优化设计、智能预警等多类工业场景，并提供从模型搭建到应用一站式解决方案。

（3）典型应用

1）工业设计领域——船体型线智能设计（图 12-20）。工业设计领域，基于数据驱动的智能化方法常用"建模＋优化"的方式进行设计任务的快速、"最优"设计。

核心技术
- HDDV高维数据可视化技术
- ROD基于后处理的异常点识别技术
- HierarchicalStratify分层建模技术

应用价值
- 通过代理模型实现船型的快速评估
- 使用代理模型+优化+仿真的方法,实现船型快速的优化设计，减少迭代周期

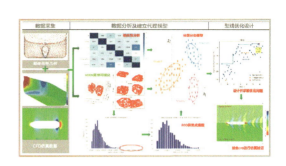

图 12-20　工业设计领域——船体型线智能设计

2）工业设计领域——风力机轮毂强度快速分析（图 12-21）。

核心技术
- MDI/MDA特征敏感性分析技术
- ROD基于后处理的异常点识别技术
- Alagent智能数据建模技术

应用价值
- 实现了轮毂强度的快速高精度评估
- 使用代理模型的方法，有效减缓了基于有限元方法进行轮毂强度评估的耗时问题

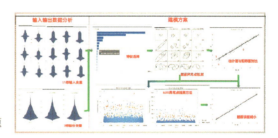

图 12-21　工业设计领域——风力机轮毂强度快速分析

3）工业运维领域——水处理系统参数预测（图 12-22）。

核心技术
- AIOD智能数据清理技术
- MDI/MDA特征敏感性分析技术
- TSRegress基于外因的参数预测技术

应用价值
- 短时间内建立了上百个高精度的水处理系统参数预测模型
- 基于参数预测模型，实现了污水处理系统各类参数的提前监测和报警

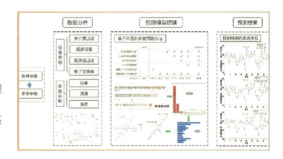

图 12-22　工业运维领域——水处理系统参数预测

4）工业运维领域——锅炉脱硝系统优化控制（图 12-23）。

核心技术
- MDI/MDA特征敏感性分析技术
- PCA主成分分析与重构技术
- HierarchicalStratify分层建模技术

应用价值
- 实现了高精度的氮氧化物浓度预测
- 数据驱动模型+优化方法，基于预测数据对脱硝系统进行提前和更准确的控制

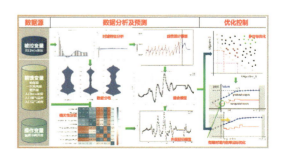

图 12-23　工业运维领域——锅炉脱硝系统优化控制

12.2.2 深圳十沣科技有限公司

1. 公司发展历程

深圳十沣科技有限公司（简称"十沣科技"），以计算力学软件为突破口，发展具有国际先进水平的工业仿真软件、数字孪生系统与仿真云服务平台，打破国外工业仿真软件的技术垄断与封锁，彻底破解高端装备等产业所面临的核心软件与技术"卡脖子"困局，相关核心软件及技术已成功应用于航空航天、船舶、风资源、电子、机械装备等行业。

十沣科技由中国科学院院士、国际著名的计算流体力学家陈十一先生创立，并亲自担任公司首席顾问。陈十一先生还是发展中国家科学院院士，南方科技大学和北京大学教授，原南方科技大学校长，曾先后担任北京大学工学院院长、北京大学研究生院院长、北京大学副校长等职。

工业仿真软件技术与产品研发工作，需要强大且持续的智力创新（数值算法、先进物理模型、硬软件融合技术等）。在陈十一院士的指导下，通过不断吸纳国际国内顶级人才，培养国内和国际顶级高校和科研所的应届毕业生，十沣科技组建了一支国内顶级的工业仿真软件研发团队。研发团队核心成员来自北大、清华等国内外著名高校的博士及博士后，先后参与了众多国家级自主CAE软件及核心技术研发项目，开发经验及成果突出；同时，有多名来自国际主流商业工业仿真软件公司的研发人才，长期参与具有国际市场竞争力CAE软件及核心技术的开发。

为了保证公司核心软件产品长期处于技术领先地位，十沣科技在北大、清华、浙大、西北工大、华中科技大学、南科大等著名高校或科研所聘请了一大批活跃在相关科研领域最前线并已取得重大创新成就的中青年学者担任公司研发顾问，对公司核心软件或技术发展方向、研发方案等开展实质性的工作指导。

十沣科技经过多年的技术积累，于2021年10月被数字化工业软件联盟认定为理事单位，于2022年12月被深圳市科技创新委员会认定为高新技术企业。在2021年5月的2021数博会工业App融合创新大赛中获得一等奖，在2021年10月的2021数字仿真科技奖中获得自主软件创新奖，在2021年12月的第二十三届中国国际高新技术成果交易会中获得优秀产品奖，在2022年12月的第二届工业软件创新应用大赛中获得创新应用最佳实践奖。

十沣科技致力于提供多物理场仿真和数字孪生解决方案——奉献工业仿真软件的"盛宴"（FEAST），公司产品覆盖流体、电磁、声学、结构、热学（图12-24）。

图12-24 奉献工业软件的"盛宴"

十沣科技已形成涵盖通用核心软件、行业应用软件、数字孪生与云服务的工业软件"盛宴"产品体系，已成功应用于航空航天、船舶与海洋工程、电子电器、机械制造、清洁能源等众多工程技术领域，成为高端装备产业先进、高效、自主可控研发平台或技术解决方案的重要选择（图 12-25）。

图 12-25　十沣科技软件功能展示

2. TF-QFLUX 通用流体动力学仿真软件

TF-QFLUX 是针对国内流体力学仿真需求倾力打造的一款全中文通用计算流体力学软件，拥有先进的基于有限体积法的不可压缩流动求解器、丰富的物理模型、灵活的动网格技术、完善的数据分析与可视化功能，能够准确模拟各类复杂的流动现象，包括多相流、耦合换热、热辐射、多孔介质、多刚体运动、流动声学等。作为基础性研发平台，可广泛应用于航空航天、船舶海洋工程、电子热管理、建筑与环境工程、汽车与轨道交通、流体机械、风资源等领域。

TF-QFLUX 的图形界面上部包含按钮栏、菜单栏（工具栏），左侧是工程区，右侧是图形窗口，最下方是信息栏（图 12-26）。

图 12-26　TF-QFLUX 的图形界面

按钮栏包括新建、打开、文件管理、导入、导出、保存等功能，工具栏包含几何模型、计算设置、后处理和视图，点击任一工具栏下方显示其包含的菜单栏。

工程区包含计算设置和可视化两个部分，计算设置主要是设置和求解计算相关的参数，包含物理模型选择、数值方法设置、物性参数设置、边界条件设置等。计算完成后，可视化计算结果，包含切平面、等值面、矢量线、Lagrangian 粒子、数据统计等。

图形窗口显示计算的几何模型和计算结果，通过鼠标可以对几何模型进行平移、缩放、旋转等。信息栏显示对计算模型进行处理时输出的信息，包括导入、导出、保存、网格管理、网格质量检查、匹配对接面、运行模拟、数据统计等。

3. TF-Lattice 格子玻尔兹曼法仿真软件

TF-Lattice 基于 Lattice Boltzmann 方法（LBM）。LBM 从统计物理出发，通过在介观尺度上数值求解 Boltzmann 方程来模拟复杂的流体动力学现象，以及其他物理化学过程。LBM 算法构造简单、普适性强、计算效率高，因此被广泛应用于模拟各类复杂工程问题，包括内/外流道及其空气动力学/水动力学仿真、传热传质、噪声、燃烧与多相流动、渗流、电磁场模拟等。陈十一院士作为 LBM 的创始人之一指导十沣科技开发 TF-Lattice。与传统的网格方法相比，TF-Lattice 使用直角网格，计算过程有清晰的物理图像（碰撞和迁移），网格生成简便，可实现快速前处理、全能脚本模式等功能，更便于应用在诸如汽车气动、噪声、传热、微纳流动等复杂的工业仿真领域。

4. TF-SimFARM 风资源仿真云平台

TF-SimFARM 基于 TF-QFLUX 核心求解器，是专门针对风资源评估和微观选址而开发的数值风场软件。TF-SimFARM 包含风资源评估、风电场微观选址与风机阵列排布优化等核心模块。软件利用自主开发的核心算法和物理模型，实现对复杂地形地貌环境、大基地上下游风环境等国内典型风场的风资源精准评估、风机阵列布置方案最优化设计等核心功能。TF-SimFARM 采用 B/S 架构，实现灵活的跨平台部署、多终端实时交互与仿真分析功能。

5. TF-Dyna 显式动力学仿真软件

TF-Dyna 擅长接触、撞击、损伤、断裂分析，可对穿甲过程、爆炸过程及爆炸载荷下的结构破坏过程、结构碰撞过程等进行分析模拟。大量验证表明，该软件稳定性和精度在很多方面优于商业软件 LS-Dyna 和 ABAQUS，能够处理各种几何和物理非线性问题，具有有限元、无网格、超单元等各种单元，以及各种本构、状态方程、接触算法等。

6. TF-Struct 结构分析与优化软件

TF-Struct 是十沣科技针对通用结构有限元分析与优化设计需求开发的核心软件，旨在对标 ANSYS Mechanics、Nastran 等主流商业软件，采用线性方程组稀疏直接求解器、Lanczos 特征值求解器开发，具备多类结构优化算法包括线性序列规划、二次序列规划、DOE（设计实验）方法及功能等。

7. TF-EMag 电磁场仿真软件

TF-EMag 是十沣科技针对高频电磁仿真需求开发的核心软件，其典型应用场景包括：民用通信领域的电磁辐射/传输/兼容特性仿真，如 5G 通信天线电磁场仿真、手机电磁兼容；装备领域的雷达电磁散射、装备电磁隐身仿真等。

TF-EMag 采用有限元方法，以某有限元程序框架为基础，沿用高阶矢量基函数、自适应网格加密、并行计算框架三大基础设施，通过修改框架及增加模块的方式逐步推进，构建适用于民用电磁仿真应用的软件。

8. 行业应用

（1）乘员舱散热仿真（图 12-27、图 12-28）

模型包括两个假人、前排座椅、后排座椅、车的外壳、仪表盘等。假人设为恒温边界条件，入口给定一定速度，计算假人和周围环境的换热量。

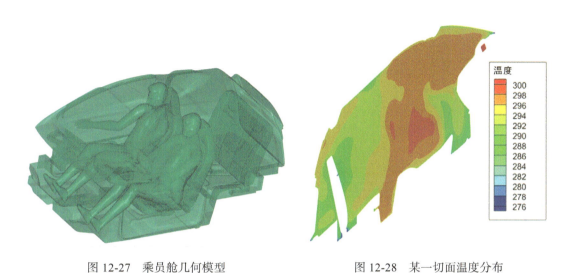

图 12-27　乘员舱几何模型　　　　　　　　图 12-28　某一切面温度分布

（2）电池包散热仿真（图 12-29、图 12-30）

该算例模拟一个电池模组，并且考虑模组和周围空气的换热，模组包含电池单元、母排、冷却板和端板。电池单元和母排设为体积内热源，冷却剂入口温度 283.15K，空气入口温度 283.15K，计算为稳态。

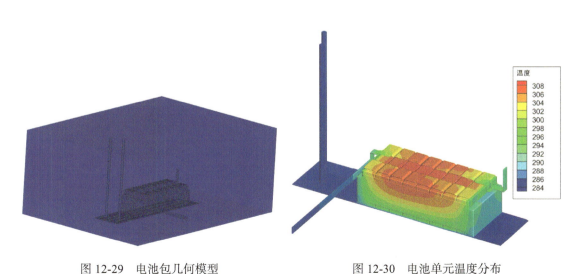

图 12-29　电池包几何模型　　　　　　　　图 12-30　电池单元温度分布

（3）IGBT 散热仿真（图 12-31、图 12-32）

本算例模拟 IGBT 模块在水冷系统运行时的热源最高温度，以确定水冷管道设计合理性。

■ 材料属性和发热量

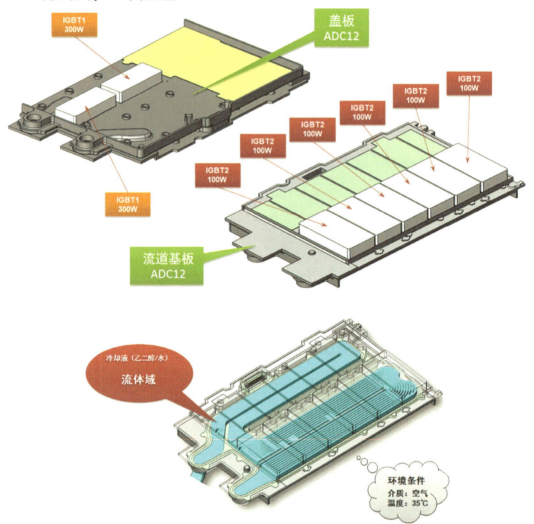

图 12-31　IGBT 几何模型

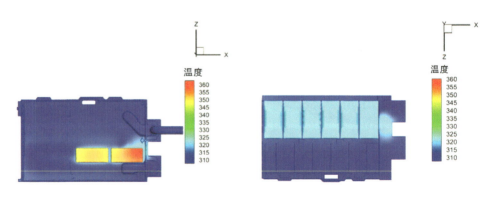

图 12-32　IGBT 功率模块温度分布

（4）水冷电机散热仿真（图 12-33 ~ 图 12-35）

模型包括机壳、水冷管道、定子和绕阻。绕组铁芯机壳之间紧密接触，不存在接触热阻。同时，由于它们都是金属，热阻很小，绕组铁芯机壳之间温差很小。因此可将绕组、铁芯压缩，只保留机壳和铁芯之间的接触面作为热量的传递面，在接触面上赋予发热功率。

图 12-33　水冷电机几何模型　　　　图 12-34　水冷电机简化后几何模型（压缩后几何模型）

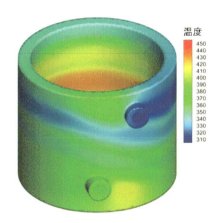

图 12-35　水冷电机温度分布

12.2.3　北京云道智造科技有限公司

1. 公司发展历程

北京云道智造科技有限公司（简称"云道智造"）成立于 2014 年，是一家专业的 CAE 仿真根技术研发企业，以"自主匠心、普惠仿真"为使命，致力于解决 CAE 领域自主化难题和大众化瓶颈，是国内 CAE 头部企业、国际 CAE 领航企业。

云道智造坚持本源创新，专注于 CAE 根技术研发，独立打造了自主可控的通用仿真引擎，开发了通用多物理场仿真平台 Simdroid，为电子电力、石油石化、航空航天、汽车船舶、装备制造、轨道交通等支柱行业提供自主可控的仿真解决方案，有力推动了仿真软件自主化进程。

云道智造赋能价值创造，基于根技术平台，通过联合开发、并购整合等方式打造垂直领域专用仿真模块，如电子散热模块、LNG 储罐设计模块、晶体生长模块、声学模块等，已形成行业应用的典型标杆，并开展规模化应用。

云道智造引领普惠生态，率先提出"仿真 PaaS 平台＋仿真 App"模式，搭建了基于云的工业 App 商店 Simapps，实现了仿真 App 的无代码化开发、云原生部署与在线应用，大幅降低了仿真 App 的开发门槛和科学计算的应用门槛，为广大中小制造企业提供低成本、高精度的专用云化仿真工具，有力推动了仿真技术大众化进程。

云道智造拥有 500 余人的科学家和工程师团队，汇聚了仿真行业一流的研发和管理人才，具有行业内极高的人才密度，硕士及以上学历占比 75%，其中博士占比 25%；设有博士后工作站；多人次入选国家级人才、享受国务院特殊津贴；5 位院士担任专家顾问。

2018 年，云道智造参与发起国家数字化设计与制造创新中心，并于 2019 年牵头组建国家数字化设计与制造创新中心北京中心、北京数字化设计与制造产业创新中心，联合"产学研用政金媒"多方，布局工业软件产业链，构建仿真应用生态，引领建设数字仿真创新高地和工业软件产业集群。

2022 年，云道智造入选国家级专精特新"小巨人"企业、胡润全球瞪羚企业。

2. Simdroid 通用多物理场仿真平台

Simdroid 具备自主可控的隐式结构、显式动力学、流体、热、低频电磁、高频电磁、多体动力学、多学科优化等通用求解器，支持多物理场耦合仿真，在统一友好的环境中为仿真工作者提供前处理、求解分析和后处理工具。同时，作为仿真 PaaS 平台，其内置的 App 开发器支持用户以无代码化的方式便捷封装参数化仿真模型及仿真流程，将仿真知识、专家经验转化为可复用的仿真 App。

（1）软件架构（图 12-36）

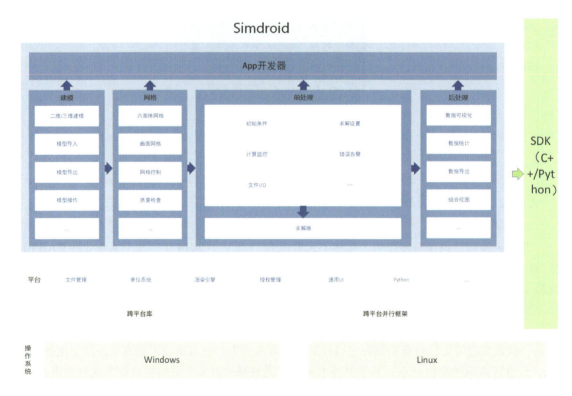

图 12-36 Simdroid 软件架构

（2）特色功能（图 12-37）

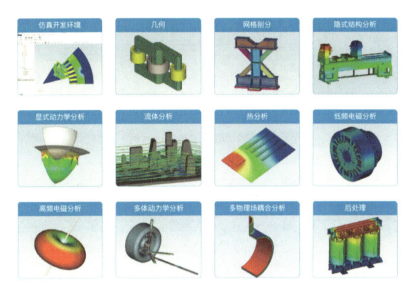

图 12-37　Simdroid 特色功能

（3）典型应用

1）电子电磁。Simdroid 低频电磁模块具有完备的低频电磁求解功能，包括稳态、时谐、瞬态磁场和电场仿真，可对车用电机等电磁设备进行二维、三维、轴对称模型的高效求解和性能分析。

Simdroid 高频电磁模块采用通用的频域有限元算法，提供丰富的激励和边界条件，可用于车载天线、线缆、机箱、整车等电子设备的高频电磁仿真和 EMI/EMC 分析。应用示例如图 12-38 所示。

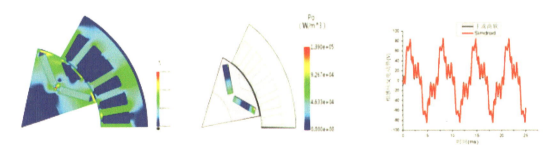

图 12-38　电子电磁应用示例

2）电子散热。电子散热模块采用有限体积法求解，支持流热耦合，流体方面具有层流、湍流求解功能，并可进行稳态、瞬态流动传热分析，可用于汽车电子产品（如 IGBT、PCB、机箱、电源等）的热性能分析。应用示例如图 12-39 所示。

3）电池热管理。Simdroid 流体模块具备一体化的集成环境、丰富的物理场模型（湍流、传热、化学、多相流等）、支持任意形式网格，可仿真新能源汽车动力电池热管理性能，提供从电芯到系统级别的热/流仿真分析。应用示例如图 12-40 所示。

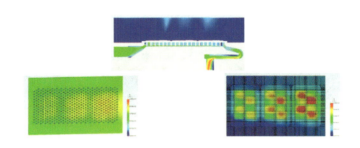

图 12-39　电子散热应用示例

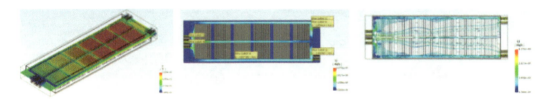

图 12-40　电池热管理应用示例

4）多场耦合。Simdroid 平台具有强耦合、弱耦合、顺序耦合、双向耦合等不同耦合方式，支持不同类型多物理场耦合问题的分析求解，可扩展的多物理场耦合仿真框架，热力耦合、共钜传热（CHT）、电磁—热耦合、电磁—流体—热耦合等分析类型。应用示例如图 12-41 所示。

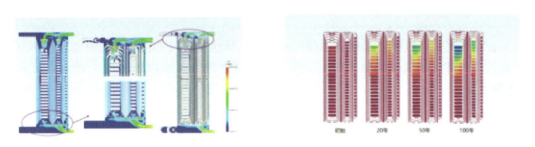

图 12-41　多场耦合应用示例

5）强度耐久。Simdroid 具备完备的单元、材料、载荷、约束类型，结构求解器提供通用静力分析、非线性屈曲分析、隐式动力分析等功能，高效高精度，可全面解决车身、底盘、门盖、内外饰等结构件刚度、强度、疲劳耐久问题。应用示例如图 12-42 所示。

图 12-42　强度耐久应用示例

6）NVH。Simdroid 结构隐式求解器提供频率分析、谐响应分析、随机响应分析等功能，可解决模态复模态、动刚度、VTF 等性能问题。

云仿真平台声学模块对声学模态、传递损失等性能给出精确计算，并可视化、可听化呈现。应用示例如图 12-43 所示。

图 12-43　NVH 应用示例

7）碰撞安全。Simdroid 结构显式求解器具备丰富单元类型材料本构、接触类型、控制方程、质量缩放 MPI 并行计算以及重启动等分析技术，可以求解高度非线性问题，可用于车身结构件碰撞安全性能分析。应用示例如图 12-44 所示。

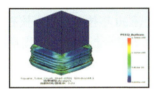

图 12-44　碰撞安全应用示例

8）流场。Simdroid 流体模块具备一体化的集成环境、丰富的物理场模型、支持任意形式网格，可对汽车内外流场进行精确高效计算，提供风阻、风速、气动噪声等性能数据仿真。应用示例如图 12-45 所示。

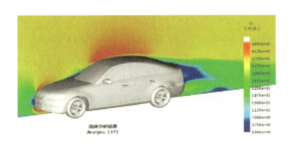

图 12-45　流场应用示例

9）多体动力学。Simdroid 多体模块能够进行多刚体动力学分析有限元柔性体分析，可以与控制系统进行联合仿真，支持光滑和非光滑接触分析，可应用于底盘 K&C 分析、整车 VPG 仿真等。应用示例如图 12-46 所示。

图 12-46　多体动力学应用示例

12.2.4　湖南迈曦软件有限责任公司

1. 公司发展历程

湖南迈曦软件有限责任公司（简称"迈曦软件"）成立于 2020 年 8 月，是通过湖南大学"高效非结构自主 CAE 软件核心算法、GPU 并行计算及优化设计平台"成果转化、行业龙头战略投资成立的一家从事 CAE 软件开发的国家高新技术企业、国家科技型中小企业、湖南省创新型中小企业，具有完全自主底层代码和数值算法。

公司核心团队在 CAE 算法和单元理论、接触方法、CPU/GPU 异构并行技术、结构优化与设计、高维建模体系以及工业知识软件化方面拥有近 30 年技术积累，核心底层技术完全自主可控，核心产品主要包括通用结构分析软件、显式动力学分析软件、流固耦合分析软件、多物理场分析软件、多学科智能设计软件和图形化 CAE 高性能集成开发平台，目前已在汽车工业、电器电子、轨道交通、航空航天、工程机械、兵器兵装、船舶工程、核电装备、钢铁能源等领域应用迭代。公司立足于市场导向和国家战略需求，着力解决我国高端装备的改进创新和高质量发展缺乏自主工业设计软件的问题，并通过定向开发和工业知识封装提升我国大型工业部门和行业的底层创新能力。

公司推出了多款面向复杂产品分析和设计的 CAE 工业软件，如 MxSim、MxDesign、MxScienLab、MxCloud、MxEdu，形成了"仿真 + 设计 + 云服务 + 教育"的多层次产品体系，实现了湖南省内通用 CAE 软件从 0 到 1 的突破，为我国民用和军用复杂装备产品设计提供工程计算软件支撑。

迈曦软件是国家高新技术企业、国家科技型中小企业，获得 CMMI3 级、ISO 9001、双软认证，已授权的软著 37 个、专利 3 个，具有完全自主底层代码和数值算法。同时荣获 2022—2023 年优秀创新软件产品，2023 年度湖南省首版次软件产品、湖南省工业软件优秀产品，工信部"2022 年工业软件优秀产品"，2022 年湖南省创新创业大赛超级算力专业赛决赛二等奖、湖南省第四届人工智能产业创新与应用大赛授予"标志性创新产品"，2021 年湖南省创新创业大赛优秀企业、"创客中国"创新创业大赛岳麓区一等奖和长沙市三等奖，2023 年湘江新区首届"湘江之星"创新创业大赛一等奖。

迈曦软件具有多元化的全球化属性。一方面，公司技术交流和引进全球化，公司多名核心成员具有国外留学经历，包括达特茅斯学院、宾夕法尼亚州立大学、威斯康星大学麦迪逊分校等，同时与密歇根大学、辛辛那提大学、悉尼大学、新南威尔士大学、新加坡国立大学、南洋理工大学等多所国外高校建立了合作研究关系，累积发表国外期刊论文近百篇，形成了全球领先的高低阶单元理论体系、CPU/GPU 并行技术、超高维解耦技术等核心技术群。另一方面，公司目前已经通过国际 ISO 9001 质量管理体系认证，并采用 CMMI 对软件开发过程持续改进，确保公司管理和软件开发过程的全球化。

2. MxSim 软件（图 12-47）

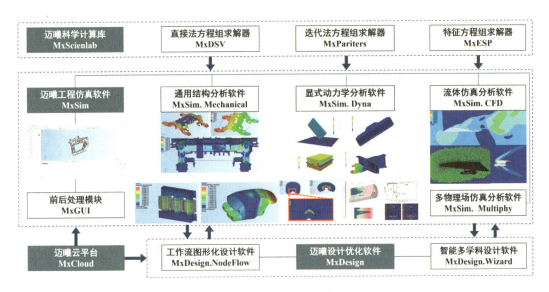

图 12-47　MxSim 软件

本软件以具备自主知识产权的低阶高精度算法体系为核心，采用面向对象、结构化、组件、集成化、模块化等多种先进技术理念，搭建了一个可跨平台、与用户友好交互的完全自主可控的工程 CAE 仿真分析环境。如图 12-48 所示，主要包括前处理、求解器以及后处理三个模块。

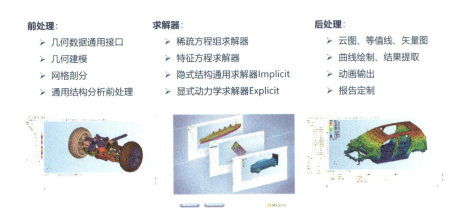

图 12-48　MxSim 的总体功能架构

软件集成了操作 / 布局 / 定位 / 导航符合主流软件趋势的用户仿真交互界面（图 12-49），界面的设计严格遵守交互一致性、提供反馈机制、减少失误、提供出错恢复、隐藏复杂功能、尽量减少记忆内容等原则，为用户提供直观、易学、出错反馈及操作引导等功能，提高用户的学习速度和使用效率。拥有通用结构分析模块 MxSim.Mechnical、显式动力学分析模块 MxSim.Dyna、流体求解模块 MxSim.CFD、电磁场仿真分析模块 MxSim.Emag 等单场分析模块，以及多物理场耦合分析模块 MxSim.MultiPhy。

图 12-49　MxSim 工程 CAE 仿真分析软件的主界面布局

MxSim.Mechanical 涵盖杆、梁、壳、实体、连接等单元近 100 种、各类材料本构 30 余种，能够处理包含多重非线性及多种连接装配关系的结构力学及热力学性能分析（图 12-50），支持复杂装配体的自动绑定及自动接触计算，并拥有完全自主开发的大规模稀疏方程组直接法、迭代法求解器，特征方程组求解器，同时支持国产处理器及 CPU/GPU 异构并行计算。

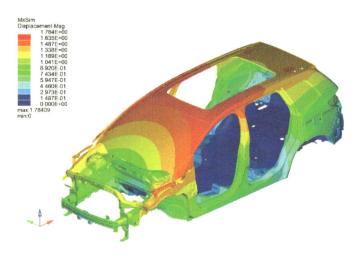

图 12-50　MxSim.Mechanical 性能分析

MxSim.Dyna 是迈曦软件基于 CPU/GPU 异构并行架构自主研发的高性能显式动力学非线性有限元求解器，可广泛应用于结构刚强度、冲击响应、接触碰撞、压溃吸能、弹击破坏、侵彻损伤、断裂失效、爆炸冲击等类型的数值仿真。MxSim.Dyna 求解器采用先进的 CPU/GPU 异构并行计算，可快速有效完成大规模问题的求解分析，相比当前同类型软件具备多方面的优势。与目前同类型的国外专业商业软件相比，MxSim.Dyna 求解器在计算精度上具备相当水平，在硬件成本相同的情况下，MxSim.Dyna 求解器的计算效率上相比国外专业软件的多核并行计算具备明显优势。图 12-51 为该软件的电池包挤压分析。

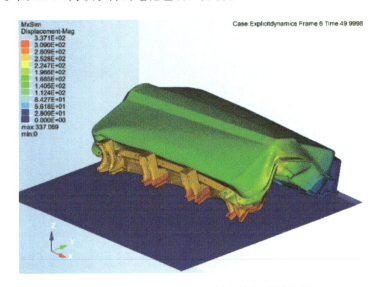

图 12-51　MxSim.Dyna 的电池包挤压分析

　　MxSim.CFD 是迈曦软件自主研发的 GPU 并行流体求解器，目前支持全流速气动分析和流体传热分析功能。MxSim.CFD 包含密度基可压缩流体模块和压力基流体传热模块，涵盖入口、出口、壁面、对称、远场等多种边界条件，各类湍流、辐射、多相流等物理模型近 10 种，支持非结构网格和混合网格，能够进行不可压流体到亚、超、高超声速可压流体的工程复杂外形气动分析和处理各种自然对流换热、强制对流换热、辐射换热、流固耦合换热等工程热分析问题。MxSimCFD 基于 GPU 指令集和 MPI 并行模式开发，首家实现全流程 GPU 并行求解，工程上可以轻松实现上亿网格计算，与基于 CPU 的商软相比，计算速度提高 10 倍以上。图 12-52 为该软件的电子元器件共轭传热分析。

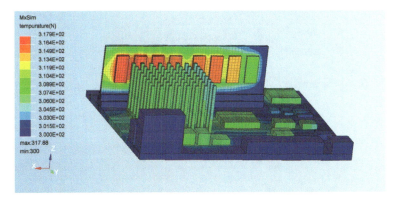

图 12-52　MxSim.CFD 的电子元器件共轭传热分析

MxSim.Multiphy 是迈曦软件自主开发的大型多物理场分析软件。其电磁场求解器 MxSim.Emag 可支持直流电场、交流电场、静电场、似稳电磁场、静磁场、瞬态磁场分析，实现静态、频域和时域电磁场，电磁兼容合规性仿真分析。声场求解器 MxSim. Acoustic 目前主要支持内声场、辐射声场、结构 – 内声场耦合、结构 – 辐射声场耦合以及声模态分析，实现近场及远场声场特性仿真。热场求解器 MxSim. Therm 目前主要支持稳态及瞬态热传导、非线性热传导分析，并支持热 – 力、热 – 电、电磁 – 热多物理场耦合分析。图 12-53 为该软件的多极无刷电机内磁场计算。

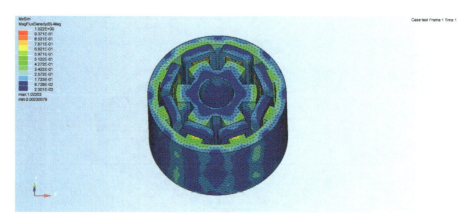

图 12-53　MxSim.Multiphy 的多极无刷电机内磁场计算

MxDesign 是迈曦软件自主开发的以设计逻辑为驱动，引导式流程帮助用户搭建设计任务的多学科优化设计软件（图 12-54），可支持离散的、连续的试验设计方法分析设计任务，并涵盖自主开发的多源数据融合设计方法解决小样本优化设计问题。

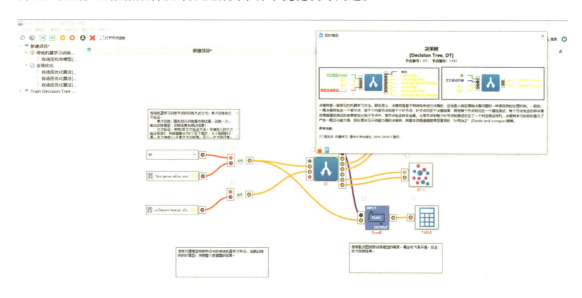

图 12-54　MxDesign

3. 核心技术

软件独创低阶高精度单元理论体系，解决了"算不准"问题；独创无参数接触算法，解决了"算不稳"问题；独创交互耦合算法，解决了"耦合难"问题；独创时空稳定节点积分，解决了"建模难"问题。国际领先的 CPU/GPU 并行技术，解决了"算不快"问题；国际领先的全自主方程求解数学库，解决了国产自主底层缺失问题；国际领先的超高维解耦技术，解决了多参数无法寻优难题。实现了真正的底层自主可控和对国外 CAE 软件强大的技术、商业壁垒的突破，处于国内 CAE 软件行业第一梯队，技术水平国内领先，部分技术国际领先。

4. 产品性能

在计算精度方面，MxSim 隐式计算模块对比国际主流软件，主要计算结果的偏差小于 8%；MxSim 显式计算模块对比国际主流软件，主要计算结果的偏差小于 10%。

在计算效率方面，MxSim 隐式计算模块的刚度、强度、模态、热分析等仿真分析功能对于国际主流软件，计算效率可以提升 2 倍左右。MxSim 隐式计算模块对于不包含接触的非线性分析问题，采用 GPU 并行计算，可以取得 30 倍以上的计算加速比；对于整车碰撞等问题，采用 GPU 并行计算，对 CPU 多核心并行，可以取得 5 倍以上的计算加速比。

12.2.5　上海积鼎信息科技有限公司

1. 公司发展历程

上海积鼎信息科技有限公司（简称"积鼎科技"）成立于 2008 年，是专注于自主知识产权的流体仿真软件研发及技术服务的国家级高新技术企业，致力于打造好用、易用的国产流体仿真软件。

公司具备 10 余年 CFD 仿真技术开发应用积累及沉淀，自主研发的通用型及行业专用型流体仿真软件在前处理、流体分析、后处理等方面均具备领先优势，打破国外同类产品的垄断地位，为航空、航天、船舶、兵器、核工业、石油化工、水务水利、汽车、电子等领域用户提供专业的流体仿真解决方案，帮助用户降低研发成本、缩短试验周期、提高经济效益，为改进产品与工艺设计及优化提供重要的参考和依据。

公司总部位于上海，在北京、深圳、成都、西安设有分公司。拥有专业的研发技术和管理团队，聚合了强大的软件开发背景、流体仿真技术背景及相关行业工程应用背景的人才，其中硕士及以上学历员工占比 70%，博士占比 20%。

公司凭借扎实的技术创新及行业应用能力，先后获评国家级高新技术企业、上海市"专精特新"企业、上海软件和信息技术服务业高成长百家、国家级科技型中小企业等称号，自主开发的国产仿真软件先后获得 2020 年国产自主工业软件开发奖、2021 年数字仿真科技自主软件创新奖、2022—2023 年工业软件创新产品、2023 自主工业软件优秀产品、中国创新挑战赛优秀奖等荣誉。

2. 通用计算流体力学软件 VirtualFlow

（1）软件架构

VirtualFlow 是由积鼎科技自主研发的一款通用计算流体力学仿真软件（图 12-55），具备行业领先的网格建模与求解技术和丰富的多相流物理模型及先进的相变模型，可模拟单相和多相 / 多组分物质流动、传热、界面追踪、粒子追踪、相变、水合物反应等复杂问题，为工业客户提供专业级流体仿真解决方案，应用于核电、油气、化工、过程工艺、水利水务、环境市政、航空航天、汽车、电子电器等行业领域。

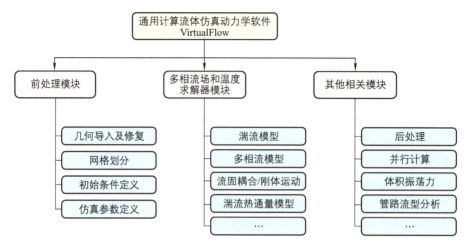

图 12-55   VirtualFlow 总体架构

VirtualFlow 使用四层应用架构，分别为数据层、持久化层、业务层、表现层（图 12-56）。数据层负责数据格式化储存，对本系统使用的各种数据按照规定类型进行格式化，为上层提供格式化读写接口；持久化层负责组织和存储需要持久化的业务数据，为上层的业务数据类型提供读写接口，是业务层和数据层之间的桥梁；业务层负责领域业务逻辑的实现；表现层负责完成图形交互界面，以及用户输入、可视化，将用户输入转换为业务请求，通过业务层完成用户需求。

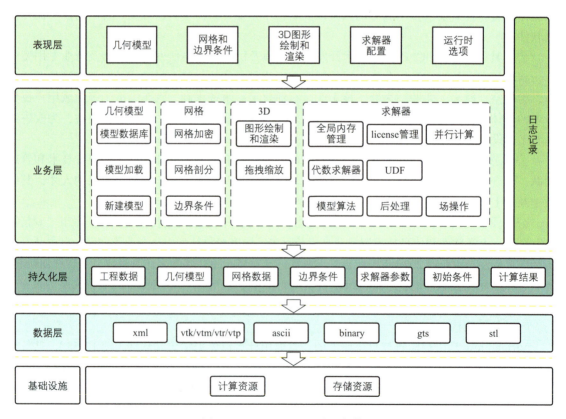

图 12-56   VirtualFlow 应用架构

（2）特色功能

- 领先的网格技术：支持复杂几何结构的笛卡尔网格，快速的网格划分技术，相比其他软件可大大节省前处理时间。
- 多尺度多相流模型：适用于不同尺度问题、不同流型下的多相流计算，相比其他软件只能处理两相或三相问题，该软件可以计算三相及以上更多相的问题。
- 丰富的相变模型：具备多个相变模型，尤其是独特的冷凝模型适用于工程问题的计算。
- 高精度界面追踪：Level-Set 方法在计算两相表面张力时更为精确。
- 高效的湍流模型：切实可用的超大涡模拟技术，保证精度的同时节约计算时间。
- 自动化参数寻优：采用进化遗传算法，实现智能自适应运行参数化，提高计算速度。
- 大规模并行计算：支持不低于 1000 核的并行计算。
- 丰富的测试案例：有近 1000 个测试案例及验证数据库，检验产品的鲁棒性与可靠性。
- 完善的前后处理：配备体验友好的用户界面，内置前处理器，并通过数据接口支持第三方软件后处理。

（3）典型应用

VirtualFlow 是积鼎科技自主开发的通用计算流体仿真软件，具备完备的流体力学数值计算功能，可应用于汽车工业 CFD 研究与应用的各个领域。主要应用场景如下。

1）气动解决方案（图 12-57）。

- 阻力、升力、侧向力分析。
- 车身拓扑优化设计分析。
- 积灰／积雪。
- 车辆涉水。

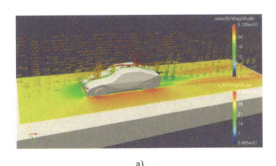
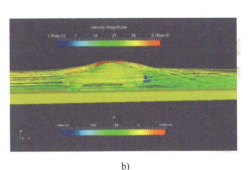

a)　　　　　　　　　　　　　　　　b)

图 12-57　气动解决方案（流线图、矢量图、车身表面压力云图）

2）发动机舱及电子设备热管理。

- 发动机喷油雾化（图 12-58）。
- 冷却风扇、冷凝器、散热器分析。
- 发动机水冷系统。
- 热管多相流模拟。

3）空调系统及乘员舱的舒适性。

- 空调系统冷凝相变水锤。
- 乘员舱热舒适性分析（图 12-59）。

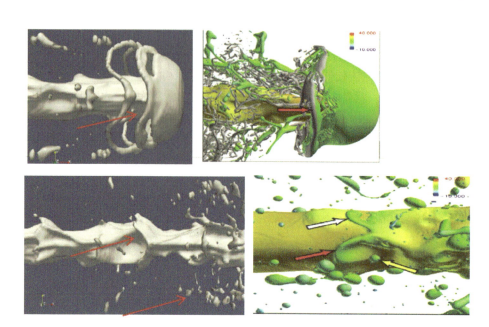

图 12-58　发动机喷油雾化仿真结果展示

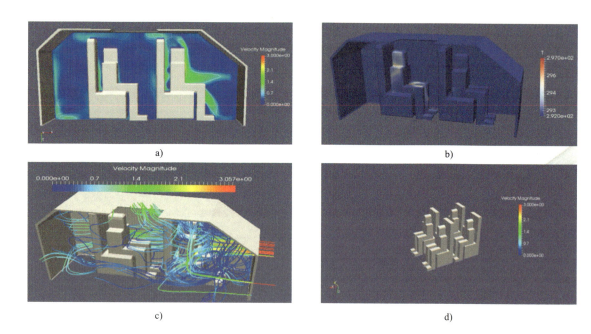

图 12-59　乘员舱热舒适性仿真结果展示

4）零部件。

- 油箱晃动分析、油箱加注分析。
- 燃油自吸。
- 离心泵启动阶段空气排空过程（图 12-60）。

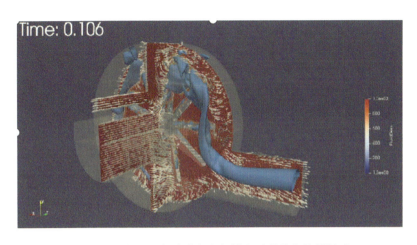

图 12-60　离心泵启动阶段空气排空过程仿真结果展示

3. 高端计算流体力学软件 CFDPro

高端计算算流体力学软件 CFDPro，采用独特的 LevelSet 界面追踪方法、领先的湍流模型（超大涡湍流模型 V-LIES、大涡界面模拟 LEIS、均相模型与 LES/V-LES 耦合使用的 LESS 模型）、丰富的相变模型，配置燃烧模型和反应机理接口，更加适用于工程计算模拟，提供了面向国防军工的流体仿真解决方案，可用于航空工业、航天工业、海洋船舶、兵器等领域流体仿真分析。

CFDPro 使用 4 层架构，分别为数据层、持久化层、业务层、表现层（图 12-61）。数据层负责数据格式化储存，对 CFDPro 使用的各种数据按照规定类型进行格式化，为上层提供格式化读写接口；持久化层负责组织和存储需要持久化的业务数据，为上层的业务数据类型提供读写接口，是业务层和数据层之间的桥梁；业务层负责领域业务逻辑的实现；表现层负责完成图形交互界面，负责用户输入、可视化，将用户输入转换为业务请求，通过业务层完成用户需求。

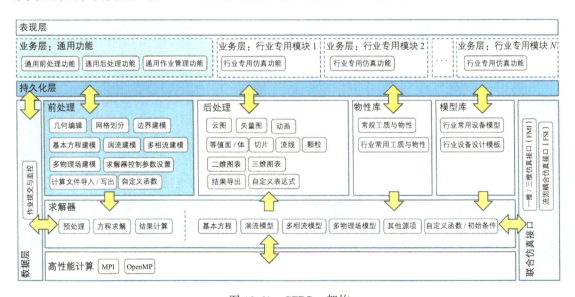

图 12-61　CFDPro 架构

12.3 电控系统设计与仿真软件企业及产品

12.3.1 北京世冠金洋科技发展有限公司

1. 公司发展历程

北京世冠金洋科技发展有限公司（简称"世冠科技"）成立于 2003 年，是一家专业从事工业软件系统仿真技术开发与应用的国家级高新技术企业，北京市企业科技研究开发机构，北京市专精特新企业。世冠科技为复杂装备研制单位和工业制造企业，提供可支撑产品设计研发及使用运维、覆盖产品全生命周期的完全自主研发的系统仿真工业软件和数字孪生解决方案。公司的软件产品在关键技术上具备完全自主知识产权，在仿真规模、仿真速度、仿真精度、仿真测试一体、开放性等多项指标中领先国外同类产品，先后获得了 2019 年中国先进技术转化应用大赛金奖，工信部 2019 年、2020 年工业互联网 App 优秀解决方案及最佳行业创新应用奖，2020 年中国航空学会科学技术奖等国家奖项以及 2020 年度系统仿真领域最具影响力企业，2021 数字仿真科技奖卓越应用奖，2021 工业软件创新应用大赛工业软件创新奖，2021 年度北京市科学技术进步奖二等奖等荣誉。

公司聚焦智能制造的系统正向设计领域，针对复杂装备数字孪生的工业应用需求，基于 MBSE 思想完全自主研发了 GCAir 系统仿真测试验证一体化平台和 GCKontrol 系统设计与仿真软件（对标美国 MATLAB/Simulink 软件），已具备对欧美相应软件的国产替代能力，为我国制造业转型升级提供核心技术支撑。2023 年 8 月，世冠科技发布 GCAir 8.1 和 GCKontrol 8.1 版本。

公司陆续与北京航空航天大学、北京理工大学、西北工业大学、同济大学、哈尔滨工程大学、武汉理工大学、北京交通大学、吉林大学等高校建立了 GCKontrol 联合实验室，以加强系统设计与仿真的关键技术攻关和人才培养。

2. GCAir 系统仿真测试验证一体化平台

（1）软件架构（图 12-62）

GCAir 基于 MBSE（Model-Based Systems Engineering）思想，完全自主研发的一款工业软件，为复杂装备系统研制的正向设计提供了工具支撑，为数字孪生技术落地提供了解决方案，可以实现全虚拟仿真到半实物仿真。GCAir 支持多源异构模型集成，从全虚拟仿真到半实物仿真的一键切换，能够在同一平台上完成模型在环、软件在环、硬件在环仿真及测试，具备连续综合集成测试验证的能力，可应用于复杂装备从设计研发到运行维护的全生命周期。

（2）特色功能

• 支持系统架构设计：用 GCAir 可以创建复杂的系统，可支持 ICD 配置管理、子系统的封装／模型库管理、系统模型构建等功能。

• 支持基于 FMI 标准多源异构系统集成、支持与第三方软件联合仿真（Python API、TCP 协议、DDS 协议）等；支持 FMU 顺序分组、多核多线程分配。

• 支持半实物仿真，支持虚拟模型与硬件设备的一键切换，能够通过 ICD 总线管理工具配置硬件接口板卡的数据信息主要功能。支持的板卡类型：CAN、1553B、ARINC429、RS-232/422/485 串口、反射内存、EhterCAT、AI/AO、DI/DO、TCP、UDP 等。

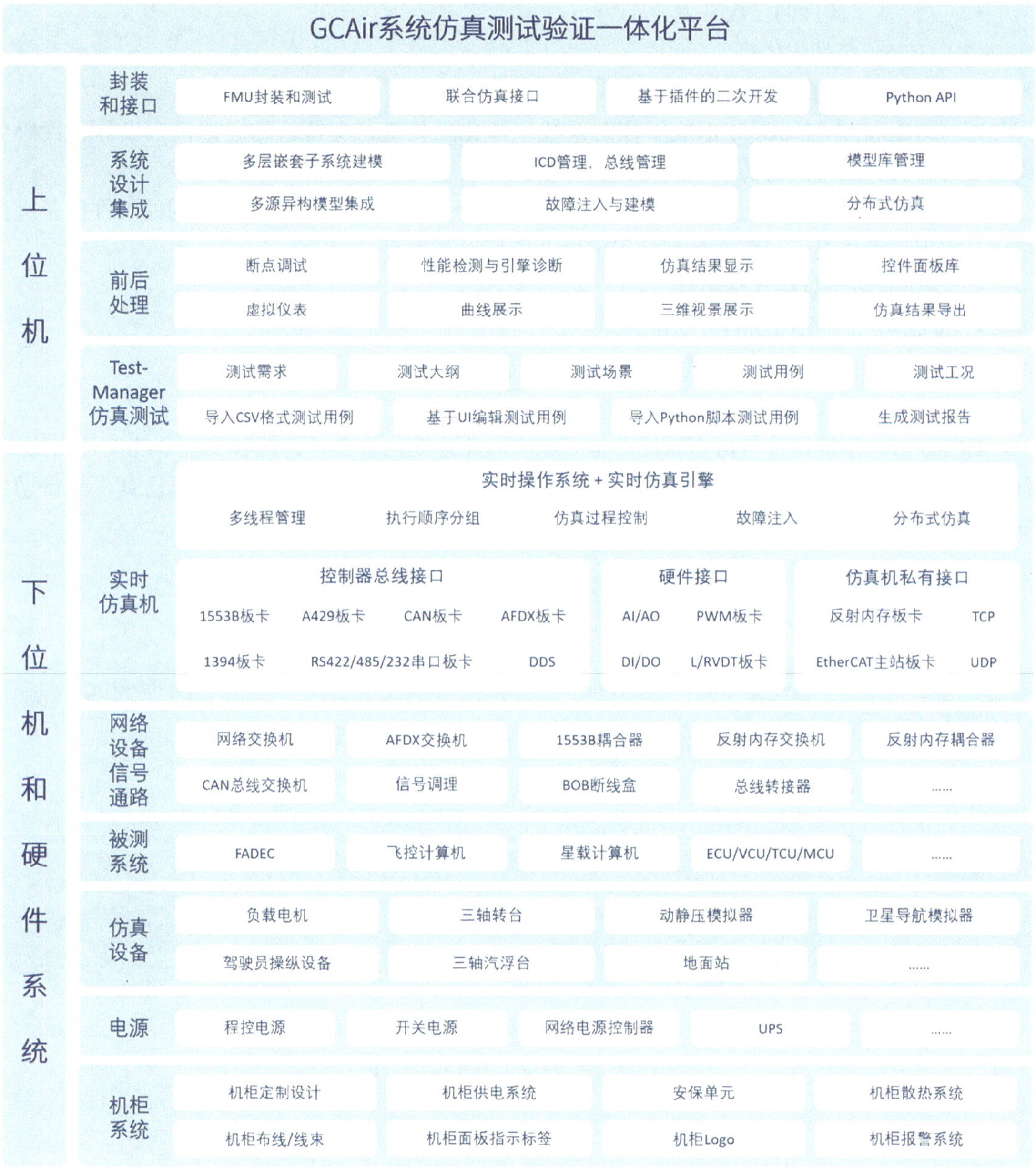

GCAir系统仿真测试验证一体化平台

上位机	封装和接口	FMU封装和测试	联合仿真接口	基于插件的二次开发	Python API

	系统设计集成	多层嵌套子系统建模	ICD管理、总线管理	模型库管理
		多源异构模型集成	故障注入与建模	分布式仿真

	前后处理	断点调试	性能检测与引擎诊断	仿真结果显示	控件面板库
		虚拟仪表	曲线展示	三维视景展示	仿真结果导出

	Test-Manager仿真测试	测试需求	测试大纲	测试场景	测试用例	测试工况
		导入CSV格式测试用例	基于UI编辑测试用例	导入Python脚本测试用例	生成测试报告

实时操作系统 + 实时仿真引擎

多线程管理	执行顺序分组	仿真过程控制	故障注入	分布式仿真

实时仿真机

控制器总线接口			硬件接口		仿真机私有接口	
1553B板卡	A429板卡	CAN板卡	AFDX板卡	AI/AO	PWM板卡	反射内存板卡	TCP
1394板卡	RS422/485/232串口板卡		DDS	DI/DO	L/RVDT板卡	EtherCAT主站板卡	UDP

网络设备信号通路

网络交换机	AFDX交换机	1553B耦合器	反射内存交换机	反射内存耦合器
CAN总线交换机	信号调理	BOB断线盒	总线转接器	

被测系统

FADEC	飞控计算机	星载计算机	ECU/VCU/TCU/MCU	……

仿真设备

负载电机	三轴转台	动静压模拟器	卫星导航模拟器
驾驶员操纵设备	三轴汽浮台	地面站	……

电源

程控电源	开关电源	网络电源控制器	UPS

机柜系统

机柜定制设计	机柜供电系统	安保单元	机柜散热系统
机柜布线/线束	机柜面板指示标签	机柜Logo	机柜报警系统

图 12-62　GCAir 软件架构

- 具备分布式调度实时模型 / 仿真机，支持全虚拟和半实物分布式实时仿真，支持故障注入。
- 支持自动化测试功能，可完成自动化批量测试，并生成测试报告，并生成测试报告，可涵盖 MiL、SiL、HiL 全业务流程。
- 具有 Python API 接口函数，用户利用 Python API 进行仿真控制、编写自动化测试脚本、仿真后处理、自动化测试、与 Matlab 工程的交互调用等功能。
- 支持 2D 曲线、控件元素库、三维视景面板等可视化工具，支持与 VR/AR、人机交互模拟器等设备的交互。

- 支持基于插件的二次开发。

（3）GCAir 产品的优势

- 虚实结合仿真测试验证。

- GCKontrol 与 GCAir 形成了控制系统一体化工具链，支持从纯虚拟模型设计、代码生成、实时仿真，到半实物仿真全生命流程开发。

- 丰富的多源异构模型集成接口：GCAir 可对不同软件开发的模型及不同的硬件设备进行集成，实现系统仿真，提高了模型的置信度及模型运算效率。

- 与需求分析软件无缝衔接。

- V 流程全生命周期测试支持。

3. GCKontrol 系统仿真测试验证一体化平台

（1）软件架构（图 12-63）

GCKontrol 系统设计与仿真软件，是一款图形化建模仿真工具，能够实现系统设计与仿真，具备丰富的控制系统建模元素，支持控制系统建模仿真、线性非线性系统建模仿真、能自动生成高效高质量的 C 代码，支持 FMU 导出、实时仿真、自动化测试和验证。

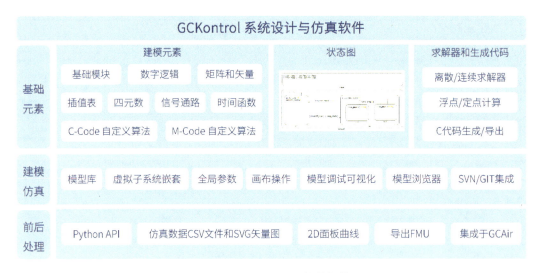

图 12-63　GCKontrol 软件架构

（2）特色功能

- 支持信号流、状态图的图形化拖拽式建模。

- 支持 C-Code 建模、M-Code 建模的自定义建模。

- 支持定点计算，能够自动生成嵌入式代码。

- 支持用户自定义库封装和管理。

- 支持 FMU 导出。

- 支持基于 Python API 的自动化建模仿真。

- 支持模型数据实时调试及数据回放。

- 仿真数据可视化。

GCKontrol 支持信号流、状态图的图形化拖拽式建模，支持 C-Code 建模、M-Code 建模的自定义建模。据用户反馈，插值表中的散乱插值功能已优于 Simulink。为方便用户调试，GCKontrol 可在模型框图上实时显示接口数据传递情况，并支持数据回放，可查看仿真过程中每一时刻的数据。GCKontrol 自动生成的代码完全独立，不依赖第三方库，可跨平台、跨硬件部署与编译，能够保证模型和代码的一对一关系，满足设计的可追溯性要求，且支持定点计算，能够有效支持控制系统的嵌入式开发需求。

（3）典型应用

1）汽车控制应用层开发。本系统以新能源汽车为研究对象，用 GCKontrol 搭建系统模型（图 12-64）。该系统包括驾驶员（Driver）、整车控制器（VCU）、汽车电子稳定控制系统（ESC）、发动机阻力矩控制系统（EDC）和车辆纵向动力学模型（Vehicle）等，对系统建模、配置定点计算、完成系统仿真，实现对 VCU 控制算法的验证评估和优化。将优化好的 VCU 控制算法生成 C 代码，部署至真实控制器 – 嵌入式系统，支持并实现嵌入式软件的开发。

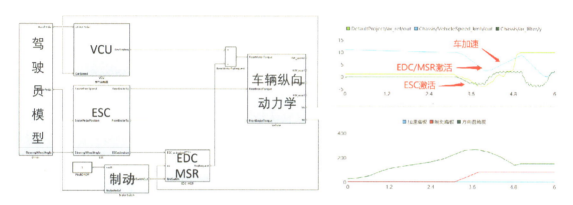

图 12-64　用 GCKontrol 搭建系统模型

2）汽车整车控制器（VCU）硬件在环（HiL）仿真测试和验证。本案例实现新能源整车控制器 VCU 的硬件在环仿真测试和验证（图 12-65）。搭建 GCAir 工程：

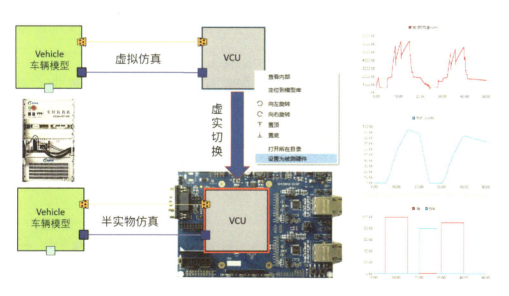

图 12-65　汽车整车控制器 HiL 仿真测试和验证

- 车辆子系统作为被控对象、其 FMU 由 GCKontrol 生成。
- VCU 子系统控制器的嵌入式系统 C 代码由 GCKontrol 的 VCU 模块生成。
- 配置总线报文及收发矩阵，建立被控对象与 VCU 的通信。
- 一键虚实切换，完成 VCU 硬件在环（HiL）仿真测试和验证。

用 TestManager 自动化测试工具，完成多种工况的批量自动化测试，并生成测试报告。本案例实现了控制算法的全方位评估、对控制器的可靠性全面验证。

12.3.2　浙江天行健智能科技有限公司

1. 公司发展历程

浙江天行健智能科技有限公司是国内最早从事汽车智能驾驶仿真技术与产品研发、并拥有完全自主知识产权的高科技企业，在车辆动力学建模、交通流建模与场景生成、环境传感器建模等智能驾驶仿真测试领域形成了独特的技术优势。公司自主研发的以 PanoSim 为品牌的智能驾驶仿真工具链、驾驶模拟器、数字孪生仿真平台，以及实时多物理体在环仿真实验平台等系列软硬件产品，已在包括美国通用汽车、德国戴姆勒汽车、上汽集团、东风汽车、长安汽车、小鹏汽车和地平线等在内的许多国内外企业和科研院所广泛应用。

公司荣获"国家高新技术企业""国家双软认证""浙江省专精特新中小企业"等企业资质，ISO 9001（质量管理体系）、ISO 27001（信息安全管理体系）及 ISO 20000（信息技术服务管理体系）等多项体系认证；申请或授权专利近 70 项、其中发明专利授权 26 项，已获软件著作权 12 项、商标 4 项（美国商标 1 项），参与出版专著 10 部，牵头或参与制订仿真测试标准 15 项。

公司获批"浙江省天行健自动驾驶仿真测试高新技术企业研究开发中心"；荣获"NEICV2023 智途奖 - 年度优秀虚拟仿真系统供应商""2022 年度汽车电子科学技术奖优秀创新产品奖""2021 第三届金辑奖中国汽车新供应链百强"，以及 2021"腾讯产业共创营出行赛道高估值明星企业"；行业顶级赛事 2023 中国智能网联汽车算法挑战赛（CIAC）、2021 i-VISTA 世界虚拟仿真挑战赛、2020 世界智能驾驶仿真挑战赛（WIDC）暨中国智能汽车大赛（CIVC）官方指定仿真平台。

2. 汽车自动驾驶一体化仿真测试平台（PanoSim）

PanoSim 是一款面向汽车自动驾驶技术与产品研发的一体化仿真与测试平台（图 12-66），集高精度车辆动力学模型、高逼真汽车行驶环境与交通模型、高逼真车载环境传感器模型和丰富的测试场景于一体；支持独立仿真或与 MATLAB/Simulink 联合仿真，提供包括离线仿真、实时硬件在环仿真和驾驶模拟器等在内的一体化解决方案；支持包括高级驾驶辅助系统和自动驾驶系统的算法研发与测试；具有很强的开放性和拓展性，便于第三方集成和二次开发，支持定制化开发，操作简便友好。

（1）软件架构（图 12-67）

PanoSim 的主要包括以下功能模块。

PanoExp：实验主界面，用于创建和定义实验。一个实验包括：测试场景、一辆至多辆实验车（加装传感器）、驾驶任务、控制模型和仿真设置参数。

WorldBuilder：用于搭建车辆行驶的交通场景，如场地和道路、动 / 静态交通元素、交通信号灯、交通标志等。

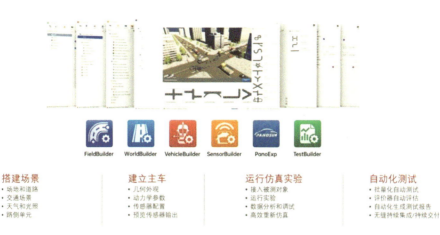

图 12-66　PanoSim

图 12-67　PanoSim 软件架构

SensorBuilder：用于向被测车辆添加各类传感器模型及感知器，并可根据匹配或标定结果修改模型参数，实现专项传感器仿真。

VehicleBuilder：车辆建模工具，用于管理车辆外形及动力学仿真所需车辆物理参数，支持编辑、保存、另存、复制、删除、移动。

TestBuilder：用于对实验文件的测试和调试。通过测试，系统可以采集仿真过程中车辆行驶时的不同数据，并对测试结果进行合理评估，便于对算法进行验证和改进。

PlotBuilder：用于对实验过程中的数据进行图表可视化处理，支持数据图导出，以便于更加直观地分析实验过程数据。

FieldBuilder：用于搭建高精度行车测试场地的工具，采用原子地图拼装的方式，简单、快速构建符合用户需求的高精度测试场地。

DataManger：数据管理工具，用于实验数据、传感器、车辆、场景，测试数据的管理，同时可对现有数据进行分组、移动和删除。

（2）特色功能

1）高精度和高效车辆动力学模型（图 12-68）。PanoSim 车辆动力学模型（PanoCar）在仿真精度上与 CarSim 及实测数据高度一致。

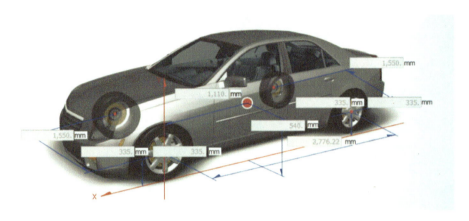

图 12-68　高精度和高效车辆动力学模型

2）高逼真度行驶环境模型（图 12-69）。形成了汽车复杂行驶环境（道路和场地）和车载各种环境传感器建模的关键技术沉淀。

图 12-69　高逼真度行驶环境模型

3）完整且一体化模拟仿真工具链（图 12-70）。包括从离线仿真、实物 / 硬件在环和驾驶员在环等实时仿真到实车测试的无缝工具链和数据链。

4）自动化测试和评价支持（图 12-71）。自动化测试客户端，内置的丰富场景和泛化能力，提供一站式自动化测试、评价和报告输出能力。

5）丰富的 I/O 接口和开放的软硬件架构（图 12-72）。支持丰富的传感数据信号接口，及开环、闭环方式的动力学主车控制信号输入支持；提供丰富的 API 支持二次开发和联合仿真。

6）高逼真驾驶模拟器力感模拟（图 12-73）。实现了力感反馈系统的高精度跟随和低延迟响应，在力感模拟精度、系统响应时间等各项技术指标上均达到国际领先水平。

图 12-70　完整且一体化模拟仿真工具链

图 12-71　自动化测试和评价支持

图 12-72　丰富的 I/O 接口和开放的软硬件架构

转向力感精度对比：**市区道路工况**　　　　　转向力感精度对比：**郊区道路工况**

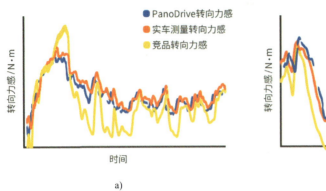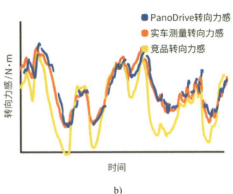

a)　　　　　　　　　　　　　　　　b)

图 12-73　高逼真驾驶模拟器力感模拟

（3）典型应用

1）工业应用。

① MIL/SIL/HIL/DIL/VIL 多物理体实时在环仿真（图 12-74）。提供各类 I/O 接口，可便捷地接入各类实时处理器、控制器、传感器、驾驶模拟器，以及包括车辆及其底盘和动力执行机构等在内的各类软硬件系统，以满足自动驾驶技术与产品在不同阶段、不同环节的软硬件开发与仿真测试需求。

图 12-74　MIL/SIL/HIL/DIL/VIL 多物理体实时在环仿真

② ADAS/V2X 和自动驾驶仿真开发与测试仿真（图 12-75）。支持包括汽车自适应巡航（ACC）自动紧急制动（AEB）、车道保持辅助（LKA）、自动泊车（AP）、交通拥堵辅助（TJP）等在内的高级驾驶辅助系统（ADAS），以及其他自动驾驶技术与产品的仿真开发与测试。

③ 驾驶模拟体验、人机交互与人机共驾仿真（图 12-76）。支持高逼真度的驾驶体验，包括不同道路、交通和天气环境下的驾驶体验，ADAS 功能和自动驾驶系统体验支持人机交互与人机共驾系统的研发与测试等。

图 12-75　ADAS/V2X 和自动驾驶仿真开发与测试仿真　图 12-76　驾驶模拟体验、人机交互与人机共驾仿真

④ 自动驾驶感知/决策/规划/控制算法开发仿真（图 12-77）。集高逼真度道路与环境模型、交通流与智能体模型、传感器模型、车辆动力学模型等于一体，支持自动驾驶感知与决策、规划与控制等算法开发、模型训练和测试要求。

图 12-77　自动驾驶感知/决策/规划/控制算法开发仿真

⑤ 多节点、分布式实时仿真（图 12-78）。通过高逼真实时环境渲染、高精度传感器模型、分布式实时仿真架构、高算力、真实数据接口模拟等，支持车辆真实 EE 架构下包括相机、超声波雷达、毫米波雷达、激光雷达等在内的多传感器分布式机群模拟，以及数据处理器、运动控制器、驾驶模拟器等在环的自动驾驶算法开发与测试。

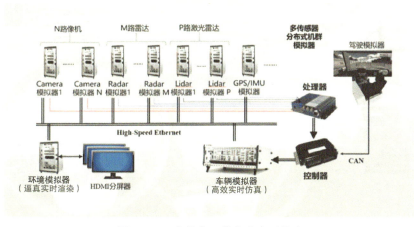

图 12-78　多节点、分布式实时仿真

⑥ 数字孪生测试与高并发云仿真（图 12-79）。支持虚拟环境下的道路、交通与气象模型、环境传感器模型等与真实世界车辆和车载软硬件系统的数字孪生测试；支持基于云平台的人 – 车 – 路 – 环境信息融合、云端一体高并发实时仿真；支持云平台下的实时在线学习与模型训练、自动驾驶算法的高效迭代与仿真测试等。

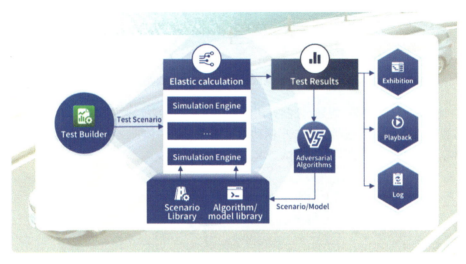

图 12-79　数字孪生测试与高并发云仿真

2）人才培养应用。

① 应用 1：为智能网联的知识传授、概念理解，提供仿真手段的教学和实践支持（图 12-80）。

- 功能强大且友好直观的仿真工具链。
- 丰富且高精度的车辆、传感器与场景模型。
- 丰富的数字化教学资源。
- 生动形象的可视化场景和高清晰动画演示。
- 配套有普通高等教育新工科汽车类系列教材。

图 12-80　教学和实践应用（一）

② 应用 2：为智能网联的实验教学、上机实践，提供仿真手段的教学和实践支持（图 12-81）。

- PanoDrive E ——智能汽车驾驶模拟器（教学版）。
- 在虚拟驾驶实践中加深对 ADAS 的理解（例如 FCW/LDW/AEB/ACC/LCC 等）。
- 在虚拟驾驶实践中加深对 V2X 的理解（例如 T/C-SAE 定义的应用）。

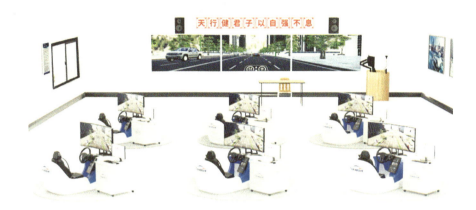

图 12-81　教学和实践应用（二）

③ 应用 3：为智能网联的知识运用，提供仿真测试平台（图 12-82）。

- PanoSim—— 汽车智能驾驶一体化仿真测试平台。
- 在知识运用过程中加深对智能网联的理解。
- 在知识运用过程中加深对汽车仿真测试的理解。

图 12-82　教学和实践应用（三）

④ 应用 4：通过赛教融合、以赛促教，为智能网联方向的复合型人才培养奠定坚实基础（图 12-83）。

- WIDC——2020 年世界智能驾驶挑战赛，官方指定仿真平台。
- i-VISTA——2021 年中国汽车工程研究院自动驾驶仿真大赛，官方指定仿真平台。
- CIAC——2022&2023，中国智能网联汽车算法挑战赛，官方指定仿真平台。

图 12-83　教学和实践应用（四）

12.3.3　苏州同元软控信息技术有限公司

1. 公司发展历程

苏州同元软控信息技术有限公司（简称"同元软控"）成立于 2008 年，是专业从事新一代信息物理系统设计、建模与仿真计算工业软件产品研发、工程服务以及解决方案的高科技企业。公司总部位于苏州，在北京、上海、深圳、武汉、成都、西安、沈阳等城市设有子公司或者办事处，形成辐射全国的研发、销售与服务体系。

同元软控经过团队二十余年技术积累、公司十六年持续研发，形成核心产品——新一代科学计算与系统建模仿真平台 MWORKS（图 12-84），为世界提供科学与工程计算平台的另一选择。MWORKS 是世界上第四个实现科学计算与系统建模仿真一体化的平台软件，支持基于模型的需求分析、架构设计、仿真验证、虚拟试验、运行维护及全流程模型管理；通过多领域物理融合、设计–仿真融合、信息–物理融合、机理–数据融合、几何–状态融合、系统–专业融合、系统–体系融合，支持装备数字化交付、全系统仿真验证及全流程模型贯通；提供算法、模型、App 等规范的扩展开发手段，支持专业工具箱以及行业数字化工程平台的扩展开发。

同元软控自主研发的科学计算与系统建模仿真平台 MWORKS 由系统架构设计环境 MWORKS.Sysbuilder、科学计算环境 MWORKS.Syslab、系统建模仿真环境 MWORKS.Sysplorer、系统协同建模与模型数据管理环境 MWORKS.Syslink、系列扩展工具箱、模型库以及工业知识模型互联平台 MoHub 组成（图 12-85）。其中，MWORKS.Sysplorer 是亚太地区唯一一款被 Modelica 协会官方认可的系统多领域建模仿真环境，完全自主研发的内核是国际上最好的 Modelica 商业编译求解引擎之一。

作为业内领先的工业软件企业，同元软控面向陆、海、空、天、网、电多域装备系统的数字化与智能化转型需求，基于国际先进、自主可控的平台产品和业内领先的数字化服务能力，为装备制造业提供关键的装备数字化设计、计算、仿真及分析解决方案，全面支撑装备系统研制模式变革、产品智能升级和数智资产重构。

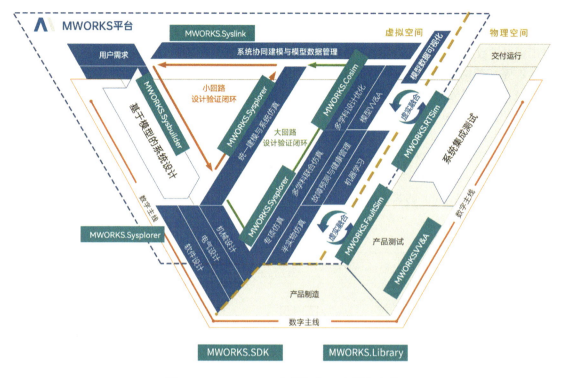

图 12-84　MWORKS 支撑汽车 V 字研发流程

图 12-85　MWORKS 平台产品大图

同元软控的产品和解决方案获得众多行业用户的认可，已广泛应用于航天、航空、能源、车辆、船舶、教育等行业，为空间站、嫦娥工程、国产大飞机、核能动力、船舶动力等重大型号工程提供数字化平台、工程服务与解决方案支撑。

2. 系统架构设计环境 MWORKS.Sysbuilder

（1）软件架构（图 12-86）

MWORKS.Sysbuilder 是面向复杂工程系统，全面支持 SysML 规范的系统架构设计环境。以用户需求作为输入，以图形化、结构化、面向对象的方式，覆盖系统的需求建模、功能分析、架构设计、验证评估过程。支持基于需求的自顶向下的系统设计与基于模型库自底而上的系统架构组装设计。通过与系统建模仿真环境 MWORKS.Sysplorer 和系统协同建模与模型数据管理环境 MWORKS.Syslink 的紧密集成，支持在系统设计早期进行多领域综合分析和验证，实现设计和仿真一体化。

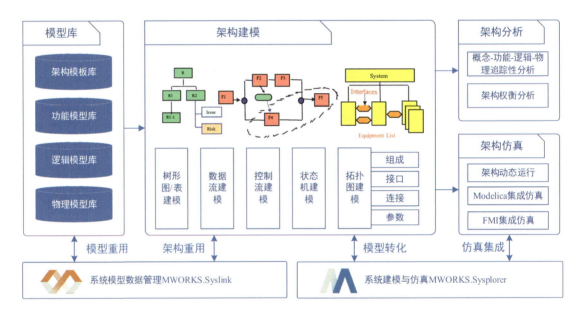

图 12-86　MWORKS.Sysbuilder 软件架构

（2）特色功能

1）支持 SysML 标准建模（图 12-87）：完整提供 SysML 9 张视图的建模功能，对系统的需求、功能、结构和约束进行表达；支持思维导图式的需求、功能分解建模和自顶向下的专业视图建模，快速完成系统搭建。

2）支持状态机、活动图仿真功能（图 12-88）：支持 fUML 标准的活动图仿真，支持在活动中嵌入 Python、Groovy、Javascript 等执行脚本；支持 PSSM 标准状态机的仿真，支持复杂状态、嵌套状态的执行，支持使用脚本或活动图作为状态动作的实现；支持与 MWORKS.Sysplorer 的联合仿真，以状态机或活动图作为主控，驱动 Modelica 模型仿真执行。

3）支持架构权衡分析可视化（图 12-89）：通过编写分析脚本，对架构实例进行分析，生成不同架构实例的可视化对比结果，实现方案比选；内置常用的权衡分析模板，支持配置修改模板参数，进行系统方案快速分析。

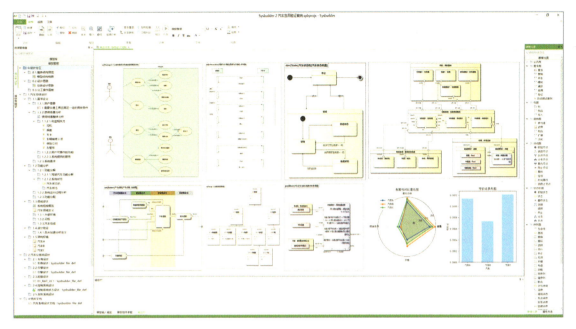

图 12-87　MWORKS.Sysbuilder 标准建模界面

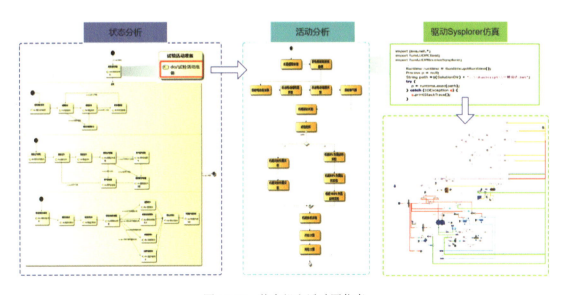

图 12-88　状态机和活动图仿真

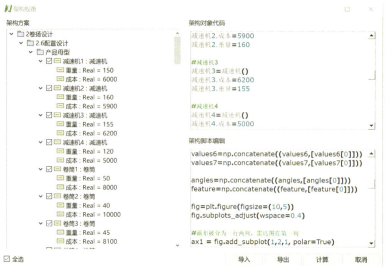

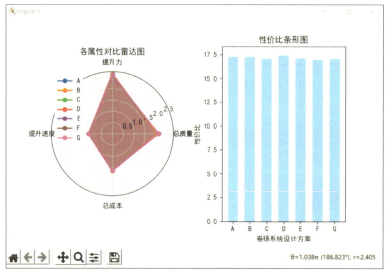

图 12-89　架构权衡分析可视化

4）支持需求追溯、覆盖性分析（图 12-90）：支持以矩阵、映射等方式完成需求的追溯性和覆盖性分析。

5）支持生成 Modelica 仿真模型（图 12-91）：支持将 SysML 架构模型生成为 Modelica 仿真框架模型，或将已有的 Modelica 模型自动填入仿真框架模型，从而快速构建系统仿真模型。

（3）产品优势

1）最新的 SysML 标准语义：支持 SysML v2.0 标准的语义，以及 SysML v2.0 标准的文本表达模型，提高了语言的精确性和表达能力。

2）易懂的建模视图：基于 SysML 模型，提供思维导图式的需求、功能分解视图和自顶向下设计的专业视图，实现短时间快速上手，无需了解复杂系统建模语言。

3）快捷的知识复用：通过模型库固化知识经验、复用设计成果，使得系统设计更方便快捷。

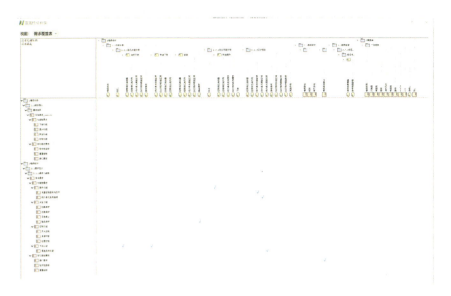

图 12-90　需求追溯、覆盖性分析

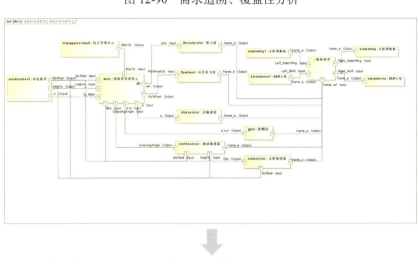

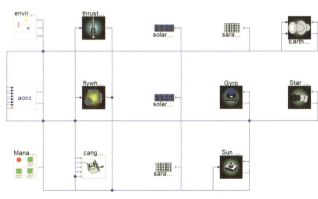

图 12-91　生成 Modelica 仿真模型

4）高效的设计仿真一体化：一键生成 Modelica 仿真模型，形成高效的设计仿真一体化闭环验证解决方案。

3. 科学计算环境 MWORKS.Syslab

（1）软件架构（图 12-92）

MWORKS.Syslab 是新一代科学计算环境，旨在为算法开发、数值计算、数据分析和可视化、信息域计算分析等提供通用编程开发环境。MWORKS.Syslab 基于新一代高性能科学计算语言 Julia，提供业内最为高效的数值计算能力，同时兼容 Python 和 M 语言，支持与 Python、C/C++、Fortran、M、R 等编程语言的相互调用。结合其丰富的专业工具箱，MWORKS.Syslab 可支持不同领域的计算应用，如信号处理、通信仿真、图形图像处理、控制系统设计分析、人工智能等。MWORKS.Syslab 信息域计算分析与 MWORKS.Sysplorer 物理域建模仿真相融合，可以支撑完整的信息物理融合系统（CPS）建模仿真。

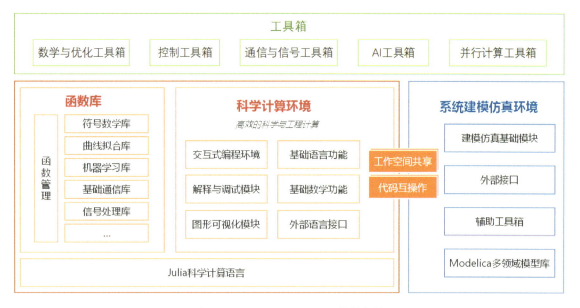

图 12-92　MWORKS.Syslab 软件架构

（2）特色功能

1）通用编程与算法开发：采用高级科学计算语言 Julia 并提供完备的交互式编程环境（图 12-93），支持算法的开发、调试与运行；同时兼容 Python 和 M 语言，支持 Julia 与 Python、C/C++、Fortran、M 等其他编程语言的相互调用。

2）高性能数学计算引擎：内置基础数学、符号数学、曲线拟合、统计、优化、全局优化等大量数学函数库（图 12-94），实现复杂科学与工程数学问题的简洁表达，通过 Julia 特别设计的编译运行机制提供高效计算能力。

3）数据分析与可视化（图 12-95）：支持 MAT、CSV、TXT、EXCEL、HDF5、JSON 等数据导入和导出、数据预处理、数据分析与可视化，也支持用户自定义的图形交互。通过运用标题、轴标签、数据提示添加注释、自定义绘图外观，可生成出版级质量的专业图形。

4）内置系列专业工具箱（图 12-96）：提供信号处理与无线通信、控制系统、AI 与数据科学等系列专业工具箱，通过平台基础功能支撑其他领域工具的开发与运行。

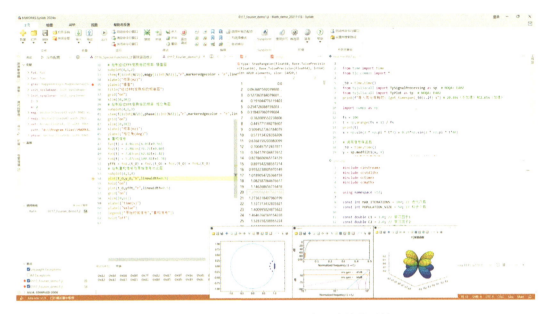

图 12-93　MWORKS.Syslab 交互式编程环境

图 12-94　MWORKS.Syslab 数学函数库

（3）产品优势

1）一站式科学计算编程环境：提供完备的交互式编程环境，内置丰富的科学计算函数，提供详细的帮助文档和大量示例，支持一站式数据探索、分析与可视化；持续优化启动加载、运行、调试、语言服务等性能，开箱即用，体验流畅。

2）高可用的科学计算函数库：立足高级通用动态编程语言 Julia，组织开发一批高质量、高性能科学计算函数库，经过了大量的算法研究和严格的对标测试及工程应用验证，解决了开源库在体系性、全面性、兼容性、稳定性与性能等方面的问题。

3）丰富的多种语言支持：提供多语言数学环境，支持高性能科学计算语言 Julia，支持 Julia 与 Python、C/C++、Fortran、M 等编程语言的相互调用；同时兼容 Python 和 M 语言，无需安装 MATLAB，即可实现原有代码资产的快速重用。

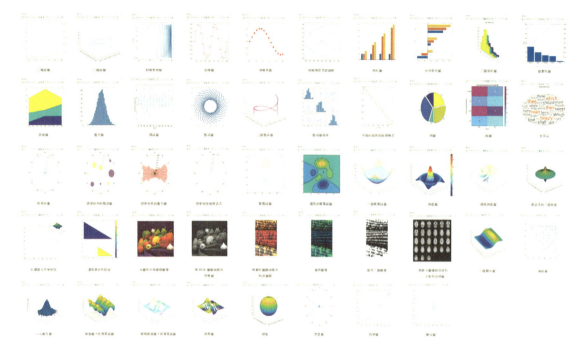

图 12-95　MWORKS.Syslab 数据分析与可视化

图 12-96　MWORKS.Syslab 内置系列专业工具箱

4）强大的信息物理一体化融合能力：科学计算环境 Syslab 与系统建模仿真环境 Sysplorer 双向深度融合，实现工作空间共享和模型 / 算法代码互调、优势互补，形成新一代科学计算与工程建模仿真基础平台，完整支持信息物理系统的一体化研制以及各类设计与分析活动。

4. 系统建模仿真环境 MWORKS.Sysplorer

（1）软件架构（图 12-97）

MWORKS.Sysplorer 是面向多领域工业产品的系统建模与仿真验证环境，全面支持多领域统一建模规范 Modelica，按照产品实际物理拓扑结构的层次化组织，支持物理建模、框图建模和状态机建模等多种可视化建模方式，提供嵌入代码生成功能，支持设计、仿真和优化的一体化，是国际先进的系统建模仿真通用软件。

MWORKS.Sysplorer 内置机械、液压、气动、电池、电机等高保真专业模型库，支持用户扩展、积累个人专业库，支持工业设计知识的模型化表达和模块化封装，以知识可重用、系统可重构方式，为工业企业的设计知识积累与产品创新设计提供了有效的技术支撑，对及早发现产品设计缺陷、快速验证设计方案、全面优化产品性能、有效减少物理验证次数等具有重要价值，为数字孪生、基于模型的系统工程以及数字工程等应用提供全面支撑。

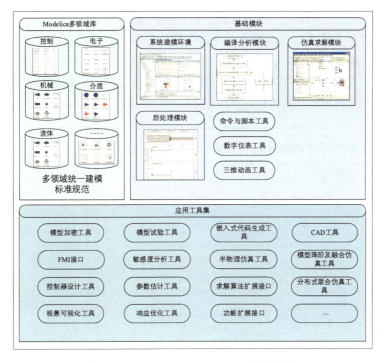

图 12-97　MWORKS.Sysplorer 软件架构

（2）产品核心功能

1）支持物理、框图、状态机等多范式系统建模（图 12-98）：支持多领域统一物理系统建模仿真，支持陈述式表达模型、模型方程分析及求解规划；支持框图系统建模仿真，支持过程式表达模型、模型嵌入式代码生成及模型双向追溯；支持状态机建模仿真，支持状态并行及深层次嵌套及动作、节点、事件等便捷的状态机建模功能；支持物理、框图和状态机的多范式建模环境，支持多范式模型的统一表达、混合仿真求解。

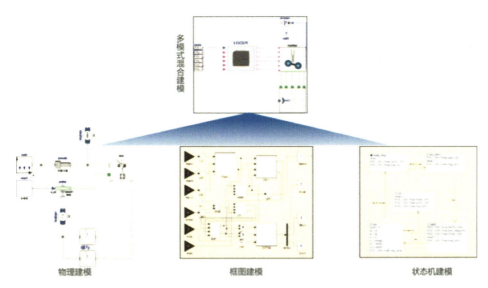

图 12-98　多范式系统建模

2）支持大规模复杂系统高效仿真求解：提供高性能的编译与求解内核；支持基于同步时钟语义的大规模复杂系统模型自动拆分，支持系统级分布式联合仿真功能，支持多时钟分区自推导与积分算法配置（图12-99）；提供内置变步长和定步长多种求解算法，适应不同应用场景，并支持用户扩展；支持基于模型求解状态序列化的接续仿真功能；提供稳态计算功能，支持模型进行稳态搜索，并从稳态开始仿真。

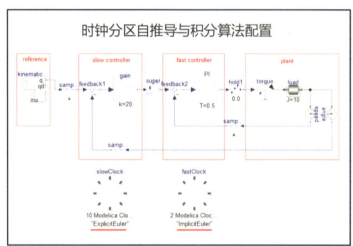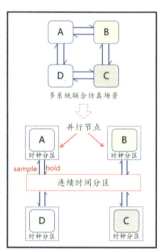

图12-99　多时钟分区自推导与积分算法配置

3）提供丰富易用的可视化后处理环境（图12-100）：支持查看任意变量结果曲线，提供丰富的曲线交互功能；支持模型2D与3D动画，直观查看仿真过程；支持仿真实时推进、数据回放两种模式查看仿真过程。

4）支持模型驱动的代码生成与实时仿真（图12-101）：支持Windows、Linux、VxWorks等多种环境的实时代码生成；支持硬件设备代码生成，具备实时仿真能力；支持控制器代码生成，并与硬件设备融合仿真。

5）提供开放的软件集成与平台扩展接口（图12-102）：完整支持FMI标准，支持基于FMI的系统联合仿真；支持C/C++/Fortran/Python等外部语言集成；提供SDK，支持外部应用集成、界面定制与功能扩展。

（3）产品优势

1）统一的多范式建模：在统一的Modelica环境中支持物理建模、框图建模与状态机建模，提供CPS背景下可视化建模的完整模式。

2）国际先进的仿真求解能力：拥有国际先进的编译求解内核，支持百万级方程系统超实时仿真；提供可扩展求解器框架，支持行业专用求解器定制。

3）高效的仿真代码生成能力与多场景实时仿真目标支持：支持面向模型在环、软件在环和硬件在环的代码生成，适配Windows、Linux、VxWorks等多种OS以及ARM、PowerPC、Tricore等多种MCU平台。

4）丰富的平台扩展方式：支持基于SDK的专业软件开发，提供了C/C++、Python、SysML、CAD、CAE模型等上下游接口，以及开箱即用的通信接口、软件接口、硬件设备接口等丰富的接口模型库。

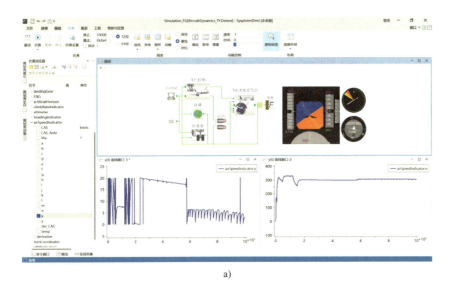

a)

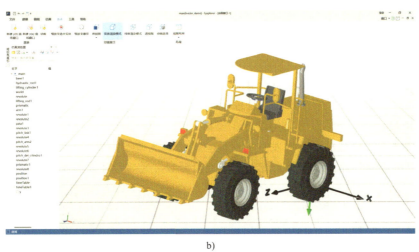

b)

图 12-100　可视化后处理环境

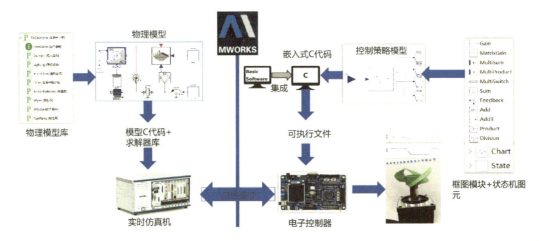

图 12-101　代码生成与实时仿真

图 12-102　软件集成与平台扩展接口

5. 系统协同建模与模型数据管理环境 MWORKS.Syslink

（1）软件架构（图 12-103）

MWORKS.Syslink 是面向云端的系统协同建模与模型数据管理环境，为模型与数据协同管理提供全面的解决方案。MWORKS.Syslink 将传统面向文件的协同转变为面向模型的协同，为工程师屏蔽通用版本管理工具复杂的配置和操作，提供图形化、面向对象的协同建模和模型管理功能，为系统工程全流程模型贯通与管理提供支撑。

MWORKS.Syslink 提供模型架构设计、模型开发、模型测试、模型发布等流程的完整工具链支撑，横向实现了模型从设计到发布的全流程覆盖，支持架构模型、物理模型、信息模型等不同层次模型的协同管理，纵向为系统工程全流程模型贯通与管理提供支撑。

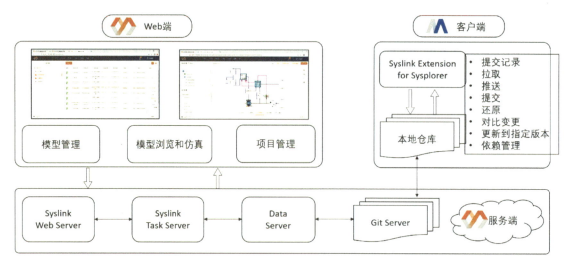

图 12-103　MWORKS.Syslink 软件架构

（2）产品核心功能

1）提供高效的协同建模环境（图 12-104）：支持模型文件克隆、更新和提交等协同功能；支持瀑布、敏捷等多种协同工作流；支持跟 MWORKS.Sysplorer 的集成。

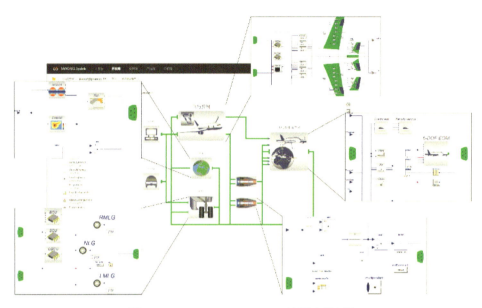

图 12-104　MWORKS.Syslink 协同建模环境

2）支持模型技术状态管理（图 12-105）：支持 Modelica、FMU、C 动态库、Julia、Python 等主流模型的管理；支持 Word、PDF、Excel 等标准文件在线管理；支持标准的三库管理，保障设计过程、开发过程、变更过程受控；支持全流程的审批管理，提供分支合并审批、模型在线评审、发布审批等流程管控。

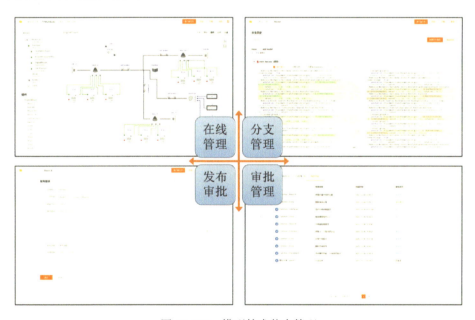

图 12-105　模型技术状态管理

3）提供高性能的云端仿真环境（图 12-106）：支持 Modelica、Julia 模型云端仿真，支持多任务并发仿真；支持分布式仿真，实时调度仿真节点；支持在线查看仿真结果，提供二维曲线、三维动画等查看方式。

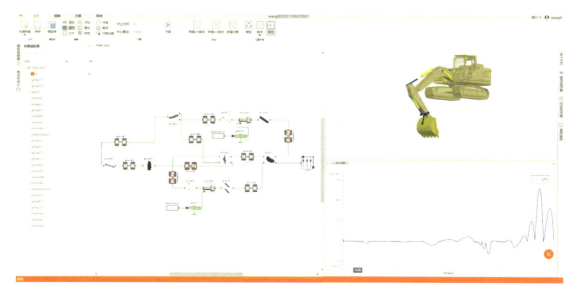

图 12-106　云端仿真环境

4）提供完备的安全保密管理（图 12-107）：支持保密管理要求的三员管理；支持对系统数据进行密级标记，满足涉密场景的使用要求。

5）提供开放的平台集成接口：支持与采用 LDAP、CA 和 OAuth2 协议的用户数据系统集成，支撑企业统一账户体系；支持与主流 PLM、PDM 等平台一体化集成，融入统一的企业应用平台。

6）提供丰富的工具箱（图 12-107）：提供不同模型、不同版本在线对比工具，支持模型文本对比，包括参数、代码块、方程、组件等模块进行对比；提供自动化测试工具箱，用于模型库的自动化测试，支持测试用例的构建与测例的批量执行；提供模型发布工具箱，支持在线对模型进行发布加密，保护模型知识产权。

a) 安全保密管理

图 12-107　工具箱

b) 模型文件对比、自动化测试和加密工具箱

图 12-107　工具箱（续）

（3）产品优势

1）一体化的端云建模仿真体验：基于端云一体、端云联动的产品架构，实现了基于 WEB 技术栈的 Syslink 和 Sysplorer C-P 统一和端云一体化。用户可以无感的在端云之间进行切换，以获得一体化的端云建模仿真体验。

2）完善的模型代码评审工作流：支持用户从模型代码规范、模型性能指标等多个维度对模型进行评审评价，提供分支合并评审功能、发布评审等评审工作流，全流程的管控模型质量。

3）全生命周期的模型管理功能：覆盖模型开发、应用全流程，规范模型开发测试流程，实现模型全程受控，确保模型开发质量。作为模型统一存储环境，实现模型积累和重用，支撑全流程模型贯通，为基于模型的系统工程提供统一数据源。

4）安全的模型访问机制：通过分类、仓库和分支不同级别的权限控制，灵活地控制用户对模型的访问，也支持按照人员涉密等级进行控制；提供用户、单位、型号、项目等多个维度模型管理功能，保障模型使用安全。

12.4 测试验证与标定软件企业及产品

12.4.1 北京赛目科技股份有限公司

1.公司发展历程

北京赛目科技股份有限公司（简称"赛目科技"）成立于 2014 年，总部位于北京，致力于自动驾驶仿真测试技术的自主创新，为智能网联汽车行业客户提供全栈式测试、验证解决方案。在产品侧，自主研发全球首个通过功能安全 ASIL D 级别产品认证的仿真测试、验证和评价工具链 Sim Pro，推出行业独有的功能安全与预期功能安全分析工具 Safety Pro，可分析并泛化出对应车型方案的预期功能安全场景库，并通过 Sim Pro 进行验证，从而打造国内首个基于预期功能安全分析、测试、验证的工具链闭环，建设"需求—设计—仿真—评估"迭代深化的全生命周期产品线，可深度赋能自动驾驶技术商业落地。在服务侧，赛目自主建设的"智能网联汽车测试实验室"已通过 CNAS 认可，是国内第 4 家具备功能安全测试资质的实验室，并与 SGS 欧洲实验室取得报告互认。公司运营的"国家智能汽车与智慧交通（京冀）示范区顺义基地"已获 CMA 认定；与华为共建"智能网联汽车联合评测验证中心"，开展产品测试与安全评估工作。作为国内首批一站式智能网联测试、验证和评价解决方案提供商，项目已完整实现"三支柱"（仿真测试—封闭场地测试—开放道路测试）测试能力体系，确保客户能够全面、高效、可靠地进行智能网联技术的测试和验证，从而加速其产品上市并提高安全性和可靠性。

赛目科技承担"智能网联汽车关键技术标准及仿真测试验证公共服务平台""中国智能网联汽车场景数据库建设"等十余个工业和信息化部高质量发展专项，以及科技部科技创新 2030 重大项目等国家级项目任务，并取得仿真测试领域关键技术突破。

自成立以来，赛目科技一直是我国智能网联汽车及自动驾驶领域国标和行业标准的重要制订者之一，牵头编制国内首个仿真测试相关的国家标准《智能网联汽车 自动驾驶功能仿真试验方法及要求》；牵头及参与编制的团体标准及地方标准共 60 余项，其中已发布的标准共 22 项。

国际方面，赛目作为 ASAM 和 IAMTS 两大国际联盟的成员单位，参编国际标准 4 项，其中，*Open Scenario* 已于 2022 年发布。

作为国内智能网联仿真测试验证行业的领军企业，凭借过硬的研发实力和行业领先的技术水平，赛目科技获得国家级专精特新"小巨人"企业、国家级重点软件企业、国家高新技术企业、北京市专精特新"小巨人"企业、中关村高新技术企业、北京市博士后创新实践基地等多项荣誉资质。

2. Sim Pro

Sim Pro（图 12-108）是由赛目科技自主研发的全球首个通过功能安全 ASIL D 级别产品认证的仿真测试、验证和评价工具链。内置高精度场景建模，能够集成动力学模型、传感器模型、驾驶员模型、交通流模型等各类仿真模，高度开放和可定制化，支持深度二次开发，是具备高置信度、高可靠性的仿真测试工具链，能够实现对智能网联汽车自动驾驶感知、定位、决策、规划、控制、网联等功能的全栈算法测试，解决自动驾驶仿真软件长期被国外软件"卡脖子"的问题。

图 12-108　Sim Pro 界面

Sim Pro 支持 OpenX 标准，在静态场景搭建方面，通过道路编辑器完成复杂路网快速构建，同步生成 OpenDrive 格式的地图文件；在动态场景的构建方面，通过场景编辑器创建和编辑动态场景，在加载由道路编辑器生成 OpenDrive 文件的基础上，进行场景动态元素的设置。具备交通流仿真建模能力，同时支持导入路采交通流模型，并支持 OpenScenario 场景文件的可视化创建、编辑；具备多种天气模式渲染、动态实时光影、HDR 渲染、路面渲染和灯光仿真的能力。Sim Pro 除了可以实现场景仿真以外，还具备各种传感器仿真和车辆动力学仿真的能力。Sim Pro 支持配置理想传感器和物理级传感器，包括摄像头、毫米波雷达、超声波雷达、激光雷达和 V2X 传感器等。车辆动力学模块支持车辆属性配置，包括车身、转向、车轮、制动、前悬架、后悬架、动力传动等模型参数。Sim Pro 通过开放式的框架与接口，可以与第三方工具联合仿真；支持云平台部署，执行高并发测试；可从安全性、合规性、智能化、舒适性等方面对自动驾驶算法进行评价，自动生成测试报告。

有以下特色功能。

1）自主研发，拥有全部知识产权；全球首个通过功能安全最高级别产品认证的工具链。

2）功能完整，能够对自动驾驶感知、决策、控制全栈算法进行测试验证。

3）支持动力学模型、传感器模型、驾驶员模型、交通流模型、环境模型等，兼容第三方工具。

4）支持多种联合仿真接口，包括 OSI 仿真接口、Simulink 联仿、C++/Python/ROS 等。

5）支持 OpenX 标准，包括 OpenDrive、OpenScenario、OpenCRG 等。

6）支持 MIL/SIL/HIL 一体化。

7）支持云平台部署，支持高并发测试。

3. Safety Pro

Safety Pro 是赛目科技自主研发的功能安全和预期功能安全分析工具（图 12-109）。根据标准要求，实现从功能规范和设计开始，通过分析系统的功能和架构，进行危害识别和风险评估，识别系统潜在的功能不足和性能局限，制定可接受准则，提出改进措施，生成测试方案和测试场景。

图 12-109　Safety Pro 功能安全和预期功能安全分析工具界面

有以下特色功能。

1）适应不同阶段，提升分析效率。可以为不同阶段提供不同的 SOTIF 分析路径。

2）分析后即可得到仿真场景文件，无需人工再次搭建，与 Sim Pro 进行关联，实现场景转换和自动化测试。

3）有效减少测试场景。可以自动去除无效场景，对场景中指标进行敏感度排序和发现未知场景。

4）支持对分析结果的验证。工具能够支持对 SOTIF 分析结果进行评估，包括测算 ODD 覆盖率、场景覆盖率、安全性评估、可靠性评估和合规性评估等。

12.4.2　北京经纬恒润科技有限公司

1. 公司发展历程

北京经纬恒润科技股份有限公司（简称"经纬恒润"）是国内汽车电子软硬件技术领军企业。经纬恒润成立于 2003 年，专注于为汽车、无人运输等领域的客户提供电子产品、研发服务和高级别智能驾驶整体解决方案。总部位于北京，并在天津、南通建立了现代化的生产工厂，形成了完善的研发、生产、营销、服务体系。本着"价值创新、服务客户"的理念，公司坚持"专业聚焦""技术领先"和"平台化发展"的战略，致力于成为国际一流综合型的电子系统科技服务商、智能网联汽车全栈式解决方案供应商和高级别智能驾驶 MaaS 解决方案领导者。牵头国家重点研发计划"智能辅助驾驶控制系统关键技术研究与产品开发"等国家级/省部级课题十余项。在 2009 年加入国际汽车电子软件标准制定组织 AUTOSAR，参与功能安全等相关标准制定，成为国内领先的 AUTOSAR 嵌入式基础软件供应商。自主研发了完整的满足 V 字型开发流程的软硬件开发工具链，涵盖全生命周期管理、自动化测试、AUTOSAR 嵌入式软件、车辆仿真、网络测试等全流程，获得 ISO 26262 ASIL-D 等级安全认证。在汽车电子技术及研发工具方面获国家发明专利 500 余项，相关研究成果获中国汽车工业科技进步一等奖等多项奖励。

2. INTEWORK 系列产品介绍

INTEWORK 是由经纬恒润开发的汽车电子研发工具链。常用组件有 TPA（测试项目管理系统）、TAE（通用自动化测试软件）、VBA（车载总线监控分析及仿真工具）、VDE（车载总线通信数据库开发工具）、DDS（基于 ODX 的工程诊断仪）、DPS（整车刷写工具）、INTEWORK-EAS（AUTOSAR 基础软件系列）等。

（1）产品核心功能

1）AUTOSAR 基础软件系列。INTEWORK-EAS（ECU AUTOSAR Software）是经纬恒润自主研发，符合 AUTOSAR 标准的软件产品。解决方案涵盖了嵌入式标准软件、AUTOSAR 工具链、集成服务和培训等各个方面的内容。EAS 共分为 CP 和 AP 两个平台。符合 CMMI 的开发流程，发流程和产品获得功能安全 ASIL-D 双证书，提供完善功能安全文档和服务，帮助客户更容易地实现功能安全相关要求。满足 OEM、供应商对 SOME/IP 通信矩阵的设计、转换需求。提供客户指定 POSIX 操作系统及 Soc 硬件平台的集成服务。

2）VBA——车载总线监控分析及仿真工具。INTEWORK-VBA（Vehicle Bus Analyzer）车载总线监控分析及仿真工具，是由经纬恒润自主研发的一款专业、易用的车载总线工具，支持从开发仿真分析到系统测试验证"V 流程"开发全过程，包括监控、分析、仿真、标定及诊断等功能。

3）VDE——车载总线通信数据库开发工具。INTEWORK-VDE（Vehicle Database Editor）是一款网络通信及数据库开发工具，支持车型平台、车型、网段等多个层级的通信系统设计，支持 CAN、CANFD、LIN、J1939、Ethernet 多种通信协议，可提供中心服务器进行数据的统一管理，并且支持协同工作、审批发布、变更分析和邮件发送等功能。

4）TPA——测试项目管理系统。INTEWORK-TPA（Test Project Administrator）是一款集成的测试项目管理工具，它可以管理测试过程中的所有数据，包括需求、用例、样件、计划、报告和缺陷等。不同于缺少严谨管理思想、基于对单一过程的传统管理方式，TPA 作为测试项目管理的一体化解决方案，更关注于测试项目流程的管理，在一套系统中对各个过程做到有效地跟踪和覆盖。

5）TAE——通用自动化测试软件。INTEWORK-TAE（Test Automation Executor）是一款通用的自动化测试软件，可以兼容不同的仿真系统，同时具备了故障注入、标定、测量、诊断、模型在回路测试（MIL）等一系列与 ECU 测试相关的功能。TAE 可以与 TPA 测试项目管理软件无缝集成，在 TPA 中制定的测试项目数据可以作为顶层输入便捷地导入 TAE 中，TAE 中的自动测试报告也可以上传到 TPA 中，进行测试执行情况的统计和分析。

6）DGA——基于 ODX 的通用售后诊断系统。INTEWORK-DGA（Diagnostic General Aftermarket System）是一款基于 ODX 的通用售后诊断系统，可提供车辆数据管理、维修站管理、远程维修指导、诊断刷写、数据安全性等功能，是一款安全的平台系统。

7）DDS——基于 ODX 的工程诊断仪。INTEWORK-DDS（Diagnostic Development System）是一套基于 PC 系统的、面向任意车型的可配置通用诊断仪解决方案，具备诊断序列编程、ECU 刷写、总线报文监控、响应数据判别、诊断通信参数修改等功能，助力整车电子电器部门和 ECU 诊断开发工程师快速定位控制器和车辆故障。

8）DPS——整车刷写工具。INTEWORK-DPS（Diagnostic Programming System）是一套用于单个 ECU 或者整车多个 ECU 进行程序刷写的工具。DPS 提供平台框架支持 ECU 刷写流程 dll 和安全算法 dll 等加载，同时具备权限管理、刷写选项配置、统一刷写功能。

9）DDC——ODX 诊断数据库转换工具。INTEWORK-DDC（Diagnostic Database Convertor）是将经纬恒润诊断调查问卷转换为标准 ODX（2.2.0）数据库的工具。DDC 工具可以将易于沟通交流的 Excel 诊断调查问卷直接转换为标准的 ODX（2.2.0）数据库，大大提高工作效率，还可以将多个不同控制器的 ODX 文件打包成整车级别的 PDX 文件，用于管控车型诊断数据库的应用。

10）PET——汽车软件持续集成持续交付平台。INTEWORK-PET（Platform Eco Trace）持续集成平台是经纬恒润自主研发的汽车行业研运一体化（DevOps）平台，在持续集成基础上深化了研运一体化的概念，高效地将嵌入式软件中的拉取代码、构建、检查、测试、版本管理以及发布等环节实现自动化，形成一条完整的汽车软件流水线。

（2）经纬恒润 INTEWORK 产品框架（图 12-110）

图 12-110　经纬恒润 INTEWORK 产品框架

3. ModelBase 系列产品介绍

ModelBase（图 12-111）是由经纬恒润开发的汽车电子研发工具链。常用组件有 ModelBase_Car（车辆动力学仿真软件_乘用车版）、ModelBase_Truck（车辆动力学仿真软件_商用车版）等。

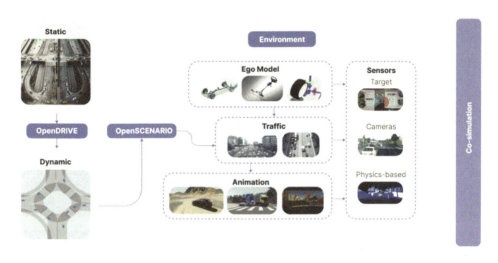

图 12-111　经纬恒润 ModelBase 产品功能架构

ModelBase_Car 和 ModelBase_Truck 是综合的车辆动力学仿真软件，分别用于乘用车、商用车的整车电控系统的设计、测试、标定和验证，可以覆盖电控系统的整个开发周期，包括早期的算法仿真测试、控制器的硬件在环测试、半实物台架测试（如电机台架、动力系统台架、整车台架等），以及最终的车辆在环测试。

支持不同领域的应用，如针对动力域、底盘域、智驾域电控系统的 MIL/SIL/HIL/VIL 测试；驾驶模拟器仿真测试，为驾驶模拟器提供高精度的车辆动力学模型；车辆部件的开发和测试，为半实物台架提供虚拟道路仿真环境；车辆零部件选型分析与测试，动力、转向、制动、悬架系统的匹配调试；车辆理论性能分析，如动力性、经济性、制动性、操稳性和平顺性分析。

ModelBase 车辆模型整体采用了多体动力学建模方法，搭配动力传动系统模型、转向系统模型、制动系统模型、轮胎模型，能复现实际道路中运行的各种状态变化，可为算法开发、车辆理论研究提供重要的仿真依据。

4. OrienLink 系列产品（图 12-112）

OrienLink 是经纬恒润推出的基于云原生和 AI 前沿技术的智能驾驶数据闭环工具。旨在从数据生产端到模型和功能开发端，再到测试端加速智能驾驶的开发和迭代。智能驾驶工具链经历三个重大的发展阶段。在最初的硬件驱动阶段，因车载技术和云端限制导致数据不闭环。在随后的软件驱动阶段，云原生平台解决了数据不闭环的难题。当下正处于数据驱动阶段，面向 L2+ 级别的智能驾驶和 PB 级别的待处理数据，数据闭环急需高效的数据生产能力和深入的 AI 分析能力。与供应商共建的车云一体化工具链，将成为 OEM 快速迭代智能驾驶系统的核心竞争力和宝贵资产。这一工具链实现了高度自动化，能够支持海量数据的生成、存储和强大计算力的高效调度。面对大规模数据集的挑战、闭环评估的迫切需求，以及自动驾驶算法在复杂环境下执行效果难以评估的现状，经纬恒润凭借在智能驾驶和车辆领域的深厚积累及对行业法规的透彻理解，精心打造 OrienLink 智能驾驶数据闭环云平台。

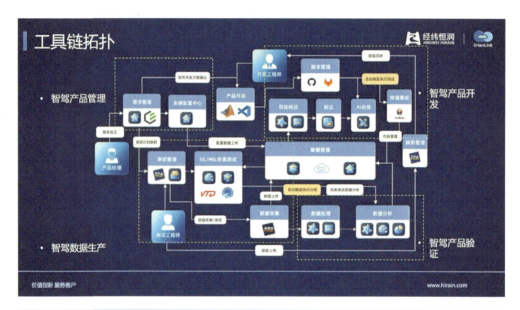

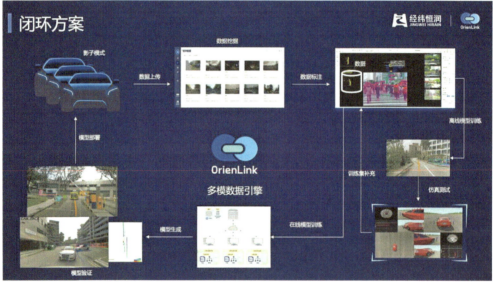

图 12-112　经纬恒润 OrienLink 产品框架及应用

应 用 篇

　　汽车研发软件是中国汽车行业整车和零部件企业的核心研发支撑。本篇开篇的汽车研发软件的使用现状是编者走访了数家整车和零部件企业的调研结果，能够侧面反映汽车研发软件在企业研发中遇到的问题。国产汽车研发软件近年来逐渐得到成长，也逐渐得到汽车行业的关注和认可，本篇着重介绍国产汽车研发软件在汽车行业的落地概况。产教融合是加速汽车研发软件产业发展的重要途径，本篇介绍了国内汽车研发软件的产教融合情况。

第 13 章
汽车研发软件的使用现状

当前，在中国汽车行业，国外商业软件依然占据主导地位，是中国车企和零部件企业在产品研发中的核心工具。尽管近十年来国产 CAD 和 CAE 软件取得了显著进步，但仍未能打破国外商业软件的垄断地位。这种局面主要由多重因素导致：使用习惯上偏好国外软件，高校教育普遍采用国外软件并积累了大量相应格式的数据和模型，转换成本高昂；国产软件在功能、成熟度、计算精度和求解效率方面与国外商业软件存在明显差距，尽管免费提供，却难以吸引汽车行业主动采用。

近年来，中国工业面临"缺芯少魂"的严峻挑战，但国内使用国外商业软件的现状依然难以改变。汽车和零部件企业每年需承担高昂的许可费用，业内甚至有"研发费用轻轻松松上一个亿"的说法，其中购买软件的费用甚至超过了研发团队的人力成本。

然而，国外商业软件在国内汽车行业的应用也并非尽善尽美，无法完全满足所有设计仿真工作的需求。通过走访国内多家车企和零部件企业，并对主流国外商业软件在实际应用中出现的问题进行调研，可以发现其并非无懈可击。

13.1 LS-DYNA

1. 应用领域
显示动力学计算的软件。

2. 出现问题
1）不同核机器结果差异较大：同一个任务用一台 28 核机器和 2 台 28 核的机器同时计算的精度差异较大，两台计算精度明显优于一台计算精度。一台 28 核机器计算需要 1 小时，2 台 28 核的机器计算需要 40 分钟。

2）算法可能需要优化：当模型规模突破千万兆字节时，显示上会遇到大变形，会出现计算中止、执行异常问题。

3. 优化方向
提高软件计算效率及计算稳定性。

13.2　HyperMesh/HyperView

1. 应用领域

主要用于有限元前、后处理的网格处理及后处理结果读取。

2. 出现问题

1）对于大规模模型处理较为卡滞。

2）对碰撞领域而言，模型搭建、组织、检查较为不便。

3. 优化方向

1）期望前后处理软件能够适配企业开发流程，提高工程师工作效率。

2）期望后处理方面紧跟各评价规程的升级，快速迭代评估模块。

13.3　Oasys

1. 应用领域

主要用于碰撞模型搭建及后处理结果读取。

2. 出现问题

1）后处理便利性和渲染效果不如 HyperWorks 及 BETA。

2）动画效率低，2D 风格曲面不够美观，吃内存，缓存很慢，动画很慢。

3. 优化方向

1）期望前后处理软件能够适配企业开发流程，提高工程师工作效率。

2）期望后处理方面紧跟各评价规程的升级，快速迭代评估模块。

13.4　MeshWorks

1. 应用领域

主要用于前后处理、网格变形处理。

2. 出现问题

1）软件上手难度较高。

2）行业应用较少，需要配合 Oasys 等其他软件对碰撞模型进行检查。

3. 优化方向

1）期望前后处理软件能够适配企业开发流程，提高工程师工作效率。

2）期望后处理方面紧跟各评价规程的升级，快速迭代评估模块。

13.5 ANSA

1. 应用领域

主要用于有限元模型前处理以及优化 Morpghing。

2. 出现问题

学习资料较少，二次定制化开发有难度。

3. 优化方向

1）期望前后处理软件能够适配企业开发流程，提高工程师工作效率。

2）期望后处理方面紧跟各评价规程的升级，快速迭代评估模块。

13.6 nCode

1. 应用领域

主要用于疲劳分析。

2. 出现问题

1）后处理便利性和渲染效果不如 HyperWorks。

2）流程缺乏自动化，如果前处理加约束、加载荷、加台架，变成流程模板，可以大幅提升效率，可由原来的一天缩短至半小时。

3. 优化方向

1）期望前后处理软件能够适配企业开发流程，提高工程师工作效率。

2）希望计算操作可以再简化：现在是先计算再导入两步，如果两步合并，将大大提高效率。

13.7 Primer/Oasys

1. 应用领域

主要用于碰撞模型搭建。

2. 出现问题

前后处理便利性和渲染效果不如 HyperView。

3. 优化方向

1）期望前后处理软件能够适配企业开发流程，提高工程师工作效率。

2）期望后处理方面紧跟各评价规程的升级，快速迭代评估模块。

13.8　AutoForm

1. 应用领域

主要用于钣金冲压成形性分析。

2. 出现问题

1）便利性、选择性、操作精度不够。

2）计算速度很慢。

3）计算精度尤其是回弹预测及面品质量预测存在精度偏差。精度差结论是用分析结果数据的精度与样车中的实际样件的精度做对比后得出的。

3. 优化方向

期望提高软件计算效率及准确度。

13.9　Virtual-Seat Solution

1. 应用领域

主要用于座椅舒适性分析。

2. 出现问题

1）操作不人性化。

2）虚拟假人单一。

3）假人关节可运动量小，例如，为虚拟假人加姿势，计算脊柱倾角、髋关节高度等，都支持得不好。

3. 优化方向

1）期望操作更加人性化。

2）希望假人跟现实更贴合。

13.10　ABAQUS

1. 应用领域

主要用于非线性强度分析。

2. 出现问题

隐式分析收敛性较差，显式分析不如 DYNA 好用，经常不收敛。例如，假设车头、车尾均分布非线性节点，因为刚性连接，经常导致非线性分析不收敛。

3. 优化方向

期望提高收敛性，增加接触对。

13.11 Nastran

1. 应用领域

主要用于线性刚度分析。

2. 出现问题

非线性分析较差。

3. 优化方向

期望集成高精度、便利的非线性分析。

13.12 FloEFD

1. 应用领域

主要用于车灯热分析和冷凝分析。

2. 出现问题

1）蒙特卡罗模型收敛性较差，且计算时间较长。

2）光热耦合分析时，光辐射转热学分析要手动导出数据和处理数据，效率低。

3）太阳聚焦分析因工况太多，需要的时间太长、内存较大，以目前单机算力，需要 1500 小时。

4）冷凝仿真计算较慢，以目前算力需 3000 小时。

3. 优化方向

1）期望解决蒙特卡罗模型收敛性问题，提高计算速度。

2）期望解决光热耦合数据导出导入问题。

3）期望解决多工况假设分析时的计算速度慢问题。

4）期望提高冷凝计算速度。

13.13 ADAMS

1. 应用领域

主要用于多体动力学分析。

2. 出现问题

大模型计算效率较低：如滑移门分析（含部分车身，100~200 个网格），效率很低，需 200 小时。

3. 优化方向

1）期望软件能够适配企业开发流程，提高工程师工作效率。

2）期望软件紧跟各评价规程的升级，快速迭代评估模块。

13.14 STAR-CCM+

1. 应用领域

主要用于整车风阻优化、发动机舱热流场分析、除霜除雾风道流场分析等。

2. 出现问题

1）包面功能使用便捷性低、入手困难，且对于发动机舱等复杂总成的包面效果较差，包面处理过程中，会对结构中的间隙、孔进行封堵和统一拾取，但在完成结构包面后，部分面也会存在锯齿或尖角，进而导致后期计算不收敛。

2）生成多面体网格耗时较长。生成多面体网格（内流场），即使用了多核（同等 48 核，用一个小时），也很慢，但是切割体就很快（48 核就用 1 分钟），与网格生成算法有关。

3）对于尺度极小的网格，容易导致计算不收敛，且通过网格质量筛查不容易检查出来；Poli 尺度极小的网格，网格质量检查不出来。共性问题：尺度比较小的时候，导致计算不收敛，计算结果发散。

4）热辐射计算精度和专业的热辐射软件（TAITherm、THESEUS-FE）存在差距；长城公司用 Star 只做流场，不用来做热辐射，计算需求不大。Flex 没有前处理网格。

5）针对多相流的模拟在操作便利性、模拟精度和效率方面与基于粒子法的软件存在差距，SPH 基于粒子法，涉及水、刮水器等的处理，在 Star 中计算很麻烦，不擅长解决一些多项目多场耦合的问题。

6）多场耦合模拟存在短板。

3. 优化方向

1）可以融合前处理软件的功能（如 HyperMesh 前处理功能）。

2）增加针对不同类型场景的模型适用性评估或选择功能或模板。

13.15 GT-SUITE

1. 应用领域

常用于日常热管理系统策划匹配，用以支撑系统构型设计及散热器、水泵等热管理零部件选型。

2. 出现问题

1）仿真计算对于系统参数需求大，多数参数无法直接获得，参数测试成本高。

2）材料库内系统自带材料无法完全满足整车的开发需求，需要对材料属性进行二次定义，材料属性测试成本高；模型库不全，石棉的隔热材料库里没有定义。

3. 优化方向

完善软件库文件，使模型库内包含常用的零部件及材料，以便建模时可直接调用，无须二次定义。

13.16 AMESIM

1. 应用领域

主要用于燃料电池系统匹配。

2. 出现问题

1）模型元器件可读性差，输出、输出接口多，且不可选择。

2）模型完全搭好之后才能输入参数，软件易用性不好，不符合用户使用习惯。

3）模型无法进行模块化处理，搭建的整车模型复杂，通用性差。

4）只能进行简单静态仿真，动态仿真需要与 Matlab 联合。仿真模型复杂，计算机运行慢。不能关联一些控制的东西。

3. 优化方向

期望可读性好些，模块化程度更高通用性更好，更易操作。

13.17 CRUISE

1. 应用领域

主要用于经济性仿真和优化。

2. 出现问题

1）汽车换档策略中，换档点需要自行计算和调整，换档策略无法自寻优，需进行多轮迭代计算，亟需自动优化以提升换档策略的设计和验证效率。在前期产品策划阶段，通过动力传动系统仿真工具，可以对整车的动力性（如最大爬坡度、最高车速、加速时间）和经济性（如油耗、电耗）进行理论分析和性能预测。通过优化换档策略，能够在满足动力性需求的同时，显著提升经济性表现，从而实现理论上的油耗和电耗目标，并为 CMF 指标提供数据支撑。

2）经济性仿真中电机系统工况点不直观。结果只展示曲线图、高效区、低效区，不直观，没有做结果处理。

3. 优化方向

根据客户需求实现定制类任务开发，使其使用更方便快捷。

13.18 HyperWorks

1. 应用领域

主要用于结构强度、侧翻前处理分析。

2. 出现问题

1）优化过程中，调整模型费时费力。整车网格建立、结构的改变等均会断开所有连接，破坏掉过去的网格，比较麻烦，现在国外的商业软件已经尝试用 AI 的方式提高效率。

2）后处理环节，解读分析结果时需要反复点击单个命令，数据提取不便，操作较为烦琐，同时后处理所需的功能较多，建议提供录制宏操作，并增加接口和开发语言，如使用 Python 语言进行二次开发。

3. 优化方向

1）优化模型场景下，系统化命令以加快处理速度。

2）结合客户使用场景，采取更贴近客户的智能化操作。

13.19　CATIA

1. 应用领域

主要用于产品开发设计。

2. 出现问题

1）3D 设计工具无法满足客车订单处理效率要求。

2）在海量数据中，难以快速找到可重复使用的数据。

3）软件上手难，学习成本高。

3. 优化方向

1）不增加硬件需求的基础上，通过优化程序，提升程序性能。

2）结合大模型和 AI，开展半自动化设计，提升数据重用能力，减轻设计人员劳动量和软件学习难度。

13.20　ANSYS Maxwell

1. 应用领域

主要用于电机磁场分析。

2. 出现问题

1）计算速度慢。

2）效率计算与实测有差异，计算效率 Map 时无法自动提供经验系数修正结果，也无输入经验系数的窗口。

3. 优化方向

期望计算效率 Map 时，提供损耗修正系数的输入窗口。

CHAPTER 14

第 14 章
国产汽车研发软件应用案例

汽车研发软件在近年不断积累了成功案例，本书收录了部分汽车研发软件企业的落地案例，以展示中国汽车研发软件企业的产品落地能力。

14.1 南京天洑软件有限公司

14.1.1 案例 1：某新能源汽车外气动风阻仿真

1. 软件产品
智能热流体仿真软件 AICFD。

2. 客户需求或存在痛点
降低汽车阻力、增加续航能力、减少风噪、提高舒适性，这是车企共同的需求。在汽车外形定型前，车企需要通过风洞试验来确定汽车的阻力等指标，但风洞试验成本较高。

3. 案例介绍
利用 AICFD 的湍流模型对不同的新能源车车型进行外气动风阻分析。

4. 差异性亮点
1）独有的 AI 智能加速、数据复用初始化、预处理网格优化等技术，计算效率优于国外商业软件 10% 以上。

2）提供经过大量实验数据校准、专为中国车企外气动优化的湍流模型，计算风阻结果与实验值偏差在 5 count 以内，优于国外商业软件结果。

5. 核心价值
1）湍流模型经过大量实验数据校准和优化，仿真计算置信度高。

2）利用 AICFD 高精度仿真数据，助力认证机构建立数字风洞，快速评估车型设计，减少传统风洞试验，降低试错成本（图 14-1）。

14.1.2 案例 2：光谱仪热循环变形分析

1. 软件产品
智能结构仿真软件 AIFEM。

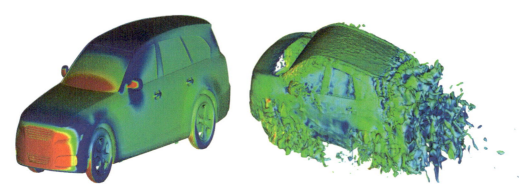

图 14-1　AICFD 仿真

2. 客户需求或存在痛点

光谱相机属于高精密成像与分析设备，光谱数据由探测器捕捉转换成电信号，通过模数转换器转换成数字信号，每个像素点都表示了特定的波长光的能量强度。结构轻微的变形都会影响光路变化，导致设备检测的结果出现较大偏差。

该设备在极端的高温工作环境下，出现了结构塑性变形的现象，由于存在外界温度变化、材料零部件多等情况，因此设计师无法定位出现问题的位置。

3. 案例介绍

基于 AIFEM 多物理场耦合算法，模拟光谱相机在重力和热循环载荷的双重作用下结构发生的变形情况，考察结构的相对薄弱位置。

4. 差异性亮点

1）支持多零件装配、多物理场耦合的复杂场景：支持通过焊接、螺栓、接触等方式模拟多零件之间力的传递，可以同一界面下模拟结构力学、热力学的性能。

2）完整的非线性仿真功能：在耦合分析过程中，可以考虑由热导致的结构非线性变形。

5. 核心价值

1）精确复现真实的力学环境（图 14-2），仿真结果与试验结果偏差在 1.2%，快速定位设计问题和原因，达到了仿真指导设计的目的和效果。

2）固化仿真方法，可以减少试验次数，降低成本。

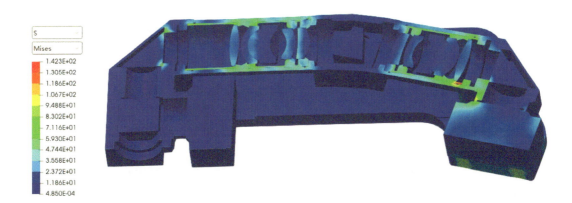

图 14-2　复现真实的力学环境

14.1.3　案例 3：某乘用车电机优化设计

1. 软件产品

智能优化软件 AIPOD。

2. 客户需求或存在痛点

传统的电机设计方法深受软件功能和工程师经验限制，当前只能通过工程师手动调整模型进行优化改进，无法快速准确地得到满足要求的设计方案。

3. 案例介绍

将电机设计工程师常用的电磁仿真软件与 AIPOD 相结合（图 14-3），对设计优化空间进行充分的探索，高效快速响应设计需求。

4. 核心价值

1）把电机优化由"人力密集型"转化为"计算资源密集型"，提高计算效率，拓宽数据覆盖面。

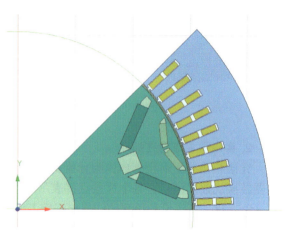

图 14-3　将电机设计工程师常用的电磁仿真软件与 AIPOD 相结合

2）由 7 天手动调优数十组方案，转变为 3 天内使用 AIPOD 自动寻优 2000 组方案，最大转矩提升 13.4%。

14.2　北京世冠金洋科技发展有限公司

14.2.1　案例 1：某飞机起落架数字孪生虚实融合平台

1. 软件产品

GCAir。

2. 客户需求或存在痛点

建立飞机起落架数字孪生应用体系框架，打通飞机起落架数字孪生关键技术节点和流程，辅助系统工程相关研究工作。

3. 案例介绍

基于 GCAir 系统仿真测试验证一体化平台构建了某飞机起落架数字孪生虚实融合平台（图 14-4），开展了数字孪生虚实一体化试验。该案例展示了起落架数字孪生体在系统快速迭代设计方面的应用，并对航空装备起落架数字孪生可示范、可推广的应用场景进行了探索。

4. 核心价值

打通了飞机起落架数字孪生虚实一体化关键技术节点和流程，并利用 GCKontrol 系统设计与仿真软件建立了飞机起落架数字孪生模型库，演示了数字孪生在飞机起落架设计优化、性能与寿命预测（如制动距离估算）方面的应用。

图 14-4　某飞机起落架数字孪生虚实融合平台 GCAir

14.2.2　案例 2：无人机适航试验综合管理系统

1. 软件产品

GCAir 和 GCKontrol。

2. 客户需求或存在痛点

针对无人机飞行控制与管理系统是否满足适航条款进行测试验证。

3. 案例介绍

基于世冠科技的 GCAir 系统仿真测试验证一体化平台、GCKontrol 系统设计与仿真软件和 TestManager 自动化测试平台构成了一套全面的工具链（图 14-5），用于建立无人机的数字孪生体系。该体系包含了半实物仿真（加速度／角速度转台、大气模拟器、星导航模拟器、地面站、飞控制计算机等）、实时仿真、三维视景等元素，为无人机飞行控制与管理系统适航性测试验证提供了一套完整的试验综合管理系统，极大提高了无人机适航的测试效率。

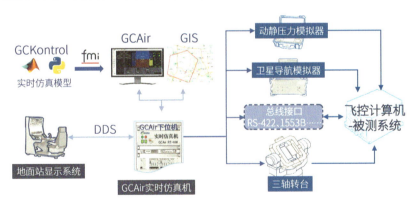

图 14-5　全面的工具链

14.2.3　案例 3：飞发一体化综合仿真

1. 软件产品

GCAir 和 GCKontrol。

2. 客户需求或存在痛点

某发动机总体单位建立全线评估发动机性能、噪声、排放和安全性的能力，构建一个较为接近实际运行场景的飞机／发动机一体化综合仿真系统，为动力装置的研制需求分析与定义以及动力装置及其系统研制的飞机级确认活动提供平台和依据，为深入研究发动机与整机动力学及控制之间的集成优化问题提供基础设施条件。

3. 案例介绍

世冠科技基于 GCAir 系统仿真测试验证一体化平台构建了一个较为接近实际运行场景的飞机 / 发动机一体化综合仿真系统（图 14-6），并提供了 A320 及 B787 的飞机模板模型、飞行员模型、飞机计划等。基于构建的飞机 / 发动机一体化综合仿真系统，可开展经济性 / 排放 / 噪声仿真分析、整机功率要求和引气要求影响分析、起飞距离 / 爬升率 / 制动距离等仿真分析、故障情况下响应情况分析等并提供 3D 视景显示，最终实现了飞发一体化综合仿真系统的数字孪生和综合虚拟验证。

图 14-6　发机 / 发动机一体化综合仿真系统

14.3　浙江天行健智能科技有限公司

14.3.1　案例 1：PanoSim 仿真工具链驾驶模拟器集成

1. 软件产品

PanoSim。

2. 客户需求或存在痛点

攻克多屏幕融合、畸变处理，以及动态眼点跟踪等关键技术，实现 PanoSim-CarSim 联合仿真、PanoSim- 驾驶模拟器集成、定制场景导入与创建、控制器在环仿真以及点云输出级毫米波雷达建模。

3. 案例介绍

基于国家智能网联汽车创新中心建设的全球顶级动态驾驶模拟器，集成 PanoSim 场景仿真，与 ConCurrent 实时机集成调试，打造驾驶模拟器在环（图 14-7）、多路传感器在环以及 ADAS 控制器在环仿真测试系统，重现"人 – 车 – 环境"在实际驾驶环境中的交互作用。未来，PanoSim 将持续赋能 CICV 整车虚拟与人机交互实验室聚焦于主机厂智能驾驶、智能座舱交互、底盘性能开发、模拟器定制化等前瞻技术研究与工程服务。

图 14-7　PanoSim 驾驶模拟器在环

14.3.2　案例 2：自动驾驶信息安全仿真系统

1. 软件产品

PanoSim。

2. 客户需求或存在痛点

基于自动驾驶信息安全仿真系统构建智能网联汽车软硬件基础设施，监测全生命周期数据流通路径，突破汽车安全测试场景生成、自动驾驶多模态融合测试、整车多层级在线安全测试、智能化漏洞挖掘等关键技术。

3.案例介绍

自动驾驶信息安全仿真系统（图14-8）由智能网联汽车驾驶模拟器、数字化信息显示系统、联网智能网联设备和网络仿真系统组成，基于对抗攻击思想，以"路面补丁"为载体，对基于深度学习的LCC系统进行误导测试，观察其是否会产生异常的横向偏移行为。打造整车在环的软硬一体自动驾驶信息安全仿真系统，支持基于虚拟仿真技术的车安全创新实践研究。未来，PanoSim将继续为自动驾驶信息安全和数据安全的科学研究和技术开发提供技术支持和产品支持，赋能智能网联汽车产业持续发展。

图14-8　自动驾驶信息安全仿真系统

14.3.3　案例3：基于虚拟仿真技术的自动泊车系统研发

1.软件产品

PanoSim。

2.客户需求或存在痛点

解决停车场取还车复杂、用户体验差，车辆调度消耗大量成本及运维资源，以及停车场停车位资源使用不合理等业界难题。

3.案例介绍

基于虚拟仿真技术的自动泊车系统（图14-9）由激光雷达、环视鱼眼相机、周视相机、前视相机以及后视相机多传感器在环仿真系统、定制化全景环视系统标定场地以及环视精度验证场地构成；支持多传感器分布式开发及数据融合，支持模拟停车位、交通目标、路面标识以及交通标识；支持AVP开发及测试。未来，PanoSim将继续为高精度传感器模型开发、多传感器数据融合及高效AVP开发测试提供软硬一体化仿真测试系统支持和技术支持，为我国汽车产业发展贡献力量。

图 14-9　基于虚拟仿真技术的自动泊车系统

14.4　上海新迪数字技术有限公司

14.4.1　案例 1：国内某新能源车企产品研发设计

1. 软件产品

新迪 3D CAD。

2. 客户需求或存在痛点

客户研发团队规模庞大，长期使用多种国外设计软件，存在依赖和信息安全隐患；产品高度系列化，存在大量异构 CAD 历史数据，零部件管理和重用不易；跨地域、跨部门、跨专业的项目协同、沟通、分享不畅。

3. 案例介绍

应用新迪三维 CAD 软件，满足设计人员的建模、装配、校验、出图的日常工作需求；应用直接建模技术对异构 3D 数据直接编辑修改，确保历史数据最大程度重用；规范设计流程、统一模板，固化设计标准和工程师的操作习惯。

4. 核心价值

满足设计人员的建模、装配、校验、出图的日常工作需求；应用直接建模技术对异构三维数据直接编辑修改，确保了历史数据最大程度重用；规范设计流程，推广国家设计标准，培养工程师基于国家标准的操作习惯。

14.4.2　案例 2：某集团研究院云创平台

1. 软件产品

新迪 3D CAD。

2. 客户需求或存在痛点

客户的平台缺少 CAD 建模能力，难以满足完整的产品设计需求和任务。设计师的任务交付物会先存在于个人电脑，再导入至平台中，设计数据存在极大的泄密风险；跨地域、跨部门的任务协作、沟通、分享不畅。

3. 案例介绍

客户的平台集成新迪天工云 CAD 软件，满足设计人员的建模、装配、校验、出图的日常产品设计需求；设计数据不落地，云端存储，安全可控不泄密；基于轻量化模型的共同批注、评论和分享功能，满足多场景的协同设计需求。

4. 核心价值

集成了国产强大的三维 CAD 建模能力，提高了平台的核心竞争力；保证了企业的核心数据资产安全，任务分发更放心；任务完成时间平均缩短 25%，提高了效率，加快了任务分发频率。

14.4.3　案例 3：东方电气产品研发设计及协同云平台搭建

1. 软件产品

新迪 3D CAD。

2. 客户需求或存在痛点

国家政策引导，国产化方案替代需求；产品复杂，有大量的复杂曲面造型及大装配；追求数字化转型，构建企业数字化平台；复杂的供应链和外包设计团队协同；提升质量、降低成本以提高盈利能力；参数化设计定制开发及行业专属应用开发。

3. 案例介绍

应用新迪三维 CAD 软件，规范设计环境，统一输出三维模型、二维工程图和 EBOM；直接建模，支持历史异构 CAD 模型并行使用；结合标准件、通用件库的建设，以及设计协同云平台的应用，实现企业内外部异构数据的协同管理和云分享。

4. 核心价值

使用方案后，全集团设计环境规范统一，三维模型、二维工程图和 EBOM 格式标准统一；通过直接建模，支持历史异构 CAD 模型并行使用；建成标准件和通用件库，开发设计协同云平台，实现企业内外部异构数据的协同管理和云分享。

14.5　苏州同元软控信息技术有限公司

14.5.1　案例 1：车辆转向系统建模和集成验证

1. 软件产品

MWORKS.Sysplorer。

2. 客户需求或存在痛点

车辆转向系统是用来控制车辆行驶方向的机构，对车辆动力学影响性能较大。大多数商业软件中的转向系统是以转角作为输入控制，无法以转矩进行控制，这一特点无法满足智能驾驶等研发需求。因此需要可信的系统建模仿真工具满足智能驾驶需求，构建高置信度的转向系统模型，目前存在以下挑战。

1）转向控制系统需经过完整的安全保障、外部环境条件、边界极限、事故重现和故障注入等验证，同时在实际测试中极端和异常测试较难开展。

2）现有商业软件的模型原理大部分为黑盒，难以保障及评价新构建模型与行业主流商业软件之间的置信度。

3. 案例介绍

（1）转向与底盘系统模型（图 14-10）

根据乘用车转向系统结构，建立车辆转向与底盘系统的物理仿真模型和控制策略模型，包含汽车转向盘模型、转向节模型、悬架等模型，满足车辆动力学性能分析需求。

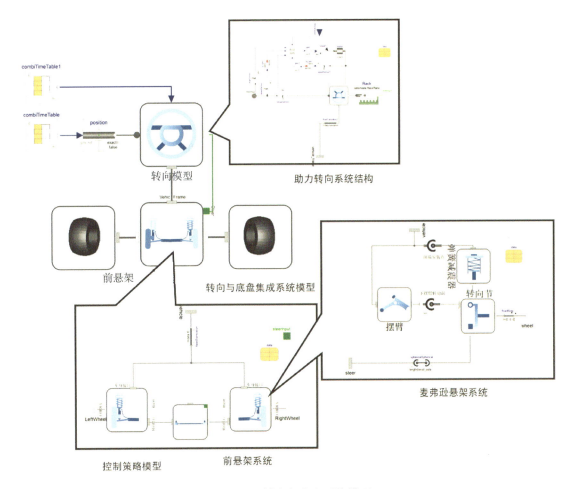

图 14-10　转向与底盘系统模型

（2）转向系统半物理仿真（图 14-11）

基于汽车行业常用的 CAN 通信协议作为通信协议，结合 CAN 收发器、CAN 控制器等实现基于 NI PXIe-8115 的转向系统 HIL 测试模型。

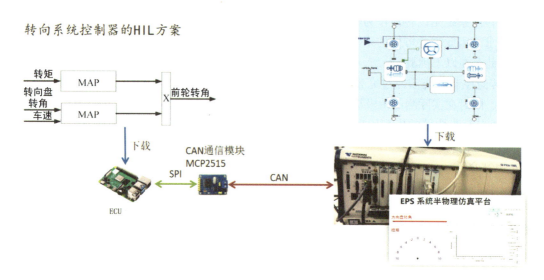

图 14-11　转向系统半物理仿真

（3）代码生成（图 14-12）

仿真平台支持将物理模型生成 C 代码，通过将代码下载至实时机，开展半物理仿真应用，如实时机中被控对象实时模型可通过任意设定参数来模拟汽车质量、坡度、路面摩擦系数和驱动力及其时间随机组合的场景，并通过 CAN 通信将当前场景下的实时数据发送给控制器。

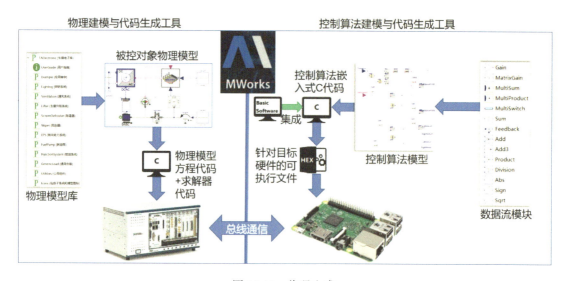

图 14-12　代码生成

4. 核心价值

1）提供了车辆转向系统组件建模与系统集成工具，支持构建高置信度的工程模型，为客户某型车转向系统研制提供支撑，提升了开发效率，缩短了验证周期。

2）建立了一套自主、可重用的整车动力学模型体系，实现知识经验的积累。

3）通过物理模型"实时 C 代码生成"，生成代码可运行在多种实时机和多种操作系统中，满足转向系统非实时/实时的仿真需求。

14.5.2　案例 2：乘用车动力性和燃油经济性分析

1. 软件产品

MWORKS.Sysplorer。

2. 客户需求或存在痛点

在整车性能研发流程中，车辆动力性能和经济性能占有重要地位，如何平衡车辆的动力性能和经济性能成为各大厂商的关注点。目前，整车的动力性与经济性仿真主要是基于成熟的商用软件进行分析，结合整车研发流程、车型架构及系统产品的快速迭代更新，存在以下挑战。

1）模型底层代码封闭，不便于判断模型与真实产品间的切合度。

2）高度封装的模型，用户不能根据自身需求修改模型原理，也无法增加或修改模型。

3）企业模型资产被商业软件高度捆绑。

4）软件购买与升级费用昂贵。

3. 案例介绍

本案例主要针对整车系统进行模型构建，整车系统主要涉及车身系统、制动系统、驱动系统、电池、电机等。采用 Modelica 语言以面向对象的建模方式保障所构建的模型具备良好的扩展性和重用性。

通过试验数据对系统模型进行校验和优化，得到一套高精度、高效率的仿真系统模型，根据预研车型结构进行集成测试，与实测数据对比有较高的吻合度（图 14-13），满足动力性经济性仿真需求，并保证整车及零部件性能分析开发精度，即预研阶段整车性能分析结果平均精度大于 90%，样车阶段整车性能分析结果平均精度大于 95%。

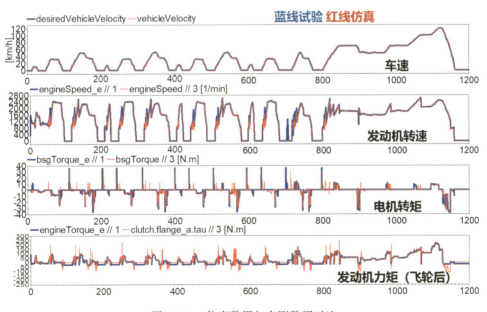

图 14-13　仿真数据与实测数据对比

4. 核心价值

1）车辆模型框架与实车实现 1：1 建模，以图形化、层次化、可视化的方式将整车模型与实车进行关联。

2）构建了一套高扩展性、高重用性、高精度的整车模型，有效支撑客户整车动力性能和经济性能仿真业务。

3）国际开放的建模语言支持独立于仿真平台的自主模型开发，避免企业自主模型资产被建模工具绑定问题。

4）充分利用试验数据对系统模型进行校验和优化，形成持续更新的整车模型库和数据库。

14.5.3 案例3：MWORKS 虚拟驾驶舱在 ADAS 测试的应用

1. 软件产品

MWORKS.Sysplorer。

2. 客户需求或存在痛点

随着高级驾驶辅助系统（Advanced Driving Assistance System，ADAS）技术的兴起，ADAS 控制算法不断升级，并且越来越聚焦于随机小概率出现的极端情况。针对车辆高速追尾、极端道路条件等情况，传统的车辆测试方式已经不能满足更新迭代的 ADAS 虚拟仿真需求。

3. 案例介绍

（1）驾驶员在环模拟驾驶舱解决方案

用户可根据 ADAS 功能验证要求，利用 MWORKS.Sysplorer 外部代码调用工具构建硬件设备与开源仿真平台 Carla 之间的接口，组成驾驶员虚拟驾驶平台（图 14-14）。平台通过驱动模块获取驾驶员操作来实时控制仿真车辆运行，通过输出图像及车辆姿态为驾驶员提供视觉及体感反馈。

用户可在多种 ADAS 测试模板下自定义生成测试用例并运行仿真测试，解决多场景 ADAS 测试环境复杂难以复现的问题。

a)   b)

图 14-14　MWORKS.Sysplorer 驾驶员虚拟平台示意图

（2）支持 ADAS 测试场景开发

针对 ADAS 算法的设计运行域，MWORKS 虚拟驾驶平台充分考虑了道路环境、车辆与行人的空间位置关系、传感器感知限制以及车辆状态等方面的影响（图 14-15），进行详细而系统的测试场景设计，确保仿真测试的场景覆盖度。相对于实车试验需要花费昂贵的测试成本，MWORKS 虚拟驾驶平台通过调用程序接口自动生成测试场景，使测试效率有极大的提升。

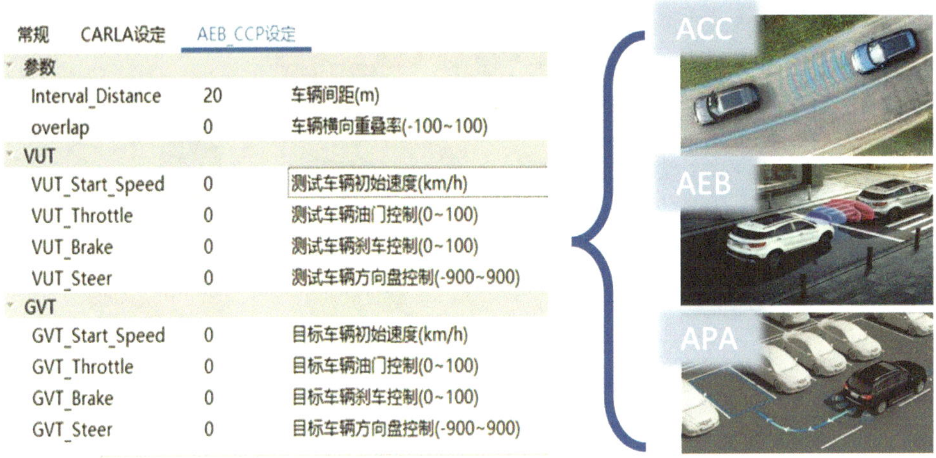

图 14-15　ADAS 测试场景参数设置示意图

4. 核心价值

1）支持从 MIL 到 SIL 再到 HIL 的全周期开发流程，为 ADAS 功能验证提供了良好的研究基础和试验平台，相比于实车测试，基于虚拟驾驶座舱的测试效率提升了 40% 以上。

2）为汽车零部件研发积累了高质量数字模型资产，所构建的数字模型直接作为汽车部件设计改型的输入，模型开发集成测试复用率达到 80% 以上。

14.5.4　案例 4：重型商用车集成开发先进平台及应用

1. 软件产品

MWORKS.Sysplorer。

2. 客户需求或存在痛点

在重型商用车研发流程中，需要关注重型汽车多方面的性能，如车辆动力性、燃油经济性、操稳性、平顺性、制动等性能。目前整车的性能分析主要依赖于现有的商业软件，使用现有商业软件存在以下问题：

1）多个学科多款商业软件，不同软件之间联合仿真存在壁垒。

2）企业模型资产被商业软件高度捆绑。

3）不同商业软件间模型无法直接复用，存在大量重复性工作。

3. 案例介绍

（1）多领域重型商用车模型库

本案例采用 Modelica 语言，构建了一套重型商用车模型库（图 14-16），包含驾驶员、道路、制动系统、转向系统、传动 / 驱动系统、悬架系统、车身系统等模型。Modelica 以面向对象的建模方式，保障了所构建的模型具备良好的扩展性和重用性，实现模型从元件模型，到子系统模型再集成整车模型。

（2）制动系统台架虚拟验证（图 14-17）

基于制动系统结构和气动领域模型库，集成制动缸、制动卡钳、真空助力器等模型，通过将制动系统模型下载至半实物仿真机中与控制策略进行测试验证，实现控制策略的优化。

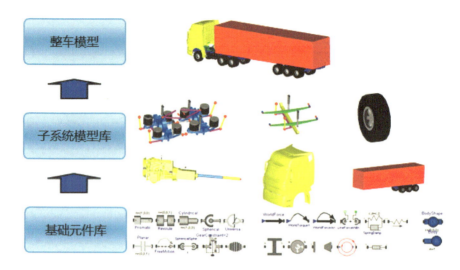

图 14-16　重型商用车模型库

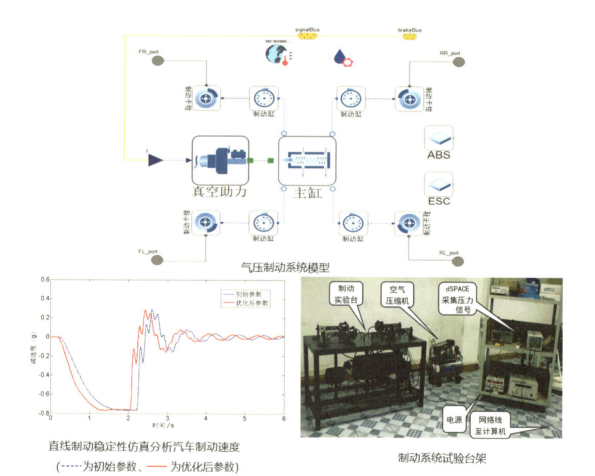

图 14-17　制动系统台架虚拟验证

（3）虚拟试车场

依托于 MWORKS 平台，建立了虚拟试车场道路谱模型（图 14-18），模拟典型道路模型，包括平路面、坑洼路面、三角凸块路面、各种等级路面等。基于该虚拟试车场环境，配合虚拟样车整车模型，工程师能够快速模拟在实际试车场的各种仿真工况，为进行整车疲劳耐久性分析提供虚拟实验环境。

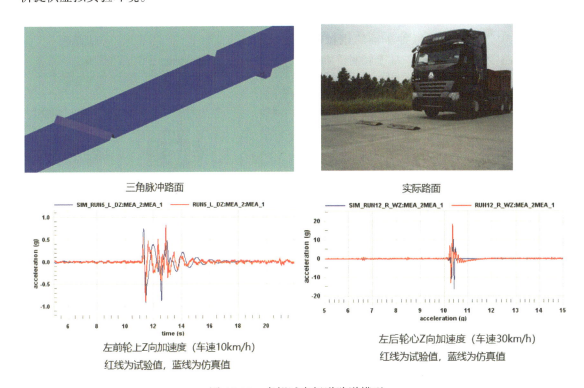

图 14-18　虚拟试车场道路谱模型

4. 核心价值

1）利用 MWORKS 平台、采用 Modelica 语言建立多领域统一建模专业仿真分析平台 CNHTC-Truck，突破重型汽车研发知识积累被商业软件捆绑的困境，形成具有自主知识产权的重型汽车底盘开发设计能力。

2）构建了一套多领域重型商用车模型库，实现机、电、液、热、控等多个领域模型统一表达，解决了"多学科多软件"和"多软件之间无法联合仿真"的问题。

14.5.5　案例 5：某特种车辆多学科协调仿真验证

1. 软件产品

MWORKS.Sysplorer。

2. 客户需求或存在痛点

某型号特种车辆仿真系统由多领域专业组成，包括机械、液压和控制三大系统，各系统间存在极强耦合关系，存在一定挑战：

1）局部学科仿真验证相对成熟，但总体发展水平不均衡，部分专业仿真能力存在短板。

2）专业协同设计与仿真流程未固化，协同仿真平台未规范，总体分系统协同、总体分系统与专业之间协同、总体多专业之间协同在大回路闭环仿真验证方面尚存在较大短板。

3. 案例介绍

本案例采用多领域统一建模语言 Modelica 构建了包含特种车辆通用机械、液压与控制模型库。基于该模型库，采用拖拽建模的方式分别搭建了特种车辆的机械、液压、控制及全系统模型。基于特种车辆全系统模型（图 14-19）进行了起竖和调平两种典型工况分析，实现了对起竖受力和调平角度等关键指标验证，为新的型号的设计开发提供理论依据和参考。

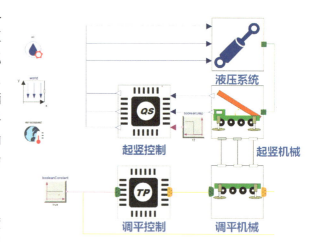

图 14-19　特种车辆全系统模型

（1）典型起竖过程仿真验证

针对特种车辆在起竖过程中起竖角度或受力情况与液压系统之间关系，开展了车辆起竖工况仿真分析（图 14-20），对起竖过程中多级缸各级位移、角度变化和起竖缸受力之间的关系进行仿真验证，与实际工程实验数据进行对比分析，误差可达 0.8%，有效支撑了车辆在起竖液压系统设计与受力分析。

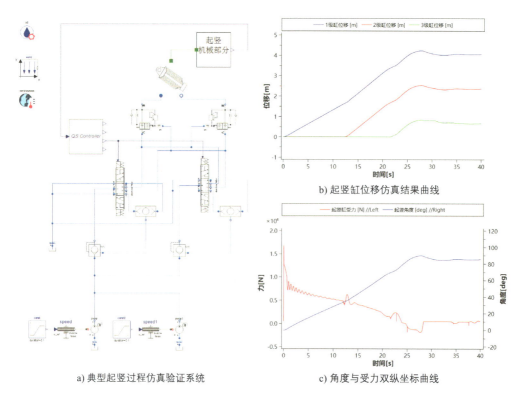

a) 典型起竖过程仿真验证系统

b) 起竖缸位移仿真结果曲线

c) 角度与受力双纵坐标曲线

图 14-20　车辆起竖工况仿真分析

（2）典型调平过程仿真验证

针对特种车辆在调平过程中平稳度对导弹发射安全可靠性方面的影响，开展了车辆调平过程仿真验证（图 14-21），采用有效调平控制策略，使车辆调平稳定后调平度可达 0.01°，验证了调平控制对车辆调平角度关键指标的影响，为调平控制策略设计提供了有力支撑。

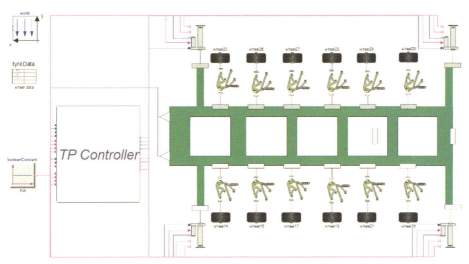

a) 典型调平过程仿真验证系统

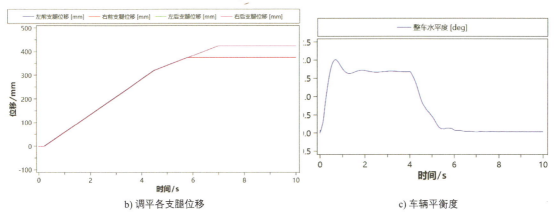

b) 调平各支腿位移　　　　　　　　　　　c) 车辆平衡度

图 14-21　车辆调平过程仿真验证

4. 核心价值

1）通过构建车辆协同仿真系统，为特种车辆设计提供了多领域仿真手段和依据，解决了多领域多专业联合仿真等问题，同时实现了知识经验的模型积累。

2）基于统一模型构建方式，实现了特种车辆机械、液压及控制多领域耦合分析，为特种车辆系统工程开展关键指标验证提供有效依据。

3）实现了特种车辆机动、调平、起竖等全过程仿真分析，为车辆在工程实际应用中提供技术支撑。

14.6 北京赛目科技股份有限公司

14.6.1 案例1：基于 Sim Pro 的自动驾驶算法（SIL）模拟仿真测试

1. 软件产品

Sim Pro。

2. 客户需求或存在痛点

随着汽车智能化的不断发展，自动驾驶功能设计更加复杂，新技术需求激增。由于自动驾驶封闭场地测试受限于测试场地，测试场景单一，自动驾驶实际道路测试费用高、周期长且容易对测试人员和周围环境产生一定的安全风险，因此，企业积极寻求模拟仿真测试手段开展自动驾驶产品的测试验证。

3. 案例介绍

基于某企业智能网联汽车产品的自动驾驶算法（AD 算法），开展软件在环模拟仿真测试，对智能网联汽车自动驾驶算法（SIL）进行感知、决策和控制等全栈仿真测试和验证，并出具相应的软件在环模拟仿真测试报告。

具体工作步骤如下。

1）在 Ubuntu20.4 64bit，以及配置 NVIDIA 显卡的环境中，安装部署 Sim Pro 仿真工具。

2）定制化开发 AD 算法与 Sim Pro 仿真工具的接口，实现 AD 算法与 Sim Pro 仿真工具适配。

3）部署封装在 docker 容器中的 AD 算法依赖的系统环境以及接口程序。

4）开展联调测试。

5）根据测试方案和测试用例，使用 Sim Pro 仿真工具搭建动、静态测试场景。

6）点击测试开始按钮，开始执行自动驾驶算法（SIL）测试。

Sim Pro 仿真工具和 AD 算法联合仿真示意图如图 14-22 所示。

图 14-22　Sim Pro 仿真工具和 AD 算法联合仿真示意图

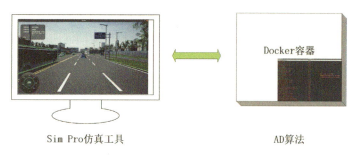

图 14-22　Sim Pro 仿真工具和 AD 算法联合仿真示意图（续）

4. 核心价值

基于仿真测试工具软件 Sim Pro，可以帮助企业针对智能网联汽车自动驾驶算法（SIL）进行感知、决策和控制等全栈仿真测试和验证，并出具相应的软件在环模拟仿真测试报告。测试场景覆盖度高、测试灵活性强、测试成本低，测试可扩展性大，能够支持企业对自动驾驶算法进行全面的验证和评价，从而保证自动驾驶车辆的安全。

14.6.2　案例 2：基于 Safety Pro 的预期功能安全分析

1. 软件产品

预期功能安全分析工具 Safety Pro。

2. 客户需求或存在痛点

客户研发团队长期使用人力或基础办公软件操作，存在效率低下和一致性不足等问题；同时，跨地域、跨部门、跨专业的项目协同和沟通需求难以有效解决。

3. 案例介绍

应用预期功能安全分析工具 Safety Pro（图 14-23），通过分析系统的功能和架构，进行危害识别和风险评估，识别系统潜在的功能不足和性能局限，制定可接受准则，提出改进措施，生成测试方案和测试场景；同时，无需后期手工搭建仿真场景，可以与公司自有 Sim Pro 模拟仿真工具进行对接，实现场景转换和自动化仿真测试。

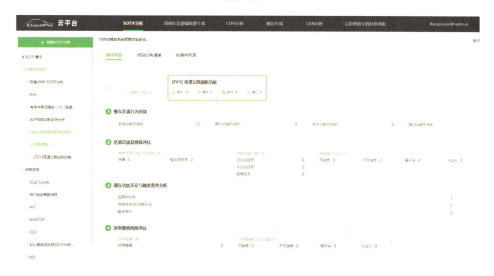

图 14-23　Safety Pro 分析界面

软件还可实现自动去除无效场景功能，通过将分析得出的逻辑场景进行一键智能泛化，可以有效剔除不影响主车安全的无效测试场景，满足场景覆盖度的同时大幅度提高未知场景的测试效率。

另外，通过软件的使用可以规范预期功能安全设计流程、统一模板，固化预期功能安全标准和工程师的操作习惯。

4.核心价值

使用工具后，工程师可以将日常预期功能安全相关工作进行归一化处理，满足从分析到存储、验证的全流程管理，确保数据最大程度规范化的同时可以实现内部协同工作，有利于产品一致性校验及培养工程师基于国际或国家标准的操作习惯。

第 15 章
中国汽车研发软件的产教融合现状

15.1 政策支持

15.1.1 国家产教融合相关政策

具体政策见表 15-1。

表 15-1 国家产教融合相关政策

政策文件名称	颁布单位	主要内容
《关于深化产教融合的若干意见》（国办发〔2017〕95 号）	国务院办公厅	1. 将产教融合作为促进经济社会协调发展的重要举措，融入经济转型升级各环节，贯穿人才开发全过程，形成政府、企业、学校、行业、社会协同推进的工作格局 2. 充分调动企业参与产教融合的积极性与主动性，强化政策引导，鼓励先行先试，促进供需对接和流程再造，构建校企合作长效机制 3. 鼓励企业以独资、合资、合作等方式依法参与举办职业教育、高等教育 4. 支持引导企业深度参与职业学校、高等学校教育教学改革，多种方式参与学校专业规划、教材开发、教学设计、课程设置、实习实训，促进企业需求融入人才培养环节。推行面向企业真实环境的任务式培养模式。职业学校新设专业原则上应有相关行业企业参与。鼓励企业依托或联合职业学校、高等学校设立产业学院和企业工作室、实验室、创新基地、实践基地
《关于印发国家产教融合建设试点实施方案的通知》（发改社会〔2019〕1558 号）	国家发展改革委、教育部、工业和信息化部、财政部、人力资源社会保障部、国资委	1. 完善产教融合发展规划和资源布局 2. 推进产教融合校企合作人才培养模式 3. 降低校企双方合作的制度性交易成本 4. 探索产教融合深度发展体制机制创新
《关于在院校实施"学历证书＋若干职业技能等级证书"制度试点方案》（教职成〔2019〕6 号）	教育部、国家发展改革委、财政部、市场监管总局	1. 培育培训评价组织 2. 开发职业技能等级证书 3. 融入专业人才培养 4. 实施高质量职业培训

（续）

政策文件名称	颁布单位	主要内容
《特色化示范性软件学院建设指南（试行）》（教高厅函〔2020〕11号）	教育部、工业和信息化部	1. 聚焦国家软件产业发展重点，在关键基础软件、大型工业软件等领域，培育建设一批特色化示范性软件学院，探索具有中国特色的软件人才产教融合培养路径，培养满足产业发展需求的特色化软件人才，推动关键软件技术突破、软件产业生态构建、国民软件素养提升，形成一批具有示范性的高质量软件人才培养新模式 2. 高校培养的软件人才、研发的关键技术，必须通过产业转化为生产力。要主动对接产业需求，深化校企合作，搭建校企协同创新育人平台，围绕国家战略需求共建校企联合研发中心和人才实训基地，建设一批由高校、行业企业共同开发的优质课程资源、特色教材、教学工具，推进多专业学生协同培养
《现代产业学院建设指南（试行）》（教高厅函〔2020〕16号）	教育部、工业和信息化部	坚持产教融合，将人才培养、教师专业化发展、实训实习实践、学生创新创业、企业服务科技创新功能有机结合，促进产教融合、科教融合，打造集产、学、研、转、创、用于一体，互补、互利、互动、多赢的实体性人才培养创新平台
《新时期促进集成电路产业和软件产业高质量发展的若干政策》（国发〔2020〕8号）	国务院	1. 进一步加强高校集成电路和软件专业建设，加快推进集成电路一级学科设置工作，紧密结合产业发展需求及时调整课程设置、教学计划和教学方式，努力培养复合型、实用型的高水平人才。加强集成电路和软件专业师资队伍、教学实验室和实习实训基地建设 2. 鼓励有条件的高校采取与集成电路企业合作的方式，加快推进示范性微电子学院建设。优先建设培育集成电路领域产教融合型企业
《"十四五"软件和信息技术服务业发展规划》（工信部规〔2021〕180号）	工业和信息化部	加强软件国民基础教育，深化新工科建设，加快特色化示范性软件学院建设，创新人才培养模式，大力培养创新型复合型人才。鼓励职业院校与软件企业深化校企合作，推进专业升级与数字化改造，对接产业链、技术链，培养高素质技术技能人才
《关于深化现代职业教育体系建设改革的意见》	中共中央办公厅、国务院	1. 打造行业产教融合共同体，优先选择新一代信息技术产业、航空航天装备等重点行业和重点领域，汇聚产教资源，制定教学评价标准，开发专业核心课程与实践能力项目 2. 提升职业学校关键办学能力，优先在现代制造业等专业领域，组织知名专家、业界精英和优秀教师，打造一批核心课程、优质教材、教师团队、实践项目，及时把新方法、新技术、新工艺、新标准引入教育教学实践。建设职业教育专业教学资源库、精品在线开放课程、虚拟仿真实训基地等重点项目，扩大优质资源共享，推动教育教学与评价方式变革

15.1.2　汽车产业相关产教融合政策

具体政策见表 15-2。

表 15-2　汽车产业相关产教融合政策

政策文件名称	颁布单位	主要内容
《新能源汽车产业发展规划（2021—2035年）》	国务院办公厅	加快建立适应新能源汽车与相关产业融合发展需要的人才培养机制，编制行业紧缺人才目录，优化汽车电动化、网联化、智能化领域学科布局，引导高等院校、科研院所、企业加大国际化人才引进和培养力度
《智能汽车创新发展战略》（发改产业〔2020〕202号）	国家发展改革委 中央网信办 科技部 工业和信息化部等11部门联合发布	强化人才保障：推动汽车与信息通信、互联网等领域人才交流，加快培养复合型专家和科技带头人。深化产教融合，鼓励企业与高等院校合作开设相关专业，协同培养创新型中青年科技人才、工程技术人才、高级技工和管理人才
《上海市加快智能网联汽车创新发展实施方案》	上海市人民政府办公厅	开展复杂系统体系架构、复杂环境感知、智能决策控制等前瞻技术攻关，支持企业与高校、科研院所共建一批高水平研发平台
《关于印发重庆市发展汽车软件与人工智能技术应用行动计划（2022—2025年）的通知》	重庆市政府办公厅	加强企业孵化培育。聚焦汽车软件与人工智能关键核心技术领域，持续推动整车企业、软件企业与科研院校深化合作，积极承接具有良好市场潜力的项目，孵化培育一批掌握核心技术的创新团队或创新企业
《关于加快推动新能源汽车产业高质量发展的实施意见》	西安市人民政府办公厅	强化人才保障。依托我市科技资源优势，加快建立适应新能源汽车与相关产业融合发展需要的人才培养机制，鼓励企业与西安交通大学、长安大学、陕西交通运输学院、西安汽车职业大学等院校合作共建培训基地，提高专业技能人才实践能力。发挥职业院校、培训机构和企业作用，探索"订单式"人才培训机制，对操作人员加强针对性技能培训
《关于加快新能源及智能网联汽车产业发展的实施意见》	郑州市人民政府办公厅	强化人才支撑力度。依托"郑州人才计划"，引进新能源及智能网联汽车领域"高精尖缺"人才、海内外高层次人才和创新团队。支持汽车领域重点科研院所、高等院校和龙头企业高层次人才积极申报进入国家、省、市人才计划。加强汽车高级技能人才的培养，扩大汽车制造技师专业队伍。结合重点企业需求，定期开展企业人才对接会、赴国内外高校引进人才等活动

在习近平新时代中国特色社会主义思想指导下，国家及各省市政府出台政策支持校企产教融合，加快建设国家战略人才力量，努力培养造就一流科技领军人才和创新团队、青年科技人才、卓越工程师、大国工匠和高技能人才。坚持"四个面向"，以对接汽车产业战略性新兴人才需求为导向，以产教融合、校企合作为主线，促进教育链与产业链、创新链、人才链深度融合。

15.2　苏州同元软控信息技术有限公司产教融合工作

新一轮科技革命和产业变革加快兴起，高校的人才培养也面临着新的挑战。近年，苏州同元软控信息技术有限公司（简称同元软控）积极联合政、工、企、研、教、社，旨在运用信息化技术升级教育方式，通过高校教育与产业实践的深度合作，实现产业人才培养前置化及高校科研能力产业化，推动工业软件产学研用生态发展（图15-1）。

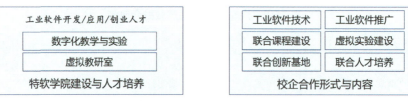

装备数字化与教育数字化

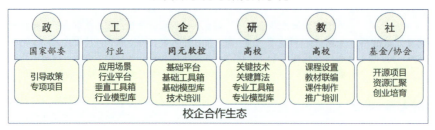

图 15-1　同元软控校企合作生态体系

通过课程建设、实验室建设、联合培养和举办学生竞赛等多种方式,同元软控与高校共同打造数字化工业软件生态,培养高层次数字化工业软件人才,助力产业与教育互促共进的良性循环。

15.2.1　课程建设

同元软控根据高校工业软件高端研发和行业应用人才建设需求,通过数字化教育与教育数字化结合的新模式,与众多院校联合设计研发了多门符合新工科教育理念的必修课程和选修课程。目前,已规划 100 余所高校和高职院校进行 MATLAB 课程替代,已面向哈尔滨工业大学、哈尔滨工程大学、北京理工大学、中山大学、苏州大学、海军工程大学等 20 余所高校进行多轮师资培训,共培养 1200 余名高校教师,已合作开设课程必修课和选修课 80 余门,其中哈尔滨工业大学已基于 MWORKS 平台立项 73 门课程建设,已与哈尔滨工业大学、哈尔滨工程大学、北京理工大学、北京航空航天大学规划 10 本面向高校教学的教材,包括 5 本基础教材和 5 本行业教材。

15.2.2　实验室建设

同元软控通过提供 MWORKS 平台、相关实验设备、开发产业课程和提供技术支持助力课程教育与科研技术攻关,携手高校,以实验室为基础,合力培养数字化时代软件产业发展人才。校企双方互相支持、优势互补、资源共享,共同推进自主工业软件实验平台的开发和使用。目前,同元软控分别已与哈尔滨工业大学共建“产学合作协同育人基地”(图 15-2),与苏州大学共建“数字化建模仿真信创实验室”(图 15-3)。

苏州大学“数字化建模仿真信创实验室”建设总投入 1100 万元,建设周期为 2022 年 1 月 1 日—2023 年 12 月 31 日,在此期间完成实验室建设、信创课程建设、信创联合技术攻关以及信创软件人才培养。在合作周期 2022 年 1 月 1 日—2027 年 12 月 31 日内,围绕信创课程迭代更新、人才培养、技术攻关等关键核心内容,建立长效的产学研用合作机制,建设内容如下:

哈尔滨工业大学计算学部
苏州同元软控信息技术有限公司
产学合作协同育人基地

图 15-2　产学合作协同育人基地

图 15-3　数字化建模仿真信创实验室

（1）实验室信创改造与建设

数字化建模仿真信创实验室是培养学生独立动手能力、创新意识、实践能力和协作精神的重要基地，能够促进理论学术和技术实践的融合，有利于创新型应用人才的培养。同元软控依托于苏州大学计算机科学与技术学院新建信创实践中心，改造信创课程教研室和信创产业人才培训室，并安装信创产品软件 MWORKS，每个实验室均能够同时对不少于 40 名学生进行实验和实践教学，最终与苏州大学的专业基础实验教研室和同元软控的企业实习实训中心形成数字化建模仿真信创实验室，为产教融合培养复合型高端工业软件人才提供重要保障。

（2）信创重点课程开发

采用"理论教学＋上机实践＋案例制作"的教学模式，同元软控和苏州大学计算机科学与技术学院共同开发 3 门课程，包括 1 门专业实验课程，1 门工业实践课程和 1 门在职人员培训课程，使学生和在职人员在理解现代复杂工程系统数字化研制模式的基础上，理解工业软件的分类、发展与应用领域、工业软件的价值和一般架构，掌握 Modelica 语言的基本语法 MWORKS.Sysplorer 的应用，并通过作业和实践课程深化对工业软件和工业知识的理解，为学生和在职人员今后在应用与开发工业软件奠定坚实基础。

（3）信创人才培养

由于工业软件的研发类和应用类人才具备学科交叉的典型特点，因此高校的课程知识体系和人才培养模式要打破学院、专业的限制，需要探索构建多学科、多专业融合的课程体系和教学实验过程，建立校企联合的教学案例资源构建机制，形成专兼职配合的师资和授课形式，2 年建设期内完成不少于 1 次的学院开课和不少于 6 次在职人员培训，共计培养不少于 500 名工业软件应用人才和开发人才，为信创产业输入大量紧缺人才。

（4）信创联合技术攻关

信创实验室围绕打造信创人才培养基地、核心关键技术联合攻坚两个建设目标，在完成信创人才培养的同时，由苏州同元软控信息技术有限公司和苏州大学计算机科学与技术学院（软件学院）共同成立科技攻关团队，进行 4 个信创技术联合攻关，共同建设模型验证确认与测试工具箱，补全"基于模型的建模－测试验证－工程应用"的完整工具链，实现了自动化的模型测试与验证，提升了模型的质量，推动模型更高层级的应用，并在攻关同时培养高端工业软件人才。

（5）建立长效合作机制

实验室建设期满后，同元软控和苏州大学计算机科学与技术学院持续保持合作，将信创实验室长期化或转化为联合创新实验室，围绕课程迭代、攻关课题、人才培养等关键核心内容，建立校企产学研长效合作机制，利用信创实验室优势，持续培养复合型高端工业软件人才，推动国产工业软件的研发，加速信创产业建设与升级。共建方案和实景如图 15-4 和图 15-5 所示。

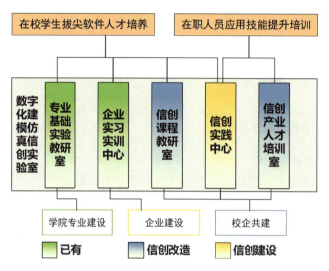

图 15-4 "数字化建模仿真信创实验室"共建方案

a)   b)

图 15-5 "数字化建模仿真信创实验室"实景

15.2.3 联合培养基地建设

同元软控与哈尔滨工业大学、哈尔滨工程大学、苏州大学、中山大学、浙江大学、东南大学等多所高校签订联合培养基地建设协议（图 15-6），旨在将人才培养与产业发展紧密结合，加速科技成果转化，多模式培养以产业关键核心技术为主导的创新型、应用型、技能型人才，最终实现产业与人才的互通共赢。

图 15-6　部分联合培养基地建设协议

15.2.4　学生竞赛

同元软控积极支持学生竞赛，并定期主办数字化相关学生竞赛活动，助力高校学生深入了解技术趋势与行业发展。已支持包括：华为主办的"智能汽车技术创新创意大赛"、成都市人民政府主办的"工业软件创新大赛"、江苏省人民政府主办的"中国软件杯"大学生软件设计大赛等，并与航天科工联合举办"2022 年智能无人系统应用挑战赛"、与西北工业大学联合举办2022 年"爱生杯"和 2023 年"照萤杯"智能无人系统应用挑战赛等。

同元软控为 2022 年"爱生杯"和 2023 年"照萤杯"智能无人系统应用挑战赛"算法赛道"中的"无人车避障"科目提供支持。"无人车避障"科目基于同元软控新一代科学计算与系统建模仿真平台 MWORKS，开展感知避障算法的设计、验证与实现。整个比赛分为虚拟初赛和实物决赛两个阶段。在初赛阶段，参赛队员基于 MWORKS 搭建的虚拟仿真环境开展算法设计与仿真验证。参赛队员利用组委会提供的无人车模型和传感器模型等模型，在虚拟赛道中完成传感器数据融合、任务决策、路径规划、控制操作等算法设计，并在虚拟环境中完成算法验证。在决赛阶段，参赛队员将使用 MWORKS 设计的算法模型，通过 SEC 工具箱将算法模型生成嵌入式 C 代码下载到组委会提供的无人车中，根据赛道路况进行传感器和执行机构的标定，最终在真实的模拟赛道中进行实物比赛。大赛启动仪式和大赛实况如图 15-7 所示。

图 15-7　大赛启动仪式及大赛实况

15.3　北京世冠金洋科技发展有限公司产教融合工作

15.3.1　联合实验室

北京世冠金洋科技发展有限公司（简称世冠科技）已与北京航空航天大学、北京理工大学、吉林大学、南京航空航天大学、西北工业大学、北京交通大学、哈尔滨工程大学、武汉理工大学等 10 家高校共建联合实验室，专业领域涵盖自动化、软件工程、车辆工程、航空工程等学科。根据国家及产业发展需要，校企双方依托联合实验室共同明确关键软件领域科研攻关方向，合作申报国家级、省市级重大专项、科技课题，开展软件研发和工程应用项目合作，协同软件技术研究创新，共同攻克关键技术难题。

多年来，世冠科技为合作院校学子提供国产软件使用支持，通过共建课程、共建教材等形式深度合作，协助高等院校进行教学改革、师资培训、学生实训，与高校联合（图 15-8）培养学生的创新实践能力，培养了一批具有责任担当、扎实专业素养的复合型高素质人才。

a)　　　　　　　　　　　　　　　　　b)

图 15-8　联合实验室牌照及实景

c)　　　　　　　　　　　　　　d)

e)

图 15-8　联合实验室牌照及实景（续）

15.3.2　联合立项教育部项目

在自动化、航空航天、汽车、机电等制造业相关专业教学中，仅通过单一的理论讲解，很难让学生理解系统建模与仿真的宏观特性。高校教师往往通过 MATLAB/Simulink 软件实践教学，通过控制系统模型搭建、参数调整、仿真测试，使学生能够宏观理解系统的实际意义。现今形势下，一些高校面临或将面对 MATLAB 软件"卡脖子"问题，国产软件替代产品需求迫切。

世冠科技深耕工业系统建模仿真软件研发 20 余年，依托教育部高等教育司产学合作协同育人项目、学生司供需对接就业育人项目等平台，通过与高校合作立项，建立工业软件人才培养体系及课程标准，将完全自主研发的 GCAir、GCKontrol 软件广泛应用于制造业相关专业课堂，对系统设计与仿真领域的科学研究和工程应用均具有较好的技术引领作用。目前，世冠科技已在 43 所高校实现应用，比如在北京航空航天大学《航空工程大型通用软件应用》《机电系统建模与仿真》、北京理工大学《控制系统现代开发技术》等课程中实现国产替代。

（1）双师型人才队伍建设

世冠科技联合高校开展师资培训、交流、研讨等活动，推动高校教师和企业专家、高技能人才双向流动。世冠科技高级工程师、研究员等技术专家到高校现场授课，联合指导学生毕业设计，打造高水平教学团队。同时世冠科技积极接纳高校师生到企实践，有效提高学生对工业软件的认知和应用能力。

（2）社会人才培训体系

世冠科技与数字化工业软件联盟联合发起系列直播课程，以线上公益课堂的形式向社会展示和推广国产工业软件建设成果，分享先进工程经验，向有志于从事系统设计与仿真领域的工程师提供再培训就业机会，为工业行业输送紧缺人才。

（3）比赛活动

赛会并举，以赛促学。围绕构建国产工业软件生态链，在中国航空学会、北京市航空航天学会指导下，世冠科技举办"无人机飞控仿真设计大赛"等活动，来自航空 611 所、602 所、609 所以及来自清华、北航、南航等高校单位的 50 支参赛团队积极参赛，大赛以 GCAir 为平台，进行无人机的飞控系统仿真模型开发，完成指定任务的仿真飞行。比赛为学生提供了实践应用机会和交流平台，促进软件人才的培养和成长。其他赛事活动支持：承办首届中国青年汽车研发仿真建模大赛"世冠·汽车电控系统设计与仿真"分赛道，吸引全国高校 1000 余学生报名参赛（图 15-9），促进了国产工业软件推广与实践升级；主办哈尔滨工程大学工业软件程序设计大赛，吸引众多学生积极响应，以赛促用，进一步推动了国产工业软件的应用与发展。

图 15-9　部分赛事情况

15.3.3　典型案例

北京理工大学的机械与车辆学院拥有机械工程、动力机械及工程 2 个国家级重点学科点、光机电微纳制造科学与技术北京市高精尖学科点，有机械工程、动力工程及工程热物理 2 个一级学科点。学生培养围绕实施"研究型教学＋项目制学习"的课程改革，建设了支撑"研教赛一体化"的实践平台，形成面向工程双领人才的"三全育人"新体系。

因北京理工大学被列入"实体清单"，MathWorks 的 MATLAB/Simulink 软件被禁用后，学校面临着没有教学工具和科研软件的难题。世冠科技自主研发的"GCKontrol 系统仿真软件"作为 MATLAB/Simulink 的国产替代，2022 年起，在北京理工大学机械与车辆学院的研究生课"控制系统现代开发技术"中成为教学工具软件。世冠科技派出多位经验丰富的应用工程师进行现场软件实践教学（图 15-10），获得了学院教师和学生的高度评价。该课程授课内容已完成教材编写。

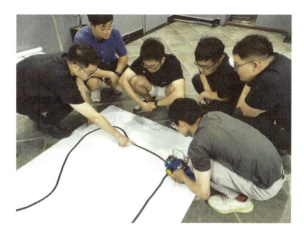

图 15-10　控制系统实践课学生实操环节

为了进一步促进国产系统设计与仿真软件在车辆装备设计与控制相关领域的人才培养、技术创新和技术产业化，世冠科技与北京理工大学机械与车辆学院共建了联合实验室。联合实验室将国产软件带入课堂，从源头培养学生使用国产软件的习惯，引导并鼓励学生的自主创新精神；同时，实验室作为双方开展创新合作的联合体，依托产学研建设的推进，破解当前国产工业软件的发展瓶颈，以助力我国工业企业快速提升协同效率和工作效率，实现工业制造的创新发展。

联合实验室是双方研发、培养人才的基地，以车辆装备系统设计与仿真的相关研究作为工作重点，致力于国产系统设计与仿真软件在车辆装备设计与控制相关领域的科学研究。双方将进行深度全面的合作，建立共赢机制，以促进双方在采用国产系统设计与仿真软件支持车辆装备设计前沿领域的研究工作，同时通过联合研究和合作项目等方式进行共同创新，实现共创双赢的全新局面。

15.4　浙江天行健智能科技有限公司产教融合工作

随着智能网联汽车技术的迅猛发展，相关专业技术人才的需求日益迫切。然而，专业人才短缺、复合人才稀缺、卓越人才难求的局面，已成为制约行业发展的瓶颈。面对这一挑战，教学模式、教学方法和教学平台的创新升级显得尤为重要。产教融合正是破解这一难题的重要途径，通过深度融合产业与教育，可以更加精准地对接行业需求，培养出符合时代要求的高素质人才。

浙江天行健智能科技有限公司（PanoSim）始终致力于将最新的科研成果与产业需求相结合，推动教育与产业的深度融合。PanoSim 与多所高校建立了紧密的合作关系，利用虚拟仿真技术，研发了各类教学、科创和赛事平台，共同开展自动驾驶技术的教学与科研工作。不仅帮助学生和教师们更好地理解和掌握自动驾驶技术的核心原理和应用，还成功地将科研成果转化为实际生产力，推动了自动驾驶技术的快速发展。

15.4.1　课程建设

PanoSim 根据新工科人才培养的需求，抓住高等教育数智化转型的机遇，和吉林大学、辽宁工业大学、浙江大学网络空间安全学院、长安大学、太原学院等众多高校在教学和人才培养方面开展了全方位的探索和合作。如推荐高校申报国家级虚拟仿真"金课"、协助高校构建"智能汽车新工科人才培养'一心两翼三平台'的实践教学体系"、基于虚拟仿真技术开展汽车安全创新实践研究等。

（1）智能汽车新工科人才培养"一心两翼三平台"的实践教学体系（图 15-11）

PanoSim 围绕智能汽车新工科实践教学培养体系建设：先后承担各级教改项目 6 项；教学改革试验课程汽车智能化技术开设 7 年以来，受益学生 1000 余人；先后孵化大学生创新项目 40 余项，培育"挑战杯"大学生课外学术科技作品竞赛项目 30 余项；本科生申请发明专利 60 余项，获授权发明专利 30 余项；荣获国家级教学类奖项二等奖 3 项、三等奖 1 项，省级特等奖 1 项、一等奖 3 项。

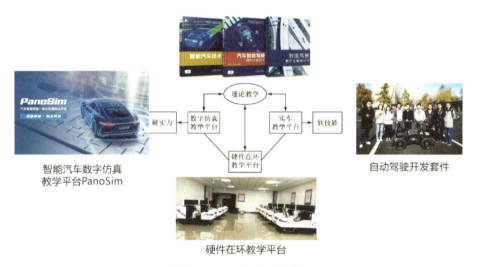

图 15-11　实践教学体系

（2）精品课程建设（图 15-12）

PanoSim 推荐某大学申报国家级虚拟仿真"金课"——路侧多模态融合感知虚拟仿真实验。

（3）基于虚拟仿真技术开展汽车安全创新实践研究

PanoSim 构建智能网联汽车软硬件基础设施，监测全生命周期数据流通路径，突破汽车安全测试场景生成、自动驾驶多模态融合测试、整车多层级在线安全测试、智能化漏洞挖掘等关键技术，打造整车在环的软硬一体测试仿真平台（图 15-13）。

此外，PanoSim 还积极参与教材及教学、实验配套教材的编著工作（图 15-14）。目前，PanoSim 参与编著并出版面向普通高等教育新工科汽车类专业、应用型本科汽车类专业的系列教材 4 部。

图 15-12　精品课程建设

图 15-13　整车在环的软硬一体测试仿真平台

图 15-14　PanoSim 参编教材及教学、实验配套教材

15.4.2　科创平台

为提升基础理论、创新意识与工程实践能力，构建车辆与新能源、计算机软硬件、电子信息、大数据与交通等诸多"跨界"领域深度交叉融合的复合型人才培养体系，PanoSim 采用现代虚拟数字化手段、创新教学科创模式，研发了多款面向智能网联教学的智能网联汽车一体化仿真平台（图 15-15），主要应用包括：OBU/RSU 终端产品开发、OEM 厂商集成 OBU 终端、ADAS/V2X 融合智能开发、V2X 行业认证仿真系统、智慧交通应用开发，以及车联网安全开发与测试，赋能卓越人才培养。

15.4.3　赛事平台

作为一家专注于自动驾驶仿真测试技术的企业，PanoSim 深知学生在实践中深化理论知识、锻炼实践能力的重要性，因此，PanoSim 不仅致力于提供先进的仿真测试平台和解决方案，还积极参与并支持各类学生竞赛活动。

在 2022 中国智能网联汽车算法挑战赛（CIAC）（图 15-16）、2021 i-VISTA 世界虚拟仿真挑战赛及 2020 世界智能驾驶仿真挑战赛（WIDC）暨中国智能汽车大赛（CIVC）多个行业顶级竞赛中，PanoSim 都作为官方指定仿真平台和技术支持方，为参赛者提供了专业的仿真测试环境和资源。通过竞赛平台，学生们可以接触到真实的自动驾驶应用场景，了解行业的前沿技术和发展趋势。同时，竞赛活动还为学生们提供了一个展示自己才华、锻炼团队协作能力的舞台。

图 15-15 智能网联汽车一体化仿真平台

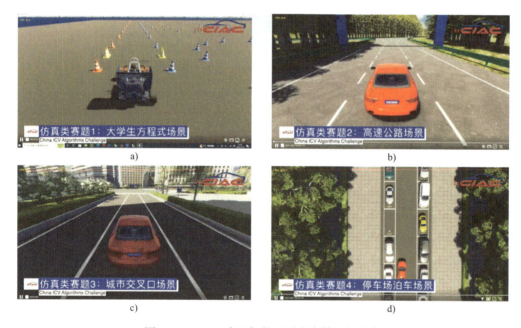

图 15-16 2022 中国智能网联汽车算法挑战赛

通过支持学生竞赛，PanoSim 不仅助力了高校学生对自动驾驶技术的深入了解和实践能力的提升，还加强了与高校之间的合作与交流，不仅助力推动了自动驾驶技术的创新与发展，还为企业输送了优秀的人才资源，实现了教育与产业的双赢。

15.4.4 典型案例

（1）汽车智能化技术研发与测试模拟仿真实验室（图 15-17）

PanoSim 曾为辽宁某虚拟工程中心提供汽车智能化技术研发与测试模拟仿真实验室解决方案。该方案主要基于 PD-B 系列驾驶模拟器产品（外加 1 台 PD-A 系列模拟器进行干扰车交通仿真），提供 ADAS 模型在环、驾驶员在环、摄像头在环、转向与制动台架在环、人机交互 HMI、多驾驶模拟器联合共驾等功能。

　　PanoSim 提供两种摄像头硬件在环仿真测试方案：一种是基于显示屏画面拍摄的摄像头暗箱在环方案，直接接入真实摄像头系统；另一种是将场景环境数据直接注入 ADAS 控制器，单独对控制器进行测试。

　　该实验平台采用由摄像头作为图像信号采集处理单元进行硬件在环仿真的方案，在暗箱中，由工控机生成暗箱中显示器虚拟场景画面，摄像头拍摄虚拟场景画面，实时采集传感数据，输出至传感数据处理单元供图像处理器进行数据处理，并将处理结果传输给传感融合 ECU，最后通过控制算法对车辆进行闭环控制。

a)　　　　　　　　　　　　　　　　　b)

图 15-17　汽车智能化技术研发与测试模拟仿真实验室

（2）数字孪生解决方案

　　PanoSim 曾为某质检院提供数字孪生解决方案。该方案主要基于 PanoTwin 系列产品，通过数字孪生测试技术，即真实车辆（物理真车、线控低速车、ROS 小车）行驶在真实测试场地中，同时与虚拟的测试环境进行有效映射与结合，从而大大丰富智能汽车的测试验证环境、提高测试效率和降低测试成本。

　　如图 15-18 所示，系统主要包括了远程桌面、车载计算平台、实车在环以及展示大屏。其中某质检院项目如图 15-19 所示，对某质检院的场地进行 1∶1 建模，并将金龙的观光车作为真实车辆，雅迅的 GNSS 为小车提供经纬度信息。

图 15-18　虚实融合 VIL 系统

a)   b)

图 15-19　某质检院数字孪生的 AEB 仿真验证

数字孪生系统由真实车辆和实时仿真模型组成，车载计算平台通过 ETH 使真实车辆与仿真模型通信。在 PanoSim 仿真软件内生成丰富的车辆行驶环境，并通过各类虚拟传感器模型完成对行驶环境的信息表达，将以上信息注入 ADAS 和自动驾驶车辆的 ECU，来测试车辆在触发物理执行器时的行为。真实车辆的实际定位信息和仿真平台地图的使用能够合并物理以及虚拟世界，为驾驶员提供身临其境的场景。从本质上讲，车辆在环为车辆生成了虚拟的危险，驾驶员可以通过增强视频显示看到这些危险，然后在试验场上通过控制真实车辆来避免这些危险。虚拟危险可以包括多辆汽车和弱势交通参与者等，探索那些过于复杂或危险的场景。

15.5　北京国家新能源汽车技术创新中心产教融合工作

国创中心与软件公司、知名高校、主机厂深度合作，共同编制中国汽车研发软件系列丛书并联合多所高校开展试讲、宣讲以及入课的工作，以大学生这支主力军培养其应用和开发后备力量，汲取高校的优秀科研成果，联合企业的工程问题和应用场景，举办有影响力的赛事，携手助力中国汽车研发软件"换道超车"。

2024 年，国创中心联合了清华大学、北京大学、湖南大学、东南大学、合肥工业大学等多所高校，迈曦、苏州同元、深圳十沣、南京天洑、经纬恒润等国内软件公司以及知名专家，共同编制出版中国汽车研发软件系列丛书，并将其推广到院校课程。

课程及课题软件应用推广包含线上推广与线下推广。线上推广：针对每本书籍每年不少于 2 次对学生在软件使用过程中遇到的问题进行解答或案例探讨，线上课程直播单次触达人数不少于1000人。线下推广：通过线下培训班等方式进行软件推广及应用，培训班规模不少于20人，每年培训不少于一次。通过产教融合的方式进行课题软件及云仿真平台的推广，可协助建立中国汽车研发软件应用的生态建设，形成具有全球影响力的汽车设计软件工具链产业集群，使中国成为全球汽车设计软件工具链的创新高地和产业高地。

展 望 篇

　　本篇开篇讨论了中国汽车研发软件产业未来发展愿景，主要从汽车研发数字化维度讨论了汽车产业在数字化转型上的发力点；从汽车研发的 AI 化维度讨论了 AI 为汽车研发带来的新变革；从服务新业态维度讨论了云计算技术为汽车研发带来的新的服务业态；从最终用户的个性化角度讨论汽车研发未来趋势。本篇还提出了推动中国汽车研发软件产业发展的行动建议，包括建议建立国家与地方、行业与企业联动的创新发展生态；以国家级项目支持加速突破汽车研发软件核心关键技术；加快培养汽车研发软件人才，形成复合型人才储备；大力推进企业示范应用落地，加速汽车研发产品成熟；建立汽车研发软件标准体系，全面提高综合服务能力。

CHAPTER **16**

第 16 章
中国汽车研发软件产业未来发展愿景及行动建议

16.1 中国汽车研发软件产业未来发展愿景

2023 年，中国汽车产业再创辉煌，产销量分别达到了 3016.1 万辆和 3009.4 万辆，同比增幅显著，年产销量均刷新了历史纪录。这一成就不仅体现了中国汽车工业的活力和韧劲，也标志着汽车产业结构正在加快调整和优化升级。其中，乘用车和商用车市场均实现了稳步增长，而新能源汽车更是异军突起，产销量及市场占有率均大幅提升，连续九年位居全球首位。

然而，在光鲜成绩的背后，中国汽车产业也面临着严峻的挑战。当前，中国的整车企业和零部件企业在汽车研发软件方面仍然高度依赖国外产品，特别是 CAE 设研仿真软件，这存在被断供、隐私泄露、后门监控等安全风险。尽管目前尚未直接遭受技术封锁，但未来软件供应的不确定性将严重威胁国家信息安全和整车核心竞争力。在逆全球化趋势下，相关领域企业正承受巨大冲击。

面对这一挑战，中国汽车研发软件必须自研！自研之路虽然崎岖不平，但中国工业软件界仍在砥砺前行。为了支撑庞大汽车产业的发展，中国需要构建成熟的汽车研发软件产品体系，并培养高素质、高水平的汽车研发人才队伍。这两者已成为中国汽车产业的核心新质生产力。

为此，教育部和工业和信息化部联合印发了《特色化示范性软件学院建设指南（试行）》，聚焦工业软件人才培养，着力解决工业软件人才"断供"现象。首批特色化示范性软件学院已设立，包括北京大学、清华大学等知名高校在内的 33 所高校均开设了相关课程，未来将培养多批工业软件设计人才，推动中国工业软件关键技术突破和构建新的研发服务业态。

近年来，中国汽车研发软件产业取得了长足进步。一大批中国设计仿真软件企业正在加强基础理论研究，并尝试在汽车行业落地应用场景，对汽车研发的支撑能力逐渐增强。同时，具有战略前瞻眼光的中国汽车企业也开始积极调研、试用国产汽车研发软件，并反馈应用中的问题。中国汽车研发软件产业和中国汽车行业正在形成良性互动，共同推动汽车研发软件的渗透率和国产替代。

随着中国新能源汽车产业的快速发展和市场竞争加剧，新车型产品的研发周期要求越来越短，汽车设计研发的数字化转型和智能化升级已成为产业内在需求。汽车研发软件产业将呈现四大愿景：一是自主研发能力持续提升，二是与汽车产业的融合更加紧密，三是数字化转型和智能化升级加速推进，四是国产替代进程不断加快。中国汽车产业正蓄势待发，迎接更加辉煌的未来。

　　面对汽车研发软件领域的现状与挑战，未来的进展与方向成为亟待探索的关键议题。构建属于中国汽车研发软件的独特优势，不仅关乎单一企业的兴衰，更是整个行业发展的风向标，对于推动汽车研发软件产业的自主可控与繁荣发展具有深远意义。在此背景下，探索适合中国国情的汽车研发软件发展路径，加强自主研发与创新能力，成为行业共同面临的重大课题。

16.1.1　汽车研发深度数字化

　　数字化转型是汽车行业的内在需求。经过数十年的信息化建设，整车企业和零部件企业在多个业务领域建设了相对成熟的工业信息化基础设施，包括研发设计类（EDA、CAD、CAE 等）、生产调度和过程控制类（MES、SCADA 等）、业务管理类（ERP、SCM、HRM 等）三大领域。未来，为能进一步提高整车或零部件的研发效率、提高研发自动化程度，增强企业产品在市场上的竞争力，更深层次的数字化转型必然是企业的发力点。

　　1）通过先进的流程控制技术改善设计仿真团队的协同。

　　2）应用通用的数据共享和通信格式实现各类软件工具间的链化。

　　3）应用数据湖技术集中存储海量企业的结构化数据、非结构化数据、各类设计仿真模型等。

　　4）利用先进的云计算技术改善传统汽车设计仿真的资源瓶颈，运用资源优化调度机制优化设计研发中的计算资源和算力资源的利用，提高了资源利用率，也节约了研发成本。

　　5）运用系统工程方法整合整车和零部件研发全生命周期更加优化，促使汽车产品、设计、仿真、验证、样车直至量产实现数字一体化。

16.1.2　基于 AI 技术的汽车研发

　　2022 年，生成式 AI 大模型技术的横空出世，给全世界产业界带来了巨大的震动。AI 大模型技术，作为新一代的信息技术，展现了超强的理解能力、生成能力、逻辑能力、学习能力和计算能力，其应用前景广泛，可渗透至能源、电力、化工、汽车、制造等众多细分行业的工业领域。据预测，到 2026 年，我国工业大模型市场规模将超过 5 亿美元，五年复合增长率高达116%，这充分显示了 AI 大模型技术在工业领域的巨大潜力和市场价值。

　　尽管当前大模型在工业领域的应用仍主要停留在简单的自然语言交互方面，距离真正的全面落地还需时日，但其在汽车研发领域的应用前景已引起业内的广泛关注。汽车，作为传统产业，其研发软件产业也同样属于传统软件产业的范畴。然而，如何有效地将 AI 大模型技术应用于汽车研发软件及整个汽车研发流程中，业内仍存在不同观点。但一个基本一致的认识是：AI 技术，特别是 AI 大模型技术，未来必将深刻地应用于汽车研发之中。

　　汽车诞生百年来，世界汽车行业积累了大量的应用场景和模型数据。中国的汽车行业也在长期的实践中积累了丰富的数据资源。这些数据，如同一座座等待挖掘的宝库，为训练 AI 汽车工业大模型提供了坚实的基础。通过训练，这些 AI 汽车工业大模型有望为未来汽车研发带来一场全新的设计革命。它们将能够协助汽车设计师选择更为合理的方案，部分仿真工作甚至无需依赖实际仿真软件来耗费大量资源进行，而是可以通过大模型直接得到仿真结果，从而验证设计方案的可行性和优化方向。

　　毋庸置疑，AI 大模型技术将极大地加速汽车产品全生命周期的智能化升级。它不仅将提升汽车研发的效率和质量，更将引领未来汽车研发的新趋势和新模式。随着技术的不断进步和应用场景的持续拓展，我们有理由相信，基于 AI 大模型技术的汽车研发将开启一个全新的时代，为汽车产业的创新和发展注入强大的动力。

16.1.3　汽车研发服务新业态

云计算技术的引入正在深刻改变汽车研发的服务模式，催生出一种全新的业态。传统上，汽车研发高度依赖于整车企业和零部件企业内部的工作站，涉及昂贵的设计仿真软件和高水平的研发团队，导致研发成本居高不下。然而，在云计算服务模式下，汽车设计仿真软件能够利用云计算资源的弹性伸缩能力，实现资源的高效利用，大幅提升仿真效率，并促进资源共享，显著降低使用成本。这一变革不仅优化了资源使用，还提高了研发效率，使得汽车企业能够更加灵活地应对市场变化。

云计算在汽车研发中的应用不仅限于成本优化和效率提升，其更深层次的影响在于推动了汽车研发模式的转型。通过云计算平台，汽车企业可以实现全球范围内的协同研发，不同地点的研发团队可以实时共享数据、模型和仿真结果，从而加速决策过程，缩短产品上市周期。此外，云计算还提供了强大的数据处理和分析能力，使得汽车企业能够更好地理解用户需求，进行精准的市场预测，从而开发出更符合市场需求的汽车产品。

进一步地，云计算技术有望整合多个学科的汽车研发软件产品，打破传统软件仅能解决单一学科问题的局限，为汽车产品提供全学科全生命周期的研发支持。这意味着，未来的汽车研发将不再受限于某一特定学科的知识和工具，而是能够全面覆盖汽车研发的各个领域，从结构设计到性能分析，从安全测试到环保评估，都将得到全方位的支持。这种跨学科的整合将推动汽车研发向更全面、更专业的方向发展。

基于这一技术发展趋势，整车和零部件企业为加速研发进度、进一步降低成本、提高市场竞争力，将逐渐倾向于外包部分或全部汽车研发业务。这将推动汽车行业形成支持外包业务的汽车研发外包服务业，涵盖汽车设计、仿真、验证、测试等全方位服务。随着外包服务的不断细化和发展，将形成分学科的专业化研发服务，如结构碰撞仿真、多场耦合、流体和热管理、汽车电控系统等领域的外包服务。这种细化发展的外包服务将促使汽车研发更加专业化，形成领域知识库，进一步提供数据分析服务。同时，这也将为小型企业和初创企业提供更多机会，使它们能够参与到汽车研发中来，共同推动汽车产业的创新和发展。最终，新业态的形成将优化汽车研发的分工，提升协作效率，降低整体成本，为汽车产业的可持续发展注入新的活力。

16.1.4　面向个性化的汽车研发

面向个性化的汽车研发已成为当前汽车产业的重要趋势，这充分体现了消费者对汽车产品多样化和个性化需求的日益增长。随着年轻一代逐渐成为购车主力人群，他们对车辆的个性化、差异化和定制化需求愈加强烈。他们不再满足于传统的、千篇一律的汽车产品，而是希望汽车能够体现自己的独特品位和个性。这种需求的转变，进一步推动了汽车研发向更加灵活和个性化的方向发展，使得汽车企业不得不重新审视和调整其研发策略，以满足市场的这一新变化。

技术支撑方面，柔性制造技术、模块化设计以及数字化与智能化技术的应用，为个性化汽车研发提供了重要保障。柔性制造技术使得生产线能够根据不同的订单需求快速调整生产参数，从而实现小批量、多品种的个性化生产。模块化设计允许企业根据消费者的需求选择或定制不同的模块组合，从而生产出符合个性化要求的汽车产品。数字化与智能化技术的应用，使得从设计到生产的全过程都可以实现高度定制，进一步满足了消费者对个性化汽车产品的需求。

展望未来，随着技术的不断进步和消费者需求的多样化，汽车研发将更加注重高度个性化定制，并跨界合作构建汽车生态体系。消费者可以根据自己的喜好和需求，从车身颜色、内饰材质到动力系统等各个方面进行定制，打造出真正属于自己的个性化汽车。同时，汽车企业也将与更多行业进行跨界合作，共同构建汽车生态体系，以满足消费者对汽车产品多样化的需求。然而，面向个性化的汽车研发也面临着成本控制、生产效率、供应链管理等挑战。为了应对这些挑战，汽车企业需要不断加强内部管理、优化生产流程、提高供应链协同能力，以更好地满足消费者对个性化汽车产品的需求，推动汽车产业向更高质量、更高效率的方向发展。因此，个性化研究在汽车产业中的重要性不言而喻，它将是未来汽车研发的核心竞争力之一。

16.2 推动中国汽车研发软件产业发展的行动建议

近年来，中国汽车研发软件产业有了长足进步，但是由于起步晚，基础理论不扎实，软件关键技术还有诸多关键技术未突破。相较于国外商业软件，我们仍有 10~20 年的差距。要赶超国外商业软件实现国产替代，仍然面临诸多问题和困难，需要政产学研用通力合作、共同解决。

16.2.1　建立国家与地方、行业与企业联动的创新发展生态

深入研究和把握未来技术趋势，擘画汽车研发技术突破路线图，为汽车研发软件行业发展指引方向。应鼓励依托平台企业或者龙头企业以联盟或者行业协会的形式建立汽车研发软件技术创新平台，以汽车产业需求为导向，加强学术技术交流、加强人才培养、加快科技成果转化落地，提高汽车研发软件行业整体竞争力。创新平台根据国家相关产业政策推动汽车研发基础理论问题研究，链接汽车产业、软件产业、高校、科研院所多方共同开展攻关，形成政产学研用的跨界协作创新发展生态。

16.2.2　以国家级项目支持加速突破汽车研发软件核心关键技术

前瞻技术和交叉共性关键技术突破，不仅有前期投资大和短期难见效等特点，而且关键技术突破后应用落地需要大量验证积累，因此推动国家层面以重大专项作为支持是支持汽车研发软件发展的重要途径。应鼓励以汽车研发软件行业为主整体推动和参与国家级立项，以汽车产品生产实际应用需求为目标，特别是开展在大规模工况海量数据环境下实现高性能计算的核心技术攻关，如汽车仿真的核心分析算法的效率问题、汽车研发的核心渲染算法效率问题等，利用国家的支持建立汽车研发软件关键核心技术体系，打造国产汽车研发软件技术底座。

16.2.3　加快培养汽车研发软件人才，形成复合型人才储备

汽车软件研发涉及数十个学科和专业，软件研发人才的素质和水平决定了汽车产品的研发质量、研发效率。当前，包括汽车软件研发人才培养，国内工业软件研发人才培养都需要在培养体系、产教融合、人才引导等方面深化改革。首先，要改革传统的软件研发人才培养模式，传统的培养模式下的学生不开设工业软件研发中所涉及的力学、流体、热学等课程，没有这些

基础理论是无法开始工业软件研发的，要加紧开设工业软件研发所需要的专业学科课程，有针对性加强学生的软件开发实践；其次，依托拥有自主知识产权的标杆汽车研发软件企业建立工业软件实训中心，邀请企业技术专家作为学生实训导师，通过允许学生承担实际的研发任务实现与企业联合培养人才，助力复合型软件研发人才培养；再次要鼓励全社会特别是高校和软件企业加大投入，让研发人员能够静下心来研究工业软件的核心技术，要引导高校骨干教师参与工业软件研究，带领学生走进软件应用企业，并在企业和学校之间建立联合科研实验室；最后，依托工业软件企业，联合汽车行业企业以及高校，以加速培养人才为目的，以提炼的企业实际应用场景为赛题，举办汽车软件研发大赛，同样是人才培养的可行模式。要用 10 年时间，久久为功，形成复合型人才储备，助力国产汽车研发软件走向成熟。

16.2.4　大力推进企业示范应用落地，加速汽车研发产品成熟

为加速汽车研发软件产品的成熟，应鼓励开展中国汽车行业企业与汽车研发软件企业联合推进示范应用场景国产汽车研发软件产品落地。真实应用场景是加速汽车研发软件产品成熟的唯一之路，优秀的软件永远是用出来的。纵观国外商业工业软件的成熟之路，都是在多个行业深度应用，不断改进和技术升级，才最终成为软件巨头。国产软件当前已经走过蹒跚学步阶段，已具备解决方案交付能力，国家应出台政策鼓励汽车研发软件企业与汽车行业企业建立联合实验室，推动国产软件在企业落地，并不断改进使用中出现问题，快速走向成熟。

16.2.5　建立汽车研发软件标准体系，全面提高综合服务能力

完善的标准体系是既是产业发展成熟的标志优势产业健康有序发展的基本保障。当前汽车研发软件的标准体系还没有健全，部分软件的研发需要参照国外商业软件的参数或者国外开源的工业软件的格式标准。应鼓励依托汽车研发软件企业联合高校、科研院所，以及平台服务机构，加大标准研究力度，聚焦研发软件设计、研发、测试、评估等领域，加快建立团标、行标、国标等多层次汽车研发软件标准体系，形成全方位测试评价体系，建立公共测试平台，打造支撑产业发展的系统性综合服务能力。

附录
常用缩写词

序号	缩写词	英文全称	中文名称
1	CAD	Computer-Aided Design	计算机辅助设计
2	CAE	Computer-Aided Engineering	计算机辅助工程
3	CAM	Computer-Aided Manufacturing	计算机辅助制造
4	CFD	Computational Fluid Dynamics	计算流体力学
5	FVM	Finite Volume Method	有限体积法
6	FEM	Finite Element Method	有限元法
7	BIM	Boundary Integral Method	边界积分法
8	FDM	Finite Difference Method	有限差分法
9	BEM	Boundary Element Method	边界元法
10	FIT	Finite Integration Technique	有限积分技术
11	MoM	Method of Moment	矩量法
12	FDTD	Finite Difference Time Domain	时域有限差分法
13	FETD	Finite Element Time Domain	时域有限元法
14	FVTD	Finite Volume Time Domain	时域有限体积法
15	DGTD	Discontinuous Galerkin Time Domain	时域不连续（间断）伽辽金方法
16	IETD	Integral Equation Time Domain	时域积分方程方法
17	EMC	Electromagnetic Compatibility	电磁兼容
18	EMI	Electromagnetic Interference	电磁干扰

参 考 文 献

[1] 李国杰. 智能化科研（AI4R）：第五科研范式 [J]. 中国科学院院刊，2024，39（1）：1-9.

[2] 黄力平. 汽车结构的耐久性：理论与实践 [M]. 北京：机械工业出版社，2020.

[3] 苟黎刚. 基于动态载荷的车身耐久性研究 [D]. 西安：长安大学，2019.

[4] 黄峰. 某型 SUV 非承载式车身静动态特性与疲劳寿命分析 [D]. 南昌：南昌大学，2011.

[5] 周中坚，卢耀祖. 机械与汽车结构的有限元分析 [M]. 上海：同济大学出版社，1997.

[6] 刘鸿文. 材料力学 [M].2 版. 北京：高等教育出版社，1982.

[7] 张少实. 新编材料力学 [M]. 北京：机械工业出版社，2002.

[8] 霍莹春. 某扭力梁式后悬架疲劳寿命仿真分析及结构改进 [D]. 秦皇岛：燕山大学，2017.

[9] 魏洪革. 某型白车身疲劳寿命分析及研究 [D]. 合肥：合肥工业大学，2011.

[10] 白金泽 .LS-DYNA3D 理论基础与实例分析 [M]. 北京：科学出版社，2005.

[11] 万晓峰，刘岚 .LMS Virtual.Lab Motion 入门与提高 [M]. 西安：西北工业大学出版社，2010.

[12] 田强，刘铖，李培，等. 多柔体系统动力学研究进展与挑战 [J]. 动力学与控制学报，2017，15（5）：385-405.

[13] 喻凡，林逸. 汽车系统动力学 [M]. 北京：机械工业出版社，2005.

[14] 余志生. 汽车理论 [M].5 版. 北京：机械工业出版社，2009.

[15] 施拉姆，席勒，巴迪尼. 车辆动力学：建模与仿真 [M]. 江发潮，张露，袁文燕，译. 北京：化学工业出版社，2017.

[16] 格里斯比. 车辆动力学基础 [M]. 赵六奇，金达锋，译. 北京：清华大学出版社，2006.

[17] 傅立敏. 汽车空气动力学 [M]. 北京：机械工业出版社，2006.

[18] 傅立敏. 汽车设计与空气动力学 [M]. 北京：机械工业出版社，2011.

[19] 卡茨，张英朝. 赛车空气动力学 [M]. 北京：机械工业出版社，2019.

[20] 李明，李明高 .STAR-CCM+ 与流场计算 [M]. 北京：机械工业出版社，2011.

[21] 周刚. 汽车空气动力学数值模拟中的湍流模型分析 [J]. 汽车工程师，2020（3）：49-52.

[22] 任卓翔，闫帅，陈志福，等. 电工装备低频电磁仿真中若干关键问题研究现状及趋势 [J]. 高电压技术，2024，50（3）：905-923.

[23] PEHERSTORFER B，WILLCOX K，GUNZBURGER M. Survey of multifidelity methods in uncertainty propagation，inference，and optimization[J]. SIAM Review，2018，60（3）：550-591.

[24] BENNER P，GUGERCIN S，WILLCOX K. A survey of projection-based model reduction methods for parametric dynamical systems[J]. SIAM Review，2015，57（4）：483-531.

[25] KUNISCH K，VOLKWEIN S. Galerkin proper orthogonal decomposition methods for parabolic problems[J]. Numerische Mathematik，2001，90：117-148.

[26] GUO Z，YAN S，XU X Y，et al. Twin-model based on model order reduction for rotating motors[J]. IEEE Transactions on Magnetics，2022，58（9）：1-4.

[27] YAN S，XU X Y，LYU P F，et al. Application of POD and PGD for efficient parameter sweeping in frequency-domain full-wave problems[J]. IEEE Transaction on Magnetics，2020，56（2）：1-4.

[28] VENTER G，HAFTKA R T，STARNES J H. Construction of response surface approximations for design optimization[J]. AIAA Journal，1998，36（12）：2242-2249.

[29] ALLAIRE D，WILLCOX K. A mathematical and computational framework for multifidelity design and analysis with computer models[J]. International Journal for Uncertainty Quantification，2014，4（1）:1-20.

[30] LU K，JIN Y，CHEN Y S，et al. Review for order reduction based on proper orthogonal decomposition

and outlooks of applications in mechanical systems[J]. Mechanical Systems and Signal Processing，2019，123：264-297.

[31] RATHINAM M，PETZOLD L R. A new look at proper orthogonal decomposition[J]. SIAM Journal on Numerical Analysis，2003，41（5）：1893-1925.

[32] BAI F，WANG Y. Reduced-order modeling based on hybrid snapshot simulation[J]. International Journal of Computational Methods，2021，18（1）：2050029.

[33] QIN Z，TALLEB H，YAN S，et al. Application of PGD on parametric modeling of a piezoelectric energy harvester[J]. IEEE Transaction on Magnetics，2016，52（11）：1-11.

[34] BUNGARTZ H J，LINDNER F，GATZHAMMER B，et al.preCICE - A fully parallel library for multiphysics surface coupling[J].Computers & Fluids，2016，141：250-258.

[35] 杨庆新，李永建. 先进电工磁性材料特性与应用发展研究综述 [J]. 电工技术学报，2016，31（20）：1-29.

[36] 寇宝泉，赵晓坤，张浩泉，等. 永磁同步电机电磁结构及磁场调节技术的综述分析 [J]. 中国电机工程学报，2021，41（20）：7126-7141.

[37] 李艺璇，熊庆，朱颖谋，等. 多体动力学软件应用于汽车操纵稳定性研究综述 [J]. 成都大学学报（自然科学版），2023，42（1）：40-47.

[38] 向犇. 基于多体动力学的某车型整车动力学性能开发 [D]. 长沙：湖南大学，2020.

[39] 向辉. 电动汽车传动系载荷机理及提取方法研究 [D]. 重庆：重庆理工大学，2019.

[40] 雷成. 基于多体系统动力学的机车车辆耐撞性研究 [D]. 成都：西南交通大学，2014.

[41] 李伟东，胡永明，韩小强，等. 基于多体动力学递推算法的电动汽车建模与仿真分析 [J]. 计算力学学报，2012，29（3）：357-362.

[42] 王阳阳，余卓平，靳晓雄. 整车多体动力学模型验证 [J]. 计算力学学报，2011，28（1）：59-62.

[43] 庞剑，谌刚，何华. 汽车振动与噪声：理论与应用 [M]. 北京：北京理工大学出版社，2006.

[44] 邱飒蔚. 基于高效高精度联合仿真的发动机舱热管理分析及多目标协同优化 [D]. 长沙：湖南大学，2022.

[45] 陶文铨. 数值传热学 [M].2 版. 西安：西安交通大学出版社，2001.

[46] 黄厚诚，王秋良. 热传导问题的有限元分析 [M]. 北京：科学出版社，2011.

[47] 葛德彪，魏兵. 电磁波时域计算方法（上册）：时域积分方程法和时域有限差分法 [M]. 西安：西安电子科技大学出版社，2014.

[48] 葛德彪，魏兵. 电磁波时域计算方法（下册）：时域有限元法 [M]. 西安：西安电子科技大学出版社，2014.

[49] 葛德彪，闫玉波. 电磁波时域有限差分方法 [M].3 版. 西安：西安电子科技大学出版社，2011.

[50] BOSSAVIT A，KETTUNEN L.Yee-like schemes on staggered cellular grids：a synthesis between FIT and FEM approaches[J]. IEEE Transactions on Magnetics，2000，36（4）：861-867.

[51] MAI W，HU J，LI P，et al.An Efficient and Stable 2-D/3-D hybrid discontinuous Galerkin time-domain analysis with adaptive criterion for arbitrarily shaped antipads in dispersive parallel-plate pair[J] IEEE Transactions on Microwave Theory and Techniques，2017，65（10）：3671-3681.

[52] HESTHAVEN J S，WARBURTON T. Nodal discontinuous Galerkin methods：algorithms，analysis，and applications[M]. Berlin：Springer Science & Business Media，2007.

[53] 谢德馨，杨仕友. 工程电磁场数值分析与综合 [M]. 北京：机械工业出版社，2009.

[54] 张双文. 时域有限元法及其截断边界条件的研究 [D]. 成都：西南交通大学，2008.

[55] 刘国强，刘婧. 电磁场理论及数值分析 [M]. 北京：科学出版社，2023.

[56] 洪伟. 计算电磁学研究进展 [J]. 东南大学学报（自然科学版），2002（3）：335-339.

[57] 盛新庆. 计算电磁学要论 [M]. 北京：科学出版社，2004.

[58] YAN S，JIN J M.A dynamic p-Adaptive DGTD algorithm for electromagnetic and multiphysics simulations[J].IEEE Transactions on Antennas & Propagation，2017，65（5）：2446-2459.

[59] CHEN J，LIU Q H.Discontinuous Galerkin time-domain methods for multiscale electromagnetic simulations：a review[J].Proceedings of the IEEE，2013，101（2）：242-254.

[60] SILVESTER P，Chari M V. Finite element solution of saturable magnetic field problems[J]. IEEE Transactions on Power Apparatus and Systems，1970，89（7）：1642-1651.

[61] BOSSAVIT A. Whitney forms：a class of finite elements for three dimensional computations in electromagnetism[J]. IEEE Proceedings A，1988，135（8）：493-500.

[62] VUOKILA N，CUNNING C，ZHANG J，et al. The application of neural networks to the modeling of magnetic hysteresis[J]. IEEE Transactions on Magnetics，2024，60（3）：7300604.

[63] GALETZKA A，LOUKREZIS D，GERSEM D H. Data-driven solvers for strongly nonlinear material response[J]. International Journal for Numerical Methods in Engineering，2021，122（6）：1538-1562.